OPERATION Forever K

INVICTICON

Printausgabe, erschienen 2022
1. Auflage

ISBN: 978-3-95949-591-2

Eutiner Straße 24,
18109 Rostock

www.main-verlag.de
www.facebook.com/MAIN.Verlag
order@main-verlag.de

Umschlaggestaltung: © Marta Jakubowska, MAIN Verlag
Umschlagmotiv: © shutterstock 1827639473/ 1957970341 / 1996878023 / 2051916644

Druck: AKT AG, FL-9497 Triesenberg (AgenTisk Huter d.o.o)

Bibliografische Information der Deutschen Nationalbibliothek:
Die Deutsche Nationalbibliothek verzeichnet diese Publikation in der Deutschen Nationalbibliografie; detaillierte bibliografische Daten sind im Internet über http://dnb.d-nb.de abrufbar.

Die Handlung, die handelnden Personen, Orte und Begebenheiten dieses Buchs sind frei erfunden.
Jede Ähnlichkeit mit toten oder lebenden Personen oder Persönlichkeiten des öffentlichen Lebens, ebenso wie ihre Handlungen sind rein fiktiv, nicht beabsichtigt und wären rein zufällig.

www.main-verlag.de
Der MAIN Verlag ist ein Imprint des Förderkreises Literatur e.V.

GEORGIE SEVERIN

OPERATION Forever K

Das Buch

Vier schwule Männer haben ein Zimmer frei und das mitten in der heißbegehrten Kölner Innenstadt. Sie vermieten es entgegen aller Bedenken an K.

K ist nicht nur eine Frau, sondern auch noch heterosexuell und unverschämt frech. Genau das, was Callum und den drei anderen Männern gerade noch gefehlt hat!

Dann verliebt sich K – und scheitert. Kaum fährt sie weg, um sich zu erholen, geht ein ganzer Jahreswechsel schief. Richtig schief. Damit steht für die Jungs endgültig fest: Nie wieder ohne K!

Dank eifrig bedienter Vorurteile vertreiben die Vier fortan jeden Mann, der sich für K interessiert. Die ›Operation *Forever K*‹ wird zum Erfolgsrezept. Aber kann, und vor allem darf sie das auch bleiben, wo sich doch auch bei den Jungs in Sachen Liebe so einiges tut?

Vorwort

Ich bin nicht K. Sie existiert nicht, ebenso wenig wie Callum, Chris, Dawide oder Flo. Alle Personen dieses Werkes sind frei erfunden. Oder, besser formuliert: Jede von ihnen besteht aus unzähligen verschiedenen Aspekten realer Personen, mit denen ich irgendwann irgendwie in Kontakt gekommen bin.

Callum zum Beispiel verdankt seinen Akzent und seine Herkunft einem realen Menschen. Ich kenne diesen Menschen nicht näher. Ich wüsste nicht einmal zu sagen wie, geschweige denn wo oder gar mit wem dieser Mensch lebt. Mit meinem Callum hat er vermutlich nichts gemein außer eben Akzent und Herkunft. Ich werde mehr auch nie erfahren, denn dieser Mensch hält mich für den größten Schwachkopf des Universums. Er sprach mich an und ich hatte plötzlich einen Callum und ein ganzes Buch im Kopf. Was naturgemäß dazu führte, dass ich völlig weggetreten vor ihm stehenblieb, mich dann abwandte, einen Stift zückte und hastig in das Notizbuch kritzelte, das ich für solche Gelegenheiten bei mir trage. Worte zu *sprechen* vergaß ich darüber völlig. Ich habe mich zwar später erklärt, aber ich fürchte, die Wahrheit hat mich ihm noch verrückter erscheinen lassen. Jetzt reden wir nicht mehr miteinander.

Aber so sind sie, meine Charaktere. Sie springen mir in den Kopf und bedienen sich, Mosaiken gleich, frech aus Stücken meines Vorrats an gehörten Lebenserzählungen, an Beobachtungen und Erfahrungen von oder mit ihren jeweiligen Erzählern.

Erzählt werden solche Dinge nur in vertraulicher Umgebung, zumeist in jenen Sondersituationen des Lebens, in denen Menschen, Männer vor allem, überhaupt erst zu reden beginnen. Weil das so ist, muss ich gestehen: Manches habe ich überspitzt, manches übertrieben, manches verniedlicht, vieles im Sinne des Vertrauens auch verschwiegen: Dichterische Freiheit, sicher, aber nicht frei gedichtet.

I.

Kapitel 1

Sie sieht aus wie eine Fee«, verkündete Flo.

Callum schüttelte den Kopf. »Also wirklich, Flo. Jetzt übertreibst du aber.«

»Nein, wirklich. Guck selber!« Flo deutete auf die Wartenden unten auf der Straße.

»Lass mal.« Callum winkte ab und gähnte. »Ich mach uns lieber noch mal Kaffee und freue mich unterdessen auf das *männliche* sexy Unterwäschemodel, das bald das Zimmer neben mir bewohnen wird.«

Chris und Dawide lachten mit ihm, während Flo ungerührt am Fenster stehen blieb und die unten Wartenden einem weiteren prüfenden Blick unterzog. »Keines dabei, Callum.«

Im Hausflur begann es zu rumoren. Der Besichtigungstermin in der großzügigen Altbauwohnung in der dritten Etage der Kölner Innenstadt hatte dutzende Interessenten angelockt. Er fiel mit dem für ihr WG-Zimmer im Stockwerk darunter zusammen, denn die nette Maklerin hatte ihn extra so gelegt. »Machts euren Interessenten leichter, Jungs«, hatte sie lachend gesagt, als Callum sich, formvollendet wie immer, bei ihr hatte bedanken wollen.

Es waren trotzdem nur ein paar wenige Nieten gewesen, die sich die Treppe bis ins zweite Obergeschoss hinaufgetraut hatten, um sich ihren vier potentiellen Vermietern vorzustellen. Die meisten von ihnen waren zwar ebenso queer gewesen wie sie selbst, aber keiner von ihnen hatte auch nur ansatzweise in ihre kleine WG gepasst.

Callum sah zu, wie das Wasser durch den Kaffeefilter in die Kanne tröpfelte, und dachte an Martin.

Martin, der sein Freund gewesen war, irgendwann auch einmal sein Partner. Martin, mit dem Chris, Dawide und er einst die WG gegründet hatten. Zwei queere Paare, alle noch Studenten, dazu ihr verrückter Vermieter Theodor, liebevoll Theo genannt. Dank seiner hatte Martins und Callums Freundschaft das Ende ihrer Beziehung überdauert. Und als der weitaus ältere Theo eines Tages hatte ins Heim ziehen wollen, hatten die vier ihm kurzerhand die Wohnung abgekauft, sie umgebaut und das letzte freie Zimmer wenig später an Flo vermietet. Dann hatte Martin plötzlich verkündet für seine Firma ein paar Monate nach Amerika gehen zu müssen. Er war nicht wiedergekommen und hatte sie stattdessen nur aus heiterem Himmel zu seiner Hochzeit eingeladen. Callum, Chris und Dawide waren hingeflogen und hatten mitgefeiert, auch wenn keiner von ihnen mit vollem Herzen dabei gewesen war. Noch auf der Hochzeitsfeier hatte Callum Martin angeboten, dessen Anteil an der Wohnung zu übernehmen, und nun war Martins Zimmer seit geraumer Zeit leer. Zu leer.

Flo hüpfte erneut ans Fenster. »Da ist sie wieder. Wow. Sie sieht sooo süß aus.« Fast verzaubert betrachtete er seine *Fee*. »Sie geht rein.« Unvermittelt hopste er einen Schritt zurück. »*Aaargh*! Sie hat mich gesehen, sie hat mich gesehen!«, quiekte er und wedelte dazu, wie üblich, mit seinen Händen. »Was mache ich denn jetzt?« Er trat zurück ans Fenster, hob zögerlich den Arm ein winziges Stück weit über das Fensterbrett und winkte, unsicher und nur so aus dem Handgelenk, nach unten. »Ist *die* süß!«

»Och, Flo, jetzt is' aber gut.« Callum grinste und stellte die volle Kaffeekanne vor Dawide auf den Tisch. »Manchmal frage ich mich wirklich, ob du dich schon endgültig für unsere Seite des Ufers entschieden hast.«

Flo zog eine Grimasse. »Du bist gräh-hässlich«, sang er.

»Ich wei-heiß«, sang Callum im selben Tonfall zurück.

Kapitel 2

Du bist dran.« Dawide nickte mit dem Kopf in Richtung Tür. Callum erhob sich, um den nächsten Bewerber einzulassen. Doch vor der Wohnungstür stand eine Frau. »Entschuldigung«, bat sie und sah Callum aus ihren großen blauen Augen fragend an.

Flos Fee. Sie musste es sein. Es passte. Vermutlich hatte sie sich in der Etage vertan. »Was soll ich entschuldigen?«

Sie lachte. »Ich habe gelauscht, als die Maklerin oben einem abgelehnten Interessenten erzählt hat, hier unten sei auch etwas zu vermieten. Ich dachte, ich frage mal nach, ob …«

Callum schoss das Blut ins Gesicht. Was nun? Er ging nicht gerade mit seiner Orientierung hausieren. »Äh, ja, also nein, also …«, stammelte er, ganz entgegen seiner sonstigen Gewohnheit, und rang um die bestmögliche Formulierung einer Antwort.

Hinter ihm erschien ein strahlender Flo. »Natürlich wollten Sie das. Schwer genug, in Köln eine passende Bleibe zu finden.« Er lachte das Wesen vor sich freundlich an. Wie üblich malten seine Hände dabei ganze Bilder in die Luft. »Besonders für Feen.«

»Danke.« Sie lächelte und deutete einen Knicks an.

Flo sah Callum hoffnungsvoll an und zuckte, als er auf dessen eisernen Blick traf, verschnupft mit den Schultern. »Ich fürchte nur, …«

Das Gesicht der Frau verdüsterte sich umgehend. »Schon verstanden. Schon weg, zu groß, zu teuer, nichts für mich.« Sie holte tief Luft und sofort kehrte das freundliche Lächeln auf ihr Gesicht zurück. »Na ja, kann man nichts machen. Danke, jedenfalls.« Sie sah zu Callum zurück, der sich redlich bemühte sich seine Erleichterung nicht anmerken zu lassen. »Ihnen *beiden*.«

»Auf Wiedersehen.« Es kam nur einen Herzschlag zu spät.

Da hatte sie sich schon zum Gehen gewandt. Beim Klang seiner Stimme sah sie zurück, verfehlte die Stufe vor sich, stolperte den Treppenabsatz hinunter und krachte gegen die Wand. »Au, verflucht!« Sie fing sich ab, lehnte die Stirn gegen die Wand und trat wütend dagegen.

»Alles klar?« Flo hüpfte seinerseits die Stufen hinab, bis er bei ihr anlangte. Flo ging niemals, er hüpfte. Absichtlich. »Haben Sie sich wehgetan?«

»Nein!«, versetzte sie patzig. Dann richtete sie sich auf. »Nein. Alles in Ordnung. Ich bin nur … ach was, ich …« Sie hob die Hand, lächelte Flo an und zeigte nach unten in Richtung Haustür. »… ich bin dann mal weg. War einfach nur ein saublöder Tag.« Sie seufzte.

Vorwurfsvoll sah Flo zu Callum hinauf. *Tu was!* verlangte seine ganze Haltung.

Callum kapitulierte. Flo und sein großes Herz. »Warum kommen Sie nicht rein und trinken eine Tasse Kaffee mit uns? Ich denke, dann können wir Ihren Tag mit einer Erklärung etwas aufhellen.« Er würde sich dabei schon keinen Zacken aus der Krone brechen.

Kapitel 3

Zwei Tassen Kaffee später wünschte sich Callum, er hätte sie eigenhändig zur Haustür hinausbefördert. Nicht nur tat Flo sein Bestes, die neue *beste Freundin* ihres Gastes zu werden, auch Chris und Dawide schienen vergessen zu haben, weshalb sie eigentlich an einem schönen Samstagnachmittag in ihrer Wohnung saßen, statt durch Köln zu ziehen.

Immerhin war sie mit das Netteste, was Callum in der letzten Zeit an Weiblichkeit ausgemacht hatte. Ihr Lachen war ansteckend, ihre Art zu reden faszinierend und sie schien alles andere als dumm zu sein. Flos Vergleich mit einer Fee war zwar Flo-typisch übertrieben, aber durchaus passend, gemessen an ihrer hellen Haut, den hellblauen, blitzenden Augen, dem frechen Lockenbob und ihrer lebhaften Art. *Trotzdem.*

Ihr Blick blieb an ihm haften. »Da fällt mir ein, du wolltest mir noch etwas erklären.«

Sie waren längst beim *Du* angekommen.

Dawide begann zu grinsen. »Ja, Callum, mach doch mal.«

Chris kaschierte sein Lachen mit einem Räuspern.

Flo sprang auf. »Ich … muss mal. Also, für kleine Außerirdische.« Er wedelte unbestimmt mit den Händen nach draußen und stob aus dem Raum.

Callum wich ihrem Blick aus und betrachtete für einen kurzen Moment die dunkle Holzplatte ihres Esszimmertischs. Dann gab er sich einen Ruck. »Tja, weißt du, die Maklerin hatte durchaus Recht. Wir haben etwas zu vermieten, ein Zimmer in unserer WG hier. Nur …« Wieder wollte ihm keine passende Formulierung in den Kopf kommen.

»Nur?« Sie sah ihn direkt an, den Kopf schräg gelegt.

Er seufzte. »Nur hast du dafür vermutlich das falsche Geschlecht.«

Sie sah betont an sich herab und grinste. »*Vermutlich*?«

Dawide und Chris begannen schallend zu lachen.

Callum wurde bewusst, wie böse er gerade aufgelaufen war. »Vermutlich.« Schulterzuckend deutete er auf Flo, den das laute Gelächter zurück ins Zimmer gelockt hatte. »Das weiß man hier nie so genau.«

»*Was*?« fragte Flo, scheinbar entrüstet, wedelte mit den Händen und stellte sich in Pose.

Dann lachten sie Tränen.

~ * ~

»Ihr vier seid also auf der Suche nach einem Mitbewohner, gleich welcher Rasse, Religion, Hautfarbe oder Orientierung, nur weiblich darf er nicht sein, ja?« Sie zog die Augenbrauen zusammen.

Chris nickte überzeugt. »Ist einfacher, ja.«

»Stimmt«, bestätigte Dawide. »Nicht so viel Gekicher und belegte Badezimmer.«

»Genau, die Hundedackelblicke an der Haustür und das Dauerreden nicht zu vergessen«, fügte Callum hinzu.

»Und die einzigen monatlichen Dramen sind meine«, ergänzte Flo.

Sie lachten und warteten auf ihr schon vertrautes helles Lachen.

Es kam nicht.

Sie sahen auf.

»Entschuldigt«, sagte sie ruhig und stand auf, »ich muss los.« Sie sah so freundlich aus wie zuvor, aber das Lachen war aus ihren Augen verschwunden.

»Hey!« Chris erhob sich, um sie aufzuhalten. »Wir wollten nicht …«

»Nein, natürlich *nicht*«, sagte sie hohntriefend. »Himmel! Wisst ihr was? Ihr seid die borniertesten, arrogantesten, verklemmtesten und vorurteilsbehaftetsten Idioten, die mir je begegnet sind.« Sie zählte die Vorwürfe an ihren Fingern ab. »Aber immer die ersten, wenn's hinter der Regebogenfahne hergeht, nicht? Hach, was sind wir *tolerant*.« Sie ließ sie stehen, einfach so, sprachlos in ihrem Versuch, zur Besinnung zu kommen.

Als Callum schließlich eine passende Antwort einfiel, war die Wohnungstür bereits hinter ihr zugefallen.

»Blöde Kuh?«, schlug Flo kläglich vor, als Callum unverrichteter Dinge ins Esszimmer zurückkehrte.

»Definitiv.«

»Unbedingt«, bekräftigte Chris.

Dawide holte tief Luft. »PMS. Eindeutig.« In die unbehagliche Stille hinein schlug er mit der flachen Hand auf den Tisch. »Ach, Scheiße! Wir waren unmöglich!«

Kapitel 4

Sie schickten Callum vor. Callum wurde immer vorgeschickt, wenn es darum ging, Frauen zu beeindrucken oder etwas von ihnen zu erlangen. Er war, so argumentierten seine Freunde stets, erstens Single und zweitens der *am wenigsten Schwule* von ihnen. In der Reihenfolge. Callum fand, es stimme auch gar nicht, und so hätten gerne auch Chris oder Dawide an einem frühen Sonntagvormittag die Maklerin becircen dürfen, nur um den Namen der entschwundenen Fee zu ermitteln.

Sie hatten den restlichen Samstag und einen guten Teil der Nacht zum Sonntag damit verbracht, sich gegenseitig alle Für und Wider ihres Vorhabens an den Kopf zu werfen.

Wenn Callum ehrlich war, hatten sie ihre Rollen dabei nur zu gut gespielt.

Flo hatte sämtliche Register gezogen, um sie für *seine Fee* einzunehmen, während Dawide seine üblichen vorfestlegungungslosen *Wenn-Dann*-Szenarien beigesteuert und Chris allen still zugehört hatte. Callum selbst hatte sich strikt geweigert die *Fee* als Martins Nachfolger auch nur in Betracht zu ziehen und vehement auf seiner Position und seinen Argumenten beharrt, bis Flo von Argumenten erst zum Bitten, dann zum Flehen gewechselt und schließlich in Tränen ausgebrochen war.

An der Stelle hatte Chris, wie stets, die Diskussion beendet, indem er verkündete über die Sache schlafen zu wollen und allen eine gute Nacht wünsche. Dawide war seinem Partner in ihrer beider Schlafzimmer gefolgt und Flo hatte trotzig erklärt noch eine Runde *um die Häuser ziehen* zu wollen.

Als Callum am frühen Sonntagmorgen aus dem Fitnessstudio gekommen war, hatte er nur den allzu offensichtlich von Flo gedeckten kunterbunten Frühstückstisch sehen müssen um zu wissen: Er hatte verloren. Chris und Dawide hatten sich entschieden.

»Ach, bitte, Sandra«, flötete er nun also in den Hörer. »Sie müssen doch eine Liste der Interessenten haben, die gestern besichtigt haben. Sie geben doch keine Adresse ohne Vorprüfung heraus.«

Flo klatschte sich die Hand vor die Stirn.

»Dazu sind Sie doch viel zu sorgfältig«, fügte Callum hastig hinzu.

Flo spendete unhörbaren Applaus.

Ärgerlich über die ständige Einmischung wanderte Callum, das Telefon weiter ans Ohr haltend, durch das Zimmer. »Nein, ich weiß eben nicht, wie sie heißt. Das ist ja das Problem«, wiederholte er geduldig. »So etwa 1,70 m, halblange, lockige Haare, helle Augen, so halbschlank, würde ich sagen … Was sie an…? Also, Sandra, *wirklich*. So viele waren nun auch nicht … Ja. Nein, schon gut, Sie wollten mich nur veralbern, verstanden.« Er lachte etwas gekünstelt. »Nein, natürlich dürfen Sie nicht einfach … Aber sie war ja selbst bei uns wegen des Zimmers. Ja, ich weiß, was wir gesagt hatten, aber … Nein, wir wollen wirklich erst sie fra… Schön, dann machen wir das eben so. Danke, Sandra. Wirklich. Und entschuldigen Sie nochmals die Störung am Sonn… Ja, natürlich, wie dumm von mir. Dann viel Erfolg heute. Sie haben was gut bei mir, wirklich. Ja, natürlich, mache ich. Auf Wiedersehen.«

Drei angespannte Augenpaare sahen ihn an, als er das Mobilteil vom Ohr nahm und die rote Taste drückte.

»Sie darf uns die Daten nicht rausgeben, sagt sie, aber sie will ihr Bescheid geben und sie bitten sich noch einmal bei uns zu melden.«

Damit begann das Warten.

Kapitel 5

Sie ist eine *Lady*, natürlich lässt sie uns warten«, maulte Flo drei Tage später.

Chris winkte ab. »Flo, nun lass aber mal gut sein. Wenn wir bis heute Abend die Anzeige nicht erneuern, wird sie diese Woche nicht erscheinen. Wenn sie sich doch noch meldet, sagen wir den anderen eben ›*Schon vergeben*‹ oder so was.«

Flo nickte wenig begeistert. »Na gut.« Die bunten Federn in seinem Haar wippten bedenklich.

»Ich bin weg. Bis nachher!«

»Vergiss den Putzdienst nicht!«, rief Chris ihm hinterher.

»Es ist *Kar-ne-val,* Mister Putzteufel. Kein Mensch putzt an Karneval. Schon gar nicht an Weiberfastnacht.«

Chris konnte nicht widerstehen. »Das du selbstverständlich mitfeiern musst, so als *Lady*, ja?«

»Sei still, sonst fange ich an mit Wattebäuschchen zu werfen«, drohte Flo nasal und untermalte das Ganze mit einer passenden Geste. »Nur um deinen hanebüchenen Vorurteilen mir gegenüber zu genügen.«

»Ach, hau schon ab. Du würdest eh nur verlieren. Ich habe dir locker fünfzehn Jahre Übung voraus.«

Flo schnaubte und hüpfte hinaus.

»Viel Spaß!«, rief Chris ihm nach. »Und trink nicht zu viel.«

»Nein, *Mama*!«

~ * ~

»Ich mach schon.« Flo nahm die Getränkebestellungen entgegen und tauchte in die Menge auf dem *Alter Markt* ein wie ein Fisch ins Wasser.

Seine kleine Gruppe aus Kollegen und Bandmitgliedern hatte sich einen guten Platz unter den vor der Bühne ausharrenden Menschen erkämpft und fieberte jetzt gemeinsam mit Hunderten anderer bunter Jecken dem offiziellen Beginn des diesjährigen Kölner Straßenkarnevals entgegen.

Flo liebte den Karneval, obwohl er gar kein gebürtiger Rheinländer war. Von der Sessionseröffnung im November bis zum Fischessen am Aschermittwoch nutzte er jede Gelegenheit, sich zu verkleiden, zu schminken und mit Freunden zu feiern. In den beiden nahezu veranstaltungslosen Zeiten, also der Weihnachtszeit und der Zeit zwischen Aschermittwoch und dem 11.11., hätte er unter Entzugserscheinungen gelitten, hätten darin nicht wenigstens Silvester und der CSD gelegen.

»Autsch!« Tief in Gedanken war Flo samt Getränken auf jemanden aufgelaufen. »Entschuldigung«, rief er lachend. Eine Fee aus einer ganzen Feen-Gruppe. »Scheint das Jahr der Feen zu sein. Sie wissen nicht zufällig, wo Feen in Köln wohnen und wie sie heißen?«, fragte er, und merkte erst dann, wie das für die Frau vor ihm geklungen haben musste.

»Bisschen direkt, ja?« Prompt schuf sie Abstand zwischen ihnen.

»Schon gut.« Er umging sie. »Ich könnte eh nichts mit dir anfangen«, sagte er, nur für sich selbst hörbar. »Siehst nicht mal aus wie 'ne echte Fee«, rief er ihr nach.

Mara lachte hell auf. Sie war ihm entgegengekommen, um ihm einen Teil der Getränke abzunehmen. »Wie sieht eine echte Fee á la Flo denn aus?«

Er gab ihr einen Teil der Pappbecher ab und während sie durch die Menge zu ihrer Gruppe zurückzugelangen suchten, beschrieb er ihr seine Fee in allen Einzelheiten.

»Dann nimm die da.« Sie deutete mit dem Finger auf eine Gruppe rechts vor ihnen. »*Ich* meine zwar, das seien Clowns, *aber wat den Eenen sing Uul …*, ne, Flo?«

Flo folgte ihrem Zeigefinger mit den Augen und erstarrte. Da stand sie. »Gleich wieder da.« Er drückte Mara auch die bei ihm verbliebenen Becher in die Hände und drängte sich rücksichtslos durch das Gewühl auf die Gruppe weiter vorne zu. »Hallo! Ich … also ich bin froh, dass wir … ich meine, ich … also Entschuldigung«, stammelte er und tippte ihr auf die Schulter.

Sie drehte sich nicht einmal um. »Verschwinde«, sagte sie barsch und sah stur zur Bühne hinauf.

»Bitte, ich würde gerne …«

»*Verschwinde* hat sie gesagt, ja? Sie hat kein Interesse«, schimpfte ein harte Stimme neben ihm. Ein Mann aus ihrer Gruppe war näher gerückt.

Flo trat etwas zurück. »Melde dich. Bitte! Es tut uns leid. Wirklich.«

Sie reagierte nicht.

»Haust du jetzt ab oder …?« Die zur Faust geballte Hand des Mannes teilte Flo überdeutlich mit, was er sonst zu tun gedachte.

»Schon gut. Bin schon weg.« Flo hob beschwichtigend die Hände und trat einen weiteren Schritt zurück. Was sollte er jetzt machen? Wenn er tatsächlich ging, würde er sie nie wiedertreffen.

Der Mann starrte ihn auffordernd an.

Da sah Flo es. Sie trugen Orden, selbstgemachte Hausorden, darauf ein Logo. Er zückte sein Handy, schoss ein Foto und tauchte in der Menge unter, bevor der Typ vor ihm ihn dafür angehen konnte.

Was ein Erziehungsheim einem so alles beibringt, dachte er grinsend, während er Callums Nummer anrief.

~ * ~

»Ich kann ja wohl schlecht hingehen und sagen: *Hi, ich hab' ein Date mit einer Frau bei euch, ich weiß bloß nicht, wie sie heißt*«, empörte sich Callum am selben Abend.

»Doch«, antwortete Chris, »genau das wirst du tun. Am Aschermittwoch. Es war *Kar-ne-val.*«

Kapitel 6

Callum sah, wie die Frau in einem Büro verschwand. Durch die geöffnete Tür hörte er, wie sie ihn flüsternd ankündigte. »Da ist ein Mann für dich. Himmel, sieht der gut aus! Karnevalsbekanntschaft, ja? Kein Wunder, dass du den unter Verschluss hältst.«

Callum wuchs ein Stück und sah in eines der Spiegelfenster des Empfangsbereichs. Ja, das Fitnessstudio war definitiv eine gute Idee gewesen.

Im Büro war leises Kichern zu hören, dann tauchte die Empfangsdame wieder auf. »Sie kommt sofort!«, flötete sie und deutete dabei auf einen der Sessel im Wartebereich. »Und falls Sie mal Abwechslung brauchen, geben Sie Laut, ja?« Sie lachte, als er sie anstrahlte, während er sich in den Sessel fallen ließ. Es war nur ein halber Scherz. Männer wie der vor ihr waren in Köln normalerweise queer oder verheiratet, seit neuestem meist beides.

»Vorsicht, Süße. Verbrenn dir nicht die Finger. Er ist nicht so harmlos, wie er aussieht.«

Da war sie.

Callums eben gestärktes Selbstbewusstsein versuchte sich zu verflüchtigen. Er hielt es eisern fest. Später konnte er immer noch scheitern, versprach er sich still. Er hatte lediglich versprochen es zu versuchen, mehr nicht. Und die Empfangslady lächelte ihm von ihrem Tresen aus auch immer noch zu. »*Ähem.* Ich …« Streng rief er sich zur Ordnung. »Ich würde dich gerne kurz sprechen, wenn das möglich wäre.« Er warf einen weiteren Blick zu der Empfangslady hinüber.

»Oh, Besprechungsraum drei ist noch etwa eine Stunde frei und dein Termin für elf Uhr kommt später«, promptete die hilfsbereit.

Ein Hauch von Ärger huschte über das Gesicht der Fee.

Callum bekam Oberwasser. »Wunderbar!« Er bot ihr den Arm. »Wollen wir?«

Für einen Moment fürchtete er, sie werde ihn kunstgerecht abservieren, aber sie warf nur einen Blick über die Schulter zur Empfangslady hinüber. »Schön. Hier entlang, bitte.« Seinen dargebotenen Arm ignorierte sie geflissentlich. »Kaffee?«, fragte sie missmutig, als sie in dem kleinen Besprechungszimmer angekommen waren.

»Gerne«, gab er betont fröhlich zurück und holte Luft.

»Milch. Ja, ich weiß.« Ruppig stellte sie beides vor ihn auf den Tisch. »Also?« Sie lehnte sich an das hüfthohe Sideboard.

Zeit zu liefern. »Ich bin hier, um mich zu entschuldigen. Für uns alle. Es war ein unmöglicher Auftritt und er tut uns aufrichtig leid. Meine Mitbewohner sind der Meinung, du seist genau die Richtige für uns«, sagte er, in der Hoffnung, sie werde ob der Schnelligkeit, mit der er es sagte, nicht so genau hinhören.

Sie tat es. »Deine Mitbewohner. Du nicht.«

Ertappt sah er vor sich auf die Tischplatte. Sie war aus schwarzem Irgendwas und erinnerte ihn daran, wie er vor ein paar Tagen auf eine andere dunkle Tischplatte geblickt hatte, um Worte zu finden ihr zu erklären, was sie suchten. Und warum. Wie er das hasste. »Nein, ich nicht.«

»Warum bist du dann hier?«

»Ihrer Meinung zufolge bin ich *der am wenigsten Schwule* von uns vieren, was immer das heißt. Ich werde deswegen stets auf die Weiblichkeit losgelassen, wenn es erforderlich ist.« Kaum war es heraus, als er sich die Zunge hätte abbeißen wollen.

»Ach?«, machte sie unbewegt.

»Ja.« Plötzlich sah er einen Silberstreif am Horizont. Er grinste frech. »Du siehst, wir haben nicht nur horrende Vorurteile gegenüber Frauen, sondern auch gegenüber anderen Männern und natürlich bezüglich deren Verhältnis zu Frauen.«

»Tatsächlich!«

Callum gingen die Pferde durch. Sie musste einfach *nein* sagen. »Da du uns aber nun einmal so charmant darauf hingewiesen hast, dachten die Jungs, du könntest uns ein wenig erziehen. In dieser Richtung, meine ich.«

»Dachten sie.« Sie konnte sich ein Lächeln nicht verkneifen. »*Du* bist natürlich davon ausgenommen, ja?«

Callum nickte ernsthaft. »Sicher, denn, wie gesagt, bin *ich* ja allgemeiner Ansicht nach eh der *am wenigsten Schwule* von uns vieren, also am wenigsten erziehungsbedürftig. Wohingegen Flo …« Das Gefecht machte ihm plötzlich Spaß.

Lachend winkte sie ab. »Schon verstanden.« Sie legte den Kopf schräg. »Fürchtest du nicht, der Kontakt mit echter Weiblichkeit könnte Flo vollends verderben? Ich denke da an gemeinsame Beautysessions, Shoppingtouren und das intensive Studium einschlägiger Hochglanzmagazine.«

Die Bilder, die bei ihren Worten in Callums Kopf erschienen, sahen verblüffend nach Spaß aus. »Ich fürchte, das kann seinen Zustand kaum mehr verschlimmern«, rettete er sich, von sich selbst entsetzt, zurück ins Spiel.

»Hm. Verstehe. Was ist mit Dawide und Chris?«

»Wie gesagt, grundlegend erziehungsbedürftig. Die beiden sehen seit Jahren nicht mehr rechts und links.«

»Im Unterschied zu dir?«

Verdammt. »Äh, ja. Also, nein. Ich … – Ach was. Lassen wir das einen Moment.« Zeit für die Wahrheit. »Hör mal: *Ja*, meine Freunde haben mich vorgeschickt. *Ja*, sie wollen dich unbedingt zu uns holen. *Nein*, ich bin nicht begeistert von der Idee, aber *ja*, ich beuge mich der Mehrheit. So entscheiden wir nun mal. Chris und Dawide sind meine ältesten und besten Freunde, und Flo ist … Flo.« Er ärgerte sich über den erneuten Ausrutscher und kaschierte ihn hastig. »Wenn sie mich bitten, etwas für sie zu tun, tue ich es, egal, was es ist.«

Sie sah ihn ebenso ernst an wie er sie.

»Ich werde also *nicht* versuchen dich zu vergraulen, werde *nicht* missmutig in der Ecke sitzen und dich anfunkeln, wann immer wir uns in der Wohnung treffen, und ich werde keinen Fehler von dir zum Anlass nehmen, sofort deinen Auszug zu fordern.« Eigentlich hatte er sich genau das vorgenommen gehabt. Er platzte. »Du irritierst uns!«

Ihre Augenbrauen hoben sich überrascht.

»*Mich*. Du irritierst *mich*. Du bist einer der wenigen Menschen – Mann, Frau oder irgendetwas dazwischen – die das können, warum auch immer. Es ist selten und es macht mich nervös. Ich mag es, Menschen einschätzen zu können, vorherzusehen, was sie tun oder sagen. Ich fühle mich dann … wohler. Das – und nur das – hält mich davon ab, dich zu bitten den Mietvertrag zu unterschreiben. Alles andere ist mir egal.« Es war hinaus, bevor er es verhindern konnte.

Sie schwieg. Lange.

Sein Ausbruch tat ihm leid. Die Wahrheit gesagt zu haben umso mehr. Er stand auf. »Entschuldige. Wieder einmal«, sagte er lahm und grinste kläglich.

Sie reagierte nicht.

»Ich gehe dann mal«, murmelte er und ging zur Tür. Die Glasscheibe neben der Tür zeigte ihm sein Spiegelbild. Er fand es plötzlich scheußlich.

Sie hob den Kopf und sah hinter ihm her. »Es hat mich getroffen, Callum.«

Er blieb stehen und wandte sich zurück zu ihr.

»Ich mag euch. Dich und deine ganze Bande. Ich suche schon so lange. Ihr wart so nett und so lustig und … ich dachte wirklich, es könne klappen. Und dann, auf einmal … na ja, es hat mich halt getroffen. Es ist nichts, was ich ändern könnte, verstehst du?«

Es dauerte, bis ihnen beiden bewusst wurde, welche Tragi-Komik in der rhetorisch gemeinten Frage lag.

~ * ~

»Kommst du also? Wenigstens zu einer Besichtigung?«, fragte er, als sie sich langsam wieder beruhigten. Es kam hoffnungsvoll heraus und er fühlte sich auch so.

»Warum nicht? Wenn du mir vorher noch ein paar Eckdaten gibst? Ich weiß mittlerweile mehr über meine potentiellen Vermieter als über das Zimmer dahinter.«

»Sicher«, versprach er aufrichtig, als das Telefon auf dem Tisch vor ihnen zu läuten begann.

Sie nahm ab. »Ja?« Sie hörte einen Augenblick zu. »Ist gut, wir sind eh gerade fertig, danke.« Sie legte auf und wandte sich ihm wieder zu. »Callum, mein Termin ist eingetroffen und wartet auf mich. Wenn es euch passt, komme ich heute Abend bei euch vorbei. So gegen sieben, ja?«

Zu seiner eigenen Überraschung war er enttäuscht. Hatte er wirklich geglaubt, sie werde alles stehen und liegen lassen und mit ihm nach Hause marschieren? »Sicher.« Dann fiel ihm etwas ein. »Sag mal, wann machst du hier Schluss?«

»Gegen sechs, warum?«

»Gut. Pass auf: Ich bin um sechs Uhr wieder hier und hole dich ab. – Wiedergutmachungs-Escort-Service«, sagte er schnell, als sie die Augenbrauen zusammenzog. »Dawide kocht heute Abend und du bist hiermit offiziell eingeladen. Danach kannst du dir das Zimmer ansehen und dann besprechen wir den Rest. Einverstanden?«

Sie nickte und deutete zur Tür. »Gehen wir. Ich bring dich noch raus.«

»Danke noch mal«, rief er zur Empfangslady hinüber, als sie sie auf dem Weg zum Ausgang passierten.

Die winkte kurz und sprach weiter in ihr Telefon.

»Interessiert?«, frotzelte Flos Fee leise.

»*Uh-uh*«, machte er zwinkernd und deutete ein Kopfschütteln an.

»Besser so.« Sie lachte. »*Schuster, bleib bei deinem Leisten.*«

Kapitel 7

Sie war auf die Minute pünktlich, als sie ihr Büro verließ und zu ihm herüberkam. Er war zu Fuß gekommen, doch sie verlor kein Wort darüber und folgte ihm schweigend bis zur nächsten Haltestelle.

»Da wären wir«, sagte er. »Bereit für den Weg in ein neues Leben?«

Sie sah stur den Fahrweg des Busses entlang. Beim Versuch, einen neuen Gesprächsansatz zu finden, fiel ihm etwas auf. »Wie ist eigentlich dein Name?«

»Katharina«, brummte sie. »Katharina Molinar.«

Katharina. Scheußlicher Name. Passte auch nicht zu ihr. Unwillkürlich verzog er das Gesicht.

»Katharina steht nur in meinem Pass, Callum.« Sie sah ihn bittend an. »Meine Freunde nennen mich K.« Sie sprach es englisch aus, *Käj,* und zu seinem großen Erstaunen gefiel es ihm.

Es war ein großes Hallo, das Flo und Chris für sie vorbereitet hatten. Aber K überraschte sie ein weiteres Mal. Als Dawide kurz den Kopf aus der Küchentür steckte, um sich sofort mit einem »Hallo! Ich muss nach dem Essen sehen« wieder zurückzuziehen, folgte sie ihm. Binnen Minuten standen sie alle in der kleinen Küche, während K Dawide zur Hand ging, als arbeite sie seit Jahren als seine *Sous-Chefin*.

Callum sah es mit gemischten Gefühlen. Seit er sie am Mittag verlassen hatte, ging ihm das so. Die Leichtigkeit, mit der sie ihm Dinge entlockt hatte, die er sonst streng für sich behielt, hatte ihn schockiert. Nach langer Überlegung hatte er sich mit sich selbst darauf geeinigt, das Ganze höheren Mächten zu überlassen. Sollten die sehen, wie sie das wieder hinbogen. Er glaubte sowieso nicht an sie.

»Boah, Dawide, das ist irre lecker«, lobte Flo enthusiastisch, als sie am Tisch saßen, und fuchtelte dabei ungeniert mit seiner vollen Gabel vor dem Gesicht des neben ihm sitzenden Chris herum. Der schob sie dezent zur Seite, bevor er Dawide zunickte.

Selbst Callum rang sich zu einem »Wirklich« durch.

Dawide lachte und legte theatralisch eine Hand auf sein Herz. »Ich danke meiner Oma, meinem Einkäufer,« er deutete auf Callum, »dem heutigen Küchenjungen,« er zeigt auf Flo, »aber vor allem meiner kongenialen Küchen-Fee K, ohne die dieser Abend nicht möglich geworden wäre.« Er wischte sich ein paar nicht vorhandene Tränchen aus den Augen und lehnte den Kopf in gespielter Rührung an ihre Schulter.

K lief dunkelrot an. »Ich habe gar nichts gemacht.« Sie bemerkte nicht, was sie da sagte.

Callum bemerkte es wohl. »Nein, *natürlich* nicht.« Er grinste und deutete auf Dawide. »*Er* war's.«

Als das Lachen abebbte, fand Callum es an der Zeit, zur Sache zu kommen. »Da du die wichtigste WG-Regel offensichtlich schon kennst …«, er winkte das wiederaufkommende Gelächter von Flo und Dawide ab, »… können wir uns ja mal über den eigentlichen Zweck des Abends unterhalten, was meinst du?«

Sie nickte, sofort wieder ernst.

»Also, das Zimmer, das wir zu vergeben haben, ist das ganz vorne rechts. Vierundzwanzig Quadratmeter. Die Zimmer sind alle ziemlich groß. Die Etage hatte mal zwei Wohnungen durch den Anbau nach hinten raus. Der Voreigentümer hat sie verbunden, dadurch hatte sie damals acht Zimmer. Heute sind es noch sechs. Gehen wir mal gedanklich den Wohnungsflur entlang: Vorne links, also im ersten Zimmer zur Straße hin, wohnt Flo, dann kommt dieses Zimmer hier, das Wohn-Esszimmer. Die Küche ist wie ein Würfel aus der Innenecke des Esszimmers herausgetrennt worden, denn ursprünglich waren Küche und Essbereich ein Zimmer und das Wohnzimmer ein zweites. Wir haben das erst später geändert, um die Küche abschließen zu können. Jedenfalls haben Dawide und Chris die beiden daran anschließenden Zimmer. Die beiden sind ein Paar seit … seit wie lange?«

»Sechzehn Jahren«, sagte Dawide.

»Wir haben unsere Zimmer durch eine Tür verbunden. Heute nutzen wir Chris' Zimmer als privates Wohnzimmer und mein Zimmer als Schlafzimmer. Dessen Tür zum Flur haben wir zugemacht, sie lag der Haustür gegenüber. Die Zimmer sind das Kopfende der Wohnung, wenn du so willst«, erklärte Chris.

»Genau«, bestätigte Callum. »Diese Querzimmer grenzen an unser Bad, das Bad der früheren Anbauwohnung. Dann kommt mein Zimmer, das aus zwei heute verbundenen kleinen Zimmern besteht. Dann kommt dein potentielles Zimmer, dann das Bad der früheren Vorderwohnung, und, *schwupps*, bist du wieder an der Haustür.«

»Ich kann dich beruhigen«, sprang Flo ein. »Is' nicht viel *Traffic* an deinem Zimmer vorbei. Durch die zwei Bäder haben wir auch keine Probleme mit Badezimmerzeiten. Dawide und Chris haben außerdem ein zusätzliches Handwaschbecken in ihrem Zimmer.«

Sie lächelte und schwieg.

Dawide sprang in die Bresche. »Lassen wir das lieber, Flo, nachdem wir uns damit schon das letzte Mal so vergaloppiert haben.« Er wandte sich K zu. »Ich bin jedenfalls Dawide, das weißt du ja schon. Mit »w«, statt mit »v«, und mit »e« am Ende. Ich bin polnisch-stämmig, daher die abweichende Schreibweise meines Namens. Wir leben seit vier Generationen in Deutschland und ich seit neunzehn Jahren in Köln. Genauso lange kenne ich Chris, der hierher stammt, und seit sechzehn Jahren sind wir ein Paar. Ich bin achtunddreißig, Volkswirt und Unternehmensberater bei einer mittelständischen Beratungsgesellschaft hier in der Kölner Innenstadt.«

Chris schnaubte ob der Vorstellung amüsiert und nahm den Faden auf. »Ja, also, hallooo ers' mal …«, begann er und wartete die Lacher ab. »Ich stamme aus Köln, wie Dawide schon gesagt hat, und bin genauso alt wie er. Ich arbeite im Unternehmen meines Vaters mit Sitz im Hafen. Meine Eltern haben mir gleich zu Beginn meines Studiums das Zimmer hier in der Wohnung besorgt, damals allerdings noch zur Miete. Ich habe Jura studiert, genau wie Callum. Er und ich haben uns schnell angefreundet und so war er immer häufiger mit hier in der Wohnung.

Irgendwann trafen wir auf Dawide. Der wurde der nächste, der bei mir ein- und ausging. Dann kam Martin hinzu, anfangs als Callums Partner. An einem feucht-fröhlichen Abend bot Theo, mein damaliger Vermieter und unser aller Ziehvater, uns an, die beiden Wohnungen zu verbinden und eine WG mit uns aufzumachen. So ist das hier entstanden. Als Theo Jahre später ins Heim zog, haben wir ihm die Wohnung zu viert abgekauft, nach unseren Vorstellungen umgebaut und das freie Zimmer an Flo vermietet.«

Eine unbehagliche Stille folgte. K wartete auf den Lückenschluss zum fehlenden Martin und dem freien Zimmer, das spürten sie alle, aber keiner von ihnen wollte ihn machen, Callum als Allerletzter. Er lenkte lieber ab. »Ich bin neununddreißig und Staatsanwalt hier in Köln. Ich stamme, wie man unschwer hört, nicht aus Köln, sondern aus England, bin aber schon ewig hier. Den Rest haben die anderen schon erzählt.« Mehr brauchte sie nicht zu wissen.

Sie blinzelte irritiert.

»Alter vor Schönheit.« Flo deutete auf sich. »Ich bin Florian, genannt Flo, unverschämte fünfundzwanzig Jahre jung und Altenpfleger in dem Heim, in dem Theo lebt. Ich arbeite im Schichtdienst, du wirst mich also kaum zu sehen bekommen, leider. Aber das bedeutet auch, du hast das kleine Bad bei uns vorne meist ganz für dich alleine.«

Sie lächelte wieder.

Sie warteten.

Sie nahm ihr Glas und trank einen Schluck. »Ich bin von hier. Nicht aus Köln, aber aus dem Umland. Ich bin sechsunddreißig, Verlagskauffrau und studierte Wissenschaftsjournalistin. Ich arbeite an der Uni, wie ihr ja schon wisst, teilweise in Projekten, teilweise berate ich Uni-Angehörige, wenn sie Fragen zu wissenschaftlichen Publikationen haben oder bereite diese mit ihnen vor.« Mehr sagte nicht. Nicht, warum sie erst so kurz dort arbeitete, nicht, was sie zuvor getan hatte, nicht, warum sie dieses Zimmer brauchte.

»Wieso willst du eigentlich nur ein Zimmer?«, wagte sich Callum vor.

Sie gab eine offensichtlich sorgfältig einstudierte Antwort. »Habt ihr ja gehört. *Schon weg*, war die häufigste Antwort, *zu groß, zu teuer* … na ja, sowas halt. Nein, passt schon«, versicherte sie ihnen, als sie die Zweifel auf ihren Gesichtern bemerkte. »Ich brauche nicht viel Platz.« *Ich habe nicht mehr viel*, fügte sie in Gedanken hinzu. »Und ich glaube nicht, dass ich mir das Zimmer noch ansehen muss. Sagt mir einfach, was ihr dafür haben wollt. Wenn ich dann nicht tot umfalle, nehme ich es.« Als ob sie eine Wahl gehabt hätte.

Kapitel 8

Während sie auf den Beginn des folgenden Monats und damit auf Ks geplanten Einzug, warteten, durchliefen die vier Männer alles an Gefühlen, was mit einer einschneidenden Veränderung einhergehen kann. Von blankem Entsetzen über die getroffene Entscheidung bis hin zu fast schon euphorischer Vorfreude reichte die Bandbreite. Kein Abend, an dem nicht einer von ihnen Zweifel anmeldete oder Befürchtungen äußerte. Glücklicherweise traf dessen Stimmungslage selten auf eine gleichartige bei den anderen und so endeten die Diskussionen immer wieder da, wo Callum ohnehin schon angekommen war, nämlich dabei, einfach abzuwarten, wie es laufen würde.

K war noch einmal zu Besuch dagewesen, an einem weiteren Samstag. Allerdings hatten Callum, Chris und Dawide sie kaum zu Gesicht bekommen. Sie war früh gekommen, als sie noch ihre allwöchentliche Einkaufstour gemacht hatten, hatte still und leise das Zimmer ausgemessen und die Wände in ihr passenden Farben gestrichen. Flo hatte sich ein Herz gefasst, ihr seine Hilfe angeboten und den Tag lachend und scherzend mit ihr beim Streichen verbracht. Zum milden Erstaunen ihrer drei weiteren künftigen Mitbewohner waren die Wände anscheinend trotzdem nicht rosa geworden; eher milchkaffeefarben, den Farbresten in Ks und Flos Haaren nach zu urteilen. Als Dawide K spontan anbot zum Essen zu bleiben, winkte diese jedoch ab. Sie müsse noch packen, entschuldigte sie sich, und verschwand, wie sie gekommen war. Wie sehr sie auch versuchten Flo zu bestechen, zu provozieren oder hereinzulegen, der schwieg hocherhobenen Hauptes darüber, was sie besprochen hatten.

~ * ~

»Ist das alles?«, fragte Chris betroffen, als er am folgenden Samstag an der von K angegebenen Adresse vorfuhr.

»Ich konnte ja nicht ahnen, dass du gleich mit einem ganzen Transporter anrückst.« Es klang hilflos und ärgerlich zugleich.

Es stimmte schon, Chris hatte bei seinem Angebot, ihr beim Umzug zu helfen, mit keinem Wort erwähnt, einen der Transporter seines Unternehmens dafür ausleihen zu wollen. Er war selbstverständlich davon ausgegangen, K habe bisher in einer anderen Wohnung gelebt und nicht im möblierten Gästewohnheim der Uni.

»Meine Möbel sind noch eingelagert«, erklärte sie.

Er fragte nicht, warum. Aber es erschreckte ihn.

Sie halfen alle dabei, Ks wenige Sachen in den zweiten Stock hochzutragen und in ihrem Zimmer zu platzieren. Das Ganze artete in einen Wettbewerb aus, nachdem Chris großspurig Ks schwere Bücherkiste alleine hochgeschleppt und scheinbar unangestrengt auf ihrem Bett geparkt hatte. Als Callum ihm mit der zweiten Kiste nachging und sich dabei erneut zu seiner jüngst erfolgten Anmeldung im Fitnessstudio beglückwünschte, fiel ihm auf, welche Klischees sie gerade bedienten. Nachdenklich folgte er Flo die Treppe hinunter, um die letzte Umzugskiste aus Chris' Transporter zu holen. In letzter Zeit wurde ihm das auffällig oft bewusst. Lag es an ihr?

»Chris und Dawide haben den Samstag und den Sonntag zum Waschen, sie kommen sonst nicht dazu. *Seine Majestät von England* beschäftigt lieber eine Wäscherei, statt selbst zu waschen, hält aber am Freitags-Waschprivileg der adligen Eigentümerschicht eisern fest. Offiziell habe ich daher den Dienstag als Waschtag, aber da ich nie lange im Voraus weiß, wann ich da Dienst habe, kannst du auch den zum Waschen nehmen«, bot Flo K an, als sie schließlich satt und müde alle gemeinsam im Wohnzimmer saßen.

Eigentlich lagen sie mehr, hatten Dawide und K doch erneut ihre kulinarischen Fähigkeiten zusammengeworfen, um Ks Einzug gebührend zu feiern. Callum hatte, dem Ernst der Lage angemessen, sogar seinen sorgsam gehüteten Vorrat geplündert und eine exzellente Flasche passenden Weines geöffnet.

»Du kannst die Sachen entweder unten aufhängen oder in den Trockner stecken, ganz wie du willst. Jede Wohnung hat einen Trockenplatz unten.«

K nickte und stemmte sich müde aus dem Sofa hoch.

»Wo willst du hin?«, fragte Flo erschrocken.

Sie lachte. »Aufräumen, Schätzchen.«

Flo sah sie fragend an.

»Die Küche, Flo.« Sie sah Callum ins Gesicht. Ein diebisches Grinsen stahl sich auf ihr Gesicht, als sie aussprach, was er sich selbst im Spaß nur gedanklich zuzufügen getraut hatte, was man ihm aber von der Nasenspitze hatte ablesen können. »Wo ich *hingehöre.*«

»Wir haben einen Putz*dienst* und eine Putz*frau*, K. Wer kocht, spült nicht – und umgekehrt. Das ist *genderneutral* formuliert und so *bleibt* es auch«, gab er zurück, als das Lachen abebbte.

»Aber die Putz*frau* ist es dann schon noch, ja?«

»Ja, und stell dir vor, sie ist tatsächlich Polin. Der Einzige, den sie vorgibt zu verstehen, ist Dawide, wenn er polnisch mit ihr redet. Ansonsten macht sie buchstäblich, was sie will, das aber schon seit etwa sechs Jahren ziemlich gut.«

»Wie schade«, konterte K. »Bei *der* Miete hatte ich fest mit einem nackt putzenden *Mann* gerechnet.«

Flo verschluckte sich an seinem Wein. »Igitt!« Er war ehrlich entsetzt. »Stell dir vor, was da alles ins Putzwasser hängt, wenn der sich falsch vorbeugt.«

Callum, dessen Gesicht nach dem Küchenausrutscher gerade erst wieder eine halbwegs normale Farbe angenommen hatte, merkte zu seinem Entsetzen, wie er schon wieder anlief. *Könnte das jetzt aufhören, bitte?*

Niemand schien ihn zu hören, denn es ging genauso weiter, einen ganzen Abend lang, bis sie sämtliche Vorurteile und Klischees durchhatten und er Bauchschmerzen vor Lachen.

Da wusste er, es würde funktionieren.

Kapitel 9

Sie spielten sich schnell ein. Chris, Dawide und Callum gingen in der Woche früh aus dem Haus und hatten lange Arbeitstage. Die Abende verbrachten sie, wenn keine Termine anstanden, zu Hause, alleine in ihren jeweiligen Zimmern oder gemeinsam im Wohnzimmer. Die Samstagmorgende widmeten sie ausgedehnten Shopping- und Cafétouren, um zum Nachmittag hin mit Einkäufen beladen zurückzukehren und ihren eigenen Dingen nachzugehen, bis es Zeit zum Abendessen und Ausgehen wurde. Wenn es passte, aßen sie zusammen, bevor sie sich zu ihren jeweiligen Verabredungen aufmachten. Die waren oft, aber durchaus nicht immer identisch.

Auch Flo war unterwegs, wann immer es ihm sein Dienstplan ermöglichte. Doch was auch immer ihn auswärts hielt, ob seine Mitbewohner, feucht-fröhliche Bandtermine oder sein riesiger Bekanntenkreis, er kam rechtzeitig nach Hause, duschte, zog sich um und erschien pünktlich zum Schichtbeginn im Heim. Da war er eisern.

K fügte sich in keine der Lebensarten völlig ein. Sie kam meist am frühen Nachmittag nach Hause, hatte Flo jedenfalls beobachtet, schien dann aber von zu Hause aus weiterzuarbeiten, den leisen Geräuschen nach, die ihr Drucker machte, und dem kleinen Büro, das einen Großteil ihres Zimmers einnahm. Sie hatte sich zur großen Freude ihrer Mitbewohner angewöhnt in der Woche das Abendbrot vorzubereiten, und sie tat es mit Hingabe. Ihre aufwändig gedeckten Tafeln waren anfangs ungewohnt gewesen, aber schon nach kurzer Zeit wollten die Jungs sie nicht mehr missen. Noch dazu hatte K bereits nach wenigen Tagen die geschmacklichen Vorlieben und den Terminkalender jedes Einzelnen von ihnen im Kopf gehabt und überraschte sie seitdem immer wieder mit vorbereiteten Mahlzeiten für Spätheimkehrer und Lunchpaketen für Dienstreisende. So ausführlich sie sich auch darüber lustig machten, insgeheim genossen die vier es in vollen Zügen.

Auch der befürchtete Ansturm auf Festnetztelefon und Wohnungstür blieb aus. K ging kaum aus und schien wenig Freunde zu haben. Zu Callums Freude war sie ebenfalls Frühaufsteherin und damit erstmals ein bereits morgens fröhliches Gesicht am Tisch. Schon bald genossen die beiden ihr sonntägliches Frühstück zu zweit, wie Callum überhaupt alles genoss, was sich änderte. Er hätte es nur niemals zugegeben.

Kapitel 10

An einem verregneten Samstagnachmittag, an dem Flo Dienst hatte und Dawide und Chris sich in ihr Zimmer zurückzogen, um sich vor einer abendlichen Verabredung noch etwas auszuruhen, klopfte Callum an Ks Zimmertür. Als sie öffnete, fand er sie inmitten ihrer Arbeit. »Entschuldige. Ich wollte nicht stören, aber ich habe mich gerade entschlossen Theo zu besuchen. Ich dachte, du hättest vielleicht Lust … aber jetzt sehe ich …«

Sie sah an sich hinunter.

»Das ist prima, wirklich«, platzte Callum heraus.

Sie zögerte dennoch. Eigentlich hatte sie sich für einen Arbeitsnachmittag angezogen, nicht für ihren Antrittsbesuch beim *Heiligen Theodor*.

Theo schien eine Art Übervater der vier Männer zu sein, ihr Rückhalt und ihre ultimative Richtschnur. *Theo würde dies sagen, Theo würde das tun, Theo hat gemeint*, das waren alltägliche Begleiterscheinungen des Umgangs mit ihren Mitbewohnern. Zu so jemandem ging man nicht *einfach so* hin. »Gib mir fünf Minuten.« Als er nickte, schlug sie ihm die Tür vor der Nase zu.

~ * ~

»Er ist auf dem Zimmer«, vermeldete der Pflegehelfer am Empfang und wandte sich dann wieder der Aufgabe zu, von der er aufgesehen hatte. Das Alten- und Pflegeheim, in dem Theo lebte und Flo arbeitete, unterschied sich wenig von den Einrichtungen gleicher Art, die K bereits kannte. Zu ihrer Verblüffung durften die Bewohner hier jedoch offensichtlich Haustiere halten. Etliche kleinere Hunde wuselten um die Senioren, die im Innenhof der Anlage in einem kleinen Garten saßen.

Callum deutete nach oben.

Einvernehmlich sparten sie sich den Aufzug und klopften einige Treppenabsätze später an eine der vielen uniformen Zimmertüren auf dem langgestreckten, trostlosen Gang der Etage. Irgendwo musste ein Name stehen, aber K kam nicht dazu, ihn zu suchen. Die Tür öffnete sich erstaunlich schnell und energisch. Dann stand er vor ihr.

Nach dem, was sie von ihren Mitbewohnern erfahren hatte, konnte K Theos Alter bei etwas mehr als achtzig Jahren einordnen. Verknüpft mit dem Heim als Wohnsitz hatte es Theo in ihrem Kopf zu einem gebrechlichen älteren Herrn in altmodischer, schlechtsitzender, aber gut zu waschender Kleidung, mit wässrigen Augen, fahler Haut, falschem Gebiss, schlechtem Haarschnitt und säuerlichem Geruch werden lassen.

Mit dem Herrn, der sie nun milde überrascht musterte, hatte ihre Vorstellung nicht das Geringste gemein. Vor K stand ein Mann, für den ihr spontan nur eine einzige Bezeichnung einfallen wollte: *Dandy.* Theo war schmal und lang, hielt sich kerzengerade und trug einen gut geschnittenen, strahlend weißen Anzug mit rotem Einstecktuch, ein schwarzes Hemd, eine weiße Krawatte und schwarze, glänzende Halbschuhe. Seine ehemals wohl hellblonden, nun mit Weiß durchsetzten Haare waren zu einer perfekten altmodischen, aber unbedingt zum Rest seines Auftritts passenden Pomadefrisur gestylt und das i-Tüpfelchen bildete der schwarze Gehstock mit dem Silberknauf, auf den er sich – nur ganz leicht, wie es schien – aufstützte. Seine klaren, hellblauen Augen in dem etwas zu scharf geschnittenen, leicht bräunlichen Gesicht funkelten angesichts Ks offensichtlich entgleister Gesichtszüge freundlich amüsiert.

Sie fand ihn auf der Stelle sympathisch.

»Und, wie benehmen sich meine Jungs, junge Dame?«, fragte Theo mit breitem Lächeln, nachdem er Callum dezent aus dem Zimmer komplimentiert hatte, um Kaffee und Kuchen zu besorgen.

»Junge Dame«, sagte sie und schmunzelte. »Charmant, wenn auch gnadenlos übertrieben. Und um Ihre Frage zu beantworten, Theodor: Ich kann mich nicht beklagen.« Sie lächelte und freute sich, als er das Lächeln erwiderte. Es nahm ihr ein Stück Befangenheit.

Er schien es zu spüren, denn er richtete sich in seinem Sessel auf, stützte die Ellenbogen auf die Oberschenkel, nahm die Hände dazwischen und sah sie offen an. »Ich weiß, was Sie denken, Katharina. Sie versuchen noch mich einzuordnen, mir einen Platz zuzuweisen. Versuchen den Theodor, den Sie sehen, und das, was Sie von Theo gehört haben, in Übereinstimmung zu bringen und mich in das Beziehungsgeflecht ihrer Mitbewohner einzusortieren. Es geht mir ähnlich. Also fragen Sie schon, was Sie wissen wollen. Ich werde mir die Freiheit nehmen, nur das zu beantworten, was ich möchte. Seien Sie versichert: Fragen, gleich welcher Art, können mich schon lange nicht mehr verletzen.«

K sah ihn überrascht an.

Er klatschte in Hände. »Nun, wie Sie leicht errechnen können, stamme ich aus einer Zeit, in der Menschen wie wir…«, er deutete unbestimmt zur Zimmertür, durch die Callum eben verschwunden war, »… als *besessen, abartig, verdammt* und *pervers*, später als *krank* galten und *per se* Verbrecher waren. Es war ein Teufelskreis: Das erzwungene Leben schuf Vorstellungen und die aus den Vorstellungen erwachsenen Vorurteile schufen neue Gesetze, die wiederum die Lebensweise erzwangen. Verruchte Ecken, schmutzige Parks, Heimlichkeit, Schweigen, in die Ecke gedrängt, Sexualstraftäter. Die Vorurteile der damaligen Zeit wirken bis heute fort.« Es lag keine Bitterkeit in seinen Worten oder seinem Gesicht, als er sich zurückfallen ließ. »Man hat mir meine Homosexualität immer angesehen oder auch angemerkt – ich weiß bis heute nicht, was von beidem. Aber jedenfalls wurde sie mir stets auf den Kopf zugesagt. Dabei war ich, als ich im Nachkriegsköln im Keller eines zerbombten Hauses heimlich meine erste Kaffeebar eröffnete, um zu überleben, nicht mal halbwegs erwachsen. Ich ahnte ja nicht, dass ich für den Rest meines Lebens dortbleiben würde – und dass der Kellerraum, der eigentlich nur den Schiebern als Rückzugsort dienen sollte, sich zu einem diskreten Club für meinesgleichen mit verschlossener Tür und Guckloch, mit Hinterzimmern und schnell erreichbaren, gut verdeckten Hinterausgängen wandeln würde. Ein Refugium. Ich ahnte auch nicht, wie viele kommen, feiern, Halt suchen, erzählen würden. Ich habe nie darauf hingearbeitet, es hat sich einfach so ergeben.« Er seufzte.

»Ich bin zigmal aufgeflogen und verhaftet worden, wenn auch nie verurteilt. Das wäre vielen peinlich geworden, wissen Sie. Tja, bis die Bestimmungen irgendwann nicht mehr angewendet und dann abgeschafft wurden. Aber wie gesagt, es wirkt fort.« Er stand vorsichtig auf und ging, gestützt auf seinen Stock, zum Fenster hinüber.

»Irgendwann wurde unsere Szene *chic*. Ich kann gar nicht mehr sagen, wann es begann. Vermutlich schon mit den Achtundsechzigern und dem Ende der Nierentischchen-Moral. Plötzlich kamen die Medien, mein kleiner Club wurde *in* und ich selbst wurde *Der schöne Theodor*, frei nach Erich Kästner, nehme ich an. Der *Alte Herr* der Schwulen.« Er sah zu K zurück und sein Gesicht zierte ein freches Grinsen. »Damals sagte man das so. Übrigens eine weitere Rolle, die ich unfreiwillig gespielt habe.« Das Lächeln verschwand jäh.

»Und dann, mittendrin, kam das HI-Virus. Es war absurd. Da hatten wir jahrelang als krank gegolten, ohne es zu sein. Und kaum begann es sich halbwegs zu ändern, wurden wir wirklich krank.« Er sah ihr überraschtes Gesicht.

»Wir glaubten das anfangs, ich meine, dass es nur uns treffen würde. Es war fruchtbar. Es kochte hoch und alles war wieder da, die ganze Angst, der ganze Hass, die idiotischen Vorstellungen. Aber dann auch Solidarität. Die entstandene schwul-lesbische Bewegung begehrte auf. Raus aus dem Dunkel, rein ins Licht des Regenbogens. – Jetzt dürften wir ungefähr in Ihrer frühen Jugend gelandet sein.« Er grinste wieder, drehte sich zum Fenster und sah hinaus.

»L-G-B-T-Q«, zählte er nachdenklich auf. »Dazu I und A. Manchmal denke ich, unsere *Community* – oder wie das neudeutsch richtig heißt – bekommt seitdem jedes Jahr einen neuen Buchstaben hinzugefügt.«

K musste lachen. »Ich glaube, mittlerweile hat man sich auf ein universelles Plus zum Abschluss geeinigt.«

»Sehr sinnvoll.« Er stimmte in ihr Lachen ein. »Nun, jetzt wissen Sie also, warum Sie mich alles fragen können. Sie werden garantiert nichts fragen, was ich nicht schon x-mal beantworten musste, Richtern, Staatsanwälten, Presseleuten und vielen, vielen verunsicherten und verängstigten jungen Menschen.« Er wartete.

»Wieso die WG?«

Theo blinzelte überrascht.

»Entschuldigung. Sie sagten …«

»Nein, nein, entschuldigen Sie sich nicht, bitte. Ich hatte nur nicht … Ich hatte, offen gestanden, mit ganz anderen Fragen gerechnet. Ich denke, mir wird langsam klar, warum die Jungs …«

Es klopfte an der Tür und Callum kehrte zurück, ein hochbeladenes Tablett mit Kaffee und verschiedenen Kuchenstücken darauf. »Entschuldigt«, sagte er schnaufend. »Es hat etwas gedauert, bis jemand Zeit hatte mir frischen Kaffee zu machen.«

Theo zwinkerte K verschwörerisch zu. »*Oooh*«, machte er leidend, »es war furchtbar! Wir haben uns angeschwiegen und aus dem Fenster gesehen, nicht wahr, Katharina?«

»Absolut, Theodor.«

»Bring sie also bitte nicht noch mal mit, Callum, ja?«, rief Theo flehentlich, um sich dann gemeinsam mit K über Callums entsetztes Gesicht kaputtzulachen.

~ * ~

»Sie wollten wissen, wie die WG entstanden ist«, erinnerte Theo K nach einer Gabel voll Kuchen. »Das war eine Zusammenkunft mehrerer Umstände.« Er trank einen Schluck Kaffee. »Ich wusste schon länger, dass es Zeit war aufzuhören. Mein kleines Etablissement machte mich nicht reich, hatte mir aber immerhin die beiden Wohnungen beim Neumarkt finanziert. Die hintere Wohnung war vermietet, in der vorderen lebte ich, ausgebreitet auf zig Zimmer. Die Vorstellung, dort mutterseelenalleine meine Tage oder vielmehr erstmals in meinem Leben meine Nächte zu verbringen, machte mir Angst. Dann kamen eines Tages Chris' Eltern auf mich zu. Wir kannten uns, wie man sich in Köln halt kennt, und so erinnerten sie sich an mich, als sie eine Studentenwohnung für Chris suchten. Chris' Eltern hatten nie ein Problem mit ihm, sorgten sich aber darum, in welcher Gesellschaft ihr wohlhabender und gutbehüteter Junge alleine landen könnte.« Er deutete wie zufällig auf Callum und wieder lachten K und er gemeinsam über dessen Protest.

»Nun, ich machte Nägel mit Köpfen. Ich bot Chris an bei mir einzuziehen in das Zimmer, das er bis heute bewohnt. – Ich hatte übrigens *keine* amourösen Hintergedanken dabei, egal, was Sie meinen.« Theo lachte und drohte ihr spielerisch mit dem Zeigefinger.

Jetzt war es an ihr zu protestieren.

»Tja, Chris brachte Callum mit und Callum und Chris zogen Dawide nach sich. Dann verliebte sich Callum in Martin und damit hatte ich ein Kleeblatt, das bei mir ein- und ausging und, glauben Sie mir, ganz schön Leben in die Bude brachte. Ich fand den Absprung auf einmal nicht mehr schmerzhaft. Schmerzhaft wurde es erst, als die Mieter meines Hinterhauses kündigten. Na ja, ich habe nicht grade die höchsten Rentenansprüche. Darum machte man sich wenig Gedanken in meinen Zeiten. Die Jungs fanden es heraus und bei einer Krisensitzung – und nach etlichen hochprozentigen Getränken – entstand der wahnwitzige Plan einer … wie hast du das damals genannt, Callum?«

»*Cross-Generation*-WG? Meinst du das?«

»Genau. Einer generationsübergreifenden WG. *Voilà!*« Theo deutete eine Verbeugung an.

»Aber warum sind Sie gegangen, Theo?«

Theo winkte ab. »Zu viele Treppen. Und außerdem wurden die Jungs erwachsen. Sie brauchten ein Leben, ich musste eines abschließen. Es passte.«

Callum erhob sich. »Ich bringe die Sachen wieder runter. Ich musste einen heiligen Eid schwören, nicht mit der Kaffeekanne durchzubrennen.« Er streckte sich, nahm das Tablett und verschwand.

Theo sah ihm nach.

»Ist es besser heute, Theo?«, fragte K.

»Keine Erfahrung mit dem *anderen Ufer*?«

Sie zog die Augenbrauen zusammen. »O doch, massenhaft. Ich habe als Studentin jahrelang auf der anderen Rheinseite in der Messe Deutz gekellnert.«

Er lächelte und wiegte den Kopf hin und her. »Hm, ja und nein. Alle sind *tolerant*, soweit schon. Allerdings nur, bis der eigene Sohn oder die eigene Tochter damit nach Hause kommen. Es bleibt eine Art Makel und damit ein fruchtbarer Boden für zweifelhafte Retter und teure *Therapien*.«

»Therapien?« K riss die Augen auf.

»Sicher. Es gibt immer noch Ärzte, die uns für krank halten und sich offen für eine *Heilbehandlung* aussprechen; Kirchen, die uns zwar nicht mehr für *abartig, verflucht* und *verdammt* halten, aber immerhin meinen, man müsse uns beibringen enthaltsam zu leben, weil der Sex zwischen uns so furchtbar sei. Nicht leicht, wenn man als Kind im Glauben aufwächst.«

»Dawide?«

»Keine Klischees, bitte«, mahnte er scharf. »Aber erlauben Sie mir auch eine Frage an Sie, wenn Sie schon die WG ins Spiel bringen. Wer, glauben Sie, hadert von ihnen am meisten mit sich?«

»Flo?« tippte K nach kurzer Überlegung.

»Florian? Aber nein! Der hat sich niemals verbiegen lassen. Flo hat immer offen dazu gestanden, was und wie er ist, da konnte sein Vater prügeln, wie er wollte. Flo trägt andere Narben. Nein, es ist *Callum*, Katharina. Wie und warum, das soll er Ihnen aber selber sagen.« Er zwinkerte ihr zu. »Oder, wie ich Sie einschätze, finden Sie es bald selbst heraus.« Er streckte sich. »Ich mag Sie, Katharina. Ihre Art, Ihre Offenheit. Ihren Charme auch. Es ist schön, Sie bei ihnen zu wissen. Sie tun ihnen gut. Sie tun *ihm* gut. Und ich denke, die vier tun Ihnen auch gut. Lassen Sie sich nur niemals einreden, es sei anders.« Er lehnte sich noch einmal zu ihr vor. »Ich würde gerne *Ihre* Geschichte hören.«

Ihr Gesicht verschloss sich sofort.

»Sie sind noch nicht bereit sie zu erzählen, ich weiß. Nun, ich habe gelernt zu warten. Kommen Sie, wenn Ihnen danach ist, Tag und Nacht. Ich bin immer hier.« Er deutete auf den Boden, dann lächelte er. »Bis dahin aber wäre ich gerne Theo für dich, wenn es dir recht ist.« Er streckte ihr die Hand hin.

Sie freute sich darüber. »Gerne. Aber nur, wenn du mich nicht mehr Katharina nennst. Meine Freunde nennen mich …«

»K. Ich weiß. Schade. Ich finde Katharina schön. Und ich finde, der Name passt gut zu dir.«

Sie riss entsetzt die Augen auf. »Was? Ich meine: Wie bitte?«

»Katharina die Große, Katharina von Medici und nicht zuletzt die Abwandlung von *Hekate*, der Göttin der Magie. Florian lag also gar nicht so falsch mit einer Fee.« Er lachte. »Ach was, hör nicht auf einen alten Mann. Ich rede zu viel, *K.*«

Callum kehrte zurück.

Theo wusste, er hatte absichtlich getrödelt. »Ihr beide geht jetzt besser. Die Abendrunde kommt gleich und da ist ein *sehr* ansehnlicher neuer Pfleger dabei … ihr versteht?«

Kapitel 11

Mitte Juni waren sie eine echte WG geworden mit allen Höhen und Tiefen. Sie konnten endlos lachen, verlebten fantastische Fernsehabende, besuchten Chris' Familie und Theo in wechselnden Zusammensetzungen und unterstützten sich, wo sie konnten.

K konnte sich aber auch endlos über Flos Unordnung aufregen, die der nicht nur in seinem Zimmer, sondern auch in ihrem gemeinsamen Badezimmer hinterließ. Flo hingegen tobte, wenn K rücksichtslos seine herumliegenden angebrochenen Kosmetikpröbchen in den Mülleimer entsorgte. Da Flo dann regelmäßig die anderen um Beistand ersuchte, wuchsen sich solche Streitigkeiten gerne aus.

Callum war, wie K schnell herausfand, keineswegs der Anführer der vier. Er zog sich, sofern nicht unmittelbar betroffen, viel zu gerne aus Konflikten zurück und wartete zu Ks Ärger stets ab, bis sich Dawide und Chris geäußert hatten, bevor er sich positionierte.

Das wiederum konnte dauern, weil Dawide endlose Wenn-Dann-Überlegungen präsentierte, bevor er seine Meinung endlich kundtat. Daraufhin schwieg Chris erst einmal und überdachte jede Fassette des Gehörten sorgfältig, ehe er sich äußerte. Bis dahin war K meist schon aus der Haut gefahren.

K hatte wenig Geduld, vertrug Konflikte und Kritik nicht gut, war schnell beleidigt und teilte gerne mal mit harschen Worten aus. Das konnte sie überraschend gut, fand Callum, das *Aus-der-Haut-Fahren* und *Wortreich-Toben*. Vor allem, wenn man bedachte, wie still und zurückhaltend sie werden konnte, wenn sie sich nicht wohlfühlte oder es um sie selbst ging. K konnte alle Schattierungen von himmelhochjauchzend überdreht bis tieftraurig sein – und dazwischen auch noch blitzschnell wechseln. Vor allem aber war sie großherzig, vergab schnell und war immer bereit sich zu entschuldigen, wenn sie verletzend geworden war.

Unter diesen Voraussetzungen endeten die Streitereien der fünf zumeist mit Versöhnungsessen oder offenen Aussprachen, immer aber im Frieden.

Kapitel 12

An einem verabredungslosen Samstagabend, an dem Chris und Dawide übers Wochenende weggefahren waren und Flo Dienst hatte, hatte sich Callum viel zu früh zur Ruhe begeben. Als er, in den frühen Morgenstunden aus unruhigem Schlaf erwachte, das Badezimmer aufsuchte, sah er das Licht in Ks Zimmer brennen. *Noch immer?*

Er hatte sich eben wieder hingelegt, als etwas laut scheppernd zu Boden fiel. K fluchte halblaut, dann hörte er weiteres Rumpeln und einen unterdrückten Verzweiflungsschrei. Energisch schwang er die Beine aus dem Bett und machte sich auf den Weg zu ihr.

»Alles okay?«, fragte er, als sie öffnete.

»Callum! Entschuldige, ich wollte dich nicht wecken, wirklich. Mir ist die Papierkassette … also vom Drucker …« Sie wischte sich mit der Hand über die Stirn. Die Bewegung hinterließ einen grau-schwarzen Streifen auf ihrer Stirn.

Über ihre Schulter hinweg sah Callum auf ein ungewohntes Chaos aus mit Anmerkungen übersäten Papieren, Stiften, der Druckerkassette und diversen Tonerkartuschen. Der Drucker selbst klaffte weit auf und weigerte sich offensichtlich zu arbeiten. »Himmel, was ist denn hier los?«

Sie hob hilflos die Hände. »Arbeit. Korrekturen. Sie müssen am Montag auf dem Schreibtisch des Lektors liegen.«

»Okay, aber das ist erst übermorgen.« Er sah auf die Armbanduhr. »Morgen. Es ist 2:30 Uhr morgens.«

»Entschuldige. Wirklich. Aber ich muss das unbedingt fertigkriegen, weil ich meinen Eltern versprochen habe morgen, also heute, zu kommen. Das dauert immer den ganzen Tag.« Sie sah in das Chaos hinter sich zurück. »Ich hab mich übernommen. Kommt selten vor, aber die Daten sind viel später reingekommen als gedacht. Jetzt spinnt auch noch mein Drucker.« Ihr schossen die Tränen in die Augen.

»Dann mailst du ihnen und erklärst, warum du einen Tag später ablieferst.«

»Das geht bei uns nicht, Callum. Das heißt, das geht schon. Einmal und nie wieder. Keine Folgeaufträge.«

»Quatsch. du arbeitest doch für die Uni.« Misstrauisch zog er die Augenbrauen zusammen. »Das hast du jedenfalls im Mietvertrag angegeben.«

Sie lachte. »Ja, Herr Staatsanwalt, stimmt ja auch. Aber es ist ein *Wissenschaftsvertrag*. Halbtags, befristet, eine Hälfte projektabhängig. Du weißt nie, ob du wieder dabei bist. Was glaubst du, warum ich die Wohnungen letztlich nie bekommen habe? Die prüfen etwas mehr als ihr. Die zusätzlichen Sachen von den Verlagen hier … helfen.«

Callum dachte darüber nach. »Gehst du deswegen so wenig aus?«

»Auch, ja. Aber ich habe auch wenig Freunde.«

»Und Freundinnen.«

»Die sowieso nicht. Ich kann nicht gut mit anderen Frauen. Höchstens als Bekanntschaft.« Sie wandte sich erneut dem Chaos zu. »Du, sei mir nicht böse, aber ich muss …«

Callum gab sich einen Ruck. »Weißt du was? Du kannst meinen Drucker benutzen.«

»Aber der steht bei dir im Zimmer. Es ist mitten in der Nacht und Gott weiß, wann ich damit durch bin und wie oft ich das zwischendurch ausdrucken muss.«

»Dann helfe ich dir eben. Ist zwar lange her, aber zwei Staatsexamensarbeiten und die Diss … Ich denke, ich kriege noch ein bisschen Rechtschreibung und ein paar Formalia zusammen.«

»Diss? Dissertation? Du bist Dr. Callum?«

»Ja, sicher. *Doktor iur.* Allerdings nicht Dr. *Callum*. Callum ist mein Vorname.«

»Ach was!« Sie unterdrückte ein Gähnen.

»Na, komm, ich werfe den Drucker an und mache uns Kaffee und du räumst zusammen. Dann zeigst du mir, was ich lesen soll.«

Sie arbeiteten Seite an Seite und Callum kam es bald vor, als hätten sie das schon oft getan. Sie sprachen nicht viel, reichten sich stumm die

Papiere hin und her oder klärten knapp aufgekommene Fragen. Als es draußen hell wurde, waren sie fertig.

Callum streckte sich, gähnte herzhaft und stand auf. »Frühstück oder Bett?«

»Frühstück. Ich muss bald los.«

»Himmel, wo musst du denn hin?«

Sie nannte einen Ort, dessen Namen Callum nirgendwo einzusortieren vermochte, und lächelte. »Schneifel, Callum. Tiefste Schneifel.«

Sein müder Kopf lieferte ihm keine Bedeutung für das Wort. »*Schneifel*?«, fragte er vorsichtig. Er erinnerte sich nur zu gut an das Gefühl, wenn seine Freunde in Gelächter ausbrachen, weil er in den Sprachfettnapf gefallen war. Das kam nach all den Jahren hier zwar kaum noch vor, aber es kam vor.

Auch K lachte, aber es war ein freundliches Lachen. »Schnee-Eifel, Callum. Schnee – Eifel – Schneifel. Das steht sprichwörtlich für *Irgendwo-im-Nirgendwo* oder für *Mitten-in-der-Eifel*.«

»Kann doch nicht mehr als einen Stunde Fahrt sein.«

»Doch, sicher.« Sie gähnte. »Fährt nicht viel da hoch sonntags.«

»Du willst mit Bus und Bahn dahin? Und wieder zurück? *Sonntags*?«

»Sicher. Wie sonst? Egal, was Flo meint, aber ich bin keine echte Fee, weißt du?« Sie wandte ihm den Rücken zu und deutete darauf. »Keine Flügel!«

»Hast du kein Auto?« Callum riss die Augen auf.

»Nein, wozu denn?«, gab sie ärgerlich zurück; ärgerlicher, als seine Frage es wert gewesen wäre.

Callum sah hinaus in den immer noch regnerischen grauen Morgen. Er war müde, ihm war kalt und er sehnte sich nach einer Couch oder seinem Bett. Er sah zu ihr hinüber.

Ihr schien es ebenso zu gehen wie ihm. Aber *sie* würde da hinausgehen.

Er schniefte. »Okay, pass auf, wir nehmen meines. Wir frühstücken, duschen, dann fahre ich dich. Du kannst auf der Fahrt schlafen und ich, wenn wir angekommen sind. Gut?« Er hatte Freude erwartet, ein »Danke« vielleicht.

Stattdessen verzog sie unglücklich das Gesicht.

»Was?« Es klang schärfer als beabsichtigt.

Sie sah zu Boden und räusperte sich. »Meine Eltern. Sie sind nicht … also …«

Callum verstand. *Eifel.* Hatte er von gehört. »Schon gut. Ich sagte ja, ich bleibe im Auto. Von mir aus lauf das letzte Stück.«

Sie lächelte, als sie verstand, was er in ihre Worte hineingedacht und gerade angeboten hatte, und legte ihren Arm auf den seinen. »Danke. Aber das meinte ich nicht. Sie sind einfache Leute, Callum. *Das* meinte ich, nichts sonst. Und natürlich kommst du mit rein.« Sie zog die Augenbrauen zusammen und musterte ihn von oben bis unten. »*Kleiner* Dienstanzug, *Dr.* Callum. Hemd, Pullover, Jeans und Sneakers. Kein dunkler Maßanzug, keine Halbschuhe, keine Krawatte, *Majestät*, ja?«

Kapitel 13

Callum folgte der Straße, die das Navigationsgerät ihm vorgegeben hatte. Er lauschte dem gleichförmigen Dudeln des Radios, dem *Tick-Tack* der Scheibenwischer und versuchte wachzubleiben.

Neben ihm schlief K tief und fest. Sie hatte sich schon kurz nach der Abfahrt auf dem Beifahrersitz eingerollt und kuschelte sich jetzt in die Wärme der Sitzheizung und des langen Mantels, den er in einem weiteren Anfall von Fürsorglichkeit vom Rücksitz geangelt und über sie gebreitet hatte.

Er fragte sich, wie das Ende der Reise aussehen würde, was ihn erwartete. Wie immer, wenn das geschah, fühlte er sich unsicher und verletzlich und, ebenfalls wie immer, folgte dem umgehend der Ärger auf sich selbst. Ein erwachsener Mann, der sich von derart einfachen Alltagssituationen aus dem Konzept bringen ließ? Derselbe Mann, der sich fast mühelos durch zwei deutsche Staatsexamen und ein Rigorosum parliert hatte und seitdem regelmäßig souverän den Staatsvertreter gab? Nur war das hier kein Gerichtssaal. Keine festen Regeln.

Eine Ansage des Navigationsgerätes holte ihn aus seinem Brüten. Er verließ die Zubringerstraße und folgte dem vorberechneten Weg in das Dorf, in dem ihr Ziel lag.

Zweistöckige, weiß gestrichene oder rot verklinkerte Einfamilienhäuser mit großzügigen Vorgärten säumten die Durchfahrtsstraße, ein Bäcker, ein Raiffeisen-Markt mit Geldautomat. Eine Kirche, natürlich.

Er grinste, als sie an einem dieser altmodischen roten Automaten vorbeifuhren, von denen Chris ihm einmal erzählt hatte, sie würden *Kaugummiautomaten* genannt und in den Plastikkugeln darin wären herrlich bunte Plastikringe verborgen, die man als Junge hatte verschenken können. *Nur vielleicht nicht gerade an andere Jungen*, vermutete Callum und bog in eine von der Hauptstraße abzweigende Sackgasse ein. *Nicht hier jedenfalls.*

»Sie haben ihr Ziel erreicht«, verkündete die freundliche Frauenstimme des Navigationsgerätes.

Callum parkte und rüttelte K sanft an der Schulter. »Wir sind da.« Sie gähnte, richtete sich auf und warf einen prüfenden Blick in den Spiegel der Sonnenblende. Callum nutzte die Zeit, stieg aus, ging um den Wagen herum und öffnete ihr die Wagentür.

Als sie ausstiegen, ging an einem Haus auf der gegenüberliegenden Straßenseite die Haustür auf. Eine ältere Frau erschien darin und strahlte. »Da bist du ja!« Sie zog die herangekommene K fest in ihre Arme und hatte sie noch nicht wieder losgelassen, als hinter ihr eine weitere Tür aufging.

Der Mann darin blieb abwartend stehen, bis K in seine Arme wechselte. »Na, dann kommt mal rein«, brummte er. Seine Einladung schloss Callum so selbstverständlich ein, wie der sich plötzlich dafür verwünschte, den beiden nichts mitgebracht zu haben.

Als Callum Dawide später das Haus beschreiben wollte, in dem K großgeworden war, winkte der nach wenigen Worten ab. »Weiß schon: zweigeschossig, Einfamilienhaus. Rechts vorne am Eingang das Gästeklo, daneben die Treppe in die obere Etage. Braun – sie sind immer aus Holz und mittelbraun. Gegenüberliegend das Ess- und Wohnzimmer, letzteres nach hinten raus zum Garten, holzverkleidet, *Gelsenkirchener Barock*. Echte *Gute Stube*, lange, weiße Gardinen, gerafft. Häkeldeckchen und Schonbezüge. Ebenfalls nach hinten raus die Küche, meist weiß. Küchentisch mit bunter Wachstischdecke. Oben drei Zimmer: Elternschlafzimmer und zwei kleine Zimmer, ein Bad mit Wanne. Unten Keller, manchmal Partykeller. Natürlich holzverkleidet. Aber das Entscheidende ist der Geruch. So ein Geruch nach Möbelpolitur und Wäschestärke, nach Kochen und Waschen und Leben.« Es klang sehnsüchtig und Callum wusste, warum. Es war der Geruch eines Zuhauses.

~ * ~

»Schöner Wagen«, stellte Erich Molinar fest, als sie ein ausgiebiges Mittagessen später auch die wunderbare Kaffeetafel massakriert hatten, die die beiden Frauen gedeckt hatten, sobald der Mittagstisch abgedeckt worden war.

Callum lachte. Seine Befangenheit war längst verflogen, so selbstverständlich hatte Ks Vater ihn nach ihrer Ankunft ins Wohnzimmer mitgenommen, ihn auf dem Sofa platziert und ihn auszufragen begonnen.

Sie hatten geklärt, dass Callum nicht Ks neuer Freund war, sondern deren Mitbewohner, dass er Staatsanwalt war und dass er aus England stammte. Callum wiederum hatte erfahren, dass Erich Molinar *keene Studierte* war, kein *Änglisch* sprach und dass seine einzige Fremdsprache *öwerhaup* das Hochdeutsche war. Wobei der feine rheinische Singsang in eben jenem Hochdeutsch bei Erich eher schön als *platt* klang.

Jeder einzelne Abschnitt dieses Männergespräches war so ernsthaft interessiert, so humorvoll und so freundlich geführt worden, dass Callum sich mittlerweile in einem Zustand euphorisch-übermüdeter Entspannung befand.

»*Hm.*« Er gähnte und gab ganz bewusst die erwartete Antwort. »Deswegen habe ich ihn gekauft, Erich.« Er hatte nach irgendeinem Schnaps zum Vornamen gewechselt, kombinierte ihn aber sicherheitshalber mit dem förmlicheren *Sie.*

Erich Molinar hatte nichts dazu gesagt. Jetzt lachte er. »Denk ich mir.« Er sah über das Schlachtfeld aus Kuchen, Schlagsahne, leeren Kaffeetassen und Schnapsgläschen. »Gehen Sie ein Stück mit mir, Callum?« Er deutete auf die Tafel. »Das kann die Frau machen.«

Die Frau, hatte Callum heute gelernt, das war Ks Mutter, und der Artikel ersetzte das besitzanzeigende Fürwort *meine.* Liebevoll, wohlgemerkt. *Emanzipation auf rheinisch.* Callum streckte sich wohlig. »Gerne.« Er folgte Erich hinaus.

Es hatte irgendwann aufgehört zu regnen und die kalte, klare Eifelluft tat Callum gut. Sie wanderten ein kurzes Stück die Hauptstraße entlang, bogen in einen Feldweg ein und gelangten wenig später an einen kleinen See.

Erich folgte dem Uferweg ein Stück, blieb stehen und zündete sich eine Zigarette an. »Kommt nich' oft vor, dass mein Mädchen 'nen Mann mit nach Hause bringt. Is' 'ne Weile her. Aber meine Kleine kann wieder lachen seit 'n paar Wochen. Endlich.«

Callum nickte. »Was ist geschehen, Erich?«

Der schüttelte den Kopf. »Das soll sie Ihnen mal selber erzählen, meinen Sie nicht? Aber wenn Sie mich fragen: Er war ein Arschloch.« Er sah auf den See hinaus. »Sind *Sie* ein Arschloch, Callum?«

Callum war versucht vorschnell *nein* zu sagen, dann erinnerte er sich an das, was er tat, wenn er ab und zu samstags verschwand, und an das, was die Angeklagten aus dem Gerichtssaal Erich Molinar wohl berichtet hätten. »Oft, ja. – Ja, ich denke, viele, die mich kennen, würden dem zustimmen.«

Erich ging nicht weiter darauf ein, sah ihn nur prüfend an und schnippte den Stummel seiner Zigarette fort. »Sie sind nicht echt, oder?«, fragte er unvermittelt.

»Doch, ganz und gar real«, scherzte Callum unbehaglich und boxte spielerisch auf Erichs Oberarm.

»Sie wissen genau, was ich meine.«

Und ob Callum das wusste. Er *wollte* es nur nicht wissen. Er tat so viel dafür, nicht aufzufallen. Es war so wichtig, so furchtbar wichtig. Es veränderte alles, immer.

»Sie sind einer von denen.« Es kam ohne Bosheit.

Einer von denen. Callum hätte schreien mögen. Mit viel Mühe sah er Erich Molinar in die Augen. Darin stand dasselbe echte, aufrichtige Interesse an ihm wie zuvor, keine Wertung, kein Urteil. Er atmete tief ein. »Sie meinen, ob ich homosexuell bin. *Schwul. Queer.*« Er ließ es bewusst nicht nach Frage klingen und löste seinen Blick auch nicht von Erichs Gesicht. Das veränderte sich nicht. Nicht mal ein Blinzeln. »Ja. Ja, bin ich.«

Als Erich wieder nicht reagierte, ihn nur weiter ansah, gab er nach, sah fort und blickte über den See.

Verloren, flüsterte die Stimme in Callums Kopf höhnisch. *Wieder verloren. Warum hast du weggesehen? Aufgegeben? Sei ein Mann, endlich einmal. Nach all den Jahren musst du doch …* »Sollte Ihnen recht sein«, platzte er laut heraus, nur, um der Stimme nicht mehr zuhören zu müssen. »Weitaus weniger gefährlich für geliebte Töchter. Deswegen hat sie es ja erzählt.«

Es war ein dämlicher Spruch und so zog Erich Molinar auch nur die Augenbrauen hoch und sah ihn weiter an.

Callum wurde das Schweigen zwischen ihnen unbehaglich. Er rettete sich in den nächsten Satz. »Der See.« Er deutete hinaus. »Fische?«

Erich folgte Callums Blick, endlich, griff in seine Jackentasche und zündete sich eine weitere Zigarette an. »Barsche.« Er nickte. »Rotaugen. So was. Angeln Sie?«

Callum dachte an seine Heimat, an die Angelausflüge mit seinem Vater an den See, ein paar Meilen entfernt, in seiner Kindheit. *Meilen*, spottete die Stimme. *Merkwürdig. Dann sind es immer Meilen, keine Kilometer.* Er dachte schon so lange in Kilometern.

Er erinnerte sich des wartenden Erichs. »Als Kind, mit meinem Vater, ja. Heute … nicht mehr.« Er versuchte seinen Tonfall neutral zu halten. Es gelang ihm nicht.

»Er weiß es, ja?«

Callum biss sich auf die Lippen und schob die aufkommenden Erinnerungen eisern fort. »Für meinen Vater existiert nicht, was nicht sein darf.«

Erich nickte nur. »Ich hab mir immer 'nen Jungen gewünscht. Vielleicht ist K deswegen ein halber geworden.« Er lächelte und Callum lächelte zurück. »Ich weiß es nicht. Aber wenn ich einen Jungen gehabt hätte und er wäre so ein Mann geworden wie Sie, Callum, dann wäre ich, verdammt noch mal, stolz auf ihn.«

Callum verschlug es die Sprache. Dann mahnte sein Gewissen ihn eine Lanze für seinen Vater zu brechen. »Das sagt sich leichter, als es sich leben lässt, Erich.«

Erich schnaubte ärgerlich. »Die haben jetzt schon *Schützenkönige* wie Sie«, bemerkte er trocken und sah Callum wieder an. In seinen Augen stand ein sehr vertrautes Funkeln. »Irgendwo«, fügte er schelmisch hinzu und zwinkerte. *K. Es war Ks Funkeln, wenn sie ihn aufzog.* »Bei Düsseldorf, vermute ich.«

Callum lebte schon zu lange in Köln, um die ihm gestellte Falle nicht zu erkennen. »Ach daaaa!« Er winkte betont desinteressiert ab. »Die wissen ja auch nicht, was sie tun.«

Erich lachte erfreut und schnipste auch den zweiten Zigarettenstummel fort. Er ging an Callum vorbei und klopfte ihm auffordernd auf die Schulter. »Kommen Sie. Die Frau wird schon warten. Sie müssen bald los, wenn Sie um Köln nicht im Stau stehen wollen.«

Beim Aufschließen der Haustür wandte Erich sich zu Callum zurück. »Sie sind gar nicht so schlecht für einen von denen«, sagte er grinsend. »Bringen Sie das nächste Mal Ihren Vater mit und wir gehen angeln.«

Callum versuchte sich seinen Vater zusammen mit Erich Molinar vorzustellen. Es gelang ihm nicht.

Sein Gesicht sagte Erich mehr als genug. »Sagen Sie ihm, er ist ein Idiot.«

Callum schluckte. *Erich Molinar hätte das gekonnt*, dachte er.

Er nicht.

Kapitel 14

Am späten Nachmittag eines der ersten Kölner Sommertage kamen Flo und Callum aus dem Freibad zurück. Flo hatte Callum beim Frühstück keine Chance gelassen, sich dem Besuch des Bades zu entziehen, egal, was dieser vorgeschoben hatte tun zu müssen. Jetzt bereute Callum bitterlich nachgegeben zu haben. Er hatte sich wieder mal verbrannt.

»*Seine Majestät* wollten sich nicht öffentlich von mir eincremen lassen«, erklärte Flo K, als die bei Callums Anblick in schallendes Gelächter ausbrach. »*Was sollen denn die Leute denken?* Er kann von Glück reden, dass der *kleine Prinz* unter der Badehose war, sonst könnte er seinen Ausfl…« Das warnende Funkeln in Callums Blick ließ ihn abrupt abbrechen. »Äh, ich muss los, arbeiten. Gute Besserung. Ich bring dir was von der Arbeit mit dagegen, okay?« Er schoss in den Flur.

»Lass mal!«, rief K ihm nach. »Ich hab schon was für ihn.«

Als die Tür hinter Flo ins Schloss gefallen war, wandte sie sich Callum zu. »*Medium raw*, würde ich sagen.« Sie bugsierte ihn in ihr Zimmer. »*Very british*. Fast wie die deine Landsleute bei meinem Urlaub auf Zypern. Na ja, *well done* kam später. Dafür warst du noch nicht lange genug in der Sonne.«

»Ja, schon gut, ich bin ein wandelndes Klischee, verstanden.« Callum tat alles weh, er war müde und er schämte sich.

»Ist nur eines von vielen an dir. – Ausziehen, *Majestät*. Ganz.« Sie deutete mit dem Zeigefinger an ihm herauf- und hinunter und ging, noch während er sich daran machte.

Sich ihr nackt zu zeigen, darüber dachte er nicht einmal mehr nach. Das galt für die gesamte WG untereinander, blieb es in dem selbstgewählten Zusammenleben doch nicht aus, sich zu den unmöglichsten Zeiten und in den unmöglichsten Situationen zu begegnen. Außerdem badete K gerne, und da das vordere Bad keine Badewanne hatte, fragte sie die *Herren des oberen Bades* regelmäßig um Erlaubnis, dieses benutzen zu dürfen. Kommunikationsfehler zwischen den dreien über ihre Anwesenheit dort blieben nicht aus – obwohl zumindest anfangs auch eine gehörige Portion Neugier auf ihre Reaktion dabei gewesen war, wie K vermutete.

Ihre Unaufgeregtheit, verbunden mit der Reife ihrer Mitbewohner (etwas, das K ansonsten gerne in Frage stellte), hatten alle Peinlichkeit sich totlaufen lassen. Inzwischen nahm Callum, einen Drink oder ein Brot in der Hand, gerne bei ihr auf dem Badewannenrand Platz und sprach von dort aus mit ihr über alles, wonach ihnen der Sinn stand.

Callum fand K auch durchaus attraktiv, wenn nicht sogar schön, aber sie sprach ihn nicht an, jedenfalls nicht sexuell. Dazu war sich Callum seiner Orientierung viel zu sicher, auch wenn er sich bemühte sie nicht sichtbar werden zu lassen. Er suchte stets die Herrschaft darüber zu behalten, wann und vor allem wem er sie offenbarte. Verleugnen aber tat er sie nie.

Er wusste von Freunden, die das getan hatten, die jahrelang Beziehungen zu Frauen unterhalten, ja Familien gegründet hatten, bevor etwas oder jemand das sorgfältig errichtete Kartenhaus zum Einsturz gebracht hatte. Für ihn war das immer undenkbar gewesen. Er würde niemals eine Lüge leben wollen. Das hinderte ihn nicht daran, die meisten seiner Mitmenschen schön im Ungewissen darüber zu lassen, wie sein Privatleben aussah.

Ks Rumoren in der Küche erinnerte ihn an die Aufgabe, die er, in Gedanken versunken, unterbrochen hatte. Er lächelte. Besser, ihrem Befehl unverzüglich Folge zu leisten. Alles andere wäre dumm gewesen.

Er war kaum fertig, als K mit einer gut gefüllten Schale, einem breiten Kosmetikpinsel, einem frischen Betttuch und einem ihrer langen Schlafhemden zurückkehrte.

Callum schnupperte. »Was ist das?«

»Joghurt, Olivenöl und ein paar weitere Zutaten zur Hautberuhigung. Selbstgemacht.«

»Du machst Kosmetik selber?«

»Manches, ja.« Sie zeigte ihm an, sich auf dem Teppich langzulegen, auf dem sie das frische Betttuch ausgebreitet hatte, kniete sich neben ihn, nahm den Kosmetikpinsel und begann die angenehm kühle Paste auf seine verbrannte Haut zu streichen.

Callum konnte nicht umhin erleichtert zu seufzen. »Mach weiter, ja? Das tut gut.«

»Sehr wohl, *Königliche Hoheit.* – Hast du keine Angst?«

Callum war viel zu tief auf die angenehme Paste konzentriert, um ihrem Gedankengang folgen zu können. »Wovor?«

»Zurück zu müssen?«

»Du meinst, wegen des *Brexits*?«

Sie nickte.

»Nein. Ich bin Deutscher. Ich habe die britische Staatsangehörigkeit schon vor langer Zeit aufgegeben, zur großen Freude meines Vaters.«

»Zur Freude? Was ist mit *Rule Britannia*?« Sie hielt kurz inne und sang es.

Callum konnte nicht darüber lachen. Er ärgerte sich, es überhaupt erwähnt zu haben. »Is' 'ne lange Geschichte.«

K erinnerte sich an ihr Gespräch mit Theo. »Die du nicht erzählen möchtest.«

»Irgendwann anders, ja?«

Sie nickte und nahm die unterbrochene Pinselei wieder auf.

Als der Pinsel an seinem Bauch ankam, fiel ihm etwas ein. »Äh, K?«

»Ja?«

»Mach einen Bogen um … du weißt schon. Bitte.«

Sie lachte. »Schon gut. Frauen stehen nicht so auf *kleine* Prinzen. Da mache ich keine Ausnahme. Außerdem ist er gar nicht betroffen.«

Callum schwieg beleidigt, bis sie fertig war. Dann sah er betont an sich herunter. Ihr Hemd war ein gutes Stück zu kurz, um ihn ganz zu bedecken. Triumphierend deutete er auf das, was darunter hervorblitzte. »Siehst du? Nicht *klein.*«

Kapitel 15

Ende August fragte sich Callum, wie sie jemals ohne K hatten leben können.

Natürlich hatte es das gesamte Spektrum an Reaktionen in ihrem Freundeskreis gegeben, als K dem Stück für Stück vorgestellt worden war. Aber abgesehen von einigen wenigen, zumeist unglaublich witzigen Pannen hatte K sich gut eingefügt.

Anfangs war sie überrascht gewesen, wie gemischt der Freundeskreis ihrer WG-Kumpel war. Wie sie später zugab, hatte sie vornehmlich queere oder zumindest mit der *Community* im Zusammenhang stehende Freunde und Bekannte erwartet. Das war eines von vielen Klischees (oder auch Vorurteilen) gewesen, die sie hatte aufgeben müssen, denn der Freundes-, vor allem aber der Bekanntenkreis ihrer Mitbewohner hatte sich als weitaus umfassender herausgestellt.

Eher hatte sich ihre Befürchtung bestätigt, es würde gelegentlich Widerstand gegen ihre Anwesenheit geben, ja es würde sogar ihr Fernbleiben von oder Verschwinden aus gemeinsamen Runden gefordert werden. Aber weil K war, wie sie war, hatte sie die unsichtbaren Grenzen dieser Menschen nicht ausgereizt und, oft beraten durch Theo, den Rückzug angetreten, bevor Schaden für sie oder ihre vier Freunde entstanden war. Genauso, wie sie intuitiv nur ihren Eltern erzählte, warum Callum nicht als ihr Freund in Betracht kam. Keiner der vier hatte je etwas dazu gesagt oder sie gar darum gebeten, aber sie waren seitdem mehr denn je von der Richtigkeit ihrer Entscheidung überzeugt und verteidigten *ihre* K vehement gegen alle Angriffe von außen. Wer sie nicht akzeptierte, der konnte sie künftig kreuzweise.

Auch innerhalb ihrer Gemeinschaft hatte K ihren Platz gefunden. Ob Flos ständige Stimmungswechsel zwischen verliebtem Höhenflug und meist nur Tage später einsetzendem Liebeskummer oder Chris' und Dawides immer mal wieder heftig werdende Streitigkeiten, K umschiffte die Fettnäpfe zumeist souverän. Gelang ihr das nicht, fand sie immer einen für alle akzeptablen Weg, es wieder hinzubiegen. Ebenso fanden sie alle immer wieder einen Weg zueinander, wenn sie sich mal mit ihr stritten. Wenn Callum ehrlich war, tat sie das am häufigsten mit ihm und dann wurde es dank ihrer beider Temperamente meist laut. Trotzdem – oder gerade deswegen? – waren sie beide fest zusammengewachsen.

Deswegen bat Callum K auch ganz unbefangen darum, ihn zum vierzigsten Geburtstag einer Arbeitskollegin zu begleiten. Callums Privatleben war zwar Gegenstand der wildesten Spekulationen seines weiteren Umfeldes, aber sie wusste, er nahm sie nicht mit, um eine andere Beziehung vorzugeben, als die, die sie tatsächlich hatten. Höchstens, um die Klatschbasen spaßeshalber kräftig anzuheizen. So freuten sie sich denn auch beide auf eine Feier mit bekannten und noch unbekannten Gesichtern aus seinem Leben.

Die bunte Festgesellschaft aus Kollegen und Freunden des Geburtstagskindes und dessen Ehemannes feierte in einem extra dafür aufgebauten Festzelt im Garten des gemeinsamen Wohnhauses. Callum und K stromerten wie alle anderen von Grüppchen zu Grüppchen, *Small Talk* austauschend und Beziehungen zu den Gastgebern erfragend.

Gerade waren sie in einer Gruppe Kollegen des Ehemannes gelandet, als Ks Augen sich plötzlich erschreckt weiteten. Ein Mann war zu ihrer Gruppe gestoßen, offensichtlich alleine, nur mit einem Glas Sekt in der Hand.

Er war, wie Callum neidlos anerkennen musste, ausgesprochen attraktiv, schien sich seiner Wirkung auf die Frauen in seiner Umgebung aber auch allzu bewusst zu sein.

Im Moment allerdings hatte er seine hellblauen Augen fest auf K gerichtet. »Kathi.« Es klang nach einer Mischung aus kalter Feststellung und unangenehmer Überraschung.

K wurde kreidebleich. Das Grüppchen um sie herum spürte die Eiszeit zwischen den beiden, aber keiner, Callum eingeschlossen, wagte es einzugreifen.

Der Mann löste seinen Blick von K, um Callum einer kurzen, aber äußerst widerlichen Musterung zu unterziehen.

Er hält mich für Konkurrenz. Callum wusste nicht, ob er sich darüber freuen sollte. Fand er sowohl den Mann als auch das Gefühl der Unterlegenheit, das der ihm signalisierte, ekelhaft. Er wollte gerade zu einer Vermittlung ansetzen, jedenfalls K von hier fortbringen, als der Mann schon weitersprach.

»Hast dich also getröstet. Freut mich.« Für Callum klang es ölig und falsch. »War wohl doch alles nicht so schlimm, hm? Wird Enver freuen zu hören. Vielleicht gibst du ja dann endlich Ruhe.« Seine Stimme war immer leiser, immer hässlicher geworden und der letzte Satz hatte geklungen wie eine Drohung. Sein Blick war dabei zu Callum zurückgekehrt, forderte eine Reaktion und warnte zugleich davor.

Callum wusste, was von ihm erwartet wurde: K beschützen, sich aufspielen, auftreten oder sogar zuschlagen, wenigstens verbal.

Er schwieg.

Du hast einen Ruf zu wahren, mahnte ihn die Stimme in seinem Kopf. *K kann sich wehren.* Es war wider besseren Wissens.

Er sah fort. *Verloren. Wieder verloren.*

K sah ihn schweigend an, still wie eine Marmorstatue und fast so bleich. In ihren Augen spiegelten sich seine eigenen Gefühle. Er hatte sie im Stich gelassen.

Triumphierend sah der Mann sie ein letztes Mal an und wandte sich zum Gehen. »Wir sehen uns ja. Bis bald also, Kathi«, trällerte er und deutete eine verächtliche Verbeugung zu Callum hinüber an.

Als er lässig und selbstsicher zum nächsten Grüppchen hinüberwechselte, lieferte Callums englische Muttersprache ihm eine böse Selbstbezeichnung. Er widersprach ihr nicht.

Kapitel 16

Mitten im regnerisch-trüben November hatte Callum einen gebrauchten Tag erwischt. Er hatte einen Rüffel für etwas kassiert, was er leider tatsächlich verbockt hatte, war vor lauter Ärger über sich selbst überhastet aus dem Büro aufgebrochen, hatte dabei seinen Schirm vergessen und konnte für die kalte Nässe, die durch seinen Regenmantel kroch, wiederum niemand anderen als sich selbst verantwortlich machen.

Wütend stampfte er in die nächste große Pfütze. *F****.

Callums Lichtblick des Tages war die Aussicht auf das von Dawide und K angekündigte Abendessen und den anschließend geplanten gemeinsamen Fernsehabend.

Hoffentlich machen die zwei irgendetwas mit Kartoffelpüree. Er liebte Kartoffelpüree, besonders das echte, selbstgemachte, das Dawide stampfte und das K mit Sahne und Milch glattstrich und abschmeckte. *Vielleicht waren noch Kartoffeln aus Käthe Molinars Garten da gewesen.* Beim Gedanken daran lief ihm das Wasser im Munde zusammen.

K und er hatten nicht mehr über jenen Abend im August gesprochen. Er hatte noch auf dem Weg nach Hause seinen gesamten Mut und einen kleinen Rest Charme zusammengekratzt und sich bei ihr entschuldigt. Hatte feige gelogen, die Situation falsch eingeschätzt zu haben, und sie gefragt, ob sie ihm mehr erzählen wolle. Wie erwartet hatte sie das rundweg abgelehnt und war ihm ein paar Tage lang aus dem Weg gegangen. Er ihr auch, wenn er ehrlich war. Danach waren sie in ihre alte Vertrautheit zurückgekehrt. Callum vermutete Theo hinter Ks Vergebung, aber als der ihn nicht auf sein Verhalten ansprach, kniff er auch hier und schwieg.

Er seufzte, schloss die Haustür auf und hielt die Nase erwartungsvoll in den Flur, nur um enttäuscht den Geruch von Pizza zu erschnüffeln. Als er die Tür heftiger als beabsichtigt hinter sich ins Schloss warf, tauchte Chris aus der Küche auf.

»Kleine Planänderung. K hat heute doch etwas vor und Dawide war darüber so beleidigt, dass er gar nicht mehr kochen wollte. Da ich aber Hunger habe – ich nehme mal an, dir geht es ähnlich – habe ich den Notfallplan aus dem Gefrierfach gezogen.«

Callum lächelte säuerlich.

»Oh, *Verzeihung, Majestät*«, patzte Chris und zog sich in wieder in die Küche zurück.

Callum warf den Kopf in den Nacken, schnaufte tief durch und folgte ihm. *Schon wieder jemand, dem er eine Entschuldigung schuldig war.*

»Ich bin we-heg!«, sang K und steckte Kopf und Hand ins Esszimmer, um ihnen zuzuwinken.

Callum zuckte zusammen und hätte fast seine Pizzaecke fallen gelassen. »Ich wusste gar nicht, dass du da warst.«

Sie war *außerordentlich* zurechtgemacht.

»Wo gehst du hin?« Unbeabsichtigt klang er dabei stark nach Staatsanwalt.

»Das geht dich nichts a-han, aber so, wie sie aussieht, ist es ein *Dahate*«, trällerte Flo, schob sich an K vorbei in Esszimmer, setzte sich zu den anderen an den Esstisch und angelte sich unaufgefordert die letzte Pizzaecke von Callums Teller. »Noch mehr da?«

»Ein *Date*?«, fragte Dawide.

Aber da war K ihnen schon entwischt.

~ * ~

Es musste wohl eines gewesen sein, denn ein paar Tage später wartete ein ihnen bislang unbekannter Mann auf dem Flur vor Ks Zimmertür, als Callum und Flo heimkamen.

Es war Abneigung auf den ersten Blick. Abgesehen vom Äußeren des Mannes, das Callum sofort an den Mann auf der Feier erinnerte, war dem Unbekannten sein ablehnendes Unbehagen beim ersten Aufeinandertreffen mit Flo deutlich anzumerken. Callum hätte ihn am liebsten zur Tür hinausbefördert. Allein Ks Auftauchen und ihr strahlendes Gesicht hielten ihn davon ab.

Vielleicht hätte er es tun sollen.

Kapitel 17

Man hätte meinen sollen, das Verhältnis der vier zu Ks neuem Freund hätte sich verbessern müssen, gemessen daran, wie verliebt K in ihn war. Doch das Gegenteil war der Fall. Die wechselseitige Abneigung vertiefte sich mit jedem erfolglosen Versuch Ks, sie zusammenzubringen, und mit jedem erfolgreichen Versuch seinerseits, sie von ihnen fernzuhalten.

K brachte bald kaum mehr Zeit für ihre Mitbewohner auf, übernachtete meist bei ihm und ging von dort aus zur Arbeit. Wenn die anderen nach Hause kamen, hatte sie längst frische Wäsche und ihre Post abgeholt und war wieder verschwunden, allerdings nie, ohne ihren WG-Pflichten nachzukommen oder ihnen wenigstens den Abendbrottisch zu decken. Das allerdings machte ihre abendliche Abwesenheit für die vier nur noch offensichtlicher.

Wenn sie ehrlich waren, waren sie Ende November nahe dran, ihm gemeinschaftlich den Hals umzudrehen, was, wie Flo ihnen versicherte, mit seinem medizinischen und Chris' und Callums geballtem juristischen Wissen auch durchaus straffrei hinzubekommen gewesen wäre.

Doch kaum hatten sie ihr kleines Mordkomplott geschmiedet, geschah etwas ganz anderes. Sie wurden zu einer Party eingeladen. Alle gemeinsam.

Kapitel 18

Flo versuchte kurz, seine Mitbewohner irgendwo im Gewühl der Feiernden zu entdecken, aber weder Callum noch Chris oder Dawide waren irgendwo zu sehen.

Die kleine Wohnung war gerammelt voll und die *Thanksgiving*-Party lief fröhlich vor sich hin. Auf der anderen Seite des Wohnzimmers suchte K nach ihrem Freund, den Flo allerdings auch nirgendwo ausmachen konnte. *Vielleicht hatten die Gastgeber ihn ja für den Truthahn gehalten*, dachte er boshaft, bevor er sich wieder seinem neuesten Objekt der Begierde zuwandte.

Eine gute halbe Stunde später war es Flo, der auf der Suche war. Nach einem ruhigen Plätzchen. Das brauchte er ziemlich dringend, bevor ihn einer seiner WG-Moralapostel-Mitbewohner aus dem siebten Himmel holen konnte, in dem er sich gerade befand. Kichernd griff er nach der Türklinke dessen, was er für ein Schlafzimmer hielt, zog seinen Fang hastig mit sich hinein und schloss die Tür hinter sich.

Es dauerte etwas, bis er bemerkte, dass er nicht mit ihm alleine war. Einen Herzschlag später erkannte er auch, *wen* sie da überrascht hatten. Ks Freund. Mit einer anderen Frau.

Flos Aufschlag in der Wirklichkeit hätte hörbar sein müssen, so heftig war er. »Du hast zwei Tage, es ihr selbst zu sagen. Dann sage ich es ihr«, brachte er heraus und flüchtete durch die Tür zurück auf den lauten, vollen Flur. Sein Objekt der Begierde vergaß er dabei völlig.

~ * ~

Ks Freund ließ sich fast die zwei Tage Zeit. Doch als Flo bereits fürchtete das Schlimmste tun zu müssen, kam K zurück nach Hause. Er brauchte sie nur anzusehen. Der Typ hatte ihr die Wahrheit gesagt.

Er nahm ihr ihre Tasche ab, dann sie selbst in den Arm und versuchte sie mit allem, was ihm in den Sinn kam, zu trösten. Aber als sie die Zimmertür hinter sich abschloss, hatte er sie nicht im mindesten erreicht. Also tat er das Einzige, was ihm noch einfallen wollte: Er rief Callum an.

~ * ~

»Er ist ein Arschloch, K. Vergiss ihn.« Callum streichelte ihr sanft über die Schulter. Alles andere, was in solchen Fällen zu sagen war, hatte er längst durch die verschlossene Tür hindurch gesagt. Es hatte ihn einiges an Überredung gekostet, bis sie ihm endlich geöffnet und ihn an sich herangelassen hatte.

»Ich weiß.« Sie schniefte kläglich. »Warum kann denn keiner von ihnen so sein wie ihr?«

Callum musste grinsen. »Du glaubst, wir seien keine Arschlöcher?« frotzelte er. Er wollte sie wenigstens lächeln sehen.

»Du bist jedenfalls keines.«

Callum lachte, als er an die erste Begegnung mit ihrem Vater dachte. »Meine liebe K, da irrst du dich aber gewaltig.« Dann erst wurde ihm bewusst, was er gerade angerichtet hatte, aber da war es schon zu spät.

Als sie ihn misstrauisch ansah, wusste er, er war verloren. Liebeskummer hin oder her, sie würde ihn jetzt nicht mehr vom Haken lassen.

Er seufzte ergeben. »Hast du dich nie gefragt, wo ich eigentlich hingehe, wenn … na ja, wenn ich … sagen wir mal, *allzu* einsam bin?«

Ihr Gesichtsausdruck wechselte zu purer Irritation »Nein, ich mache mir keine Vorstellung von eurem Se… Also eigentlich habe ich nie daran gedacht, dass du … überhaupt … und so …« Sie grinste entschuldigend.

»Na, herzlichen Dank. Aber ich kann dich beruhigen, mir wird kein Heiligenschein wachsen.« Dann fiel ihm wieder ein, warum sie auf dieses Thema gekommen waren. Zeit, ein Arschloch zu sein. »Nein, immer, wenn es *fast* so weit ist, fahre ich einen Abend ins … weg.«

»Weg?«

»*Hm*. Flo nennt es meine *Ausflüge*, ich nenne es ein *Dirty Weekend*, obwohl es streng genommen nicht einmal das ist. Es ist nur eine Nacht mit irgendwem irgendwo. Da, wo mich keiner kennt. Ein anonymer Club, eine Diskothek oder sonst was, ein paar Stunden weg, wo halt welche von uns rumhängen. Ich suche mir einen netten Kerl, lade ihn ein, nenne ihm irgendeinen Namen und fahre tags darauf wieder nach Hause.«

K richtete sich abrupt auf. »Echt? *Du?*«

Er grinste und nickte.

»Was sind das für Typen? Warum machen die sowas?«

Callum sah genervt zur Decke. »Tja, K, weißt du, ich *rede* eigentlich recht wenig mit ihnen.« Er räusperte sich. »Abgesehen von der K-Frage, versteht sich.« Sein Akzent vermasselte ihm den geplanten Absprung aus dem Thema.

»Du redest mit ihnen über *mich*? Haha.« Sie schnaubte. »*SCNR*[1], *Majestät.*«

Leider war sie auch dann noch nicht mit ihm fertig. »Aber du machst schon vorher klar, dass du …?«

Callum grinste betreten und schüttelte betont langsam den Kopf.

»Du sagst Ihnen nicht …?«

Er blieb bei seiner Geste.

»Echt nicht?«

Callum schüttelte weiter.

»Wie gesagt«, er lachte angesichts Ks entsetzten Gesichtsausdrucks, »… ich erhebe keinen Anspruch auf einen Heiligenschein. – Himmel, K, ich lebe in *Köln*! Hier warten selbst die Heiligen Drei Könige wild durcheinander liegend in ihrem Schrein auf die Auferstehung. Mitten in einer katholischen Kirche.«

»Einem *Dom*, Callum. Es ist ein *Dom*«, entrüstete sie sich mit typischem Kölner Stolz. »Und *ich* meine ja, sie wären *einzeln* in Tücher verpackt.« Sie sah ihn die Augen verdrehen. »Aber Idee verstanden, ja.«

Callum zog sie in seine Arme. »Also, vergiss ihn. Mistkerl. Aber es gibt solche und solche. Hier wie dort. Neues Spiel, neues Glück, ja?«

»*Hm.*«

Er stand auf.

»Callum?«

»*Hm?*«

»Danke.«

---

1 SCNR (engl. *abr., coll.*): Sorry, could not resist. – Entschuldigung, ich konnte nicht widerstehen.

»Gerne.«

Er war schon fast an der Tür, als ihm etwas einfiel, was er noch loswerden wollte. Schon, weil er nicht vielen Menschen erzählen konnte, was er ihr eben erzählt hatte, ohne eine Wertung zu fürchten. »Weißt du, ich bin wirklich froh, dass ich mich damals habe breitschlagen lassen. Hätte ich dir schon viel früher sagen sollen.«

»Danke.«

»Wie sagt Theo? *Da nich' für.*«

Sie lächelten sich an.

Dann erinnerte sie sich wieder, warum er hier war. »Callum? Wäre es okay, wenn … Ich möchte nicht … also, ich würde gerne …« Als sie ihn ansah, schimmerten ihre Augen verdächtig. »Ich möchte über Weihnachten und Silvester weg hier. Ich will nicht zu ihrer Silvesterparty. Ich will ihn nicht wiedersehen.«

Callum runzelte die Stirn.

»Nicht so schnell, okay?« Die Tränen drohten überzufließen.

Er dachte darüber nach. Es machte ihn traurig, sich Weihnachten und Silvester ohne sie vorzustellen. Sie alle hatten so darauf gehofft. Aber er verstand sie. »Sicher, tu's. Aber mit Flos Enttäuschung darüber, dass ihr Silvester nicht im Partner-Look geht, musst du selber klarkommen.«

»Es gibt für alles einen Preis, nicht?« Sie lächelte vorsichtig.

»Er wird mindestens drei Wochen schmollen, das ist dir doch klar, oder?« *Ich auch*, wollte er hinzufügen, ließ es aber. Es war ihr wichtig, er sah es. »Ach, weißt du was?« Er grinste. »Bring ihm einfach was Pinkes, Glitzerndes aus dem *Duty-Free-Shop* mit.«

Kapitel 19

K verschwand zwei Tage vor Weihnachten, nicht ohne Chris vorher eine Kiste mit sorgfältig verpackten Geschenken zu übergeben. Doch auch die schönsten Geschenke konnten die gedrückte Stimmung der WG nicht aufhellen. Zu hell hatte die Hoffnung auf eine Durchbrechung ihrer trostlosen Weihnachtsroutinen in ihren Köpfen gestrahlt.

Weihnachten. Das war immer ein Fest voller gemischter Gefühle für die Männer der WG.

Flo hasste Weihnachten und tat alles dafür, an so vielen Tagen und so lange wie möglich Dienste zu haben. Die Erinnerungen, die die Menschen im Pflegeheim an diesen Tagen begleiteten, waren zwar bei weitem nicht immer gute, aber sie waren ihm immer noch lieber als seine eigenen. Hatte er abends frei, ging er zu einer beliebigen Weihnachtsparty und feierte, so lange es ging, um bloß bis zu seinem nächsten Dienst durchschlafen zu können.

Chris hingegen liebte Weihnachten. Er freute sich jedes Jahr wie ein Kind darauf, am Mittag des ersten Feiertages, Dawide und einen Kofferraum voller Geschenke im Gepäck, bei seiner Familie aufzuschlagen, um mit seinen Eltern, seiner Schwester, deren Ehemann und Kindern bis zum Ende des zweiten durchzufeiern.

Doch auch in seine Vorfreude mischte sich stets ein Wermutstropfen: Heiligabend. Den hatte er zu fürchten gelernt.

Es war der Tag, an dem Dawide jedes Jahr einen winzigen Tannenbaum in seinem und Chris' Zimmer schmückte und dabei Weihnachtslieder summte oder sang, nur um anschließend von Minute zu Minute stiller zu werden. Wenn das Domgeläut ihm das schließlich Weihnachtsfest verkündete, stand er am offenen Fenster und lauschte, betete im Stillen die so vertrauten heiligen Verse seines Glaubens und fühlte sich dabei der Hölle näher als dem Himmel.

Chris nahm ihn in diesen Stunden immer wieder mal still in den Arm. Er fürchtete den Sturm, der in dem viel zu ruhigen Dawide tobte, und hoffte zugleich, er möge sich endlich Bahn brechen und sich gegen ihn richten; hoffte, Dawide möge ihn wieder anbrüllen sein Dämon, seine Versuchung zu sein, ihn von dem abzubringen, was die so tief in Dawide verwurzelte Kirche als einzigen Weg für Menschen wie sie vorgab.

Die Worte trafen Chris jedes Mal aufs Neue, aber ebenso oft schob er sie energisch wieder von sich, wusste er doch als einziger, mit welchen Mitteln sie tief in Dawides Seele gebrannt worden waren. Er war nur froh, wenn Dawide nicht still litt.

Schaffte Chris es schließlich Dawide dazu zu bringen, das Fenster wieder zu schließen und in die Küche zu gehen, rief er Callum zu ihnen. Beim Kochen begannen sie zu erzählen, erst Dawide, später Chris und irgendwann sogar Callum. Dann kamen bei allen dreien die unbeschwerten Weihnachtsfeste einer fröhlichen Kindheit zum Vorschein, voller Geschichten von Kindergottesdiensten, an denen sie mitgewirkt hatten, von lustigen Weihnachtspannen, vom Plätzchen backen, Gedichte auswendig lernen und Wunschzettel schreiben und von den vielen, vielen Weihnachtstraditionen ihrer Familien.

Mit den Geschichten kehrte das Lächeln auf Dawides Gesicht zurück und er begann sich auf die Tage mit seiner Zweitfamilie zu freuen, die ihn so vorbehaltlos liebte. Dann saß er mit Chris und Callum beim Essen, ließ das vergangene Jahr Revue passieren, hielt Chris' Hand fest in seiner und zwang sich rigoros, den Menschen zu vergessen, der nur gute hundert Kilometer entfernt Gott auf Knien darum anflehte, Dawide *in Ordnung zu bringen,* ihn zu *befreien,* damit er eines Tages seinem himmlischen und seinem weltlichen Vater wiederbegegnen könne – jenem weltlichen Vater, der bis zu seinem letzten Atemzug um ein Wunder für seinen Sohn gebetet hatte, das nicht hatte geschehen wollen.

Hatten sie die Weihnachtsnacht überstanden, waren Chris und Dawide am ersten Feiertag nach dem Frühstück abgefahren und Flo zum nächsten Dienst verschwunden, dann besuchte Callum Theo.

Der dehnte Callums Besuch bei sich stets so lange aus, wie es irgend möglich war. Weil er selbst die Einsamkeit an diesem Tag so spürte, aber auch, weil dieser Tag Callums schwarzer Tag war.

Flo kam zu ihnen, sobald er eine Pause hatte, und manchmal auch Besucher anderer Heimbewohner. So schafften sie es meist, auch diesen Tag halbwegs fröhlich herumzubringen. Der darauffolgende Tag würde ohnehin der letzte dieser drei so endlos scheinenden einsamen Tage sein.

~ * ~

In diesem Jahr aber lagen noch dunklere Schatten über ihrem Fest. Die ihnen gerade erst wieder vertraut gewordenen Abläufe in ihrer Wohngemeinschaft waren durch Ks Abwesenheit über den Haufen geworfen, die Wohnung schien ihnen zu leer, genauso wie Ks Platz am Tisch.

Flo konnte sich über die liegenbleibenden offenen Kosmetikpröbchen in seinem Bad ebenso wenig freuen wie Dawide über seine Küchenmesser, die an ihrem Platz verblieben. Sie vermissten Käthe Molinars Eifler Gemüse- und Kuchenpakete und, wenn sie ehrlich waren, vor allem deren unverschämte, nervige und viel zu freche Tochter.

Flos Weihnachtsparty fiel ins Wasser und auf seinem Rückweg nach Hause lief er, enttäuscht, unaufmerksam und verärgert geradewegs in einen Radfahrer hinein. Die Prellungen, die sich beide dabei einfingen, waren schmerzhaft und unschön und machten Flo noch reizbarer, als er es ohnehin schon war.

Callum verstauchte sich am ersten Feiertag auf dem Weg zu Theo den Knöchel, was seinen für den zweiten Feiertag geplanten langen Spaziergang und den Besuch im Fitnessstudio platzen ließ.

Theo empfing den leidvoll Humpelnden mit einem ebenso leidvollen Schnupfen, den Callum prompt dankbar an- und mit nach Hause nahm, um den Rest der Feiertage mit Fieber im Bett zu liegen.

Noch schlimmer aber traf es Dawide und Chris. Kaum hatten sie in Chris' Elternhaus Bescherung gefeiert, als Chris' fünfjähriger Neffe Marius auf Dawides Schoß kletterte und ihn nachdenklich ansah.

»Was ist?«, fragte Dawide.

»Ich habe ein Buch, da steht drin, warum ich jetzt ein großer Bruder bin.«

Chris' Schwester begann breit zu grinsen.

»*Ach.*« Dawide schwante Böses.

»Da steht, dass Mamas ein … *Dings* haben, also so ein Loch, und da steckt der Papa sein *Dings* rein, wenn sie sich liebhaben, und dann kommt irgendwann ein Baby raus.«

»Nicht perfekt formuliert, aber perfekt verstanden«, lobte sein Opa hustend. Ausnahmsweise war Marius das Lob seines heißgeliebten Opas aber völlig egal. Ihn beschäftigte etwas ganz anderes. »Wie machen Chris und du das? Ihr seid beide Jungs.«

An jedem anderen Tag des Jahres hätte Dawide unbefangen mit dem Rest des Tisches gelacht und Marius geantwortet, sie hätten sich genauso lieb wie Marius' Eltern, es würde nur, so sehr sie sich das vielleicht auch wünschten, eben kein Kind dabei *herauskommen*.

Nicht aber an Weihnachten.

Da waren sie noch zu nahe, die Stimmen in seinem Kopf, die ihm die immer gleichen Worte entgegenbrüllten. *Finalität. Persona Humana. Unordnung. Sünde. Vergebung.* Worte voller Anklage und Hoffnung, Fluch und Segen, Vernichtung und Seelsorge zugleich.

An diesem Tag hob ein totenbleicher Dawide Marius kurzerhand von seinem Schoß, setzte ihn so vorsichtig vor sich ab, als könne er ihn zerbrechen, und stand auf.

»Entschuldigt mich«, würgte er heraus und floh aus dem Raum. Er hörte noch, wie Marius verschreckt zu weinen begann, dann übertönten die Stimmen in seinem Kopf alles, rissen ihn fort von den Menschen, die ihn liebten, weit fort, immer abwärts, in die Tiefe.

Es brauchte eineinhalb Stunden und die vereinten Kräfte von Chris und seiner gesamten Familie, um Dawide wieder aus dieser Hölle zu befreien, und weitere vierundzwanzig Stunden, bis er wieder etwas aß.

Wie gesagt, es wurde das schlimmste Weihnachtsfest seit Jahren – und es sollte noch schlimmer kommen.

Kapitel 20

Kommt ihr jetzt endlich?«, brüllte Flo und tappte dabei ungeduldig mit dem Fuß auf den Boden. »Es ist gleich halb neun und sie haben um *acht* angefangen. Ihr werdet nicht mehr schöner und an mich kommt ihr sowieso nicht heran, also KOMMT ENDLICH!«

»Hör auf zu krähen, Hähnchen, sonst kommst du in die Suppe!«, brüllte Dawide aus der Küche zurück.

Flo grinste. Sie hatten sich zwei Abende lang um das morgige Festessen zu Ehren von Ks Rückkehr gestritten, aber Hühnersuppe hatte nicht auf dem beschlossenen Speiseplan gestanden. »Macht schon!«, maulte er also. »Wir können schlecht *nach* Mitternacht auf einer Silvesterparty auftauchen.«

»Wenn du zur Abwechslung statt deiner selbst auch mal ein Zimmer putzen würdest, mein lieber Florian, wären wir alle damit schneller fertig geworden und jetzt ebenso bereit zum Abmarsch wie du.«

Das betont förmliche *Florian* in Chris' Satz ließ Flo noch einmal in den Spiegel sehen, vorsichtshalber. *Na schön*, er hatte es bei Make-Up und Outfit des Abends vielleicht *etwas* übertrieben. Vorsichtig strich er eine Augenbraue in Form, dann nickte er seinem Spiegelbild zufrieden zu. *Aber wirklich nur ein ganz kleines Bisschen.*

»Da!«, machte Flo eine halbe Stunde später und zupfte Callum heftig am Ärmel.

»Flo!«, warnte der durch zusammengebissene Zähne und entzog sein Hemd Flos Griff.

»Da ist er!«

»Ja, ich sehe ihn, Flo. Ich bin ja nicht blind. Ignorier ihn einfach. Du wusstest ja, dass er da sein …«

Dann sahen sie es: Am Arm des Mannes hing bereits die nächste Dame.

»Ist das die aus dem Schlafzimmer oder ist es das, was ich befürchte?«, flüsterte Chris.

Flo schüttelte den Kopf. »Also nackig sah sie anders aus als die da.«

Nachdem Callum, Chris und Dawide sich halbwegs wieder beruhigt hatten, löste Dawide sich von ihnen und marschierte zu dem Pärchen hinüber. »Nanu, so schnell getröstet?« Er klang launig, als seien er und der Typ neben ihm seit Jahren beste Kumpels.

Der nahm den versöhnlichen Tonfall erfreut auf, ohne zu bemerken, wie Flo, Chris und Callum Dawide folgten. Erwartungsvoll blieben sie ganz in seiner Nähe stehen.

»Ach, getröstet. So viel war's ja nicht«, sagte er und trank einen Schluck aus seinem Glas. Dann grinste er breit. »Wollte nur wissen, ob die Haarfarbe echt ist. Ist sie«, versicherte er Dawide großspurig und deutete an sich herunter. »Kannst ja mal nachsehen. Keine schwere Aufgabe, da ranzukommen.«

Dawide nickte langsam, stellte sein Glas in Chris' bereits hingestreckte Hand – und schlug zielsicher zu.

»Es war ja nun wirklich nicht nötig, *uns* dafür rauszuschmeißen, oder?«, schimpfte Flo. Sie antworteten ihm nicht. Er erwartete es auch nicht, er schimpfte nämlich schon den gesamten Rückweg über.

Natürlich hatten die Gastgeber keinen von ihnen rausgeworfen, aber die dezente Anregung an Dawide, vielleicht doch lieber zu gehen und sich zu beruhigen, war auf dasselbe hinausgelaufen. Und wenn Dawide ging, dann gingen sie alle. Zudem hatte Dawide genau das Richtige getan und hätte eigentlich noch viel mehr tun sollen, das stand außer Diskussion. Sie gönnten dem Typen die Magenschmerzen von ganzem Herzen, auch wenn sie ein schlechtes Gewissen gegenüber ihren Gastgebern hatten.

Aber nur wegen des schönen Teppichs.

Ihre merkwürdige Mischung aus Euphorie und Schuldbewusstsein hielt noch an, als sie wieder in ihrer Wohnung eintrafen. So holten sie aus ihren Zimmern zusammen, was sie für eine improvisierte Silvesterfeier benötigten, und setzten sich an den großen Esstisch, um die letzten Stunden des alten Jahres doch noch passabel herumzubekommen.

Sie plauderten und tranken, bis sie im weiten Bogen wieder bei K, beim vergangenen Weihnachtsfest und bei ihrem Rauswurf landeten.

»Da seht ihr, was passiert, wenn wir sie weglassen. Ich habe ja gleich gesagt, sie ist eine Fee. Sie bringt uns Glück«, konstatierte Flo in die unbehagliche Stille hinein, die sich ausgebreitet hatte.

Callum, Chris und Dawide sahen einander an. Jeder wartete auf Protest der anderen, aber es kam keiner.

»Keine Typen mehr«, nickte Callum langsam. Er musste es langsam tun, denn die Flasche Gin auf dem Tisch vor ihm war seit ihrer Heimkehr um Etliches leerer geworden und sie alle waren vor ihrem Aufbruch wegen der Putzerei nicht mehr zum Essen gekommen.

»Keine Typen mehr«, wiederholten Chris und Dawide. Ihre gemeinsame Flasche Rotwein war ebenfalls fast leer. Es war ihre zweite.

Flo, dessen Wodka-Mix-Getränk auch nicht ohne war, sich aber wegen der Kälte nicht so schnell trinken ließ, musste grinsen. »Halloho! Erde an Jungs! Wir sind *queh-heer!*«

Die sahen ihn verständnislos an.

»Keine *K*-Typen mehr. Der Rest von uns darf ja wohl noch machen, was er will, oder?«

»*Yup.*« Callum hickste, stand auf und erhob feierlich sein Glas, als sei er im Begriff, einen Toast auf die Queen auszubringen. »*Schentelmän*«, nuschelte er, dann riss er sich zusammen. »Ab sofort gilt: Wir beischen, äh, beißen weg, was K an die Wäsche will.« Er warf einen Blick zu Flo. »Nischt uns.«

Dawide folgte Callums Beispiel, auch wenn er sich dazu mit der anderen Hand am Stuhl festhalten musste. »Jawoll! Ein Sch… Schwur. Wir tun alles, was nötig ist, um sie hier, *hups*, tschu behalten«, deklamierte er hochkonzentriert.

Chris und Flo erhoben sich ebenfalls. »Wir bereiten K ab sofort den Himmel auf Erden, damit sie nie wieder wegwill«, ergänzte Chris sorgfältig und fügte sein Glas den beiden bereits erhobenen hinzu. Er nuschelte nie, wenn er betrunken war; er wurde nur langsamer, bis er einschlief.

»An uns wird keiner heranreichen«, schwor Flo und kämpfte verzweifelt darum, mit seinem an die Gläser der anderen heranzureichen.

Während sie feierlich anstießen, stiegen draußen die ersten Silvesterfeuerwerke gen Himmel.

»Also gut, Leute«, verkündete Callum, als sie sich zufrieden wieder auf ihre Stühle fallen ließen, »starten wir die ›Operation *Forever K*‹.«

II.

Kapitel 1

Dawide stand am Fenster seines Büros und sah stumm hinaus. Wieder. Es war schon wieder passiert, tobte er stumm. Der siebte Klient in sechs Monaten, der um künftige Betreuung durch Niklas gebeten hatte. Dawide hatte nichts gegen Niklas; der war unbestreitbar ein Beratungstalent und ein Menschenfänger im besten Sinne. Dawide hätte sich nur gewünscht, der Mittzwanziger hätte sich nicht immer ausgerechnet seine Klienten zur Zielscheibe seiner Abwerbungen erkoren.

Dawide wusste nicht mehr, wie er das verhindern sollte, außer mit noch mehr Leistung. Die aber vermochte er kaum mehr zu erbringen. Die ständige Erreichbarkeit, seine Angespanntheit und seine Sorge zogen seine Beziehung zu Chris bereits in Mitleidenschaft. Chris schwieg dazu, aber er litt darunter. Schon, weil er sich so um Dawide sorgte.

Das Läuten seines Tischtelefons riss ihn aus seinen Gedanken.

»K ist hier, Dawide«, vermeldete seine Assistentin.

Die Aussicht auf K zauberte ihm ein Lächeln ins Gesicht. »Sie soll durchkommen, ja? Danke!« Er legte auf.

»K!«, rief er erfreut, als sie nur Sekunden später eintrat.

»Hallo, Dawide!« Lächelnd begrüßte sie ihn mit den so vertraut gewordenen Küsschen und wandte sich dem kleinen Beistelltisch zu, auf dem stapelweise Papiere lagen. »Was hast du für mich?«

»Drei Abschlussberichte, ein Zwischenbericht. Vierhundertzwanzig Seiten insgesamt. Fertig bis gestern, Drucktermin vorgestern. Also nichts, was du nicht schaffen würdest.« Er feixte.

Sie nickte und untersuchte die vier Stapel vor sich genauer.

Sie hat sich kein bisschen verändert, dachte Dawide. *Jedenfalls nicht, seit sie wieder auf die Beine gekommen ist.* Er erinnerte sich noch zu gut an die bleiche, sichtlich angegriffene K, die Callum, Flo und Chris an jenem Neujahrstag vor mehr als zwei Jahren vom Bahnhof mit nach Hause gebracht hatten. Daran, wie still und in sich gekehrt sie noch fast zwei Monate lang gewesen war, bis sich langsam, Stück für Stück wieder in die alte, fröhlich-freche K gezeigt hatte.

Es hatte fast ein Jahr gedauert, bis die vier Verschwörer der ›Operation *Forever K*‹ erstmals hatten tätig werden müssen. Seitdem allerdings bissen sie höchst erfolgreich jeden weg, der sich auch nur ansatzweise für K interessierte.

Dawide grinste innerlich, als er an ihren ausgefeilten und erprobten Drei-Stufen-Plan dachte, den sie dann zur Anwendung brachten. Er basierte auf einem einfachen Prinzip: Genau wie sie duldete K nur Menschen in ihrer Nähe, die auch von ihren WG-Freunden akzeptiert wurden. Konnten Chris, Callum, Dawide und Flo also K den Bewerber einmal nicht madig reden, setzte Stufe Zwei beim Bewerber selber an. Dann machten sie sich *ihm* madig. Wie Chris treffend bemerkte, karikierten sie sich dabei höchst effektiv selbst. Ob es Flo war, der nur mit einem (unter größtmöglichem gemeinsam Gejohle in einem nahe gelegenen *Gay-Shop* angeschafften) pinken Spitzenhöschen bekleidet die Tür öffnete oder Callum, der dem Bewerber ganz ohne Worte vorgaukelte, sowohl Ks als auch Chris' Partner zu sein – Dawide krönte das Ganze noch mit einem dezent geraunten *Du, wir sind hier alle ganz offen.* Viel weiter mussten sie zumeist gar nicht gehen.

Zeigte sich das Zielobjekt unverschämt vorurteilsfrei, trieb das die vier allerdings zum Äußersten: Sie baggerten es konsequent an bis hin zu Eifersuchtsszenen vor dessen Augen. Flos traumhaft-tränenreiche Abgänge nach Callums leise drohend geäußerten Besitzansprüchen auf Ks Bewerber hatte noch keiner überstanden.

Vorbeugend hatte Callum es sich zudem angewöhnt, K so oft es ging von der Arbeit abzuholen und dabei durchblicken zu lassen, wie glücklich er doch als ihr *Freund* sei. Es war ja wohl kaum seine Schuld, wenn die Empfangslady das fehlinterpretierte – und so redselig war.

Vor allem aber taten sie alles, damit K sich bei ihnen wohlfühlte. Sie erwiesen ihr Aufmerksamkeiten, an die sie sich untereinander immer wieder erinnerten, und versuchten sie so fest wie möglich in ihr Leben einzubinden. Letzteres bedurfte keiner besonderen Bemühung, es ergab sich einfach so.

Sowieso hatten sie stets das Gefühl, mehr zurückzubekommen, als sie gaben: Callums *Ausflüge* waren seltener geworden, weil er dank K erstmals seit Martin wieder jemanden hatte, dem er vertraute und an den er sich wenden konnte, ohne Angst haben zu müssen, in Chris' und Dawides Partnerschaft zu stören. Auch Flos Liebschaften hatten sich reduziert, seit er bei K Zuneigung und Aufnahme fand. Selbst seine Outfits waren dezenter geworden, schon weil K ihn stets liebevoll auslachte, wenn er es übertrieb. Chris schätzte Ks präzise Sprache und focht mit Begeisterung Wort-um-Wort-Gefechte mit ihr, bis einem von beiden nach schier endloser Zeit die Worte ausgingen und ihnen der Bauch vom Lachen wehtat. Aber am meisten schätzte Chris ihren untrüglichen Instinkt dafür, wann er, Dawide, dringend kochen sollte. Dann biss sie sich so lange an ihm fest, bis sie ihn da hatte, wo sie ihn hinhaben wollte: am Herd.

Weder Chris noch er hatten ihr je erzählt, wann und vor allem warum er kochen musste; sie schien es zu erfühlen. Seitdem ging es ihm besser und Chris wirkte befreit, so als teile er sich die Verantwortung für einen schwierigen Straßenköter plötzlich mit einem zweiten Herrchen. Dawide musste unwillkürlich grinsen. *Wau!*

Er sah auf die Wanduhr. Sein nächster Termin würde bereits auf ihn warten und er durfte nicht noch einen Mandanten verlieren. »Entschuldige, Schatz, …«, er machte eine Handbewegung zur Uhr hinauf, »… aber ich bin heute knapp dran. Mein nächster Termin wartet schon.«

»Ich habe ihn gesehen. Nett«, entgegnete K abwesend. »Schön, also ich nehme die Sachen mit. Heute ist … Dienstag, also Montagmorgen bei Dienstbeginn, ja? Abrechnung wie gehabt.«

Er nickte und half ihr die vier Papierpakete in ihrem Rucksack zu verstauen. *Sie könnte einen neuen gebrauchen.* Schnell fügte er ihn der gedanklichen Liste möglicher K-Aufmerksamkeiten hinzu, während er sie zur Tür brachte.

»Also, bis demnächst«, verabschiedete sie sich von ihm, angesichts des fremden Wartenden ungewohnt förmlich. Plötzlich trat das vertraute freche Funkeln in ihre Augen. »Viel Spaß mit ihm!« Sie warf dem gutaussehenden Mann im teuren dunkelblauen Anzug einen Blick zu und verschwand im Treppenhaus.

Simon sah ihr nach, bis sie außer Sichtweite war, dann wandte er sich Dawide zu. »Holla!«

»Bitte?«

»Sie.«

»Äh, ja. Komm erst mal rein. – Weißt du, ich habe mir die letzten Quartalszahlen noch einmal angesehen und ich finde …«

~ * ~

»Also, grüß sie bitte von mir und sag ihr, ich hätte tatsächlich viel Spaß mit dir gehabt«, sagte Simon, als er zur Tür ging.

»Wen?« Dawide war bereits dabei, die besprochenen Maßnahmen abzuarbeiten.

»Dawide! Also wirklich. Die Frau von eben natürlich. Sie hat mir viel Spaß mit dir gewünscht. Übrigens, verrätst du mir jetzt, wer das war?«

»Ja, sicher. Das war K. Sie ist …« Dawide stutzte. Das hatte gerade nach Interesse geklungen. »… eine externe Mitarbeiterin. Ich werde deine Grüße gerne ausrichten, Simon.«

Er sah aus dem Fenster, als Simon wenig später unten auf die Straße trat. Simon hatte erwähnt, er sei diesmal nicht mit dem eigenen Wagen gekommen, weil er abgeholt werde. *Äußerst ungewöhnlich.* Er nutzte die Gelegenheit, seinem Lieblingsmandanten und guten Bekannten ein wenig nachzuspionieren. Neugier war ein untergeordnetes Laster, fand er. *Gemessen an allem anderen.*

Unten fuhr ein dunkler, teurer Oberklassewagen vor und hielt in der Auffahrt. Ein Sicherheitsbeamter stieg aus und öffnete nach einem kurzen Rundumblick den hinteren Wagenschlag. Sofort trat Simon auf den Aussteigenden zu. Die beiden schienen sich gut zu kennen, denn der Mann zog Simon in eine herzliche Umarmung und klopfte ihm auf den Rücken. Simon löste sich aus der Umarmung, beugte sich zu dem osteuropäisch aussehenden Mann vor – und küsste ihn unvermittelt mitten auf den Mund.

Dawide lachte lauthals los. *Soviel dazu. Falscher Alarm.*

Kapitel 2

Simon war, erfuhr Dawide eine Woche später unter der Hand, auch Opfer von Niklas' mittlerweile aggressiv gewordener Abwerbepolitik geworden. Es traf ihn.

Umso überraschter war er, als Simon ihn noch am selben Tag dringend um einen Termin bat und von sich aus vorschlug, diesen mit einem Abendessen außerhalb des Büros zu kombinieren. So sehr sich Dawide auch darüber wunderte, sowohl Chris als auch Callum rieten ihm sofort dazu, Simons Wunsch nachzukommen, Essen hin oder her.

»Danke, dass du's eingerichtet hast, Dawide. Ich weiß, Chris wird mich umbringen, aber es war mir wirklich wichtig.« Simon zog etwas aus seiner Aktentasche. »Hier.« Er schob das Päckchen zu Dawide hinüber. »Eine kleine Entschuldigung an ihn. Darfst du annehmen, ist offiziell.«

Dawide freute sich über die Geste. Er nahm das kleine Etui, öffnete es und bestaunte das schön gestaltete dunkelbraune Lederarmband, das darin lag. »Danke!«

»Hat einer meiner Scouts in Albanien entdeckt. Wir haben die Manufaktur mit hundertfünfzig Stück ins nächste Programm genommen. Chris ist gerade Markenbotschafter geworden.« Simon grinste.

Als der erste Gang abgeräumt war, kam Simon zur Sache. »Niklas Wilhelm hat bei den Gesellschaftern angeklopft um das Mandat auf ihn übertragen zu lassen. Ist nicht gut angekommen, kann ich dir sagen. Nicht in unserer ultrakonservativen Branche. Wir sind zu wenige, um uns gegenseitig zu beharken, weißt du ja. Meine Leute schätzen das nicht.«

Dawide stutzte. »Man hat mir heute gesagt, ihr hättet gewechselt.«

Simon schüttelte entrüstet den Kopf. »Sicher nicht. Ganz im Gegenteil. Ich habe heute, mit offizieller Zustimmung übrigens, euren Vorstand über

Niklas' aggressives Vorgehen informiert und zum Ausdruck gebracht, wie *irritiert* wir darüber sind.«

Dawides Herz schlug hart gegen seine Rippen. Was für eine Unterstützung! Endlich ein Lichtblick. »Wow. Ich bin überwältigt. Danke. Also dir und den Gesellschaftern.«

Simon nickte knapp. »Schön. Weiter. Wie zeigst du dem Typen, wo sein Platz ist?« Dawide wollte abwinken, aber Simon hakte sofort ein. »Erzähl mir nicht, du lässt dich verdrängen.« Als er Dawides zweifelndes Gesicht sah, zog er die Augenbrauen zusammen. »Mensch, Dawide! Du hast fantastische Arbeit geleistet in den letzten Jahren. Das kannst du dir doch nicht von so einem Möchtegern-Teenie wegnehmen lassen!«

In Dawides Magengegend explodierte ein weiteres Freudenbällchen. Er hob die Hände und drehte die Handflächen nach außen. »Also gut, nehmen wir einmal an, es wäre so. Was sollte ich denn deiner Meinung nach tun?«

»Stell ihn kalt. Wirb aktiv um deine Leute. Keiner von denen will wirklich weg. Du musst sie nur an deine Leistungen erinnern.« Plötzlich schmunzelte er. »Oder besser noch: Schaff ihnen eine perfekte Erinnerung an dich!«

Dawide sah ihn verständnislos an.

»Wie bei uns, Dawide. Wenn unsere Kunden etwas kaufen, ist das meist mit einem Ereignis verbunden. Das, *was* sie kaufen, erinnert sie immer wieder daran. Der Gegenstand ist für immer positiv besetzt. *Das* musst du schaffen.« Simons Gesichtsausdruck wurde kurz nachdenklich, dann erschien ein strahlendes, freches Jungengrinsen darauf. Er tippte Dawide energisch auf den Handrücken. »Sag mal, wann warst du eigentlich das letzte Mal so richtig kindisch?«

Sie diskutierten, lachten und verrannten sich, aber als sie beim Dessert angelangten, stand ihr Plan. Dawide beglich die Rechnung, dann zogen sie einträchtig Richtung Ausgang.

»Und, hast du ihr meine Grüße ausgerichtet?«, fragte Simon, als er seinen Mantel anzog.

Dawide wusste sofort, wen er meinte. Simons Kuss für den fremden Mann kam ihm in den Sinn. »Nein, habe ich nicht.« Er sah auf seine Armbanduhr. »Aber weißt du was? Richte sie ihr selber aus! Sie ist sicher zu Hause. Absacker bei uns. Ich lad dich ein. Chris freut sich, du kannst ihm das Armband selbst geben und du kannst auch gleich den Rest unserer etwas … *besonderen* Wohn… Ach was, komm einfach mit.«

Dawide hatte zwar nicht daran gezweifelt, aber er war doch überrascht, *wie* gut sich Simon sofort mit der gesamten WG verstand. Chris und Simon hatten sich ja schon gekannt, aber Simon nahm Callum sofort für sich ein und eroberte auch Flo im Sturm. Ja selbst K erlag Simons Charme. Nach einiger Zeit lotste Chris Dawide und Callum in die Küche, um sie darauf aufmerksam zu machen.

»Lass mal. Völlig harmlos«, sagte Dawide. »Simon ist einer von uns, wenn ich mich nicht sehr täusche.« Er berichtete von seiner Beobachtung.

»*Hm*«, machte Callum misstrauisch. »Das muss gar nichts heißen.«

»Hey!« Dawide lachte. »Gebt ihm eine Chance, ja? Er gibt *mir* gerade eine.«

»Also schön«, sagte Chris, »wir stellen Simon unter Beobachtung und prüfen ihn, Schema wie gehabt. Einverstanden?«

Kapitel 3

Simon suchte die Nähe der WG, das wurde bald unübersehbar. Aber schon nach wenigen Besuchen waren die vier Jungs sich sicher K gefahrlos in seine Nähe lassen zu können.

K war ohnehin zu dem Schluss gelangt, Simon sei wohl eher an Callum oder Dawide interessiert als an ihr.

Schuld an ihrem Verdacht war vor allem Simons unverkrampfter Umgang mit ihrem Kleeblatt. Nicht einmal Flos Türöffner-Auftritt in einer furchtbaren pinken Spitzenunterhose, den sie amüsiert von ihrer Zimmertür aus verfolgte, hatte Simon aus der Fassung gebracht. Er hatte Flo lediglich von oben bis unten gemustert, um anschließend mit einem freundlichen »Charmant, Flo, aber nicht *ganz* die Farbe dieses Sommers« souverän an ihm vorbei ins Wohnzimmer zu segeln.

Dazu kamen Simons neutrale Art, mit ihr umzugehen, und sein ausgesprochen gepflegtes Äußeres. Zudem lief er trotz dieses Äußeren und seiner offensichtlichen finanziellen Unabhängigkeit ohne jeglichen weiblichen Anhang herum. Nein, Simon war definitiv nicht interessiert.

Simon seinerseits war sich sicher in Callum und K ein wunderbar funktionierendes Paar kennengelernt zu haben. K schien in Callums Zimmer ein- und auszugehen, wie sie wollte, ohne jemals zu stören, und oft genug sah er die beiden sich umarmen oder sonst irgendeinen Körperkontakt suchen.

Sein Verdacht bestätigte sich, als er eines Tages den Versuch machte, K spontan zu einem Arbeitsessen einzuladen, und sie zu diesem Zweck von ihrer Dienststelle abholte. Die Wartezeit bis zu Ks Auftauchen verbrachte er in Gegenwart der höchst informativen Dame vom Empfang, die ihm begeistert berichtete, K habe einen Freund, der sie regelmäßig abhole. Simons dezente Nachfragen ergaben eine vetraute Beschreibung: circa eins fünfundachtzig, hellbraune Haare und Augen, helle Haut, gepflegt, Maßanzug, teure Lederschuhe, Akzent. *Callum.*

Simon zog sich unauffällig zurück. Das war schwierig, da er Dawide nicht im Stich lassen wollte. So behauptete er immer häufiger Dawide nur zu Dienstzeiten treffen zu können und schob ansonsten dringende Termine vor. Er blieb wieder häufiger übers Wochenende in seiner Dienstwohnung in München oder legte dienstliche Termine absichtlich aufs Wochenende.

Doch zu seiner Überraschung schienen seine neuen Freunde nicht gewillt ihn ziehen zu lassen.

Seine Einschätzung traf ins Schwarze.

Callum hatte einen Narren an ihm gefressen, wenn auch anders, als K annahm. Der dauerreisende Simon war ein kluger Kopf und ein brillanter Erzähler. Mit seinen blonden Haaren und blauen Augen, der immer leicht gebräunten Haut, der sportlichen Figur und der sportlich-eleganten Kleidung war er zudem genau Callums Typ. Außerdem schien er ungekünstelt und interessiert zugleich zu sein. Zum ersten Mal seit Martins Fortgang fand Callum jemanden, dem er Chancen einräumte, ein echter Freund werden zu können.

Auch Chris fand, Simon würde Dawide und ihm guttun. Dawide, weil Simon ihn so fantastisch unterstützte, und ihm, weil er hoffte, mit einem kleinen Flirt mit Simon Dawide wieder auf sich aufmerksam machen zu können. Vielleicht würde es Dawides Kopf aus dem Büro holen, in dem der immer häufiger hängenblieb.

Flo fand Simon klasse und wollte den netten neuen Kumpel behalten und K fühlte sich in Simons Nähe wohl.

Als Simon sich plötzlich zurückzog, war für alle fünf klar: Sie hatten etwas falsch gemacht. So bemühten sie sich mit jedem Schritt, den Simon sich zurückzog, umso mehr um dessen Rückeroberung.

Kapitel 4

Würdest du mir dann helfen, K?«, bettelte Flo, nachdem er K von seinen neuesten Zukunftsplänen berichtet hatte, und machte Kulleraugen.

»Also noch mal langsam. *Thomas* meint, du seist hier in der WG der *Underdog* und Altenpfleger sei *unter deinem Niveau*. Du sollst also deinen Job im Heim aufgeben und – ich zitiere – *studieren gehen*. Lieber Flo, mal ganz abgesehen davon, dass man *studiert* und nicht *studieren geht*, wie die, die es getan haben, wissen – wie stellt er sich das denn vor?«

»Er sagt, es ist ein duales Studium, wo man auch Geld verdient. Und es ist nicht weit weg, nur auf der anderen Rheinseite, bei Bonn.« Es klang, als habe Flo es auswendig gelernt.

»Weiß Callum davon?«

Flos Augen weiteten sich. »Nein! Natürlich nicht. Thomas meint, ich soll …«

»Stopp mal, Flo. Du wirst bald dreißig. Meinst du nicht, du seist über das Mein-neuer-Freund-sagt-Alter hinaus?«

Flos Augen füllten sich mit Tränen.

K verdrehte die Augen und sah zur Decke. *Nein, ist er nicht. Das ist es ja gerade.* »Schön. Weißt du was? Ich rufe morgen von der Arbeit aus ein paar Leute an und erkundige mich nach dem Studiengang. Dann sehen wir uns das zusammen an und *dann* kann ich dir auch sagen, ob ich dir helfen könnte.«

Sofort strahlte Flo wieder.

K hob die Hand. »Aber, Flo, mal ganz ehrlich: Ein Studium, ganz gleich welches, kann man nicht *für* jemanden machen, das muss man selbst wollen.«

Flo warf die Arme um sie. »Danke«, flüsterte er und drückte sie fest.

Als er aus Ks Zimmer hüpfte, sah sie ihm nachdenklich hinterher.

~ * ~

»War das immer so?«, fragte sie den ihr gegenübersitzenden Chris ein paar Stunden später und nahm einen Schluck aus ihrem Glas. Sie hatte Chris spontan *auf eine Pizza* eingeladen, was, wie sie selbstkritisch bemerkte, nicht ganz korrektem Deutsch entsprach. Aber sie hatte sein Gesicht gesehen, als Dawide sich wieder einmal telefonisch für den Abend ins Büro abgemeldet hatte, und ausnahmsweise war ihr Dawides Entscheidung ganz recht gewesen. In der Pizzeria liefen sie wenigstens nicht Gefahr, von Callum oder Flo gestört zu werden.

»Ja«, antwortete Chris. »Ich denke, das ist ein Resultat aus Flos Geschichte. Flos Kindheit bestand aus einer Mischung aus Verwahrlosung und Prügel. Er ist, jedenfalls soweit ich weiß, zig Mal vom Jugendamt in Obhut genommen worden. Heim, Pflegeeltern, Rückgabe und zurück. Ich bin kein Psychologe, aber ich habe mir Flos *Freddy-Mercury-Tribute-Style*, dieses Hüpfen, ach, diese ganze – wie soll ich sagen? – überbetonte Art immer so erklärt: Für ihn ist sie Schutzschild und Aufmerksamkeitsfänger zugleich. Er macht sich klein, um nicht mehr verprügelt zu werden, und bunt, um nicht mehr übersehen zu werden.« Er lächelte, als er Ks Gesicht sah. »Stammtischpsychologie, ich weiß. Aber jedenfalls steht keine Wunschvorstellung dahinter, kein *Drag*, keine Travestie, kein Spaß am Spiel mit Geschlechterrollen … oder warum andere das auch sonst immer machen mögen. Na ja, also, wie das mit einem Schutzschild so ist: Darunter liegt etwas Schützenswertes. Bei Flo ist das, denke ich, der echte Florian. Jemand, der Geborgenheit und Anerkennung sucht, aber glaubt, ohne Show nicht gesehen zu werden. Oder der zu verschreckt ist, um in Erscheinung zu treten.«

Diesmal nickte K. So ähnlich hatte sie sich das auch ausgerechnet.

»Jedenfalls schafft Flo ein Bild, dem Florian gar nicht entspricht. Aber es lockt Männer an, die suchen, was Flo verspricht – die aber genau das nicht geben können oder wollen, was Florian sucht. Das Resultat kennst du. Die meisten Partys enden in irgendeinem Bett. Schneller, unverbindlicher Sex, in den Florian viel mehr hineininterpretiert, als sein Partner bemerkt oder zu geben bereit ist. Es folgen Zurückweisung und Absturz, eine noch schrillere Aufmachung, die nächste, noch verzweifeltere Suche und so weiter.«

»Und wenn doch einmal einer länger als ein paar Tage bleibt, ist Florian prompt bereit alles dafür zu tun, um ihn nicht wieder zu verlieren, richtig? Bis hin zur völligen Selbstaufgabe, nehme ich an. *Thomas meint, Thomas sagt* und so weiter.«

Chris nickte. »Genau. Gott sei Dank ist Florian darunter viel stärker, als man meint. Früher oder später hat er sich bisher jedes Mal durchgesetzt. Dawide, Callum und ich haben Flo immer wieder darauf hingewiesen, ihn aufgezogen und notfalls auch mal deutliche Worte gefunden. Callum vor allem. Was Freunde halt so tun können gegen blinde Verliebtheit. Und seit du bei uns bist, ist es sowieso besser geworden.«

K runzelte die Stirn. »Wie das?«

»Na, Florian hat gute Antennen und Callum hat ihm ziemlich deutlich gemacht ›Wir haben die Macht im Hause und du bist nur Mieter bei uns. Du bist weitaus jünger, hast nicht studiert‹ und so weiter.«

K schnaubte.

»Nein, nein, nicht falsch verstehen, K! Du hast den damaligen Florian oder auch den damaligen Flo nie kennengelernt. Das war damals genau richtig von Callum. Der Graben ist ja auch längst fast zugeschüttet. Nicht ganz, denn es ist ja etwas Wahres dran. Mit deinem Einzug hatte Flo jedenfalls plötzlich das Gefühl, nicht mehr allein zu stehen. Und dann hast du ihn auch noch wahrgenommen, angenommen als den Flo, der er da schon war, und längst auch als Florian. Da konnte der eine oder andere Thomas Florian mal gestohlen bleiben.«

K lachte leise. »Leider nicht jeder.«

Kapitel 5

D*awide, Simon und ihr verdammter Plan!* Die Idee mit der *Kundenbindungsmaßnahme* war ja sicher toll gewesen, aber hätte Chris geahnt, mit welchem Aufwand das Ganze verbunden war, hätte er Simon wohl damit zum Teufel geschickt.

So aber gab es kaum einen Abend, an dem Dawide noch pünktlich zu Hause war. Er kam erst nach der Arbeit des Tages dazu, die Pläne für das *Event* auszuarbeiten, und da er sie erst fertig haben wollte, bevor er sie zur Entscheidung stellte, kämpfte er sich alleine durch tausende Details, die bedacht werden wollten, Kosten, die berechnet und Analysen, die angefügt werden mussten. *Ach, verflucht!*

Chris griff nach dem Schaumfestiger auf dem Regal vor sich und verteilte eine gute Portion des Zeugs in seinen Haaren, bis sie in alle Richtungen abstanden. *Gut. Mindestens zehn Jahre jünger.* Er streckte seinem Spiegelbild die Zunge heraus. *Quatsch.* Aber er war in der Laune auszugehen.

Flo war mit Thomas unterwegs, K mit Simon, Callum und Dawide hingen in ihren Büros ab, da konnte er ja wohl auch mal alleine was trinken gehen. Immerhin war er knapp über achtzehn. Jedenfalls, wenn man nach der Frisur ging.

~ * ~

Chris brauchte nicht weit zu laufen, um ein passendes Lokal zu finden. Er setzte sich an einen kleinen freien Tisch und studierte die Speisekarte.

»Ist hier noch frei?«, fragte eine vertraute Stimme.

Er ließ die Speisekarte sinken und sah auf. »Richard?«

»Sicher. Gleich erkannt, ja?« Der grinsende Mann, der vor ihm stand, deutete auf den freien Stuhl. »Dawide noch auf dem Weg oder frei?«

»Frei.« Trotz angestrengter Bemühungen klang Chris' Ärger darüber durch.

»*Uh, uh*. Ärger im Paradies?« Richard lachte, während er sich setzte.

»Herr Bühler! Das geht Sie, soweit ich weiß, seit gut neunzehn Jahren gar nichts mehr an.«

»Was ich schon genauso lange bereue, wie du weißt.«

Chris und er waren für kurze Zeit ein Paar gewesen, bis Richard sich, für Chris aus heiterem Himmel, von ihm getrennt hatte. Dawide hatte seinen damaligen guten Freund aufgefangen und damit das Vertrauensverhältnis geschaffen, das die Basis ihrer späteren Partnerschaft geworden war.

Chris lachte. »Schaumschläger. Ändert sich das bei dir noch mal?«

»Wohl kaum.«

Chris überhörte die Bitterkeit, die darin lag. Er hatte gerade Richards Hände inspiziert. Kein Ring, keine Ringspuren. *Hm.* »Also? Wo bist du die letzten zehn Jahre abgeblieben?«

»Hochdienen. Afrika, Asien und als Lohn dafür drei Jahre USA. Jetzt Berlin und Bonn, je nachdem, wo ich gefragt bin.« Richard war, wie schon sein Vater, in den Diplomatischen Dienst gegangen. »BMVg. Derzeit. Nicht mehr Auswärtiges Amt.« Er ließ keine weitere Erklärung folgen und Chris fragte auch nach keiner. Richard war hier und mehr brauchte er nicht zu wissen, um einen netten Abend zu haben. Jetzt musste nur noch Dawide schnellstmöglich davon erfahren, und zwar nicht von ihm. Er zückte sein Handy. »Ich weiß, wem wir von deiner Rückkehr berichten sollten, *Richie*. Callum ärgert sich schwarz, wenn er hört, wo du gelandet bist. Ihn haben sie dreimal abgelehnt.«

Kapitel 6

Vielleicht hätte Callum verhindern können, was folgte. Aber er war viel zu sehr mit sich selbst beschäftigt, um etwas um sich herum wahrzunehmen.

Es war am späteren Nachmittag, als der ihm vorgesetzte Oberstaatsanwalt ihn in sein Büro bat.

»Callum!«, grüßte Frank ihn, sobald er eingetreten war. »Ich habe gerade erfahren, dass eine mir bekannte nahegelegene Staatsanwaltschaft Mitte des Jahres zwei freie Stellen zu vergeben haben wird. Ich mach's kurz: Ich möchte, dass du dich um eine von ihnen bewirbst, selbst wenn das dann vermutlich auf ein sehr besonderes Aufgabengebiet hinausläuft.«

Callum schnappte nach Luft. *Wollte Frank ihn loswerden? Was hatte er getan? Oder nicht getan?* Er wollte gerade protestieren, als Frank ihn warnend ansah.

»Heiße Eisen, ja. Entweder jugendliche Intensivtäter oder Sexualdelikte aus derselben Altersklasse. Bitteres Geschäft. Aber: deine Examen, der Doktortitel, deine Arbeit, keine *Brexit*-Gefahr. Ich sage mal, beste Aussichten für jemanden, der auch sowas anfasst.«

Callum musste nicht nachfragen, um zu wissen, welche Aussichten Frank gemeint hatte. Sein Sprungbrett nach oben. *Aber wollte er das überhaupt? Und raus aus Köln, wenigstens, was die Arbeit anging?*

Frank schien ihm die Zweifel angesehen zu haben. »Denk wenigstens drüber nach, Callum.«

Callum nickte erleichtert. »Danke. Muss ich, glaube ich, wirklich. Trotzdem schon mal *danke*.«

Frank lächelte und winkte ab. Callum war schon fast an der Tür, als er ihm etwas nachrief. »Ach, Callum? Eins noch: Ich gehe davon aus, dass du solche heißen Eisen auch sachneutral *handeln* kannst, ja?«

Im ersten Moment stolperte Callum nicht über die Bemerkung. Jugendsachen – und Sexualstrafsachen sowieso – waren besondere Sachen, die die meisten auch persönlich berührten, ob sie das nun wollten oder nicht. Aber als er sich verabschiedet hatte und wieder an seinem Schreibtisch saß, begannen die Gedanken in seinem Kopf zu rasen.

Er wollte aufstehen, wollte Frank zur Rede stellen, hören, ob das, was er verstanden hatte, auch gemeint gewesen war. *Er hatte doch nie Anlass gegeben… oder doch? Wie oft hatten ihn Martin, Chris oder Dawide in all den Jahren von der Arbeit abgeholt? Wie oft Flo? Wann hatte er sich verraten? Wann aufgehört darauf zu achten? K. Erich. Hatten sie noch mehr Leuten erzählt …?*

Sein Atem beschleunigte sich und sein Herz begann zu hämmern. Er spürte sie kommen, wollte sie verdrängen, fortschieben, kämpfte hart, aber die Erinnerung holte ihn unbarmherzig ein.

Kapitel 7

Er stand mit dem Rücken zum Raum am Fenster, als Callum eintrat. Es war dunkel geworden, seit sie aus der Schule zurückgekehrt waren.

Callum war auch ohne den Befehl seines Vaters auf sein Zimmer gegangen und hatte gewartet, bis der ihn rufen lassen würde. Er hatte die Unruhe im Haus gefühlt, hatte gehört, wie seine Mutter zu seinem Vater hinein- und wieder von dort hinausgegangen war, hatte gewartet und gebangt, bis sie an seine Zimmertür klopfte.

»Er will dich sehen. Unten. Jetzt gleich.« Sie hatte geweint. Es tat weh, das zu sehen. Aber als er den Mund öffnete, um sie darauf anzusprechen, winkte sie ab. »Er wartet.« Sie zeigte mit der Hand auf die offen gebliebene Zimmertür.

Er ging die lange, geschwungene Treppe hinunter, versuchte, die Emotionen, die in ihm kochten, herunterzuwürgen, gerade zu gehen, gerade zu stehen, nichts von dem, was er fühlte, nach außen zu zeigen. Ein Mann zu sein. Oder sich wenigstens wie einer zu verhalten.

Sein Vater ließ ihn warten, den Schreibtisch zwischen ihm und sich, endlose Sekunden, in denen nur das Ticken der Wanduhr die Stille zwischen ihnen durchbrach. Dann holte er tief Luft und wandte sich Callum zu.

»Als deine Mutter mir sagte, das Kind, das sie erwartete, werde ein Sohn werden, war ich glücklich. Stolz. Es war ein Geschenk, die Krönung meiner perfekten kleinen Familie. Eine fantastische Tochter und dazu noch ein Sohn. Ich wusste so genau, was ich dir alles zeigen wollte, mitgeben wollte. Vielleicht war es das, was ich falsch gemacht habe.«

Callum wollte ihn trösten, ihm versichern, er habe nichts falsch gemacht. Er, Callum, sei einfach, wie er sei. Zwischen ihnen habe sich nichts geändert seit dem Anruf.

Aber sein Vater sprach bereits weiter. »Ich hätte nie gedacht, eines meiner Kinder könne mich so enttäuschen, könne so … *abartig* werden.«

Callum konnte den Schrei in seiner Kehle nicht ganz unterdrücken. Er hatte das Gefühl, in den Magen getreten worden zu sein, keine Luft mehr in den Lungen zu haben. Er wollte schreien, protestieren, kämpfen darum, nicht *abartig* zu sein, immer noch derselbe Callum zu sein, der er am Morgen gewesen war, der er immer gewesen war. Aber das zutiefst verletzte, von Abscheu gekennzeichnete Gesicht seines Vaters verurteilte ihn zum Schweigen und zu einem Blick, gerichtet auf den Teppich unter seinen Füßen.

»Das war das letzte Mal, dass wir das thematisiert haben, Callum. Du wirst den Ruf dieser Familie wahren. Du wirst morgen wieder zur Schule gehen. Ich werde mit Dominiks Vater sprechen und ihm das höchst bedauerliche *Missverständnis* klarmachen.«

Wieder wollte Callum ihm entgegenschreien, es sei kein Missverständnis gewesen, er sei verliebt, zum ersten Mal verliebt, er habe nichts Falsches getan, dieser Kuss sei nicht falsch gewesen. Ihm sei nichts anderes geschehen als tausenden anderen Jungen seines Alters vor ihm und nach ihm, die in ihrer Verliebtheit weitergehen wollten als nur bis zu einem Kuss. Wieder konnte er es nicht. Dominik war kein Mädchen.

»Du wirst diesen Term zu Ende machen, dann finden wir etwas Neues für dich, irgendwo weiter entfernt, denke ich. Bis dahin wirst du alle Männer in deinem Umfeld neutral behandeln und dich gefälligst anpassen. Ich erwarte, dass du deine … Neigungen ein für alle Mal diskret auslebst, wenn schon nicht mit Rücksicht auf mich, dann wenigstens mit Rücksicht auf deine Mutter und auf deine Schwester. Du hast einen Ruf zu wahren. Mehr habe ich dir nicht zu sagen.«

Er wandte sich wieder dem Fenster zu und sah hinaus. Nicht einmal eine Handbewegung war Callum ihm mehr wert. »Du kannst gehen.«

~ * ~

In seinem Dienstzimmer in Köln brach dem erwachsenen Callum der Schweiß aus. Seine Hände begannen zu zittern. Er kämpfte um den Mut aufzustehen, wieder hinüberzugehen und Frank zu fragen, was der gemeint hatte. Ihn zu konfrontieren.

Er blieb sitzen. Er hatte einen Ruf zu wahren.

Kapitel 8

Jedenfalls lässt der Kunde nicht locker. Er hat mich heute wieder angerufen und gefragt, ob ich mich entschieden hätte. Ich weiß, K liebt den Karneval, und ich meine mich zu erinnern, dass du nicht so begeistert davon bist«, stammelte Simon höchst untypisch. »Also, jedenfalls, ich würde, wenn du nichts dagegen hast, K gerne fragen ob sie … also, nur wenn sie mag, meine ich … und es sind ja auch zwei Einzelzimmer und Tribünenplätze und Friseur und so, also …«

»Aber du bist doch aus Köln, wie kommt der da drauf?« Callum war zu verblüfft, um Simon zu fragen, wieso dieser ihn um Erlaubnis bat, K zum Rosenmontagszug einladen zu dürfen.

Simon stutzte. »Ich bin keineswegs aus Köln, Callum. Hier in Köln ist meine Privatwohnung, ja. Ich bin gerne hier im Rheinland. Aber die meiste Zeit lebe ich in München, in meiner Dienstwohnung. Mein Unternehmen hat dort seinen Sitz. Die Kunden kennen nur die *Events* dort. Ich nehme an, deswegen hat dieser Kunde mich eingeladen.«

Callum lachte ob der einfachen Lösung des Rätsels. »Ich bin damit tatsächlich nie warm geworden, Simon. K schon, also mach nur. Sie wird begeistert sein.«

Sie war es. Als sie allerdings hörte, wohin sie da eingeladen wurde, verdüsterte sich ihr Gesichtsausdruck. »Wo bekomme ich bis dahin ein Kostüm für den Straßenkarneval her, das für *den* Rahmen tauglich ist? Die Runden der Theater sind längst gelaufen und zum Nähen lassen ist vermutlich auch nicht mehr genug Zeit.«

»Ich glaube, da weiß ich Rat«, sagte Flo verschmitzt. »Lass mich mal machen.«

Drei Tage später brachte er das schönste *Mezzetino*-Kostüm mit nach Hause, das K je gesehen hatte. »Es gehört dir, soll ich dir sagen. Also keine

Sorge, wenn ihr anschließend damit noch feiern geht.« Flo feixte, als er Ks offenstehenden Mund sah.

»Wo hast du das her?«

»Aus dem Kostümfundus einer Freundin. Oder eines Freundes, such's dir aus. Sie hat es vor Jahren in einer Show getragen, aber die Szene ist längst rausgeflogen. Sie war mir noch was schuldig. Es sollte dir übrigens gut passen, sie hat es an mich angepasst. Stehen tut's dir sowieso, du bist der gleiche Typ wie sie und ich.«

Das stimmte. Der kindlich schmale, blonde und blauäugige Flo war tatsächlich nur rund zehn Zentimeter größer als K und auch nur wenig breiter. Die paar Abnäher, die noch nötig waren, um dem Kostüm eine schmalere Taille zu verpassen, waren schnell gemacht. Noch ein verrückter Einkaufsbummel mit Flo und K war bereit.

~ * ~

Der Rosenmontag begrüßte sie mit blau-weißem Himmel und angenehm milden Temperaturen. Die kleine Festgemeinschaft, die sich am Vorabend im Hotel eingefunden und beim Empfang und Abendessen schon einmal beschnuppert hatte, nahm das Frühstück auf den Zimmern ein. Schließlich standen die Make-Up- und Friseurtermine noch an, ehe sie sich auf den Weg zu der für sie gebuchten Tribüne mit dem kleinen Festzelt dahinter machen würden.

K hatte auf einen Friseurtermin verzichtet, da ihr kurzer, lockiger Bob perfekt zum Kostüm passte, aber beim Make-Up ließ sie sich dankend helfen. Dann machte sie sich daran, das aufwändige Kostüm anzulegen. Genau drei Minuten vor der verabredeten Abholzeit stand sie im Mini-Flur ihres winzigen Einzelzimmers, sah in den Spiegel und fand sich umwerfend.

»*Kamelle*!«, brüllte sie zwei Stunden später zu den vorbeiziehenden Wagen hinauf. »*Strüßjer*!«

Die dicke Dame im dunkelblauen Zweiteiler zwei Plätze weiter sah sie entrüstet an. Keiner der Eingeladenen schien den vorübergehenden Zug auch nur wahrzunehmen. Viel mehr waren sie damit beschäftigt, sich leicht blasiert gegenseitig vorbeiziehen zu sehen. Die wenigen, die sich kostümiert hatten, trugen teure, aber langweilige Kostüme von der Stange, und von den Traditionen des kölschen Karnevals schien keiner etwas wissen zu wollen. K hatte es aufgegeben, sie ihnen zu erklären.

Enttäuscht und fast neidvoll sah sie auf die sich neben der Tribüne an den Zugweg drängenden Menschen. Bunt kostümiert, hopsend und johlend brüllten sie ihre Forderung nach süßen Wurfgeschossen und Blumen den Garden und ihren Wagen entgegen, klatschten, wenn die Funken bei Stillstand des Zuges ihre Formationen zeigten, oder sangen und schunkelten mit, wenn eine der vielen Musikkapellen spielte.

Eine Hand griff nach ihrer. »Komm, wir hauen ab«, sagte Simon, ihr Vampir im edlen schwarzen Anzug mit klassischem Umhang und herrlich bleich geschminkter Haut. Er zog sie mit sich hinunter von der Tribüne, vorbei an den Türstehern, hinaus aus dem Zelt und am mit Flatterband abgesperrten Seitenteil der Tribüne wieder nach vorne an die dortige Zugweg-Absperrung.

Die Menschen, die sie hatten kommen sehen, lachten sie an, voller Verständnis für Menschen, die lieber hier unten sein wollten.

»Bisschen tot da oben«, rief ein junger Mann zu ihnen herüber und deutete auf Simons Kostüm.

»Kann ich ja gar nich' haben«, gab der zurück und hob zur Entrüstung des nächststehenden Wachmanns das Flatterband, um die Gruppe des Mannes zu ihnen hereinzulassen.

Als die nur spaßhaft *orange Funken* genannte (und niemals mit der *Appelsinefunke* Garde zu verwechselnde!) Stadtreinigung mit ihren Kehrmaschinen zu sehen war, hatten sie sich längst entschlossen mit der Gruppe weiterzuziehen.

»Wird dein Kunde nicht sauer sein?«, fragte K.

»Ach Quatsch«, erwiderte Simon trocken. »Der wähnt uns seit fast zwei Stunden im Hotel. Mir ist doch sooo schlecht.«

Lachend und kopfschüttelnd folgte sie ihm in den Kneipenkarneval.

»*Nee, nee Marie, is' dat nit schön …*«, dröhnte die Musikanlage. *Ja*, dachte Simon und sah zu K hinüber, die das Lied laut mitsang und dabei hopste. *Es ist wunderschön.* Der junge Mann vom Zugweg hopste neben ihr. *Warum nur hatte er begonnen, das zu registrieren?* Überhaupt achtete er seit geraumer Zeit sorgfältig darauf, wo die Hände der mitfeiernden Herren sich so befanden.

Sie kam zurück und lehnte sich lachend und schnaufend mit dem Rücken an ihn. Er reichte ihr die Cola mit den zwei Strohhalmen, die er ergattert hatte. Sie trank und sah dabei in die dicht gedrängte Menge der Feiernden. Unvermittelt wandte sie den Kopf, sah zu ihm hoch und lächelte.

Es war der Moment, in dem Simon sich Hals über Kopf in die Frau eines anderen Mannes verliebte; eines Mannes, den er seinen Freund nannte. *Scheiße.*

Er hatte ein unbestrittenes Talent dafür, sich in die falschen Frauen zu verlieben; Frauen, die ihn weit mehr kosteten als ein gebrochenes Herz und einen Teil seines Vermögens. Er verliebte sich immer Hals über Kopf und immer heftig. Dabei kam ihm bedauerlicher Weise stets der Verstand abhanden. Mina hatte da keine Ausnahme gemacht, sie war nur die erste gewesen, die sein Talent genutzt hatte. Er hatte gewusst, was er tat, als er ein Verhältnis mit ihr anfing. Aber sein verliebtes Herz hatte ihn nicht weiterdenken lassen als von sich aus nach unten. Ein Jahr später hatte sie davon angefangen, heiraten zu wollen. Da ahnte Simon schon, es würde nicht gutgehen. Aber er hatte geglaubt, das Verbrechen gegen seinen Freund damit nachträglich rechtfertigen zu können. »Seht Ihr, wie ernst es war? Ich habe sie nicht ausgespannt, es war die große Liebe.« Und er würde wieder dazugehören. Also hatten sie geheiratet, viel zu früh. Drei Jahre später ließ sie ihn sitzen, nicht ohne ihn vorher einen Gutteil seiner verbliebenen Freunde und etliches mehr gekostet zu haben. Er schwor sich, die Geschichte werde sich nie mehr wiederholen, und doch sie war ihm nicht Warnung genug gewesen.

Aufgekratzt und müde kehrten sie ins Hotel zurück. Er war stiller geworden, nachdenklicher. Sie hatte ihn mehrfach lange angesehen, aber nicht angesprochen. Es passte nicht in diesen so wunderschönen Tag.

Gemeinsam fuhren sie in ihr Stockwerk und gingen bis vor ihre Zimmer, wo sie ihre Tür aufschloss und sich noch einmal zu ihm herumdrehte. »Gute Nacht.« Sie zog ihn ein Stück zu sich herunter.

Er gab dem Zug nach, spürte ihren Kuss auf seiner Stirn und widerstand tapfer der Versuchung, mehr daraus zu machen.

»Danke«, sagte sie leise. »Das war wunderschön.« Dann trat sie durch die Tür und schloss sie behutsam hinter sich.

Er blieb auf dem Flur stehen, hörte das Blut in seinen Ohren rauschen und sein Herz hämmern, den Kopf viel zu leicht und zu durcheinander und alles darunter in Aufruhr. *Oh, oh, Katrin …*

Kapitel 9

Was sitzt du denn hier rum und bläst Trübsal?«, fragte K, als sie Flo am Aschermittwoch alleine und mit hängenden Schultern an ihrem großen Esstisch sitzen sah. »Der nächste CSD kommt bestimmt!«

Flo drehte sich nicht einmal um. Er wischte sich mit beiden Händen übers Gesicht und straffte sich. »Nichts. Alles gut, wirklich.«

»Florian!« K sandte Simon mit einem Blick zu den anderen in die Küche. »Was passt ihm diesmal nicht?«

»Ich soll …, nein, ich *möchte* mehr darauf achten, wie ich gehe. Nicht mehr so hüpfen.« Flos Stimme war zu einem Flüstern herabgesunken. »Nicht so mit den Hüften wackeln, weißt du?«

Thomas machte Flo mittlerweile ständig auf Dinge aufmerksam, die ihn an ihm störten. Genau wie Chris es vorhergesagt hatte, zerriss sich der fast dabei, Thomas zu gefallen. Viel hatte Thomas von Flo dabei nicht mehr übriggelassen: Die aufwändigen, bunten Mangafrisuren waren gegen einen aschblonden Herrenhaarschnitt eingetauscht worden, er trug einfarbige Jeans, *Sneakers* und Pullover und hatte – zu Ks Entsetzen – eine Auszeit von seiner Band genommen.

Flo schien inzwischen mehr aus Thomas zu bestehen als aus Florian. War er nicht bei Thomas, wartete er auf einen Anruf oder eine Nachricht von ihm und verzweifelte fast dabei, wenn diese nicht regelmäßig eintrafen. Flos Zentrum des Universums, so hatte Chris gewohnt pointiert festgestellt, war ein riesiges schwarzes Loch namens Thomas.

Nur war Florian diesmal im Begriff, darin zu verschwinden, und außer K schien es keiner zu bemerken. Callum war von Flos Verwandlung begeistert, Chris hatte andere Sorgen und Dawide war viel zu selten noch mit ihnen zusammen, um es zu registrieren.

K fand, es reichte. »Tust du nicht! Ganz im Gegenteil, mein Lieber. Du wirst ihm mit deinem hübschen Hintern mal ordentlich den Kopf verdrehen.« Sie gab dem inzwischen aufgestandenen Flo einen Klaps auf eben jenen. »Allerdings, *Schätzchen*, wirst du vorher lernen müssen, wie das geht.« Sie kreuzte die Arme. »Nach dem Essen.«

Flo wollte protestieren.

»Das du hier einnehmen wirst.« Sie deutete nach unten. »Mit uns. Ohne Thomas.«

Flo machte erneut den Mund auf.

»Wenn schon, dann richtig, *Süße*. Lern vom Profi.« Sie deutete auf sich.

Flo musste wider Willen lachen.

Simon sah vorsichtig durch die Küchentür. »Was lernen?«

»Hüftschwung. Am besten *via* tanzen, denke ich. Solltet ihr schon mal gehört haben«, antwortete K.

Aus der Küche waren entsetzte Laute zu hören.

»Tanzt ihr nie miteinander?« K brauchte nicht hinzuzufügen, wen sie meinte.

»Doch, sicher«, rief Chris zurück. »Wenn wir dabei knutschen können. Ansonsten lieber nicht.« Er machte eine Kunstpause. »Dawide will nie das Mädchen sein.«

»Und du immer führen!«

»Aufhören!«, sagte K lachend.

Es war eines der vielen herzhaft belachten Klischees, die K hatte korrigieren müssen: Es gäbe in Chris' und Dawides Partnerschaft eine Rollenverteilung, bei der einer von ihnen die *Frau* und einer der *Mann* sein müsse. Doch so streng sie die beiden auch beobachtet hatte, die ließen sich nicht in dieses Schema pressen – es sei denn sie wollten K damit hochnehmen.

»Schafft ihr mal das Essen auf den Tisch und erfindet eure tanzverhindernden Kriegsverletzungen. Ich gehe derweil die Musik zusammenstellen.« Sprach's und verschwand kichernd in ihrem Zimmer.

Sie lachten schon beim Essen über ihr Vorhaben. Und als K einem begeisterten Flo Lambada beibrachte, kullerten ihnen die Lachtränen herunter. Selbst der in letzter Zeit so gedrückte Dawide schnappte sich seinen Chris als Übungsobjekt und Simon sich den übrig gebliebenen Callum. Am Ende lagen sie samt und sonders nach Luft schnappend auf dem Teppich und hielten sich die Bäuche. Oder auch die Hüfte, je nachdem, was mehr wehtat.

»Wo hast du das nun wieder gelernt?«, konnte Callum sich nicht verkneifen zu fragen.

»Beim Warmmachen vorm Bauchtanz.« Was für ein Fehler! Sie kam da nicht mehr raus. Also gab sie nach und tanzte ihnen vor, was von den paar Stunden Bauchtanzkurs, die sie besucht hatte, bei ihr hängengeblieben war. Dank Flos redlicher Bemühungen, ihre Bewegungen zu kopieren, wurde es auch eher lustig denn peinlich. So tanzte sie und dachte sich nichts dabei. Sie merkte nicht einmal, wie sie jeden einbezog. Nur nicht Simon. Sie konnte es nicht.

~ * ~

Sie hatte die Tür ihres Hotelzimmers geschlossen und sich mit dem Rücken daran gelehnt, bis sie ihn ins Nachbarzimmer gehen hörte. Von dem Moment an hatte sie sich wieder und wieder ermahnt sich nicht auf eine aussichtslose Sache einzulassen. Hatte wachgelegen und versucht das Gefühl aus ihrem Bauch zu vertreiben, das die Erinnerung an Simons Nähe zurückbrachte. *Lass es, lass es, lass es,* hatte sie stur wiederholt. *Es tut nur weh, du machst dich nur lächerlich. Lass es, lass es …* Das Gelächter auf dem Schulhof. Die Tränen. Das Gefühl, keine Luft mehr zu bekommen vor Scham. Und alles nur wegen eines queeren Referendars.

~ * ~

Er war zu Beginn des zweiten Schulhalbjahres an Ks Gymnasium gekommen als frisch gekürter Lehrer. Von dem Tage an, als er Ks Klasse zugeteilt wurde, änderte sich ihr Tagesablauf grundlegend. Sie stand früher auf, um mehr Zeit im Bad zu haben, bereitete in endlosen Spiegelsessions das Outfit des Folgetages vor, achtete darauf, wie sie ging, sich bewegte, was sie sagte. Strahlte ihn an. Und er strahlte zurück.

Es dauerte nicht lange, bis die ganze Klasse darüber tuschelte, wie verliebt sie war. Sie wurde erst aus ihrem Himmel gerissen, als eine Gruppe Mädchen der Oberstufe sie auf dem Schulhof auslachte und ihr dann erklärte, warum.

~ * ~

Im Wohnzimmer ihrer WG der Gegenwart tanzte K also blicklos stur an Simon vorbei. Dawide, Chris und Callum hingegen sahen sich gegenseitig an. Besorgt. Sie hatten Simons Gesicht gesehen.

Kapitel 10

Ist er nun wie wir oder nicht?«, fragte Callum die anderen auf der eilig einberufenen Krisensitzung. »Das muss doch herauszubekommen sein. Dawide?«

»Callum, *bitte*. Ich weiß doch auch nicht mehr. Vielleicht macht er sich auch nur an K ran, um uns zu blenden, oder er ist an uns allen interessiert und wartet ab, ob sich was ergibt.«

Callum schnaubte.

»Ich könnte ihn noch mal anbaggern«, bot Flo zögerlich an.

Callum nickte. »Und ich könnte ihn noch mal ein paar Leuten vorstellen, die …«

»Leute, denkt doch mal nach!«, mahnte Chris. »Hat er alles hinter sich. Ohne eindeutiges Ergebnis.«

Dawide seufzte. »Leider ja.«

Sie dachten angestrengt nach.

Unvermittelt erschien ein diebisches Grinsen auf Chris Gesicht. »Gehen wir doch mal ganz kurz davon aus, er interessiere sich wirklich für K. Was ist das dümmste, klischeebehafteste, aber hartnäckigste Vorurteil uns gegenüber?« Als er in den Gesichtern seiner Freunde blankes Unverständnis sah, lachte er. »Es besteht Hoffnung für uns, wie ich sehe. Leute! Was erzählt man schon kleinen Jungs, was sie in unserer Gegenwart niemals tun sollen?«

Dawide hob die Hände an den Kopf, als er verstand, und unterdrückte mühevoll das Kichern, das herauswollte. »Die Seife aufheben.«

»Genau. Also bitten wir ihn doch mal mit uns duschen zu gehen.« In Chris' Augen stand ein hinterlistiges Funkeln, als er Callum betont ansah. »Zum Beispiel anlässlich eines …«

»… gemeinsamen Wochenendes?« Callum grinste.

Jetzt verstand auch Dawide. »…, welches wir ja ohnehin veranstalten wollten?«

»*Hm.* Und zu dem wir ihn ja sooo gerne mitnehmen. Weil wir doch soooo gute Freunde sind und es *Zeit für den nächsten Schritt* wird«, raunte Chris anzüglich.

»Also, wenn wir danach nicht wissen, ob er Fisch oder Fleisch ist, haben wir echt ein Problem«, bekräftige Dawide.

Flo hustete betont. »Oder alle was von ihm, K eingeschlossen.« Was er noch sagen wollte, ging im Sturm der Entrüstung unter.

Kapitel 11

Es ist der einzige Tag, an dem sie es spielen, und ich sehe nicht ein, warum ihr meinetwegen zu Hause bleiben solltet«, schimpfte Chris ein paar Tage später.

K widersprach ihm nicht. Chris war ungenießbar, seit Dawide wieder ins Büro gefahren war, statt mit ihnen ins Kino zu gehen. Chris hatte ihm zwar keine Szene gemacht, was jedoch alleine Simons Anwesenheit zu verdanken war. Nun drohte der Abend zu platzen, denn sie beabsichtigte nicht, alleine mit Simon zu gehen, zumal der ebenfalls keine Anstalten dazu machte.

»Also, jetzt seid bitte nicht albern und geht alleine«, bat Chris. Gleichzeitig leistete er Callum und Flo stumm Abbitte, denn er verhielt sich gerade nicht wirklich linientreu. Aber er hatte Magenschmerzen und brauchte dringend Zeit zum Nachdenken. Für sich alleine. »Bitte!«

K seufzte. »Na schön. Also los, Simon. Wir kommen sowieso auf den letzten Drücker.«

~ * ~

»Manchmal würde ich schon gerne in eure Haut schlüpfen können«, meinte K nachdenklich, als sie nach dem Ende des Liebesfilms nebeneinander zur Wohnung zurückschlenderten. »Nur für kurze Zeit, um mal zu wissen, wie es sich für euch anfühlt. Als Mann zu lieben. Einen Mann zu lieben, meine ich. Es müsste sich anders anfühlen, denke ich.« Sie blieb stehen und sah Simon an. »Ist es so?«

Simon zuckte die Achseln und ging weiter. »Keine Ahnung. Ich hab's noch nie getan.«

K folgte ihm unwirsch. »Komm' schon, *wie* alt bist du?«

»Moment, K. Ich sagte nicht, ich hätte keinerlei Erfahrung in der Richtung. Nur nicht mit einem anderen *Mann*. Hat mich nie gereizt, es auszuprobieren.«

K riss die Augen auf. »Aber … du bist doch … Dawide hat dich gesehen … und Callum meinte auch … sie sind sich ganz sicher, dass … Und du hast keine Freundin, ich meine, wo du doch aussiehst, wie du aussiehst und Geld hast und … all das.«

Simon fiel aus allen Wolken. Er blieb ruckartig stehen. »Ihr haltet mich für schwul? Großer Gott, nein!« Es kam ein wenig zu entrüstet heraus. »Also, für mich persönlich *Großer Gott, nein.*«

»Aber du gehst so locker mit ihnen um.«

Simon lachte. »Ja, sicher, warum auch nicht? Sie sind meine Freunde. Klasse Jungs. Sie werden schon nicht über mich herfallen.« Er prustete und marschierte weiter. »Oder was andere sich sonst so Zweifelhaftes ausmalen.«

»Aber Dawide hat doch gesehen, wie du einen Mann geküsst hast. Mitten auf den Mund.«

Simon lachte noch lauter. »Das war ein russischer Kunde. Es sollte ein Bruderkuss werden. Ich habe die Startseite verwechselt und bin auf seinem Mund gelandet. Wir haben endlos darüber gelacht an dem Abend.«

Langsam erschloss sich K die Tragweite dessen, was er da sagte. Sie kicherte. »Callum hat dich verzweifelt jedem vorgestellt, den er für potentiell passend hielt, weil er dachte …«

Simon stimmte in ihr Kichern ein. »…, weil er dachte, ich sei einsam. Nett. Vermutlich war das auch der Grund für Flos merkwürdigen *Vorstoß in Pink*.« Er prustete bei der Erinnerung daran. »Na, ich denke mal, Dawide, Chris und er wissen mittlerweile längst, dass es vergebliche Liebesmüh war. Ist vielleicht ein bisschen schwerer für Callum, das zu beurteilen.«

»Warum sollte das Callum schwerer fallen?«

Simon wurde rot. »Ich wollte nur sagen … also, ich denke, Callum hat vielleicht nicht denselben Blick dafür, ähm … wie Flo und Dawide und Chris … und so.«

Nun war K gänzlich verwirrt. »Warum nicht?«

»K! Schließlich ist er mit dir zusammen. Und das spricht ja wohl für … einen etwas anderen … Blickwinkel bei ihm.«

»*Oh!* Oh, du glaubst, Callum und ich …« K dachte einen Moment darüber nach, was sie antworten durfte. Dann erinnerte sie sich, wie gut Callum und Simon sich verstanden. »Nein, sind wir nicht und werden wir nie. Meine Mitbewohner sind *allesamt* queer – und werden es hoffentlich auch immer bleiben.«

»Das ist wunderbar, weiß du«, sagte Simon leise.

»Ja, ist es. – Äh, warum?«

Er blieb erneut stehen. »Weil ich dann …« Ihn verließ der Mut.

»Weil … was?«

Er holte tief Luft und wandte sich ihr zu. »Weil ich dann versuchen könnte …«

Ihr Blick war fest auf ihn gerichtet. Sie lächelte und trat einen Schritt auf ihn zu. »Was versuchen könntest?«

Simon hatte plötzlich das Gefühl, an einem dieser Jetzt-oder-nie-Punkte im Leben angekommen zu sein. *Jetzt*, dachte er, *koste es, was es wolle.* »Dich um eine Chance zu bitten.«

Sie schwieg und lächelte.

»Könntest du dir vorstellen …?«

»Ja. Ja, kann ich. Will ich.«

Er dachte noch darüber nach, ob er sie küssen solle, als sie sich auf die Zehenspitzen reckte und es selbst tat.

»Kommst du mit rein?«, fragte sie leise, als sie um die Ecke ihrer Straße bogen.

Er schüttelte den Kopf. »Nein.« Vorsichtshalber trat er einen Schritt von ihr zurück. »Das ist unser erstes Date, weißt du? Ich will nichts falsch machen. Ich habe nämlich nur diese eine Chance.« Er deutete zu den erleuchteten Fenstern der WG hinauf. »Und ziemliche hochkarätige Konkurrenz.« Er seufzte. »Nein, streng nach *Rulebook*: Kein Sex beim ersten Date.« Es klang, als müsse er sich selbst davon überzeugen.

Sie funkelte ihn amüsiert an. »Das war es nicht, Schlaumeier. Es war das *dritte*.«

»Das *dritte*?«

Lachend zählte sie auf. »Karnevalssonntag Abendempfang, Rosenmontag und … heute.« Sie sah ihn an mit diesem Funkeln in den Augen und er musste seine Augen schließen, um nicht laut loszuschreien vor Glück. »Zu mir, ja?«

~ * ~

Dann lag er neben ihr, hielt sie im Arm und genoss das Glück, das er empfand, in tiefen Atemzügen. Er wusste nicht, was er sagen, wie er sich verhalten oder wie es weitergehen sollte. Sein Kopf wollte ihm keine Lösung anbieten für das Dilemma, das er fühlte.

Sie entzog sich sanft seinem Griff und setzte sich auf. »Du bereust es.« Es lag kein Vorwurf darin.

»Nein. Nein, das tue ich nicht. Ich weiß nur nicht, …«

»… ob es weitergehen soll, richtig?«

»Ja.« Er kämpfte mit sich, rang sich zu der Frage durch, von der alles abhing. »Sie brauchen es nicht zu wissen, oder? Es würde alles ändern. Es würde mich ausschließen. Sofort.« *Ich will das nicht. Nie wieder. Ich mag sie. Ich* will *dazugehören.*

Sie atmete erleichtert aus und nahm ihn in den Arm.

Sein Herz machte einen Sprung. *Konnte das sein? Konnte diese Übereinstimmung, diese wunderbare Nähe weiterwirken?*

»Wir belügen sie nicht, Simon, okay?« Es war eine Forderung, keine Bitte.

»Nein.«

»Aber wir müssen es ihnen ja auch nicht auf die Nase binden.« Wieder sprach sie seine Gedanken aus. Sie lachte, als sie es ihm ansah. »Du bist wunderbar, weißt du?«

»Das wollte ich auch gerade sagen.«

»Ich weiß.«

Sie kam spät nach Hause in ihr WG-Zimmer in jener Nacht. Aber sie kam.

Kapitel 12

Zur großen Erleichterung der vier WG-Männer sagte Simon sofort zu, als Chris ihn einlud mit ihnen in das ach-so-lange geplante Jungs-Wochenende zu fahren. Allein dessen geraunter Nachsatz ließ seine Augenbrauen in die Höhe schnellen, aber das machte er wett, indem er spontan anbot die Organisation der Herrentour zu übernehmen. Er kenne da ein nettes kleines Hotel in der Nähe von München, sagte er, fragte die möglichen Reisedaten ab und machte sich an die Arbeit. Zwei Wochen später flogen sie.

Das *nette kleine Hotel*, das Simon im Sinn gehabt hatte, entpuppte sich als im Münchener Umland gelegene Fünf-Sterne-Wellnessoase als der edle, dunkle Transporter, der sie vom Flughafen abgeholt hatte, sie dort absetzte.

Simon erwartete sie in der Lobby und hielt gleich die nächste Überraschung bereit: Er hatte zwei Doppelzimmer gebucht, eines für Chris und Dawide und eines für Callum und sich.

Flo war in Köln geblieben. Thomas gab sich eifersüchtig und Flo war darüber begeistert. Die anderen hatten es nicht übers Herz gebracht, ihm die Mitfahrt zu befehlen.

Während die Dame an der Rezeption ihre Daten aufnahm, ihnen ihre Schlüsselkarten aushändigte und ihre allgemeinen Hotelinformationen abspulte, ließ Callum seinen Blick über die in der Lobby verteilten Hotelgäste schweifen.

»Sie bleiben bis nächsten Sonntag, Dr. Walter?«, hörte er den Rezeptionisten am Empfangstresen neben ihnen fragen.

»Ja, genau«, antwortete eine außergewöhnlich angenehme männliche Stimme. Für eine Sekunde hatte Callum das Gefühl, etwas habe seinen Nacken gestreift. Er gab dem Impuls nach und drehte sich zur Seite, um durch die hohe Grünpflanze hindurchzusehen, die die beiden Empfangsbereiche voneinander trennte.

Der hellblonde Mann auf der anderen Seite wandte Callum den Rücken zu, während er ein Formular unterzeichnete. Er schien Callums Blick zu spüren und richtete sich auf. Ihre Blicke trafen sich einen Herzschlag lang, dann schob der Hotelangestellte dem Mann die Schlüsselkarte zu und wünschte ihm einen angenehmen Aufenthalt. Der nahm die Karte und die weiteren Unterlagen an sich und griff nach seinem Trolley. Als er sich in ihre Richtung wandte, um zu den Aufzügen zu gehen, kreuzten sich ihre Blicke erneut.

Himmelblau, dachte Callum. *Warum immer himmelblau?*

Kapitel 13

Die himmelblauen Augen des Mannes leuchteten, als er Callum anlächelte. »Netter Akzent.«

Er erwartete eine Antwort, soviel war Callum klar, aber er bekam keinen Ton heraus. Die Augen des Mannes hielten ihn gefangen und dessen Stimme hallte in ihm nach. Sie war so … weich.

»Ist es nicht ein bisschen früh für ein Bier?« Der Mann deutete lächelnd auf die Flasche in Callums Hand.

Er hatte Englisch gesprochen, fehlerfreies Englisch mit nur einem Hauch eines deutschen Akzents. Es erinnerte Callum an zu Hause.

»Bier und Zigaretten am frühen Sonntagnachmittag«, wiederholte der Mann betont nachdenklich, als Callum ihn schweigend anstarrte. »Zudem keine Lust, sich dazu zu äußern.« Er rieb den an Finger der Nase entlang. »Kombiniere: Internatsschüler auf Ausgang.« Er deutete auf Callums Brust.

Der musste lachen. »Richtig, Sir. Gut kombiniert.« Er deutete eine Verbeugung an. »Ganz legal übrigens«, setzte er vorsichtshalber hinzu, auch wenn er weitaus älter wirkte, als er war. Das mit der Legalität stimmte – jedenfalls, was den Kauf anging. Was die Schule anging, sah es anders aus. Egal. Noch vier Monate, dann würde er achtzehn sein und konnte machen, was er wollte. Halbwegs.

»Lass mal. Ich bin kein Lehrer.«

Der Mann musste fast doppelt so alt sein wie er. Es störte Callum nicht. Augen und Stimme des Mannes waren jung.

Als Callum den Weg zum Park einschlug, ging der Mann dicht neben ihm her. »Keine Sorge, ich verschwinde gleich. Ich wohne in der Nähe. Wir haben nur zufällig denselben Weg.«

Callum atmete unwillkürlich aus.

»Nettes Mädel am Start, was?« Der Mann grinste. Callums Kopfschütteln musste zu hastig oder entsetzt gewirkt haben, denn er blieb abrupt stehen und sah ihn scharf an. »Sooo widerlich sind die nun auch wieder nicht. Auch wenn ich zugegebener Maßen auch nichts mit ihnen anzufangen weiß.«

Callums Augen weiteten sich. Er blieb stehen.

Der Mann ging ungerührt weiter. »Wenn es dich so sehr entsetzt, dass man es dir auf den Kopf zusagt, wirst du lernen müssen es besser zu verbergen.«

Callum schluckte und folgte ihm hastig. *Sei diskret*, mahnte ihn die Stimme seines Vaters.

»Muss ich wohl«, sagte er nachdenklich, als er den Mann eingeholt hatte.

Der nickte. »Ich heiße übrigens Jo. Eigentlich Johannes, aber da das in meiner Firma keiner aussprechen kann, ohne dass ich mich kringele vor Lachen, hat sich Jo eingebürgert.«

»Callum.«

»Cal.« Jo grinste.

Callum zuckte die Achseln. »Von mir aus.«

Jo schnaubte erheitert. »Schön. Da wir das geklärt haben: Ich muss jetzt nach links.« Er deutete hinüber. »Also entweder verabschieden wir uns hier und du gehst in den Park oder du kommst mit zu mir.« Als Callum ein erschrockenes Gesicht machte, wurde aus dem Grinsen ein lautes Lachen. »Ich beiße nicht und falle nur äußerst selten über kleine Jungs her. Aber ich kann verdammt guten Tee kochen.« Er sah Callum in die Augen.

Callum hatte das Gefühl, in sie hineinzufallen. Jo sollte nicht verschwinden und im Park wartete ohnehin niemand auf ihn. Er deutete auf die Flasche, die er immer noch bei sich trug und legte den Kopf schräg. »Ein Glas würde mir reichen.«

»Später«, sagte Jo lachend und Callum wurde es unvermittelt warm.

Schon als Jo ihn am Ende ihre ersten gemeinsamen Nachmittages mit einem Kuss auf die Wange verabschiedete, wollte Callum mehr. Er hatte sich verliebt, Hals über Kopf.

Sie trafen sich wieder, jeden Sonntagnachmittag, wenn Callum Ausgang hatte. Jo fragte nichts, forderte nichts, erzwang nichts, ging immer nur so weit, wie Callum bereit war mitzugehen. Aber schon als die

Sommerferien die strikten Ausgangsregeln des Internats lockerten, war er mit Jo den Weg zu Ende gegangen, den er mit Dominik begonnen hatte.

Jo forderte es nie, aber Callum schwieg über ihre Beziehung. Jo sei das lieber, vermutete er, schon, weil er sich so selten mit Callum gemeinsam irgendwo zeigte. Es störte Callum nicht. Sie verbrachten ohnehin wenig Zeit miteinander und das, was Jo zu geben hatte, war für Callum so viel wichtiger als das, was Jo ihm vorenthielt.

Bei den seltenen Gelegenheiten, bei denen sie gemeinsam unterwegs waren, beobachtete Callum Jo genau, lernte, wie der sich in der Öffentlichkeit verhielt, und kopierte ihn. Er bewunderte, wie wenig die Menschen um Jo herum von dessen Leben zu wissen schienen, wie gut Jo zu schweigen, abzulenken und sich zu tarnen verstand. Vor allem aber, wie beherrscht Jo stets blieb.

Sein Leben mit Jo würde davon abhängen, wie gut er selbst das alles zu lernen vermochte, dessen war sich Callum sicher. Und ein Leben mit Jo war es, was Callum sich vor allem anderen wünschte.

~ * ~

»Jo?«, fragte Callum vier Monate später zaghaft.

»Hm?«

»Kann ich nächste Woche Samstag herkommen, bitte? Es wäre mir wichtig.«

Jo lachte und küsste Callums Nacken. »Sicher. Warum?«

»Ich …« Callum drehte sich zu ihm herum. »Ich wollte meinen Geburtstag mit dir feiern.«

Jo runzelte die Stirn. »Macht man das in deinem Alter nicht eher mit Zechgelagen um Mitternacht?«

Callum war bei seinen Mitschülern durchaus beliebt, vor allem, seit die Gerüchte um sein angebliches *Schwulsein* dank Jos Nachhilfe ausgetrocknet waren. »Schon. Machen wir ja auch. Aber … es ist …«

»Was denn? Was ist los?«

»Sie wundern sich, weil ich wieder nicht nach Hause fahre.«

»Warum solltest du dafür nach Hause fahren? Tust du doch sonst auch nicht. Nicht mal in den Ferien.«

»Schon, ja. Aber es ist ein … besonderer Geburtstag.«

»Du wirst einundzwanzig.« Jo grinste.

»Ich werde achtzehn und …«

»Was?« Jo sprang auf. »Bist du wahnsinnig? Ich dachte … oh, verflucht!« Er verschränkte die Hände hinter dem Kopf und ging hektisch auf und ab.

Callum verstand die Aufregung nicht. »Jo«, bat er leise, in der Hoffnung, der werde sich beruhigen.

»Callum, sag mal spinnst du? Weißt du eigentlich was das heißt? Das ist strafbar, was ich hier mache!«

Callum sank in sich zusammen. Das hatte er erfolgreich verdrängt. »*Wir.* Was wir hier machen.«

Jo schnaubte.

»Aber jetzt ist es doch bald egal.«

Jos Gesicht verfinsterte sich noch weiter.

»Und wir bleiben doch zusammen. Braucht doch niemand zu wissen, wann es angefangen hat. Ich liebe dich doch.«

Jo kam heran und ging vor ihm in die Hocke. Die Wut war aus seinem Gesicht verschwunden, aber der Ernst, den es jetzt zeigte, machte Callum noch mehr Angst. »Moment mal, Callum. Was meinst du mit zusammenbleiben? Es gibt kein Zusammensein und kein Zusammenbleiben. Das ist hier unverbindlich. Es läuft, solange es läuft, nicht länger, nicht mehr. Kein `Ich liebe dich'. Ich dachte, das wäre dir klar.«

Auch wenn Jo nie die Absicht gehabt haben mochte, ihn zu verletzen, für Callum stürzte in diesem Moment die Welt ein. Nur dank Jos Einfluss schaffte er es bis in sein Zimmer im Internat, bevor die Tränen zu fließen begannen.

Es gab niemanden, der Callums Kummer bemerkt hätte, niemanden, der ihm nahe genug gestanden hätte, um hinter die Fassade zu sehen. Er feierte seinen Geburtstag, lachte, tanzte, trank und knutschte sich durch seine Party, ein Teil von ihm immer achtend auf Jos Lektionen. Doch im Grunde seines Herzens war er bei Jo selbst.

Er rang mit sich und seinem Stolz, aber am Morgen nach der Party duschte er, packte seinen Rucksack und machte sich auf den Weg zu Jo. Bevor er auch den letzten Menschen verlieren würde, den er liebte, würde er lieber dessen Bedingungen akzeptieren.

Von da an lernte er Beziehungen auf Abstand zu führen, was immer sein Herz auch davon halten mochte.

Es hatte erst geendet, als Callum – sein Abitur in der Tasche – sein Zimmer im Oberstufentrakt räumte. Er spazierte ein letztes Mal durch das Schultor, stieg in den Bus und zum fuhr Studentenwohnheim am anderen Ende der Stadt. Er hatte nicht mit Jo gefeiert, hatte Jo nicht gefragt, ob sie sich wiedersehen würden. Er würde schlicht nicht mehr wiederkommen.

Ob Jo es bemerken oder ihn vermissen würde, wusste Callum nicht. *Blaue Augen, Himmelsstern, küssen und poussieren gern.* Die Stimme seines Kindermädchens in seinem Kopf. *Braune Augen sind gefährlich, aber in der Liebe ehrlich,* hatte sie hinzugefügt, als er sein Spiegelbild in der Fensterscheibe des Busses gesehen hatte.

Nein, hatte Callum beschlossen, Jo hatte Recht. Es hatte weh getan, ja, aber es war vor allem gut gewesen, wie es gewesen war. Es war *unauffällig* gewesen. *Diskret.* Hatte ihren Ruf gewahrt. So, wie er leben wollte. Nie wieder idiotische Geständnisse aus drei viel zu verbindlichen Worten. Denn da hatte es zu enden begonnen. Mit drei dummen, kleinen Worten.

Ein paar Wochen später hatte er auf der Einführungsveranstaltung der Kölner Universität Chris kennengelernt. Als wenige Monate danach ein blauäugiger Mann namens Martin in sein Leben trat, hatte Callum genau gewusst, was der nur hatte verlangen dürfen.

Kapitel 14

Simons Ruf schreckte Callum aus seinen Erinnerungen auf. Der Mann mit den himmelblauen Augen war fort, war vermutlich in den Aufzug gestiegen und auf sein Zimmer gegangen.

Auch sie bezogen ihre Zimmer, wanderten durch die Außenanlagen des Hotels und erkundeten es von innen, bis es Zeit wurde, sich zum Abendessen umzuziehen..

Sie dehnten es aus, brüteten über den vielfältigen Freizeitangeboten im Hotelflyer, bis sie einen halbwegs tauglichen, bei allen Zustimmung findenden Fahrplan für den nächsten Tag entworfen hatten. Da Simon ankündigte, noch vor dem Frühstück zum Yoga-Kurs gehen zu wollen und Dawide ohnehin stehend *k.o.* war, sparten sie sich die Hotelbar für den Tag darauf und zogen sich recht früh auf ihre Zimmer zurück.

»Immer noch kein Problem damit?« Callum deutete hinterlistig auf das große Doppelbett.

Simon zuckte nur mit den Achseln. »Nee, wieso? Ich hab's ja gebucht.« Callum könne ein Problem damit haben, fiel ihm auf. »Ich kann den Wellnessbereich nehmen, wenn du dir deinen guten Ruf nicht mit mir ruinieren möchtest, *Majestät.*«

Callum musste lachen. »So unwiderstehlich bist du auch nicht.«

»Da bitte ich auch drum, ja?«

Verflixt. Wieder unentschieden.

Zur großen Freude seiner gestrengen dreiköpfigen Prüfkommission brach Simon am Morgen tatsächlich bereits um halb sieben zum Yoga-Kurs auf. Doch als er in Begleitung von gleich zwei weiblichen Kursbekanntschaften im Restaurant zum Frühstück aufschlug, guckten die Prüfer schon wieder ratlos aus der Wäsche.

Den gesamten Tag über versuchten sie verzweifelt Beweise für oder gegen Simon zusammenzutragen. Doch ob Sport, Sauna, Duschen oder was sie sonst auch machten – Simon entzog sich jeder Festlegung. Es war zum Verrücktwerden.

Als er sie kurz vor dem Abendessen verließ, um einen Massagetermin wahrzunehmen, berief Chris eine Krisensitzung ein. Sie brauchten eine Entscheidung. Dringend.

Sie machten es sich nicht leicht, holten sogar Flo via Videotelefonie hinzu, stritten und keiften sich an, aber als sie zum Abendessen im Restaurant eintrafen, stand für die vier Freunde fest: Simon gehörte zu ihnen. Beweise hin oder her, er hatte sich perfekt eingepasst. Zeit, ihn in die ›Operation *Forever K*‹ einzuweihen.

»… und wenn das nicht reicht, baggern wir ihn an. Du müsstest mal Flos zitternde Unterlippe sehen, wenn Callum ihm droht ihn auf die Straße zu setzen, wenn Flo nicht die Finger vom Zielobjekt lassen könne.«

Dawide fiel fast von Stuhl vor Lachen, als er Simon beim Dessert die letzte Stufe der Operation erklärte.

Callum kicherte. »Oscarreif, wie er in Tränen ausbricht und Türen wirft. Die perfekte *Drama-Queen*. Das hat noch keiner überstanden.«

Simon grinste brav. Eigentlich aber war ihm schlecht. Er hatte das Gefühl, sich übergeben zu müssen, so widerlich fühlte er sich gerade.

»Is' was?« fragte Callum. »Du bist ganz blass geworden.«

»Entschuldigt. Ich glaube, mir ist irgendwas nicht bekommen. Zu viel Sauna oder so. Ich geh schon mal hoch, in Ordnung? Callum, du hast deine Karte, ja?«

Verräter. Lügner. Bastard. Kameradenschwein.

Es war zu spät, darüber nachzudenken, schalt sich Simon, als er, endlich auf dem Zimmer angekommen, in den Spiegel sah. Er hatte es wieder getan, war wieder einmal Hals über Kopf losgestolpert, ohne an die Konsequenzen zu denken. Und jetzt war es zu spät. Zu spät, um sich noch einen Toren zu schelten. Zu spät, um sich einzugestehen, dass er hätte reden müssen, spätestens eben. Er hatte seine Freunde verraten. Wieder einmal. *History repeating.*

~ * ~

Susa und er waren in derselben Branche tätig gewesen und sich schon deswegen immer wieder über den Weg gelaufen. Sie war klein, diese Branche, da kannte man sich. Sie hatte ihr Gift schleichend versprüht und ihn, ehe er sich versah, am Haken gehabt. Wie schon bei Mina, so hatte er auch diesmal nicht danach gefragt, ob der Mann, den er so schnell ersetzte, sein Freund gewesen war. Zwei Jahre lang hatten die schöne Susa und er die Branche aufgemischt, geschäftlich und sozial. Dann war sie aufgekippt. Als Susas Unternehmen Insolvenz anmeldete und etliche Zahlungen ausfielen, steckt Simons Unternehmen mittendrin. Zu spät war ihm klar geworden, wie viele Geschäftsgeheimnisse sie sich von ihm erschlichen hatte, um ihre roten Zahlen zu schönen, wie viele seiner Kontakte, berufliche und private, sie hinter seinem Rücken für ihre Zwecke genutzt hatte.

Er hatte die Beziehung beendet, woraufhin sie prompt redete. Wie leicht es gewesen sei, ihn auszuhorchen. Wie bereitwillig er preisgegeben habe, was er nicht hatte preisgeben dürfen. Tödlich, in dem kleinen Kreis aus Anbietern und Kunden, in dem sie sich bewegten und in dem Diskretion ein Verkaufsargument war. Er hatte alleine dagestanden, diskreditiert, *nicht vertrauenswürdig*, schon abgeschrieben, als ihm die Anteilseigner seines Unternehmens für alle überraschend offen das Vertrauen ausgesprochen hatten.

Er hatte es zurückgezahlt, dieses Vertrauen, hatte die ausgefallenen Forderungen aus seinem eigenen Vermögen beglichen und sich Stück für Stück das Vertrauen seiner Kontakte zurückerobert. *Nie wieder*, hatte er geschworen. Wieder einmal. *Nie wieder Verrat begehen.* Und jetzt?

Er stand noch immer im Bad, als Callum klopfte, um nach ihm zu sehen. Umgehend fühlte Simon sich noch schlechter. Vollends mies fühlte er sich, als Callum ihm Tee kochte und die Salzkekse aus der Tasche zog, die er für ihn vom Vorspeisenbüffet gemopst hatte.

Um ihn abzulenken, nahm Simon von beidem und lenkte das Gespräch auf die Pläne für den folgenden Tag, bis Callum beruhigt wieder zu den anderen hinunterging. Dann stand er auf, trat ans Fenster und sah in die Dunkelheit hinaus.

Schwarz wie seine Seele.

Kapitel 15

Dawide erhob sich seufzend und klopfte sachte auf den kleinen Tisch vor ihnen. »So, ich bin weg. Mamas Junge ist bettreif. Was ist mit dir?«

Chris unterdrückte ein Gähnen. »*Oooach.* Aber ich bin noch gar nich' müde.«

Callum grinste. »Ich glaube, Dawide sagte auch nur was von *bettreif.* Von Schlafen war nicht die Rede.«

»Als ob du noch wüsstest, wovon du da redest.« Chris erhob sich ebenfalls und gesellte sich zu Dawide.

Dann waren sie fort und er wieder einmal alleine.

Er verließ die kleine Vierersitzgruppe und schlenderte hinüber zur Bar. *Halb elf.* Er ließ sich auf den Barhocker fallen und bestellte. *Ob Simon wohl schon schlief, elend, wie er ausgesehen hatte? Hoffentlich ging es ihm morgen besser.*

»Na, so ganz ohne Anhang?«

Callum zuckte zusammen. *Die Stimme.* Der Mann vom Empfang. Einen Augenblick lang sah er ihn nur an, dann erinnerte er sich an die Frage, die der andere ihm gestellt hatte.

»Ja, alle brav im Bett.«

Der Mann lachte. »Und Sie? Sind Sie nicht brav?« In seinen hellblauen Augen stand ein humorvolles Funkeln.

Wieder richteten sich Callums Nackenhaare auf. »Meistens nicht.«

»Leon.« Der Mann hielt ihm sein Glas hin.

Vorname. Sonst nichts. Das hier ist unverbindlich. »Callum.« Er stieß mit ihm an.

Leon lachte. »Und ich dachte, *ich* hätte den ausgefallenen Namen.«

»Haben Sie. Meiner ist es nämlich nicht. Ich bin bloß Brite. Das heißt, ich war es.«

Himmel, was redete er denn da für einen Unfug?

Leon schien sich nicht daran zu stören. »Vorausschauender *Brexit*, ja? Aber es erklärt immerhin den *Bill-Mockridge*-Akzent.«

Callum verzog leidend das Gesicht. »Ist der immer noch so schlimm? Ich dachte, nach den vielen Jahren hier …«

Leon lächelte. »Woher kommen Sie?«

»Aus Großbritannien, ich erwähnte es be…«

»Nein, ich meinte: Wo leben Sie?

»In Köln.« Callum sah keinen Grund, etwas anderes vorzugeben.

Leon hob in gespieltem Entsetzen die Hände vom Tresen. »Und was, um Himmel Willen, treibt Sie und Ihre Freunde dann hierher? Das Seminar ist es nicht, das ist die ganze Woche und Sie alle sind nur für das Wochenende hier.« Er lächelte wieder mit diesem Jungengrinsen, das Callum so aus dem Tritt brachte. »Ich konnte nicht umhin zu lauschen.« Dabei sah er Callum aus seinen klaren, hellblauen Augen entschuldigend an.

Dem wurde es ziemlich heiß. *Jetzt krieg dich aber mal wieder ein.* »Herrentour.« *Idiot*, brüllte sein Verstand. *Idiot. Idiot. Idiot!*

»Macht man das von Köln aus nicht eher an die Ahr?«

Callum hustete. »Nicht ganz unser Ding. Wir sind nicht zum Saufen unterwegs.« *Sag es*, raunte sein Verstand. *Probier's. Er kann es ja übergehen.* »Wir haben … andere Absichten.«

Leon zog die Augenbrauen hoch. »*Interessant.*« Es klang nach Mister Spock.

Callum war dankbar dafür. Leon schien ihm plötzlich weniger … menschlich. Er entspannte sich.

»Ich bin übrigens auch nicht zum Saufen hier.«

Oh, verflucht.

»Sondern?« *Das war arg direkt gewesen.*

»Zum Unterrichten. Ich bin Dozent.«

Callum kaschierte seine Enttäuschung mit einem hastigen Schluck aus seinem Glas.

»Aber ich wollte noch ein bisschen Entspannung, bevor ich ab Montag unterrichte.«

Callum verschluckte sich fast. War sie wirklich dagewesen, diese feine, kaum merkliche Betonung, die er glaubte ausgemacht zu haben? Er nahm sein Glas und wandte sich Leon zu. »Und was sagt Ihre Frau dazu?« In seiner Frage war sie unüberhörbar, diese feine, kaum merklich Betonung.

»Nichts.« Leon hob beide Hände und zeigte seine freien Finger. »Sie existiert nicht. Kein Anhang.«

Callums Magen schlug eine Volte.

Leon machte eine Kunstpause. »Im Unterschied zu Ihnen.«

»*Um-um.*« Callum nahm einen weiteren Schluck aus seinem Glas. »Kein Anhang, nur Kumpel. Mitbewohner im Fall von Dawide und Chris.«

Leon nahm sich Zeit für einen Schluck aus seinem Glas, als müsse er Callums Antwort überdenken. »Das macht drei. Aber Sie sind zu viert.«

»Nein, insgesamt zu sechst. Es fehlen Flo und K. Beide konnten nicht mit.«

»Kay?« Leon dehnte die Frage übermäßig.

»K.« Callum erinnerte er sich an seinen Akzent. »Der Buchstabe.«

»Der hübsche Blonde.« Leon schaffte es, den drei Worten den Hauch einer Frage zu verpassen.

Callum beließ es dabei. Sollte Leon doch denken, was er wollte. Wichtig war nur, wie er es formuliert hatte. *Hübsch.* Zufall? Versehen? Absicht?

»Und *Flo*?«

»Florian.« Sicheres Gelände. »Er hat Schichtdienst, musste arbeiten. Er ist Altenpfleger.« Er sprach zu schnell, gab zu viel preis.

»Altenpfleger?«

»Ja. Flo ist … um einiges jünger als wir.«

»Krieg ich die Geschichte dahinter?«

Ohne zu wissen, warum, erzählte Callum sie ihm. Die Fragen, mit denen Leon ihn dabei immer wieder unterbrach, waren voller Interesse, voller Kenntnisse und voller Verständnis, und für eine Weile trat alles andere in den Hintergrund.

»Und wie passt das zu Ihnen?«, fragte Leon.

»Wieso zu *mir*?«

»Sie sind auch Jurist. Strafrecht, wenn ich raten dürfte.«

Callum musste lachen. »Sieht man mir an, ja?«

Leon hielt Callums Blick fest. Mühelos. »Wenn man einen Blick dafür hat, sieht man so einiges, ja.«

Jetzt oder nie. »Und was haben Sie so gesehen?« Er hielt unwillkürlich den Atem an.

Leon antwortete nicht, zeigte dem Barmann stattdessen seine Hotelkarte, zahlte, stieß sich vom Tresen ab und stand auf.

Callum atmete aus. *Nie.*

Ein zufälliger Beobachter hätte gesehen, wie Leon sich von einem Barnachbarn verabschiedete und ihm dabei kumpelhaft die Hand auf die Schulter legte. Er hätte auch gesehen, wie Leon sich im Vorbeigehen ein Stück zu diesem hinüberbeugte, um ihm noch etwas zu sagen. Er hätte nicht sehen können, wie dessen Herz bei diesen Worten schlagartig aussetzte.

»Sollte ich dir das nicht lieber in einem *privateren* Rahmen erzählen?«

Callum folgte Leon mit gebührendem Abstand zu dessen Zimmer. Der schloss auf, ging vor ihm hinein, wartete aber kaum im Zimmer stehend schon auf ihn. Er schob mit einer Hand die Tür zu, während er mit der anderen schon nach Callums Nacken griff und ihn zu sich zog.

Sie fielen über einander her, jeder nur auf sich selbst bedacht, in dem Spiel, das beide so routiniert beherrschten und das nicht mehr versprach als eine gemeinsame Nacht.

So endete es am anderen Morgen, als sie mit demselben gebührenden Abstand wie zuvor die Treppe zum Frühstücksraum hinuntergingen und Callum sich an den reservierten Vierer-Tisch setzte, ohne sich auch nur nach Leon umzublicken.

Er fuhr mit seinen Freunden nach Hause und schwieg, als sei nichts geschehen, denn es war ja auch nichts geschehen, was von Bedeutung sein würde.

Auch Simon schwieg. Callum mochte in dieser Nacht nicht in ihr Zimmer zurückgekehrt sein, aber Simon hatte es kaum bemerkt. Er kämpfte immer noch mit sich selbst.

Kapitel 16

Callum schaffte es noch bis zum folgenden Mittwochmittag, sich einzureden, Leon sei einer seiner x-beliebigen *One-Night-Stands* gewesen, nicht mehr als ein nettes, schmutziges Detail des Männer-Wochenendes. Dann kapitulierte er.

Er suchte die Veranstaltung aus dem Seminarkalender des Veranstalters heraus und fand die Liste der Dozenten. *Dr. Leon Walter, Rechtsanwalt, München.* Angaben zur Kanzlei, daneben ein Foto. Als er das Gesicht darauf sah, machte sein Herz den schon vertrauten Satz. Es machte ihn jedes Mal, wenn er an Leon dachte – und das war weitaus häufiger der Fall, als es Callum lieb war.

Er schloss die Augen, kämpfte einen letzten Kampf mit sich und verlor. Dann griff er zum Telefon, bestellte sich ein Taxi und ließ sich zum Flughafen fahren.

Es war gegen achtzehn Uhr, als er im Hotel eintraf. Sein Herz hatte auf der endlosen Fahrt hierher aufgehört zu schlagen, nur das Blut rauschte noch in seinen Ohren und erklärte ihn für verrückt, völlig verrückt.

Er trat in die Lobby, folgte der Beschilderung bis in den Konferenzbereich und sah sich dort suchend um. Der Konferenzempfang war bereits geräumt, die Veranstaltung offensichtlich beendet, aber eine Mitarbeiterin des Veranstalters stand noch in einer letzten Gruppe von Teilnehmern und erklärte etwas. Er trat auf sie zu. »Ich möchte zu Dr. Walter, bitte.«

Die Mitarbeiterin sah ihn abweisend an. »Werden Sie erwartet?«

Callum kämpfte noch um eine passende Formulierung, als hinter ihm Schritte erklangen.

»Ja«, sagte Leons Stimme in seinem Rücken, »und ob.«

Er blieb, meldete sich krank und lachte mit Leon über seine schauspielerische Leistung vor dem Arzt, der ihn krankschrieb. Sie redeten, liebten sich, redeten wieder.

Während Leon sein Seminar abhielt, streunte Callum durch das Hotel, telefonierte mit Chris und K oder lag auf einer Liege im Ruhebereich der Sauna und flog hoch, schwindelerregend hoch.

Als sie sich am darauffolgenden Sonntag trennten, wollten sie es versuchen, wollten zusammenbleiben im Pendelverkehr einer diskreten Fernbeziehung zwischen Köln und München. Es war richtig so, fanden sie. Keiner von ihnen hatte gute Erfahrungen mit mehr gemacht.

Kapitel 17

Hast du gesehen, wie sie aussieht?«, zischte Florian aus zusammengebissenen Zähnen zu Chris hinüber. »Da muss doch etwas sein.« Chris nickte alarmiert.

K benahm sich tatsächlich in letzter Zeit wieder einmal äußerst K-Typverdächtig. Und heute Abend machte sie sich ohne Zweifel für ein *Date* zurecht.

»Wo geht ihr hin?«, rief Chris aus dem Wohn-Esszimmer zu Simon hinaus, der sich im Flur an die Wand gelehnt hatte, um der mit ihrem Make-up beschäftigten K durch die geöffnete Badezimmertür hindurch zusehen zu können.

»Kino, dann essen«, rapportierte der brav.

»Wer ist er?«, fragte Chris scharf.

Simon geriet in Erklärungsnot. »Ein … netter Kerl, denke ich.«

Im Badezimmerspiegel sah er K breit grinsen.

»Gutaussehend?«, fragte Flo.

»*Oh. Äh* – unbedingt.« Simon warf einen prüfenden Blick in den großen Flurspiegel.

»Denkt er«, tönte es aus dem Badezimmer.

Simon konnte ein ärgerliches Schnauben nicht unterdrücken.

»Und was macht er so?«, erkundigte sich Chris.

Simon lief rot an. »Äh. Er … äh … Ich denke, irgendwas mit …« Verzweifelt versuchte er Ks Feixen zu ignorieren.

»Medien?« K tuschte sich die Wimpern nach.

»Medien, ja. Das war's.« Simon seufzte erleichtert.

»Kennen wir ihn?«, wollte Flo wissen.

Simon brach der Schweiß aus.

»Nicht wirklich«, rief K aus dem Bad.

Nein, dachte Simon. *Wenn sie es täten, würden sie mich umbringen. Stufe Vier der* ›Operation *Forever K*‹. *Ein Eifler Seegrab.* Er wollte im Boden versinken.

»Fertig«, sagte K.

Unwillkürlich atmete Simon vor Erleichterung auf.

Chris warf einen prüfenden Blick auf den feuerroten Simon und sah Flo entsetzt an.

»Heißt das das, was ich denke?«, flüsterte Flo.

Chris nickte unbestimmt und hob die Hand. *Abwarten.* »Und Simon, magst du ihn?«

Simon verschluckte sich vor Schreck an der eigenen Spucke und hustete. *Nein*, dachte er, *kann ich gerade nicht behaupten.*

K kicherte. »O jaaa. Sie sind ein tolles Team, er und *er*.«

Chris sah, wie Simon noch roter anlief. »Verflucht, Flo, du hast Recht.« Unvermittelt grinste er breit. »Tja, also dann viel Spaß euch dreien. Tut nichts, was wir nicht auch täten.« Er schloss die Tür zum Flur hinter den beiden, ohne noch einmal hinauszusehen. Daher sah er auch nicht mehr, wie Simon vor Schreck fast gegen die Wohnungstür lief.

»Perfekt«, erklärte Chris dem verständnislos dreinblickenden Flo, als die Wohnungstür hinter den beiden ins Schloss fiel. »Lass Simon doch auch in ihn verschossen sein – wunderbar! Brauchen wir nicht einzugreifen.«

Flo schaute immer noch verständnislos.

»Das erledigt Simon für uns. Er wird bereitwillig den Anstandswauwau spielen, schön dabei sein und dafür sorgen, dass der Typ Abstand zu K hält. Schon, um zu verhindern, dass *er* übersehen wird, verstehst du?« Er kicherte. »Jedenfalls bis der Typ klar macht, wohin die Reise geht.«

Jetzt verstand Flo und riss die Daumen in Höhe, nahm sie aber gleich wieder herunter. In diesem Dreieck würde es am Ende wohl nur Verlierer geben.

Chris las Flos Gedanken von dessen Gesicht ab. Auch seine Hochstimmung verflog so schnell, wie sie gekommen war. Armer Simon. Wenn nur Callum da gewesen wäre.

Kapitel 18

Guten Morgen«, rief K aus der Küche zu Leon hinüber, als der an seinem ersten Samstagmorgen in der WG das Esszimmer betrat. Sie rührte die Eier um, räumte schmutziges Geschirr in die Maschine und steckte den Kopf aus der Küche. »Was möchten Sie frühstücken?« Unbefangen schenkte sie ihm ihr schönstes Lächeln.

Leon gab es gerne zurück. Er hatte zwar nichts von einer Hausangestellten gewusst, aber der Gedanke gefiel ihm. »Kaffee, bitte.«

Sie nickte, zog den Kopf zurück und kam kurz darauf mit der Kanne an den Tisch. »Ei?«, fragte sie, als sie ihm seine gefüllte Tasse zurückreichte.

Leon schnupperte. »Gerne«

»Speck?« Sie lächelte weiter.

»Lieber nicht. Ich bin Vegetarier.«

»Gut, dann also ohne.«

Callum trat ein und fasste sie gut gelaunt um die Taille. »Ich sehe, du hast K schon kennengelernt.« Strahlend gab er K einen Kuss auf die Wange. Dann bemerkte er Leons erstarrtes Gesicht.

»*Das* ist K?«

Callum lachte. »Ja, ist sie. Der *hübsche Blonde* heißt Simon. Er wohnt nicht bei uns, auch wenn man das manchmal meinen könnte. Sie«, er deutete auf K, »hat übrigens das Zimmer vorne rechts.«

Leons Gesicht wurde noch eine Spur bleicher. »Eine Mitbewohner*in*? Ich dachte, …«

»Was dachtest du? Ich habe doch wirklich oft genug von *ihr* erzählt.«

»Ja, schon. Aber ich dachte, sie sei eine *sie* wie … *er*.« Leon deutete auf Flo, der hinter Callum aufgetaucht war.

Der sah erschreckt an sich hinunter. *Weißes Hemd, Jeans und Sneakers. Was meinte Leon nur? Er hatte sich ja noch nicht einmal vorstellen können.*

»Ja, sicher.« Callum war ebenso irritiert. »Schon richtig. Flo und K sind unsere Mieter.«

Leons Hautfarbe erholte sich nicht. »Findest du das normal?«

K prustete laut und auch Callum musste lachen. »Was? Dass wir vermieten?«

Der Scherz ging an Leon vorbei. »Sie ist eine *Frau!*«

»Gut erkannt. Wusste ich doch, dass das hübsche Köpfchen nicht nur Zierde ist.« Als Leon weiterhin verbiestert aus der Wäsche guckte, wurde auch Callum ernst. »Du hättest die beiden schon gestern kennengelernt, aber … lass mal überlegen …« Er wandte sich K zu. »Ihr wart beim *Tag der offenen Tür* im Heim gestern.«

Sie nickte.

»Und, haben sie deinen Stand wieder geplündert?«

Sie nickte und strahlte. »Dreihundert Euro Tageseinnahme.«

Leon blinzelte. »Sie halten eine Tageseinnahme von dreihundert Euro für einen Erfolg?« Er sah zu Callum hinüber und deutete auf K und Flo. »Ein weiteres deiner Sozialprojekte?«

Flo ließ den Stuhl los, den er sich hatte vorziehen wollen, und sah Callum geschockt an.

»Es ist ihr *Hobby*, Leon. Es sind kleine Leckereien und Kosmetik«, erklärte Callum unwirsch. »Und sie reißen ihr die Sachen aus der Hand.«

Flo wartete einen Moment, ob Callum etwas zu ihm sagen würde, dann drehte er sich um und ging.

Um Leons Mundwinkel spielte ein arrogantes Lächeln. »Schön, schön. Nun, alte Leute sind ja bekanntlich auch nicht anspruchsvoll.«

Ks Lächeln gefror.

»Du hast noch nicht gerochen, was sie kocht, Leon. Wenn sie sich in der Küche austobt, kommen wir aus allen Ecken, glaub mir. Es ist fantastisch«, schwärmte Callum hektisch.

»Keine Auszeichnung für eine Frau, oder?« Leon hob die Augenbrauen.

Zu Leons Glück tauchten Dawide und Chris just in dem Moment auf und begrüßten ihn freundschaftlich.

Callums flehentlicher Blick in ihre Richtung entging K nicht. So schluckte sie herunter, was sie hatte sagen wollen, und ging.

Kapitel 19

Sie bereute es bitterlich, nicht eingeschritten zu sein, denn das Verhältnis zwischen Leon und ihr besserte sich um keinen Deut. Leon giftete gegen sie – und gegen Frauen allgemein – wann immer sich ihm eine Gelegenheit dazu bot, und in ihrer WG gab es davon viele.

Auch Flo bekam sein Fett weg, ließ Leon doch bei jeder Begegnung mit ihm durchblicken, er halte ihn für eine Art unerzogenes Haustier seiner drei neuen Freunde. Flo rächte sich, indem er, Thomas hin oder her, den alten Flo wiederbelebte und Leon beständig daran erinnerte, er heiße *Flo* und habe Leon keineswegs dazu aufgefordert, ihn anders zu nennen.

Es wäre vielleicht besser geworden, wenn Callum Leon einmal öffentlich seine Meinung dazu gesagt hätte. Der aber schwieg.

Waren Callum und Leon unter sich, fand er deutliche Worte. Oft genug drohte er Leon dann sogar mit dem Ende ihrer Beziehung. Aber er war auch unglaublich verliebt und Leon flog sowieso nur für viel zu kurze Wochenenden ein. Also ließ er sich schnell versöhnen, schwieg vor den anderen und gab Flo und K so immer häufiger das Gefühl, Leon und ihm im Weg zu stehen. Die beiden verzogen sich zu Thomas und Simon, wenn Callum Leon ankündigte.

Chris und Dawide sahen es mit gemischten Gefühlen. Sie freuten sich darüber, wie glücklich Callum war und wie Leon mit ihm umging.

Leon war voller Liebe und Zuneigung zu Callum und ließ keine Gelegenheit aus, es ihm zu beweisen – solange sie vier unter sich waren. In der Öffentlichkeit sah es anders aus, aber da sie das von Callum kannten, störten sie sich nicht daran.

Ganz wie Simon war Leon eigentlich unkompliziert, charmant und witzig, und so war es für die beiden plötzlich fast wieder wie früher, als Callum und Martin ein Paar gewesen und sie zu viert um die Häuser gezogen waren. Es hatte ihnen gefehlt. Dawide schaufelte für Leon sogar Zeit frei, wie Chris eines Tages verschnupft feststellte.

Sorge bereitete den beiden nur Leons unberechenbares Verhalten Frauen gegenüber. Leon begegnete denen bestenfalls arrogant, meist aber zutiefst zynisch und bösartig. Ganz besonders solchen, die die drei ihm als Freundinnen anzeigten.

Leon selbst gab das zwar zu, lieferte ihnen aber keine Erklärung dafür. Es kam ihnen vor, als habe er eine dunkle Seite, die verschwand, sobald sie unter Männern waren. Also richteten sie das ein, wann immer es ging. Damit unterstützten sie Leons Verhalten und schlossen K und Flo aus ihrer Runde aus, auch wenn ihnen das kaum bewusst war. Nur Simon tat ihnen leid, denn der sprang immer häufiger bei K für sie in die Bresche. Aber ihr schlechtes Gewissen hielt sich in Grenzen. Immerhin war Leon nur selten da.

Leon selbst empfand die Situation in Köln durchaus als belastend. Seine Angriffe auf K und Flo wurden immer grenzwertiger und Callums Ultimaten danach immer schwerer wieder zu beseitigen. Aber Leon wollte Callum unter keinen Umständen verlieren. Also lotste er ihn an den folgenden Wochenenden nach München, in der Hoffnung, Callum dort nach und nach in seinen Freundeskreis zu ziehen.

Callum aber ließ sich nicht täuschen. Dieser *Freundeskreis* war eher ein elitärer Geschäfts-, denn ein echter Freundeskreis. Eine *Bussigesellschaft*, wie Callum sie bisher nur aus der Klatschpresse kannte. Sie bot ihm die willkommene Gelegenheit, Leons Verhalten in Köln vor sich selbst zu entschuldigen. Die Frauen, die zu diesem Kreis gehörten, spielten nun mal in einer ganz anderen Liga, als K es je gekonnt hätte. Und Flo hätte unter ihnen wie ein Alien gewirkt.

Warum aber schon dieser Gedanke ausreichte, damit er sich wie ein Verräter an seinen beiden Freunden vorkam, das fragte Callum sich nur, bis sein Flieger sonntagabends in München abhob und er Leon zu vermissen begann.

Kapitel 20

Wütend hieb K den Kartoffelstampfer in die gegarten Kartoffeln. »He!« Dawide machte einen Satz zurück, um den herausfliegenden Kartoffelstückchen auszuweichen.

»Entschuldige.« K streckte die Hand aus.

Seufzend legte Dawide das Butterpäckchen, das er festgehalten hatte, hinein. »Massakrier die Kartoffeln, nicht mich, okay?«

K schnaubte nur.

Erst Leons ebenso unverhoffte wie unwillkommene Anwesenheit nach einem ihrer seltenen Samstagsausflüge zu ihren Eltern und dann auch noch Simons Absage für den gemeinsamen Abend – Ks Laune war im Keller. »*Dienstlicher Termin*. An einem Samstagabend. Als ob ich das glauben würde!«

Dawide sah sie groß an. »Wieso nicht? Es ist sein Job.«

»Samstags?«

»Auch, ja.« Dawide nickte. Dann kam ihm ein Verdacht. »Sag mal, weißt du eigentlich, was er macht?«

»Er ist Geschäftsführer.« Geladen stampfte sie weiter. Es wirkte, als wolle sie die Kartoffeln verhauen.

»Ja, schon.« Dawide nahm ihr sanft den Stampfer aus der Hand. »Aber von was?«

»Einem Unternehmen vermutlich.«

Er seufzte und zerkleinerte die Kartoffeln weiter. »Ja, klar. Ich meinte, wovon?«

»Nee?«

»Gib mir mal das Salz, ja? – Schmuck. Es ist ein Schmuckunternehmen. Uhren, Gold und Schmuck. Sie haben Läden in Düsseldorf, München, Köln, Hamburg … kleine, feine Läden überall da, wo es Einkaufsmeilen gibt, auf denen *wir* nur einmal im Leben einkaufen.«

»Er ist Juwelier?«

»Nein, er reist dahin, wo die Scouts interessante Sachen gefunden haben, macht die Verträge mit den Designern, und – Neid! Neid! Neid! – darf bei den Fotoshootings mit den netten Modellen dabei sein.«

Sie grunzte. Vermutlich war eines davon gerade seine *Samstagsarbeit. Mistkerl.*

Dawide sah ihr Zitronengesicht und grinste. »Gönn es ihm. Er muss nämlich den höchst exquisiten Kundenkreis zufriedenstellen, den das Unternehmen neben den Ladengeschäften betreut. Wenn die pfeifen, sind Summen im Spiel, bei denen man tanzt, verstehst du?«

Wieder schnaubte K nur.

»Vermutlich sitzt Simon jetzt mit einem seiner Juweliere und ein paar *Security*-Bubis in einem Privatjet, weil der Goldjunge, dem das Ding gehört, Krach mit seiner Ehefrau hatte und nicht ohne Versöhnungsgeschenk zu Hause auftauchen will.« Ihm fiel ein, in welchem Jahrhundert sie lebten. »Oder die Golddame, der das Ding gehört, möchte ihrem *Lover* eine schicke Uhr schenken.«

»Oder was dir sonst so an Kombinationsmöglichkeiten einfällt, um K zufriedenzustellen.« Chris, der gekommen war, um nach ihnen zu sehen, ahnte schon, um wen es ging.

»Und was verdient so ein *Unternehmer*?«

Dawide sah sie scharf an. Das hatte so gar nicht nach K geklungen, so leise, wie es gekommen war. »Du weißt genau, dass ich dir das nicht sagen darf.«

Aber Chris vermasselte ihm den Ausstieg aus dem anscheinend gefährlichen Thema. »Daumenspiel?« Er grinste.

Dawide seufzte. »Von mir aus.«

Es dauerte etwas, bis Dawide auf Chris' *höher* anzeigenden Daumen hin den Kopf schüttelte. Sie waren bei einem Jahresgehalt angelangt, das selbst Chris den Atem verschlug.

»Derzeit«, konnte Dawide sich nicht verkneifen hinzuzufügen. Beim Anblick seiner sprachlos dastehenden Freunde musste er noch einen draufsetzen. »Ohne Boni, versteht sich.« Er schnappte sich das fertige Kartoffelpüree und überließ die beiden sich selbst.

»Was ist *das*?«, fragte Leon entsetzt, als Chris und K, zwei Pfannen in der Hand, Dawide an den Tisch folgten.

»Blutwurst, Leon. Essen wir alle gerne«, sagte Dawide. Vielleicht würde Leon sich ja ausnahmsweise mal zurückhalten.

»Hab ich heute von zu Hause mitgebracht. Frisch vom Metzger. Das sind Tiere von den Weiden um unser Haus herum.« K sah Leon boshaft an. »Konnte ja keiner ahnen, dass du bedauerlicherweise mal nicht in München bist.«

»Und ich wollte nicht die Familiengeschichte des armen Viechs wissen, das für diese Abscheulichkeit gestorben ist. Auch wenn es noch so sehr mit dir verwandt war.«

In das stumme Entsetzen, das seiner Bemerkung folgte, mischte sich nur das leise Geräusch von Ks Stuhl, als sie langsam aufstand.

Callum fühlte die Blicke seiner Freunde auf sich gerichtet. Er wusste, sie erwarteten eine Reaktion, die Leon zurechtweisen und für K Partei ergreifen würde. Aber er sah stur auf seinen Teller und schwieg.

Dawide kam die Galle hoch. Er legte sein Besteck unbenutzt zurück neben seinen Teller. »Ich fahr ins Büro zurück. Freundlichere Stimmung da.« Mit einem schroffen Nicken zu Leon hinüber folgte er K hinaus.

Der Blick, den Leon und Callum dafür von Chris kassierten, war eisig.

Sie fröstelten.

Kapitel 21

Simon entschuldigte sich für den ausgefallen Abend, indem er K am folgenden Morgen abholte und sie mit einem Ausflug in ein nahegelegenes *Outlet*-Center überraschte. Doch so angestrengt er sich auch bemühte sie zu versöhnen, sie blieb merkwürdig reserviert. Jeder Versuch, ihr etwas schenken zu wollen, stieß auf eisige Ablehnung. Er schob ihre schlechte Laune auf Leons neuesten Ausbruch und tat sein Bestes, um sie anders aufzumuntern. Und tatsächlich begann K die Sache nach einem kleinen Mittagessen Freude zu bereiten. Als sie gegen Abend schließlich hochbepackt mit Tüten und Taschen wieder in der Wohnung ankamen, lachte sie wieder. Nur schenken hatte er ihr nichts dürfen, da war sie eisern geblieben.

»Modenschau!«, brüllte Flo. Callum und Dawide klatschten begeistert Applaus.

Simon lachte erfreut, platzierte die Tüten am Esstisch und ließ sich mit einem erleichterten Seufzer neben Chris und Dawide auf die Couch fallen.

»Bier?«, fragte Chris trocken.

Simon nickte dankbar. Chris stand auf, um es zu holen. Als er zurückkam, lachten die anderen gerade über etwas, das K ausgepackt und vor sich auf den Tisch gelegt hatte, um es anzuziehen. Dazu allerdings musste ihr Pullover erst einmal von ihr herunter.

»Das machst du aber in deinem Zimmer, ja?«, forderte eine eisige Stimme. Leon.

Sie hatten seine Anwesenheit völlig vergessen.

Er war in Callums Zimmer gewesen, hatte ihre Gegenwart gescheut nach dem Streit, den er vom Zaun gebrochen hatte und der immer noch zwischen ihm und Callum schwelte. Zum ersten Mal hatte er ihn nicht beilegen können. Er war zurückgeblieben, angeblich um zu telefonieren, und stand nun in der Esszimmertür.

Ks Augen wurden schmal. *Diesmal nicht.* »Warum?« Kampflinie, sagte ihre ganze Haltung.

Simon fand ebenfalls, es sei an der Zeit, Leon seine Grenzen aufzuzeigen. »Ja, genau, Leon, warum? Sie ist eine bildhübsche Frau, da sieht *Mann* doch so oder so gerne hin.«

Leon legte den Kopf schräg und musterte K abschätzig. »Frau? Sicher. Aber *hübsch*? Seid ihr blind?«

Simon atmete scharf ein und spannte sich.

Leon übersah es. Er sah nur Ks plötzlich verunsichertes Gesicht und triumphierte. »Sie hat einen Hintern wie ein Brauereipferd, Oberschenkel wie ein Elefant, keine nennenswerten Titten und Haare, die aussehen, als habe sie in die Steckdose gefasst. Ihre Fingernägel sind die eines Bauarbeiters und sie hat den *Sexappeal* und den Charme einer gebrauchten Plastiktüte. Möchte nicht wissen, wie viele Eifler Bauern dafür untereinander heiraten mussten.«

K sah sie an sich hinunter, als sehe sie dort jedes von Leons Worten bestätigt. Sie blickte hilflos zu Callum, fand dort keine Unterstützung, keine Hilfe, schlug eine Hand vor den Mund und rannte an Leon vorbei hinaus. Dann hörten sie ihre Zimmertür zufallen.

Im Wohnzimmer hielt Chris einen schäumenden Simon eisern davon ab aufzustehen, während Callum auf seiner Couch vor Entsetzen eingefroren war und kein Wort herausbekam.

»Sie ist unsere Fee«, flüstere Flo in einem unbeholfenen Versuch, Callum beizuspringen.

»Mein lieber Florian, …« sagte Leon herablassend, löste sich von der Tür und kam bühnenreif um den Esstisch herum auf sie zugeschlendert, »… selbst ein einfacher Altenpfleger wie du sollte in Deutschland soweit buchstabieren können, um zu erkennen, dass in *Fee* kein *K* vorkommt. Eher in *k*atastrophale *K*arikatur eines *K*obol…« Er brach ab und schrie auf. Simons Faust war mitten in seinem Gesicht gelandet. Chris hatte nur seine Hand wegziehen müssen.

Leon wurde kalkweiß vor Schmerz – und Zorn. Betont langsam wischte er sich mit dem Handrücken über den Mund, während seine Augen schmal wurden wie die einer Katze vor dem Sprung.

Sein Gegner stand mit geballten Fäusten vor ihm, bereit für den nächsten Schlag.

»Ich zeig dich an, du Schwein. Das hast du nicht umsonst gemacht.«

Simon holte aus.

Dawide war schneller. Seine Hände fingen Simons ab, dann drängte er sich zwischen die beiden und schob Simon rigoros zurück. Er hatte geahnt, Leon würde es nicht gut sein lassen, und war Simon gefolgt.

Callum sah nicht hin. Er saß auf der Couch, fassungslos, den Blick auf den Boden gerichtet, die Hände hilflos vor sich haltend. Sie hatten versucht sich vor sein Gesicht zu schlagen, die Bewegung aber nicht vollendet. Den wie Espenlaub zitternden Flo, der verzweifelt seine Nähe suchte, bemerkte er nicht einmal.

Als Dawide ihn weiter ruhig ansah, entspannte Simon sich. Ein diabolisches Grinsen stahl sich auf sein Gesicht. »Weißt du was, Leon?«, fragte er über Dawides Schulter hinweg. »Tu das.« Seine Stimme triefte plötzlich vor Sarkasmus. »Sofort. Am besten gleich. Und während wir auf die Beamten warten, kannst du packen.«

Leon wich überrascht einen winzigen Schritt zurück. »Ich denke nicht, dass du irgendein Recht hast, mich des Hauses zu verweisen.«

»O doch, Leon«, sagte Simon samtweich. »Als Interessenvertreter der Mieterin hier. Soweit ich weiß, hat sie – im Unterschied zu dir – ein Hausrecht. Es sei denn, …«, er wandte sich an Chris und Dawide, »… einer der *Eigentümer* hier meint etwas anderes.«

Chris und Dawide sahen an Simon vorbei zu Callum. Der rührte sich nicht.

Simons Blick wanderte ebenfalls zu ihm hinüber. »Callum?«

Callum sah nicht einmal auf. Er konnte es nicht. Er wollte schreien, etwas zerschlagen, wenigstens reagieren, aber er bekam nichts heraus.

Flo ließ ihn los, als habe Callum ihn verbrannt. Er zog sich von ihm zurück auf die andere Seite der Couch, kauerte sich dort zusammen und schluchzte krampfhaft.

Simon nickte, als habe er nichts anderes erwartet. »Ich denke, dann wird die Mieterin gehen. Ich beabsichtige nicht sie alleine in diesem Umfeld zu lassen. Meine Herren …« Er nickte förmlich und trat zurück. »Was Sie angeht, *Dr. Walter*, wäre ich mit einer Anzeige gegen mich *ganz* vorsichtig. Ich könnte es sonst auf eine öffentliche Verhandlung ankommen lassen und die Hintergründe meiner Tat dort versehentlich etwas *zu* detailliert erzählen.« Er wandte sich zur Wohnzimmertür.

Leon winkte verächtlich hinter ihm her.

Im Hinausgehen wandte sich Simon noch einmal zu ihm zurück. »Ach, Verzeihung, erwähnte ich bereits, dass ich am Firmensitz in *München* gemeldet bin?«

Leons Gesicht verlor das letzte bisschen Farbe.

Sie hörten, wie Simon mit unverständlichen, sanften Worten eine furchtbar schluchzende K zu beruhigen versuchte, dann schlugen Türen. Schritte im Treppenhaus. Stille.

Chris fing sich als erster. »Er verschwindet, Callum«, sagte er, stand auf und ging zu Ks Sachen hinüber, um sie einzusammeln.

Dawide trat neben ihn. »Jetzt. Sonst, schwöre ich dir, …«, er warf einen Seitenblick auf Leon, »… fängt er sich noch eine von mir.«

Callum nickte, ohne aufzusehen. »Verschwinde, Leon. Verschwinde und komm nie mehr zurück.«

Kapitel 22

Als Callum langsam und bedrückt die Treppen zu Simons Wohnung hochschlich, konnte er hören, wie sie sich stritten.

»Es ist nur Geld, K«, schrie Simon. »Nur Geld. Und mein Beruf. Zufällig. Sonst nichts.«

K schrie etwas zurück, das Callum nicht verstand.

»Sieh es dir wenigstens an! Einmal! Flieg mit nach Rom und entscheide selber.«

In dem Moment langte Callum vor der geöffneten Wohnungstür an.

Simon hörte seine Schritte und kam ihm entgegen.

»Leon ist abgereist.« Callum musste schlucken und hielt Simon die Einkaufstüten hin, die K zurückgelassen hatte.

Simon erwiderte nichts, trat aber zur Seite, um ihn einzulassen.

»Es tut mir leid«, brachte Callum heraus, als Simon ihm ein Glas reichte. Er konnte ihm nicht ins Gesicht sehen.

Simon hatte ihn ins Wohnzimmer gelotst und auf der schwarzen Ledercouch platziert, die sich heute furchtbar kalt anfühlte.

Von K war nichts zu sehen.

»Wenn er es ernst meint, kommt er zurück und versucht es. Dann nimmt er dich mit allem, was dazu gehört, offen und ehrlich.«

Simons Worte hatten ihn trösten sollen, aber sie brannten auf Callums Seele wie Feuer. Nur er alleine wusste, warum. Er hatte es nie erzählt. Es war nicht in Worte zu fassen. »Sie gehört zu uns, Simon. Er nicht. Er kommt nicht zurück.« Hastig stürzte er den Gin herunter. »Nicht wichtig«, versicherte er Simon. Und sich.

Er hörte, wie K hereinkam, aber er sah nicht auf, konnte auch sie nicht ansehen. »Niemand behandelt meine Freunde so, K.«

»Warum nicht, Callum?«, entgegnete sie leise. »Er hat doch Recht. Ich bin keine Fee, nur ein Kobold.« Es klang traurig.

Er sah auf. *Hat er nicht,* dachte er. Ihr dunkelblauer Hausanzug ließ ihre hellen Haare und Augen strahlen, obwohl um letztere ein dunkler Schatten lag. »Wow!« Er deutete auf den Anzug und lächelte schwach.

Sie versuchte zurückzulächeln. »Hat Simon mir hingelegt. Ich musste duschen.«

»Is' mal liegen geblieben«, behauptete der, bevor sie den Anzug als Geschenk identifizieren und zurückweisen konnte. Dann fiel ihm auf, was er gesagt hatte. »Äh, gelegentliche Erfahrung mit … anderen.« Er hüstelte.

Callum fühlte einen Stich der Eifersucht ob des Geständnisses. Es lag so viel Vertrautheit darin. »Du hast ihr von sowas erzählt?« Es klang nach Vorwurf.

»Sie ist neugierig.« Simon grinste kläglich.

Callum konnte nicht darüber lachen. Früher hatten K und er über so etwas gequatscht, meist, wenn er auf ihrem Badewannenrand gesessen hatte. Sein Gewissen meldete sich. *Wann hast du das denn das letzte Mal getan?*

»Was immer er gesagt hat, es war nicht wahr, K.« Sie glaubte ihm nicht, das sah er ihr an.

Simon sah es ebenfalls. »Willst du deswegen nicht mit nach Rom?« fragte er sanft.

»Rom?« Callum hob interessiert die Augenbrauen. Sie hatten gestritten über Rom. Über Rom und Geld und Simons Beruf.

»Fotos für den nächsten Katalog. Ganz große Show. Privatflugzeug, *Security*, Models, Schmuck, alles dabei. Aber eben auch ein paar Verträge. Deswegen darf ich mit. Außerdem halte ich meinen Kopf für den Schmuck hin und darf die Bilder abnicken. Das Ganze ist auf drei Tage angesetzt. Aber ich muss nicht die ganze Zeit dabei sein, treffe ein paar interessante und ausgesprochen nette Leute da unten und würde K gerne mitnehmen«, sprudelte Simon heraus, ohne auch nur Luft zu holen.

»Aber sie will nicht«, stellte Callum fest.

»Was, zum Henker, soll ich denn da? Zwischen Models und Fotografen, die mich nicht mal ansehen werden, Schmuck, den ich mir nie werde leisten können, mit Leuten, zu denen ich nie gehören werde.«

»Ich doch auch nicht! Es gehört bloß zu – meinem – verdammten – Beruf!«, brüllte Simon. »Ich hätte dich so gerne dabei«, fügte er leise hinzu, als er sah, wie nahe sie daran war, wieder in Tränen auszubrechen.

Callum war versucht sie alleine zu lassen. Dann fiel ihm sein Vorhaben wieder ein. Er war hierhergekommen, um etwas wiedergutzumachen. »Flieg mit ihm, K. Behalt ihn ein bisschen im Auge für uns. Nicht, dass er uns von der Fahne geht bei den ganzen netten Herrenmodellen. Ach, und bring mir einen süßen, kleinen Italiener mit. Durchaus auch ohne Schmuck, solange er nur Kronjuwelen hat, ja?«

Sie kicherte und schlug ein imaginäres Notizbuch auf. »Größe?«

»Unerheblich, die Technik macht's.«

»Haar- und Augenfarbe?«

»Was war an *Italiener* falsch zu verstehen?«

Sie verbeugte sich entschuldigend. »Mit oder ohne Sprachkenntnisse?«

»Französisch, bitte. Kein Deutsch oder Englisch. Mein letzter Typ hat definitiv in beiden Sprachen zu viel Blödsinn von sich gegeben.«

Kapitel 23

Das *Set* in dem alten Palazzo war angenehm kühl. K war dankbar dafür, denn so hatte sie den längeren Blazer, der ihre Fettpölsterchen so schön kaschierte, anbehalten können, ohne albern zu wirken.

Obwohl die weiblichen Modelle, die sie bisher getroffen hatte, ihr keine Veranlassung gaben, sich unsicher zu fühlen, hatte sie sich doch lieber in eine der dunkleren Ecken des *Sets* verzogen und beobachtete von dort aus den Fortschritt der *Session*. Simon kam immer wieder mal zu ihr herüber, wenn der Fotograf arbeitete und er damit kurzfristig aus der ständigen Ansprechbarkeit entlassen war. Gerade aber diskutierte er lebhaft, welches Modell ein bestimmtes Schmuckstück tragen sollte. Die beiden Frauen standen unbeteiligt wie Wachspuppen vor den diversen Entscheidern.

Unvermittelt wandte Simon sich zu ihr um. »Kommst du bitte mal?«

Vor lauter Schreck ließ sie fast den Kaffeebecher fallen, den sie sich organisiert hatte. Mit klopfendem Herzen stellte sie ihn ab und machte sich auf den Weg quer durch den Raum. Sie musste sich zwingen dabei nicht an ihren Gang zu denken.

Simon streckte den Arm nach ihr aus, als sie sich näherte, und schob sie vor die beiden Modelle. Die lächelten freundlich. »Was meinst du, Schatz? Sie oder sie, wem steht das besser?« Er hielt ihr das Schmuckstück hin.

Sie trat einen Schritt zurück und blickte unsicher in die Gruppe Menschen um sich herum. Sie alle warteten auf ihre Entscheidung. Aber sie fand keinen Spott, keine Falle in ihren Augen. Simon nickte kaum merklich. *Los.*

K wurde es leicht ums Herz. »Ihr.« Sie deutete auf die linke Kleiderpuppe. »Der Hauptstein trifft ihren Hautton besser. Wenn ihr das Augen-Make-up farblich anpasst, fängt der Stein an zu leben.«

Es hatte selbst in ihren Ohren souverän geklungen. Stumm gratulierte sie sich dazu, jahrelang etliche Staffeln einer beliebten Model-Show inhaliert zu haben. Plötzlich musste sie sich das Lachen verbeißen. *Drama, Baby, Drama*, echote eine Stimmte durch ihren Kopf. Flo wäre begeistert gewesen.

»Ihr habt es gehört.« Simon entließ das andere Model mit einer Handbewegung, bevor er K in die Arme nahm. »Gut gemacht.«

~ * ~

»Trotzdem taten sie mir leid, wie sie da so standen. Wie zwei Kleiderständer hast du sie aussehen lassen«, sagte K beim Abendessen kichernd.

»*Upps.*« Simon prustete. »Dann muss ich mich morgen wohl bei zwei Modellen dafür entschuldigen, sie wie Kleiderständer behandelt zu haben.«

K lachte. »Frauenversteher, ja?«

»Berufskrankheit. Sie sind und bleiben die Hauptempfänger meiner Ware. Ich bin der beste Kumpel des Schenkers und der Versteher der Beschenkten.«

»Hast du denn gar keine Fehler?«

Das Funkeln in ihren Augen wärmte Simon durch und durch. Dennoch ließ er die Leichtigkeit, die bisher ihrem Gespräch gesteckt hatte, bewusst hinter sich. »Doch, K. Habe ich. Etliche. Wie jeder andere auch.«

»Welche?«

»Ich kann mich zum Beispiel wie Dawide in der Arbeit vergraben, wenn's eng wird. Nicht leicht für meine Mitmenschen, diese Zeiten, vor allem, wenn ich dabei viel unterwegs bin. Das kann ich nicht aufgeben. Ich liebe es, es ist ein Teil von mir. Aber denen zu Hause, denen fehle ich und sie sind alleine und dann … verliere ich. Menschen, die ich liebe, meine Freunde … Meine größte Angst, weißt du? Ich habe ständig Angst, das alles hier wieder zu verlieren. Euch.« Er holte tief Luft. »Dich. Ich … ich liebe dich nämlich.«

Sie nahm seine Hand. »Ich dich auch.«

Es war so viel, so unendlich viel, was sie da sagte. Es hätte ihm genügen sollen. Aber da war noch mehr, das herausmusste, das endlich gesagt werden musste. »K, könntest du dir vorstellen an meiner Seite zu bleiben? Mit mir zu leben? Also, mit meinen Fehlern und mit mir?«

Die Stille, die auf seine Frage folgte, wollte ihn vernichten. Als sie endlich sprach, tat sie es zögerlich, langsam und bedacht. Für einen Moment glaubte er verloren zu haben.

»Ja. Ja, das könnte ich.«

Doch es klang etwas darin mit, ein Wort, unausgesprochen und doch so laut in seinem Kopf. *Aber.*

Er lehnte sich zurück und kämpfte die Enttäuschung nieder, drauf und dran seine Hand unter ihrer herauszuziehen und aufzugeben. Dann sah er die Traurigkeit in ihrem Gesicht und verstand. Ein nie gekanntes Gefühl der Erleichterung und des Glücks stieg auf, kribbelte seinen Rücken hinauf, ließ ihn strahlen. »Aber du willst nicht von den Jungs weg. *Das* ist es, nicht? Trotz allem.«

K sah ihn an. Die Traurigkeit stand immer noch in ihren Augen. »Ja. Nicht jetzt, verstehst du? Callum leidet unter der Trennung von Leon. Flo ist ihm immer noch gram und lässt ihn links liegen. Sie finden keinen Weg zu einander. Dawide arbeitet zu viel und Chris schweigt dazu, und …«

»… und sie alle brauchen ihre Fee. Schon gut, Schatz. Dann soll es so sein. Das ist gut, hervorragend sogar. Glaub mir.« Er lachte über ihren erstaunten Blick. »Ich wollte nie wieder einen Menschen ohne eigenes Leben, weißt du? Meine Horrorvorstellung ist jemand, der von mir abhängig ist. Während ich auf Reisen bin, ständig zerrissen zwischen dem Spaß am Reisen und der Sorge um den Menschen zu Hause. Es ist mein Traum, K. Der Mensch, den ich liebe, umgeben von den Freunden, die ich mir immer gewünscht …« Er kam nicht dazu, den Satz zu Ende zu sprechen.

Sie war aufgestanden und hatte ihn mitten auf den Mund geküsst. Vor aller Augen, mitten im Restaurant, war sie seine Fee.

~ * ~

Später, oben auf dem Zimmer, kamen sie dazu weiterzudenken.

»Schweigen?«, fragte Simon, wie schon einmal.

Sie legte den Kopf schräg, als wägte sie etwas ab. »Schweigen. Bis …?«

Simon schnalzte mit der Zunge und zog sie näher zu sich. »Einfach weiter Schweigen.«

Kapitel 24

Leon fehlte Callum vom ersten Tag an. Aber er verdrängte es hartnäckig und setzte stattdessen um, was er sich in Simons Wohnung so fest vorgenommen und bisher nur ansatzweise geschafft hatte: seine Versäumnisse bei den WG-Freunden wiedergutzumachen, besonders die bei K. Doch die ging immer häufiger mit Simon aus und ließ keinen Raum für ihre früheren gemeinsamen Aktivitäten mehr. Die Lücke, die sie hinterließ, machte ihn noch einsamer.

Ärgerlich sah er aus dem Fenster. K kam spät. Er hatte schon etliche Male zuvor vom Fenster aus nach ihr Ausschau gehalten. Langsam begann er sich Sorgen zu machen.

»Sie ist erwachsen, Callum. Sie kommt nach Hause, wann sie möchte«, warf ein genervter Chris vom Sofa aus ein. Callums Wanderung vom Sofa zum Fenster und zurück nervte ihn. Eigentlich nervte ihn alles, seit Dawide wieder einmal nicht zum Abendessen erschienen war, um »nur noch etwas für einen Kunden zu erledigen.« Es wurde zum Dauerzustand, genauso wie Chris' schlechte Laune deswegen.

Callum sah ein weiteres Mal auf die Uhr und wieder hinaus. Plötzlich tauchte sie an der Straßenecke auf. Ein, zwei Schritte hinter ihr ging ein Mann, den Callum als einen ihrer weiter entfernten Nachbarn erkannte. Er redete eindringlich auf K ein, aber etwas an der Situation wirkte falsch.

Callum sah genauer hin. K versuchte den Mann loszuwerden. Callum runzelte die Stirn, sah noch einmal hin und beschloss ihr entgegenzugehen.

Er war gerade auf dem letzten Treppenabsatz vor der Haustür angelangt, als K aufschloss. »Noch mal: kein Interesse. Ich gehe jetzt hier rein und du gehst nach Hause, verstanden?« Klare Ansage.

Er blieb stehen, wartete ab. Er hörte zwei Schritte, dann ein Rumpeln.

»Hey!« K. Eine Grenzziehung.

»Komm schon, stell dich nicht so an. *Ein* Date. Wird dir schon nicht wehtun. Seid doch alle ein bisschen pervers da oben.«

Callum atmete scharf ein.

»Nimm deine Finger von mir!«

Callum setzte einen Fuß auf die nächsttiefere Stufe. In seinem Kopf tickte etwas, langsam, aber stetig lauter werdend. *Sei diskret. Du hast einen Ruf zu wahren.* Er hielt inne.

»Ich sagte, Finger …«

»Halt die Klappe. Sei mal ein bisschen dankbar, wenn `n richtiger Mann dich noch ansieht.«

Callums Herz begann zu rasen. *Abwarten. Eingreifen. Nicht auffallen. Helfen. Einen Ruf wahren.*

Geräusche. Er trat einen Schritt vor und sah über das Treppengeländer hinweg nach unten. Der Mann hatte K am Handgelenk gepackt. Sie riss daran, versuchte es freizubekommen, ihn zum Loslassen zu bewegen. In ihrem Gesicht stand Panik.

Callums Hand krampfte sich um das Geländer. *Sie ist unsere Fee. Tu etwas.*

Der Mann hielt K eisern fest, zog sie näher zu sich heran.

K zitterte und versuchte nach hinten auszuweichen.

Nicht auffallen. Einen Ruf wahren.

Der Mann griff nach Ks anderer Hand. Sie landete mitten in seinem Gesicht. »Miststück!« Er schnaufte und holte aus. Er vollendete den Schlag nicht. Er hätte Callum getroffen.

»Schon gut, Mann …« Er ließ Ks Handgelenk los und trat zurück. Callum war einen halben Kopf größer als er und der Blick, mit dem sein Gegner ihn ansah, verhieß ihm nichts Gutes. »Alles klar, okay? Ein … Missverständnis, ja? Kann ja keiner ahnen, dass ihr Besitzansprüche anmeldet, okay?«

Er ging vorsichtig rückwärts, bis er durch die Haustür hindurch war. Außer Reichweite sah er Callum noch einmal hasserfüllt an. »Passt bloß auf. Euch kriegen wir auch noch …« Dann war er fort.

Callum brachte K nach oben und erzählte seine Version der Geschichte. Wie er hinzugekommen war, als der Mann sie hatte schlagen wollen, wie er es hatte verhindern können.

Sie schwieg, während ein entsetzter Chris ihr Tee kochte und Flo ihr Handgelenk untersuchte, bevor er es vorsichtig mit Salbe bestrich und verband. Sie zitterte immer noch, inzwischen aber vor Wut. »Ich zeig ihn an«, wiederholte sie immer wieder. »Wenn Callum nicht rechtzeitig da gewesen wäre …«

Rechtzeitig. Wo war Callum gewesen die ganze Zeit? Chris sah Callum eindringlich an.

Dem brach der Schweiß aus.

»Unbedingt«, sagte Flo.

Chris legte nachdenklich den Kopf schräg. »Ich denke auch, Callum.« Er stand auf, um das Telefon zu holen.

Callums Herz schlug bis zum Hals hinauf. Schnell schüttelte er den Kopf.

»Das bringt doch nichts.« *Keine Anzeige. Nicht hier. Nicht deswegen. Nicht auffallen.* »Das wird sowieso nur eingestellt.«

Chris' Augen verengten sich. »Wieso das? Du dürftest genug gesehen haben, um …«

Keine Aussage, schoss es Callum durch den Kopf. *Nicht dazu, nicht so, nicht, bitte nicht. Wenn er sagt, wo sie lebt, mit wem, wieso er …* »Aber ich habe gar nichts gesehen.«

Frank fiel ihm ein. Die Bemerkung. *Sie würden es erfahren, alle erfahren. Er war ihr Kollege …* »Nur … den Schluss. Und das … reicht doch nicht … Du weißt doch, Chris …«

Chris sah ihn zweifelnd an. »Aber …« *Dawide*, dachte er. Er brauchte Dawide. Der würde jetzt wütend werden, Callum zurechtweisen, es geradebiegen, verhindern. Aber Dawide war im Büro, wieder mal im Büro und alles lief schief. Furchtbar schief. »Callum, ich denke …« Er versuchte die Panik, die in Callums Augen stand, zu ignorieren, sich darüber hinwegzusetzen.

Callum sah es kommen. »Nein! Wir sind pervers, hat er gesagt. Wir sind pervers und sie hat es provoziert, wird er sagen, und …«

Erst als K und Flo gleichzeitig nach Luft schnappten, merkte er, was er gerade verraten hatte. Ihre Blicke waren unerträglich. »Bitte«, flüsterte er. »Bitte, K. Tu es nicht, bitte. Du weißt nicht … Ich …«

Flo sah ihn an, als wären ihm zwei Köpfe gewachsen. Dann wandelte sich sein Blick. Verachtung setzte sich darin fest. Vernichtung.

Callum trat unbewusst einen Schritt zurück. »K?«

»Ich muss hier raus«, sagte sie tonlos.

Sie gingen gemeinsam, Flo und K, gingen an ihm vorbei und sahen ihn nicht an.

Mehr habe ich dir nicht zu sagen.

»Leb, wie du willst, Callum. Es ist mir egal«, sagte Chris, der ihnen folgte, ebenso unbarmherzig und kalt. »Aber versuch nie wieder mich für deine Lügen einzuspannen, hast du verstanden?«

Callum blieb stehen, versuchte ihn aufzuhalten, eine Entschuldigung zu finden für das, was er getan hatte. Es gelang ihm nicht. Er konnte es nicht erzählen, konnte nichts aussprechen, nichts eingestehen.

Du hast einen Ruf zu wahren, höhnte die Stimme.

Kapitel 25

Theo öffnete sofort. Er schien nicht überrascht sie zu sehen. »K. Komm rein.«

Sie brach in Tränen aus.

Er brachte sie zu der ihr so vertraut gewordenen Sitzgruppe und ließ sie in Ruhe weinen, während er Tee für sie beide kochte. Er stellte ihre Tasse vor sie auf den Tisch und wartete ab, bis sie sie nahm und sich langsam beruhigte. »Wer war er?«

Sie wusste, er meinte nicht den Kerl von eben. »Er war der Projektleiter eines großen Berichtsprojektes. Mein Vorgesetzter. Er hat mich ins Projekt geholt als Recherche- und Textassistenz.« Sie nippte an ihrem Tee.

»Aber dabei blieb es nicht.«

»Nein. Wir haben immer häufiger abends zusammengesessen, Materialien ausgewertet, diskutiert, verschriftet, so was halt. Sind uns nähergekommen.« Sie lächelte kurz, bevor ihr Gesicht wieder ernst wurde. »Ich wusste immer, da war noch ein anderes Leben. Er hat es nie verheimlicht. Wir haben es nur nie angesprochen. Er war dann auf *Dienstreise*. Meist am Wochenende und an Feiertagen. Es machte mir nichts. Er war klug, charmant, witzig und gab mir das Gefühl …«, sie kämpfte erneut mit den Tränen, griff zur Tasse und trank daraus, »… das Gefühl, schön zu sein. Alles, was ich immer gewollt hatte. In unserer Straße zu Hause waren wir sechs Jungen und nur zwei Mädchen. Charlotte war die geborene Prinzessin, ich nicht. Ich war Kumpel, Anbaggerhilfe, Tränentrockner, Egoaufpolierer und Alibi. Sie erzählten von den Mädchen, die sie ansahen, aber mich sahen sie nie so an. Ich war immer nur *klug*. Es blieb so. Ich hatte natürlich Beziehungen, aber auch die sahen mich nie *so* an. Er war der erste, der mir das Gefühl gab … *sexy* zu sein …« Sie sah ihn entschuldigend an, aber er nickte nur.

»Deswegen haben Leons Worte so tief getroffen.«

»Ja. Irgendwann bat er mich, mit ihm zusammenzuziehen. Mein Zimmer zuhause aufzugeben, damit er mehr mit mir zusammen sein könne. Er hatte sogar schon eine Wohnung im Blick. Ich war begeistert. Er übernahm den Großteil der Miete, die Einrichtung und so was, und ich unterschrieb den Mietvertrag. Es lief gut, wunderbar. Ich war unglaublich glücklich, obwohl er die *Dienstreisen* beibehielt. Dann näherte sich das Projekt seinem Ende. Als ich ihn darauf ansprach, wiegelte er ab. Das finde sich schon. Ich glaubte ihm, habe ihm immer geglaubt. Kein Bauchgefühl oder so was.« Sie suchte erneut seinen Blick, wartete auf einen Kommentar, aber er forderte sie nur mit einer Handbewegung zum Weitersprechen auf. »Eines Abends, kurz vor Ende der Arbeiten war ich alleine in der Redaktion. Sein Telefon klingelte und ich ging ran.«

Theo grinste.

»Nein. Es war nicht seine Frau.«

»Ach.«

»Nein, so einfach war es nicht. Es war eine Rückfrage des *Relocation*-Büros einer amerikanischen Hochschule. Sie baten um Nachreichung der Impfpässe für die Schulaufnahmeanträge der Kinder.«

Theo sog scharf Luft ein.

Sie nickte. »An dem Abend habe ich ihn zur Rede gestellt. Nicht, weil er verheiratet war. Das hatte ich längst geahnt. Ich fragte ihn, wie es weitergehen solle, wann er gehen würde. Zwei Wochen. Es waren noch zwei Wochen. Es werde gar nicht weitergehen, sagte er. Er werde gehen und das sei es dann gewesen. Ich flippte aus. Schrie ihn an, wie er sich das vorstelle: der Mietvertrag, ich ohne Anschlussprojekt, weil ich ihm vertraut hätte. Alles. Es wurde garstig. Sehr garstig.«

Theos Augen weiteten sich überrascht.

»Ich hatte mehr … Mut. Davor.«

Theo nippte an seiner Tasse und dachte einen Moment lang über diese rätselhafte Bemerkung nach. »Es artete aus.«

»Nicht es. *Er*.«

»Er schlug zu.«

»Ja.«

»Und mehr.« Er bemühte sich es nicht nach einer Frage klingen zu lassen. Es würde ihr schwer genug fallen, darüber zu reden.

»Nein. Er schlug zu. Mehrfach, ja. Bis ich aufhörte ihn anzuschreien. Dann ging er.« Sie nahm einen weiteren Schluck Tee. »Ich rief die Polizei, zeigte ihn an. Sofort, bevor ich es mir anders überlegen konnte. Ich musste ein paar Tage zu Hause bleiben. Als ich wiederkam, hatte er seine Version der Ereignisse erzählt.«

Theo schnaubte. »Sie haben ihm geglaubt.«

»Sicher. Zu banal. *Verlassene Geliebte will sich nicht abfinden, stürzt sich nach monatelangen Komm-Zurück-Betteleien die Treppe runter* und so weiter. Es gab ja keine Zeugen. Jeder glaubte, wem er wollte. Die meisten ihm. Revanche der vielen Freunde, die ich für ihn aufgegeben hatte.« Sie lachte bitter. »Ich bekam keine Vertragsverlängerung, kein Anschlussprojekt. Zahlte die letzten drei Mieten aus meinem Ersparten, suchte verzweifelt Arbeit und Wohnung. Eine Freundin vermittelte mir die Viertelstelle als ihre Schwangerschaftsvertretung an der Uni hier. Als der Professor, der das Projekt betreut, mitbekam, dass ich praktisch im Büro lebte, brachte er mich unter der Hand im Gästehaus unter. Natürlich nur vorübergehend. Nachdem etwas Gras über die Sache gewachsen war, vermittelte er mir über die Univerwaltung die Stunden für die Publikationen.«

»Deswegen hast du dich auf die Jungs eingelassen.«

»Ja. Sie waren buchstäblich meine letzte Chance.«

»Warum nicht deine Eltern? Callum schwärmt geradezu von ihnen.«

Bei der Erwähnung von Callums Namen verzog sie das Gesicht. »Meine Eltern wissen ungefähr, was passiert ist. Natürlich. Mein Vater war drauf und dran nach Amerika zu fliegen. Aber meine Welt ist ihnen so fremd und finanziell …« Sie schüttelte den Kopf. »Sie konnten mir nur anbieten zu ihnen zurückzukommen. Ich war kurz davor.«

»Was wurde aus der Anzeige?«

»Nichts. Er hatte sich nie was zu Schulden kommen lassen. Viel war ja auch nicht passiert. Es wurde eingestellt. Die Klage auf Teilzahlung der Miete und so was lief noch, als Callum und ich ihn damals getroffen haben, ist aber längst abgewiesen. Ich hatte ja alleine unterschrieben.«

»Und jetzt dieser Typ.« Theo deutete auf Ks Handgelenk.

Sie nickte.

»Deine Chance auf Rache. Auf Klarstellung, wer damals die Wahrheit gesagt hat. Jedenfalls für dich.«

Sie nickte wieder.

»Das ist es aber nicht alleine.«

»Nein.«

»Was ist geschehen?«

Sie erzählte es ihm.

»Callum also.« Theo seufzte. »Die Feier damals, Leons Angriffe auf dich, jetzt das. Wieder ein enger Freund, der den Schwanz einzieht. Wieder Verrat. Das ist es doch, richtig?«

»Ich dachte, er wäre ...« Sie schluchzte, dann atmete sie ein paar Mal tief durch. »Er ist ein Schwein, Theo. Ein mieses, kleines, feiges Schwein.«

»Das wird ihn freuen zu hören.«

»Bitte?«

»Es bei weitem nicht das, was er erwartet oder sich selbst gerade an Titeln zuerkennt, wenn er in den Spiegel sieht. – *Falls* er sich das derzeit traut und sich nicht stattdessen besäuft.« Er schmunzelte ganz bewusst. Es half. Vorerst.

Ihr Blick glitt zum Fenster hinüber. »Ich frage mich, warum, Theo.«

Er lachte leise. »O nein, K. Du fragst dich, ob Simon der Nächste ist, der dich verrät. Das meinst du.«

Als sie überrascht aufsah, lächelte er. »O *bitte*, K! Berufserfahrung. Ich erkannte Spitzel im Laden auf Kilometer.« Er wurde wieder ernst und legte seine Hand auf ihr Handgelenk. »Euer Geheimnis ist bei mir sicher. So wie alle anderen Geheimnisse vor ihnen und alle, die noch kommen werden. Es ändert nämlich nichts daran, *wer* er ist. Simon ist Simon. Und um deine Frage zu beantworten: Ich kann dir versichern, er ist ein völlig anderer Typ Mann als die beiden, die du da eben beschrieben hast. Und das weißt du doch auch längst.« Er sah, wie ein Stück Last von ihrer Seele fiel. Ein Stück, nicht alles. »Ja, auch er hat ein Vorleben und auch er kämpft mit Verrat. Aber nicht an dir.«

»Und Callum?« Es klang leise und traurig.

Er seufzte. »Callum ist Callum. Er kann nicht aus seiner Haut. Ich habe dir zu ihm gesagt, was ich sagen durfte.« Es reichte ihr nicht. Er versuchte es noch einmal. »Warum, glaubst du, hat Callum Florian zu ihnen geholt? Was ist so besonders an Flo?«

Sie zuckte die Schultern.

»Seine Stärke, K.«

Sie zog die Augenbrauen zusammen.

»Ja, ich weiß, was du denkst. Aber Florian ist tatsächlich unglaublich stark. Trotz allem, was er erlebt hat, ist er nie zerbrochen. Du kannst ihn angreifen, verletzen, verprügeln, er steht immer wieder auf.«

»Quatsch. Das passt wohl kaum zu Thomas und Konsorten.«

»Ich habe nicht gesagt, dass Florian perfekt ist.« Theo schmunzelte. »Er ist bereit für die Anerkennung, Liebe und Zuneigung, die er so vermisst hat, unendlich weit zu gehen, ja. Aber irgendwann steht er auf und wehrt sich, selbst gegen den, der ihn am meisten verletzt hat.«

Sie nickte. Es war fast aufs Worte genau dasselbe wie das, was Chris gesagt hatte.

»Jedenfalls hat Florian genau die Art Stärke, die Callum so gerne leben dürfen würde.«

Sie schnaubte ungläubig.

»K, bitte. Hier muss Schluss sein. Rede mit ihm. Frag ihn selbst, warum er nicht früher eingegriffen hat. Versuch es. Rede. Und halte ihm zu Gute, dass es schwer genug für ihn war, überhaupt einzugreifen. Bitte redet endlich alle wieder miteinander. Schon, damit euch diese ganzen Geheimnisse nicht auffressen.«

Sie stand auf, ging zum Fenster, um kurz hinauszusehen, und wandte sich ihm wieder zu. Sie würde es nicht tun. Ihr gespielt fröhlicher Gesichtsausdruck verriet es deutlich.

Theo seufzte ergeben. »Jaaa. Ja, es war unmöglich. Ja, es war Verrat und nein, ich entschuldige gar nichts.« Es reichte immer noch nicht. Zu tief, die erneute Verletzung. »Ja, von mir aus *darfst* du ihn dafür bluten lassen.«

Vielleicht war das ein Anfang.

Kapitel 26

Am folgenden Tag, einem Sonntag, verschwand K schon vor dem Frühstück zu ihren Eltern. Callum nahm es erleichtert zur Kenntnis, hoffte er doch auf diese Weise noch einmal in Ruhe mit Chris reden und den Abend mit Dawides Hilfe ins rechte Licht rücken zu können.

Doch noch bevor die beiden am frühen Nachmittag aus den Federn krochen, traf Callum auf dem Weg ins Bad auf eine viel zu früh heimkehrende K. Der Blick, mit dem sie ihn bedachte, bevor sie wortlos in ihrem Zimmer verschwand, machte ihm klar, was geschehen war: Erich Molinar hatte für ihn gesprochen. Er hätte vor Scham sterben wollen.

Ks blau-grün verfärbtes Handgelenk, Flos vorwurfsvolle Blicke und Chris' und Dawides Missachtung machten Callum zu schaffen. Er bemühte sich redlich ihre Verzeihung zu erlangen, versuchte es mit Versöhnungsgeschenken, mit Entschuldigungen und mit allem anderen, was ihm einfallen wollte. Doch seine Freunde gaben sich unbestechlich und unversöhnlich.

Zu allem Überfluss bat Frank ihn ein paar Tage nachdem Callum das aufgenommen hatte, was er insgeheim seinen *Kriechdienst* nannte, in sein Büro, um ihn an die ausstehende Entscheidung zu erinnern und ihm eine Frist dafür zu setzen. Wieder schwieg er, wieder ging er mit dem Gefühl zurück in sein Büro, versagt zu haben.

Er wollte mit Chris darüber sprechen, mit Dawide, mit K oder wenigstens mit Flo. Aber er wusste, sie würden es nicht verstehen, würden es nur der langen Liste seiner Feigheiten hinzufügen und ihn stehenlassen. Wie auch, solange er schwieg?

Er hatte es wieder einmal geschafft. Er war allein.

Sein Handy piepste. Eine SMS von Leon. Die erste, seit er fort war. Er musste sie ansehen, musste ins Feuer fassen, sich verbrennen.

Sieh an, keine Feigheit hier.

»Kann nicht ohne dich. Will es auch nicht. Melde dich.«

Es tat weh.

Er antwortete hektisch, sandte seine Antwort ab, bevor er in Versuchung geraten konnte, etwas anderes zu schreiben, als das, was er musste. *»Lass mich in Ruhe, Leon. Sie sind meine Familie. Mir ist jeder einzelne von ihnen wichtig. Jeder.«*

Er stand auf und ging auf den Flur hinaus, das Handy in der Hand. Er wollte ihr die Nachricht zeigen. Es war sein Beweis, es zu können, das Für-sie-Einstehen. Vielleicht würde sie ihm verzeihen, wenn sie es sah. Er klopfte an ihre Tür, zaghaft. Sie öffnete sich nicht. »K?« Die Tür blieb verschlossen. Sie war fort.

Das Handy vibrierte in seiner Hand. *»Ich versuche es, Callum. Bitte. Gib mir eine Chance. Eine. Ich versuche es, ich verspreche es. Bitte.«*

Die Haustür öffnete sich und Dawide kam herein. Er war wieder einmal spät dran und sah müde aus, grau.

Callum wollte ihn fragen, wie es ihm ging, was geschehen war, ob er ihm helfen könne. Aber Dawide sah über ihn hinweg und mied jede Berührung, als er an ihm vorbeiging.

Callum sah ihm nach, hörte, wie er Chris begrüßte, leise von seinem Tag zu erzählen begann. Anders als früher schloss es ihn aus. Es tat weh.

Aus Flos Zimmer drang leise Musik, aber wenn er klopfen würde, würde Flo ihn voller Verachtung ansehen und ihn kühl bitten ihn in Ruhe zu lassen.

Er war alleine. Furchtbar alleine. *Wasted space.*

Sein Handy vibrierte erneut. Eine weitere Nachricht von Leon. Eine Zeile nur. *»Ruf an. Bitte.«*

Er tat es.

Kapitel 27

Callum wartete zwei Wochen, bevor er seinen Freunden ruhig und ohne sie anzusehen mitteilte, wo er die letzten beiden Wochenenden verbracht hatte und warum sie Leon am kommenden Wochenende wiedersehen würden. Den Mut dazu hatte er lange suchen müssen. Aber ihre Meinung von ihm konnte sowieso nicht tiefer sinken.

Chris und Dawide akzeptierten Callums Ankündigung kommentarlos und wandten sich sofort wieder ihren zur Routine gewordenen Streitigkeiten über Dawides Wochenendaufenthalte im Büro zu.

Dawide hatte trotz aller Kraftaufbietung weitere Kunden an Niklas verloren. Seitdem kämpfte er immer verzweifelter. Aber er wollte nicht zurückweichen, nicht aufgeben, wollte bewahren, was er sich so hart erarbeitet hatte. Chris' Ratschlag, aufzugeben und etwas Neues zu versuchen, empfand er mehr als Schlag denn als Rat. Simon hatte ihm den Weg doch aufgezeigt und er hatte schon so viel investiert, Chris so oft enttäuscht – das konnte, nein, das durfte nicht umsonst gewesen sein.

Chris wiederum konnte nicht verstehen, warum Dawide jedes Mal auf ihn losging, wenn er ihm helfen wollte, indem er ihm Alternativen aufzeigte, ja ihm sogar anbot, endlich ins Unternehmen seines Vaters einzusteigen, was der sich schon so lange wünschte.

Zum ersten Mal in all den gemeinsamen Jahren fanden sie keinen Weg zueinander.

Flo ignorierte Callums Ankündigung, aß sein Frühstück zu Ende und ging auf sein Zimmer. Bis Thomas ihn am Nachmittag abholen würde, gedachte er nicht es wieder zu verlassen. Ihm doch egal, was Callum machte, und Leon konnte ihn mal. Er würde eh nicht da sein, wenn der kam.

Genauso sah K das auch. An dem Tag, an dem Leon eintraf, wartete sie mit gepackter Reisetasche in ihrem Zimmer, bis Simon kam. Der hatte darauf bestanden, sie abzuholen schon, um Leon gleich klarzumachen, was er von dessen Dreistigkeit hielt, überhaupt noch einmal aufzutauchen.

Es kam, wie es kommen musste: Leon, angespannt und von allen mit Missachtung gestraft, wechselte beim Läuten der Türklingel in den Kampfmodus. Als Simons Schritte im Wohnungsflur erklangen, stand er bereits unter Strom.

Callum fürchtete schon er werde explodieren. »Vergiss die grüne Wäsche nicht. Falls du beim Ausgehen mit Simon mal versehentlich einen anständigen Mann triffst«, rief er K fröhlich nach, als er Simon und sie aufbrechen hörte. Es war das verzweifelte Bemühen, die Katastrophe aufzuhalten und sein eigenes schlechtes Gewissen zu beruhigen.

»Was soll das bei ihr noch bringen?«, fragte Leon in bestem Bühnenflüstern zurück. »Die Jungs, die fürs Vaterland vögeln, sehen nicht auf die Wäsche.«

Callum schloss die Augen und betete. Betete, es möge nicht mehr gehört worden sein, die Konfrontation möge ausbleiben und er noch einmal davonkommen.

Als es still blieb, atmete er auf und öffnete die Augen.

»Schon gut, Callum. Bemüh dich nicht.« K. Eiskalt. Die Ruhe in ihrer Stimme machte ihm Angst. »Es reicht. Ich bin weg. Zum nächstmöglichen Termin. Ihr wisst ja, wo ihr mich erreichen könnt.«

Kapitel 28

Sie kehrte nicht mehr zurück, auch nicht, als Chris ihr mitteilte, Leon werde die Wohnung nicht mehr betreten und Dawide, Flo und er hätten deutliche Worte für Callum gefunden.

Callum selbst versuchte es über Simon, nur um von diesem unterkühlt die Freundschaft aufgekündigt zu bekommen.

K wollte Callum nicht wiedersehen, geschweige denn mit ihm sprechen, was der auch versprach oder tat. Sie holte ihre Sachen ab, wenn er nicht im Hause war, und traf sich mit ihren WG-Freunden nur noch außerhalb der Wohnung.

Ihr entging nicht, wie oft Chris alleine zu diesen Treffen kam, und auch nicht, wie der sich immer früher verabschiedete, weil er müde sei. Sie glaubte es ihm, so erschöpft wie er aussah, und nahm sich fest vor Dawide noch einmal gehörig ins Gewissen zu reden. Immerhin war der zum Dauergast bei Simon geworden.

Callum fühlte sich, als tanze er ohne Netz auf einem Drahtseil. Er tat das Einzige, was ihm noch Halt versprach: Er ging zu Theo. Doch auch der wollte ihn nicht entschuldigen.

»Ich werde ja wohl ein Recht haben, einmal an mich selbst zu denken!«, rief Callum daraufhin.

»Ist Leon der nächste Martin?«

Vor lauter Schreck vergaß Callum Theo weiter anzufunkeln. *Was hatte Martin damit zu tun?*

Theo lachte leise. »Da wolltest du auch nichts anderes mehr sehen, niemand anderen mehr wichtig nehmen. Alles war perfekt. Ein Partner, der für alle außerhalb der WG nur ein Mitbewohner war. Einer, der nichts mehr zu wollen schien, als das alles so blieb, wie es war. Der nie *mehr* wollte. Genauso perfekt wie Leon, nicht wahr?«

War es so gewesen?

Theo stand auf und trat ans Fenster.

Callum hatte plötzlich das Bedürfnis, hinter Theos Rücken heimlich zu verschwinden. Nichts mehr hören zu müssen.

Aber Theo wandte sich bereits wieder ihm zu, hielt ihn mit seinem durchdringenden Blick auf dem Stuhl fest. »Unglaublich bequem. Niemand, für den du je öffentlich hättest einstehen müssen.«

Callum öffnete den Mund, um zu protestieren, schloss ihn aber sofort wieder. Was hätte er schon vorbringen können?

»Als er dir fremdgegangen ist, war eure Beziehung schon lange Geschichte, Callum. Der Einzige, der das nie gesehen hat, warst du. Martin wollte längst nicht mehr versteckt werden, suchte längst nach *mehr*. Und anders, als du es dir gern einredest, war ich nie der Grund dafür, dass ihr danach Freunde bliebt. Ihr wart es nämlich nicht, Callum. Auch das hast du dir nur schön geredet.«

Callum traute seinen Ohren nicht.

»Martin war nie der Mann, den du dir in deinem Kopf geschaffen hast, Callum. Er hat dich benutzt, bis zuletzt. Er hat nämlich schnell gemerkt, wie angenehm das war, dass du an ihm festhieltst, dir eine unausgesprochene *Weiter-Partnerschaft-ohne-Außenwirkung* schufst. Für ihn das perfekte Mittel zum Festhalten und Weitersuchen. Was immer Martin wollte, Callum tat es. Alles, damit Martin blieb und sich wohlfühlte. Freunde wurden gefährlich? Wollten Callum die Augen öffnen? Fort mit ihnen! Ein Wort von Martin und Callum ließ sie fallen wie heiße Kartoffeln, schimpfte sie Lügen, verschloss die Ohren. Du hast ja sogar die Männer akzeptiert, die er mit nach Hause brachte! Hast nicht einmal dir selbst gegenüber zugegeben, wie arg es dich verletzt hat. Schließlich wart ihr ja *nur Freunde*.

Irgendwann schlug Martins Stunde, er fand den Absprung. *Endlich*, sagten wir. Denn, Callum, dich und dich alleine hat Martins Weggang überrascht. Aber statt dir wenigstens jetzt einzugestehen, wie enttäuscht, eifersüchtig und verletzt du warst, bist du mitgeflogen zur Hochzeit und hast mitgespielt. Lieber fort, als ihm ein *Mehr* zugestehen, koste es, was es wolle. So, wie jetzt wieder. Nur ist es jetzt Leon, an dem du um jeden Preis festhältst.«

Theo kam zu ihm hinüber, lehnte den Stock an Callums Sessel und beugte sich vor, bis seine Stirn Callums fast berührte. »Du bist doch gar nicht feige, Callum. Und du schämst dich auch nicht für das, was du bist. Trotzdem klammerst du dich an diese Art Menschen. Warum?«

Weil sie so selten sind. Weil niemand außer ihnen bereit ist mich zu lieben. Nicht zu den Bedingungen, die ich stelle. Die ich stellen muss. Kein Mehr. *Einen Ruf wahren, diskret sein. Du hast es selbst gesagt, nicht einmal Martin konnte es. Leon kann es, will es sogar.*

Wieder öffnete Callum den Mund, wollte reden, erzählen, es endlich erklären. Doch als er die Augen schloss, um die Tränen, die aufgestiegen waren, daraus zu vertreiben, verschwand Theos Gesicht und ein anderes, kaltes erschien vor seinem geistigen Auge. *Das war das letzte Mal, dass wir das thematisiert haben, Callum.* Er blinzelte und der Moment ging vorüber.

Theo spürte es und atmete tief ein- und wieder aus. »Callum, ich warne dich. Wenn Dawide und Chris nicht die Männer wären, die sie sind, wärst du heute ganz alleine, nachdem du für Martin einen Menschen nach dem anderen von dir gestoßen hast. Noch einen Martin wird dir deine kleine Ersatzfamilie nicht verzeihen. Dawide nicht, Flo nicht und selbst Chris nicht. Vor allem aber K nicht.«

Kapitel 29

Er beherzigte es nicht.

Als Dawide in die Endphase der Planung der Großveranstaltung einstieg, die ihm den Hals retten sollte, zog sich Chris zurück und suchte Callums Nähe. Der aber wollte nur Leon. Da der der Wohnung verwiesen war, flog Callum nach München und ließ Chris allein zurück. Frank hatte er in einer Zweizeilenmail mitgeteilt, er werde sich nicht bewerben, er habe kein Interesse. Damit war seine Welt fast wieder in Ordnung.

Auch K konnte Chris nicht helfen. Sie kam nur noch selten in die WG, auch wenn Simon sie hatte überreden können ihr Zimmer dort nicht aufzugeben. Seine Jungs rechneten ihm das hoch an, aber dennoch lebte K mehr bei ihm als bei ihnen, selbst wenn Simon, wie gerade, wieder einmal auf Reisen war.

In der leeren Wohnung saß ein müder, frustrierter Chris alleine vor dem Fernseher und fragte sich, warum zum Teufel er immer noch aufblieb, um auf Dawide zu warten. Nichts von dem, was er tat, erreichte ihn.

Er stand auf, schaltete das Gerät aus und wanderte durch die stillen Räume, bis er in der Küche landete. Fast vermeinte er Dawide zu sehen, zu riechen und zu hören, so fest war sie mit ihm verknüpft. Die Stille wurde erdrückend. Er musste hier raus.

Im Flur nahm er seinen Mantel vom Haken und wanderte los, ziellos, wie er glaubte. Doch als er vor dem kleinen Restaurant eintraf, wusste er, was und wen er darin zu finden hoffte.

Für einen Moment wollte er vorbeigehen, umdrehen, wieder nach Hause zurückkehren und weiter warten, als sei nichts geschehen. Dann hob er die Hand und zog die Eingangstür auf.

Richard war da, saß mit zwei Freundinnen an einem der Tische. Zufall oder Schicksal? Er trat an den Tisch.

Richard sah auf und erhob sich, um ihn mit einer festen Umarmung zu begrüßen. »Was ist passiert?«

Chris entzog sich ihm.

Richard bat ihn an den Tisch. Dort aßen, tranken und lachten sie, Chris gefangen in seiner Parallelwelt, bis die beiden Frauen aufbrachen.

»Also?«, fragte Richard.

»War es wahr?«

»Was?«

»Du hast gesagt, du bereust es. War das wahr? Oder nur deine übliche Schaumschlägerei?«

Richards Augen weiteten sich. »Wahr.«

»Immer noch?«

»Ja.«

»Dann komm. Sorgen wir dafür, dass das aufhört.«

Kapitel 30

Richard ging mit ihm, wollte Dawide gegenübertreten, wollte nichts verbergen, war bereit, die Konfrontation anzunehmen. Er stand neben Chris, als der Dawide in knappen Worten sagte, was geschehen war und warum. Er sei gekommen, um ein paar Sachen abzuholen und dann zu gehen. Mit Richard. *Zu* Richard.

Chris hatte Eifersucht erwartet, einen Ausbruch, Fragen, Tränen. Aber Dawide sah ihn nur an und schien nicht zu begreifen, was geschah. In die Stille hinein klingelte sein Handy. Chris merkte, wie ihm schwindelig wurde, wartete auf einen Dawide, der abwinken, es klingeln lassen würde.

Den riss das Klingeln aus seiner Starre. Mechanisch griff er nach dem Gerät. »Ein Kunde. Ich gehe nur rasch dran und sage, dass ich zurückrufe, Chris, ja?«

Chris fühlte einen Stich in seinem Herzen. Er bekam nichts heraus.

»Bitte. Versprochen. Es ist wichtig.«

Chris wollte schreien, wollte ihn anbrüllen es aufhören zu lassen, endlich aufhören zu lassen. Aber in seinem Kopf drehte sich alles.

Dawide wartete nicht länger auf Chris' Antwort. Er drehte ihnen den Rücken zu, sagte ein, zwei Sätze, beendete das Gespräch und holte tief Luft. Seine Worte würden ein Leben wert sein. Sein Leben. Mit Chris. »Chris, ich …«

Doch Chris würde ihn nicht mehr hören. Die Wohnungstür fiel gerade ins Schloss.

Er sah auf das Handy in seiner Hand, sah die Anzahl der unbearbeiteten Emails, die geöffnete To-Do-Liste, der er den eben versprochenen Rückruf noch hinzufügen musste.

Chris war fort.

So viel zu tun. Er musste es beenden. Musste doch gewinnen. Kein Versager sein. Für Chris.

Chris war fort.

Sein Handy klingelte erneut. Er wollte das klingelnde Ding wegwerfen, von sich schleudern, schreien …

Chris war fort.

Er nahm an. Von dem Moment an funktionierte er.

Für Chris.

Kapitel 31

»Chris, willst du mir bitte erklären, was das soll?«

So müde sich Chris auch fühlte, Ks gewohnt temperamentvolle Begrüßung entlockte ihm dennoch ein Lächeln. »Setzt du dich dazu oder soll ich dir gleich das Messer reichen, damit du mich umbringen kannst?« Er zog das Steakmesser aus der Serviette neben seinem Teller und reichte es ihr, Griff voran.

Immerhin lächelte sie und setzte sich. »Schon gut. Aber ich bin aus allen Wolken gefallen, als du angerufen hast. Was soll das? Was ist passiert?«

Chris wartete, bis sie saß, dann erzählte er.

»Und warum sollte ich nun unbedingt herkommen? Was erwartest du von mir? Bei allem, was Flo mir an Magie zuschreibt: Ich kann Richard nicht in Dawide verwandeln – und umgekehrt auch nicht. Und leider kann ich Niklas auch nicht in die Kröte zurückverwandeln, die er mal war.«

Chris lächelte. Er schwankte einen Moment, sah sie an und gab sich einen Ruck. »Kannst du auf Dawide aufpassen, bitte?«

K hatte Mühe, sich nicht an ihrem Wein zu verschlucken. »Wie bitte?«

»Dawide. Du musst auf ihn achtgeben, K. Solange ich … es nicht kann.«

»Soweit ich weiß, kann Dawide ganz gut auf sich selbst aufpassen.«

Chris holte tief Luft. »Kann er nicht.«

»Ich höre.«

»Dawides Großeltern stammen aus Polen, das hat er dir ja damals erzählt. Sie sind sehr gläubig, ebenso wie seine Eltern und Dawide selbst. Seine ganze – übrigens sehr schöne – Kindheit ist davon geprägt gewesen. Gemeindeleben im besten Sinne, soweit ich das beurteilen kann. Ich habe sie alle nie kennengelernt. Nur – die katholische Kirche und wir – na ja.

Je konservativer die Gemeinde, desto schwieriger ist das Verhältnis, vereinfacht gesagt. Diese war konservativ. Ultra-ultrakonservativ, soweit ich es verstanden habe. Dawide war wohl am meisten entsetzt davon, wohin seine Reise ging. Er kämpfte mit ganzer Kraft gegen die *Unordnung* an, die in ihm war, denn er fühlte sich ja wohl in seinem Umfeld und versuchte alles, um ihm gerecht zu werden. Als man ihm sagte, man könne ihn ändern, ist er mit fliegenden Fahnen und voller Hoffnung in jede der sogenannten Therapien gezogen, die man seinen Eltern immer schön unter der Hand zugetragen hatte, jahrelang. Etwas, das ich bis heute nicht begreife, nicht begreifen kann. Ich meine, dass sie das gemacht haben. Ihn geschickt haben. Sie müssen doch gesehen haben …« Er schüttelte den Kopf. »Meine Familie hat mich immer nur … ich weiß nicht, was. Sie haben es mit einem achselzuckenden *Ja-und-wo-ist-das-Problem?* aufgenommen. Ich war damals fast beleidigt, weil es keinen Aufstand gab. Eine Art *Ätschebätsch-wussten-wir-schon*-Enttäuschung nach meinem großen Geständnis.«

K musste lachen. »Ich weiß genau, was du meinst. Ich habe mal einen Freund zu Tode beleidigt, als der mir mit Mitte Dreißig, da hatten wir uns zwanzig Jahre nicht mehr gesehen, als erstes mitteilte, er sei queer, und ich darauf spontan antwortete, das wisse ich, seit er vierzehn gewesen sei.«

Jetzt lachte auch Chris. »*Aua.* Ja, genau so. Nur war es bei Dawide eben immer anders. Ich weiß bis heute nicht, was in diesen Ferienlagern oder was das war eigentlich geschehen ist. Dawide will immer noch nicht darüber reden. Jedenfalls ist er mit sechzehn nach etlichen dieser *Ferien* beim Schulsport umgekippt. Im Krankenhaus wurde festgestellt, dass er untergewichtig war. Eine Essstörung. Aber er wehrte sich mit Händen und Füßen gegen einen Klinikaufenthalt und niemand fand einen Grund dafür.

Schließlich stand der Verdacht des häuslichen sexuellen Missbrauchs im Raum. Entsetzt haben seine Eltern offenbart, was wirklich lief, und damit unbewusst zugleich erklärt, warum Dawide nicht mehr freiwillig in irgendeine Klinik oder dergleichen wollte. Dawide bekam Hilfe, machte den Klinikaufenthalt …«

»… und lernte kochen.«

»Hm, genau. Es hilft ihm, warum auch immer. Ich habe es nie hinterfragt. Aber er hat es auch nie überwunden. Wird er auch nie. Es kommt immer wieder hoch. Wenn es ihm schlecht geht, hört er immer noch auf zu essen.« Er rieb sich mit den Händen über das Gesicht. »Weißt du, ich habe mir trotzdem immer verboten es ihm als Entschuldigung durchgehen zu lassen. Mir von der Angst den Schneid abkaufen zu lassen. Es …«

»Es hätte eure Beziehung getötet, ja. Wenn man keine Konflikte austragen kann, …« Sie schwieg, bis der Kellner ihre Teller abgeräumt hatte. »Chris? Dawides Zerrissenheit. Ist sie der Grund dafür, dass ihr es nie legalisiert habt?«

»Ja. Nein. Ich weiß es nicht mehr. Vielleicht habe ich mir auch nur eingebildet, dass das der Grund war. Es ist nicht mehr wichtig, oder? Jedenfalls scheint es ihm nicht mehr wichtig zu sein.« Chris war bleich geworden.

K legte ihre Hand auf seine. »Und du? Ist er dir noch wichtig?«

Er sah sie an. »K, ich weiß, das hört sich furchtbar kitschig an, aber Dawide ist mein Mensch. Verstehst du? Er ist da oben für mich gemacht worden, das *weiß* ich. Er könnte alles tun, alles sagen und ich würde ihn immer noch lieben.«

K nickte. »Und Richard?«

Chris schnaubte und zog seine Hand weg. »Richard! Willst du wissen, was passiert ist? Was wirklich passiert ist? Nichts. Es ist nichts passiert. Ich konnte es nicht. Hab' keinen hochgekriegt. War mit dem Kopf immer bei Dawide.«

»Aber du hast doch …«

»Richards Idee, ja. *Gut*gemeinte Idee. Er war wirklich nett in dieser Nacht. Hat mich festgehalten, hat nichts gesagt, war nicht beleidigt, als ich … es nicht konnte. Hat nur gefragt, ob es an ihm liege, und als ich ihm gesagt habe, ich wolle Dawide nur eifersüchtig machen, da hat er gemeint, dann bräuchte der ja nicht zu wissen, was wirklich gewesen sei.«

K verschränkte die Hände hinter den Kopf. »Aber jetzt lebst du bei ihm!«

»Nein. Ich lebe in Richards ehemaligem Apartment im *Boarding House*, nicht *bei* Richard. Der ist längst wieder in Berlin.«

»Dann komm zurück, Chris. Bitte. Stell' es klar. Lass es dabei bewenden. Das kann doch so nicht weitergehen.«

Aber Chris schüttelte den Kopf. »Doch. Das kann es und das muss es. Dawide … er … er hatte nie … einen anderen als mich. Vielleicht muss er etwas nachholen … oder er will endgültig so leben, wie sein Glaube es verlangt … Ich weiß es nicht. Fakt ist: Er will mich nicht mehr.«

K funkelte ihn wütend an.

»Er tut nichts, verstehst du? Gar nichts. Ich bin fort und er … nimmt es hin. Also … werde ich wohl damit leben müssen. Ich brauche bloß …«, er schluckte, »… noch etwas Zeit, das zu begreifen.«

Sie schwiegen, als er die Rechnung bezahlte, ihr in den Mantel half und sie hinausbegleitete. Erst als sie sich schon verabschiedet hatten, griff er nach ihrer Hand. »K, bitte, pass auf ihn auf, ja?«

»Das kann ich nicht, Chris. Wie soll das gehen? Ich lebe nicht einmal mehr dort. Warum bittest du nicht Callum?«

Schon, als sie es aussprach, wusste sie, warum er das nicht konnte. Callum würde nicht einmal sehen wollen, wie es Dawide ging. Er flog lieber. Mit Leon.

Chris las ihre Gedanken. »Lassen wir es dabei, K, dass ich dich bitte.«

Kapitel 32

Mitten in das größte Chaos hinein kehrte Martin zurück, stand eines Tages einfach vor der Haustür. Er hatte Glück, Flo als Türöffner zu erwischen, denn der fühlte sich schlicht nicht befugt ihn abzuweisen. Er ließ Martin ein und rief Callum, noch während Martin die Treppe hinaufkam.

Callum bat Martin ins Wohnzimmer, hörte sich an, was der zu sagen hatte und schwieg.

Flo kam herein, bemerkte die merkwürdige Stimmung zwischen den beiden und verstand. »Er will zurück, ja? Er kann mein Zimmer haben, Callum. Sofort. Ich kann gehen.«

Callum sah kurz zur Decke und dann Martin an. »Du weißt, ich kann das nicht alleine entscheiden. Es hat sich viel verändert, seit du weg bist.«

»Richtig, ja. K, eure neue Mieterin. Ach ja, und *Leon.* Theo hat mir von ihm erzählt. Noch jemand, den du nicht in die Wohnung lassen darfst. Findest du das eigentlich richtig? Ich meine, sie gehört dir immerhin zur Hälfte.«

Callum ärgerten die Worte. Es waren fast dieselben, die Leon verwandt hatte. Sie gärten noch in ihm wie Gift in einem Kessel. Aber das brauchte Martin ja nicht zu wissen. »Ich würde es auch nicht alleine entscheiden *wollen.* Ich rufe Dawide und Chris an. Komm heute Abend wieder, dann sage ich dir, was machbar ist«, sagte er und stand auf.

Chris' und Dawides Meinung war eindeutig, dazu brauchten sie nicht einmal miteinander zu reden. Martin solle bleiben, wo er wollte, nur ganz sicher nicht mehr bei ihnen.

Callum nahm ihre Entscheidung ungerührt, innerlich aber voller Erleichterung auf. Wenn er ehrlich war, hätte er auch keinen Martin in seiner Nähe mehr verkraftet. Er wusste ohnehin gerade nicht, wie er sein Leben noch in der Hand behalten sollte.

Kapitel 33

Leons Wärme kam Callum entgegen, umfing ihn, hielt ihn, bis der Rausch abebbte und Platz für die Zärtlichkeit machte, die ihm folgte, seit aus einem *One-Night-Stand* eine Beziehung geworden war.

Callum liebte die Nächte mit Leon. Die Vorzeichen, unter denen sie ihre erste Nacht miteinander verbracht hatten, ließen sie einander offener und mit deutlicheren Forderungen begegnen, als sie es sonst vermocht hätten. Sie hatten diese Offenheit in ihre Beziehung hineingetragen, sie mit dem wachsenden Vertrauen in den Partner sogar noch erweitert. Die kurze Zeit, die ihnen stets nur vergönnt war, befeuerte ihre Lust nur noch mehr, und so meinte Callum vor Glück zu schweben, als er in Leons Armen einschlief.

Er erwachte mitten in der Nacht. Neben sich hörte er Leons tiefe, gleichmäßige Atemzüge, fühlte die Wärme, die von ihm ausging. Er schloss die Augen, drehte sich herum, suchte die Ruhe des Schlafes und fand sie nicht mehr. Im Dunkel seines Zimmers fühlte er dem Grund für die plötzliche Unruhe nach, lauschte den vertrauten Geräuschen der Nacht. Es war zu still.

Er stand auf, trat hinaus auf den Flur, sah daran entlang. Ks Zimmertür. Verschlossen, natürlich. Sie war fort, bei Simon, auf Dauer. Auf einmal tat es weh, sich vorzustellen, wie Simon statt seiner ihre Hand hielt, auf ihrem Badewannenrand saß und mit ihr lachte. Wie Simon mit in die Eifel fuhr, mit Käthe und Erich Molinar lachte, wanderte, Kuchen aß und den Garten plünderte. Wie sie Simon anvertraute, was sie früher Callum erzählt hatte. Es tat weh, ihr nichts mehr anvertrauen zu können, weil sie ihm nicht mehr vertrauen wollte.

Das Zimmer gegenüber, Flo. Kein Lichtschein, der durch die Türspalte auf den Flur schien. Flo, der Erwachsene, der immer noch bei Licht schlafen musste, um sich sicher zu fühlen vor den Schatten seiner

Vergangenheit. Flo, der sich bei ihm nicht mehr sicher fühlte, den er zutiefst enttäuscht und in die Arme eines Mannes getrieben hatte, der falsch für ihn war.

Sein Blick wanderte weiter, vorbei an Wohn- und Esszimmer.

Die Küche. War Dawide nach Hause gekommen? Er blieb immer häufiger im Büro. Aß er? Callum wusste es nicht, hatte sich nicht darum gekümmert. Er wusste auch nicht, wo Chris war und warum zum Teufel er nicht einmal versucht hatte die beiden zur Vernunft zu bringen. Im Dunkel der Nacht tat auch das plötzlich weh.

Die Kälte seiner Füße ließ ihn schaudern. Er kehrte in sein Zimmer zurück und kletterte vorsichtig in sein Bett.

Plötzlich bereute er es, Leon hierher gebracht zu haben. Ohne Wissen seiner Freunde. Heimlich. *Diskret*, wisperte die Stimme. *Feige*, korrigierte Callum.

Als er sich zurücklegte, fühlte er Leons Wärme auf der anderen Seite des Bettes. Er wollte ihn näher haben, näher an sich. Ein anderes Wort dafür fiel ihm ein. Eine Sehnsucht, tief vergraben. *Geborgenheit.*

Ein Satz schoss durch seinen Kopf, traf sein Herz wie ein Peitschenhieb. *Du wirst alle Männer in deinem Umfeld neutral behandeln und dich gefälligst anpassen.* Er atmete scharf ein. *Du hast einen Ruf zu wahren.* Er konnte nicht verhindern zusammenzuzucken.

Sein Zucken weckte Leon. »Geht's dir gut?« Leon drehte sich zu ihm herum und zog ihn fest in seine Arme. »Du bist ja ganz kalt.«

Eine furchtbare Angst griff nach Callum. Er ahnte plötzlich, was Leon als nächstes sagen würde. *Nicht*, bat er stumm. *Bitte, sag es nicht. Bitte. Lass es, wie es ist. Nicht mehr verlangen. Bitte, sag nichts, frag nichts, bitte …*

»Ich liebe dich«, sagte Leon sanft. »Rede mit mir.«

Das war das letzte Mal, dass wir das thematisiert haben.

Callum glaubte daran zu ersticken.

»Callum, bitte, rede mit mir. Was ist los?«

Jedes Wort eine Waffe, auf ihn gerichtet, eine Erpressung, eine Forderung. *Noch einen Martin werden dir deine Freunde nicht verzeihen.*

»Callum?«

»Nicht, Leon, bitte. Nicht. Sag' es nie wieder. Bitte.«

Leon schnappte nach Luft, ließ ihn los und zog sich auf die andere Seite des Bettes zurück.

Callum folgte ihm, zog ihn nun zu sich heran. »Bitte!«, flehte er. *Weil niemand außer ihnen bereit ist mich zu lieben. Nicht zu den Bedingungen, die ich stelle. Die ich stellen muss.*

Leon ließ seinen Kuss zu. Ihm war eine Galgenfrist gewährt worden.

Kapitel 34

»Was ist? Was ist passiert? Simon ist auf dem Weg«, sagte K japsend, als sie durch die Wohnzimmertür flog. »Wo sind die anderen?«

Chris saß alleine auf dem Sofa. Vor ihm lagen sein Mobiltelefon, das Wohnungstelefon und ein Block mit durchgestrichenen Namen darauf. »Flo ist verschwunden«, sagte er und stand auf, um sie zu umarmen. Er sah noch müder aus als in der Woche zuvor. »Callum und Dawide suchen überall nach ihm und ich mache Telefondienst. Martin ist zurück und …«

K hob abwehrend die Hände. »Ich weiß. Er war bei uns, also bei Simon. Callum hat ihm wohl von uns erzählt. Martin hat irgendwas davon gefaselt, er würde mir das Zimmer abnehmen wollen, das sei doch für alle das Beste, ein bisschen Abstand und so weiter.«

Chris' Gesicht verzog sich.

»Ich kann mir denken, dass Flo das aus der Bahn geworfen hat«, lenkte sie ab. Er brauchte nicht zu wissen, wieviel mehr Martin erzählt hatte. Vor allem über Callum, als er von ihr den Grund für ihren vorläufigen Auszug aus der WG erfahren hatte.

»Callum ist ein Rattenfänger«, hatte Martin gesagt. »Er fängt einen ein, dann hängt man an ihm, aber er wird sich nie zu irgendwas oder irgendwem offen bekennen. Immer hübsch unverbindlich bleiben, bitte. Muss man mit leben können. Ich konnte es nicht. Du hast Glück, du kannst den Absprung machen, bevor er dir richtig weh tut.« Er warf einen Blick auf einen plötzlich ausgesprochen unterkühlten Simon. »Macht ihn beide. Die tun euch nicht gut. Die Jungs haben alle vier 'ne Macke.«

Obwohl Simon den Rest des Abends damit verbracht hatte, ihr Martins Eigeninteresse vor Augen zu führen, hatten dessen Worte sie doch zutiefst verunsichert. War es nicht wirklich Zeit, die WG hinter sich zu lassen und zu gehen? »Flo wird bei Thomas sein«, sagte sie laut, bevor Chris sie nach dem Grund für ihr langes Schweigen fragen konnte.

»Nein, K. Das ist es ja. Thomas war vorhin hier. Er sucht ihn auch. Die beiden haben sich wohl nach einem heftigen Streit getrennt.«

»Vielleicht will Flo nur etwas Ruhe.«

»Du kennst Flo nicht, K. Er ist … Wir haben Angst, okay?«

Ks Verärgerung über Chris' verletzende Bemerkung verrauchte. Chris neigte nicht zu Übertreibungen. Er musste zutiefst besorgt sein, wenn er von *Angst* sprach. »Warum?«

»Weil er schon einmal verschwunden war und Callum ihn nur durch puren Zufall gefunden hat, bevor Flo unter die Räder kam.«

»Ich höre.«

Unvermittelt lächelten sie einander an.

»Scheint, ich werde zu deinem geheimen Informanten. Na ja. Ich kenne zwar nicht die ganze Geschichte, aber was ich weiß, würde dir Flo vermutlich ohnehin erzählen, wenn du ihn danach fragen würdest. Jedenfalls, ein Kollege bei der Staatsanwaltschaft war krank geworden und Callum musste seine Sachen übernehmen. Einer der zu verhandelnden Fälle war Flos Vater. Der stand nicht zum ersten Mal wegen Körperverletzung vor Gericht. Diesmal aber angezeigt von Flo selbst. Flo hat sogar als Zeuge ausgesagt. Vor Gericht, gegen seinen Vater. Da war er siebzehn. So hat Callum ihn kennengelernt. Flos Mut hat ihm imponiert und so forschte er ein bisschen nach. Flo war in einem Jugendheim untergebracht. Sein Vater hatte ihn und seine Mutter jahrelang terrorisiert, bevor jemand Verdacht schöpfte und das Jugendamt einschaltete. Da war Flo schon arg verwahrlost. Von da an wanderte der kleine Flo durch die Instanzen. Von zu Hause fort, ins Heim, wieder nach Hause zurück, nächster Vorfall, Pflegeeltern, nach Hause, Heim, Pflegeeltern, nach Hause und so weiter.«

»Wie das?«

»Jetzt kommt's. Flos Mutter entschuldigt den Vater bis heute. Sie hat nie mitgezogen, hat Flo immer wieder zurückgefordert. Flos *Anderssein* sei verantwortlich für die Ausfälle des Vaters, das habe den *provoziert.*«

»Is' nich' wahr!« K verschluckte sich. »Er war ein Kind!«

»Doch, echt. Genau diese Begründung. Sie hat nach dem Prozess sogar jeden weiteren Kontakt zu Flo abgebrochen. Deswegen.«

Fassungslos schüttelte K den Kopf.

»Als Flo vierzehn war, kam er endgültig ins Heim. Suchte sich gleich wieder die richtigen Freunde, machte blau, haute ab, alles, was ging. Auf einem der Besuchswochenenden zu Hause ist dann der Vorfall passiert, wegen dem es zum Prozess kam. Als die Mutter danach den Kontakt abbrach, drohte Flo vollends abzustürzen. Aber Callum hat sich immer wieder um ihn gekümmert, geglättet, was ging, ohne aufzufallen. Warum, hat er Flo natürlich nie gesagt.«

K schnaubte.

»Ja, schon gut.« Chris winkte müde ab. »Also, Flo blieb in der Einrichtung, bis er achtzehn wurde. Dann musste er raus. Callum hat ihm eine Sozialwohnung besorgt, ihm beim Papierkram geholfen und so. Es lief gut, keine Probleme mehr. Aber ein Jahr später war Flo plötzlich weg. Er ist eines Tages nicht mehr in die Wohnung zurückgekommen und auch nicht mehr in die Schule. Weg, verschwunden. Callum hat es getroffen, vor allem, weil natürlich jeder das alles angeblich hatte kommen sehen, Dawide und ich eingeschlossen. Nur er nicht. Er hatte Flo … vertraut. Ein paar Monate später kam Callum plötzlich mit Flo nach Hause. Sie hatten sich wiedergetroffen, irgendwo. Ich denke, es war einer von Callums *Ausfl…* Ach, egal. Jedenfalls hat Callum uns gefragt, ob Flo bleiben könne. Auf Probe. Wir, also Dawide, Martin und ich, saßen da und hörten ihm zu, als er für Flo sprach, aber Flo selber stand vor uns und schwieg. Sah nur mit gesenktem Kopf von einem zum anderen, mit diesem Blick. Diesem Blick aus Stolz und Trotz und Wut und Hoffnung und Angst.«

K lächelte. Sie kannte diesen Blick.

»Glaub' mir, wir waren nicht begeistert. Martin und Callum haben sich mächtig gezofft deswegen. Aber es klappte. Flo begriff, wie ernst wir es meinten. Wir gaben ihm eine Chance, wir stritten, prügelten uns aber nicht, und niemand von uns wäre je auf den Gedanken gekommen, *ihn* zu verprügeln. Da drehte sich der verstockte, trotzige Flo binnen zwei Wochen um hundertachtzig Grad. Auf einmal kam der fröhliche Flo zum Vorschein, so, wie du ihn kennst. Theo hat einen guten Anteil daran, vermute ich. Er hat Flo damals einen Mini-Job im Altenheim besorgt und damit ins Schwarze getroffen. Warum auch immer, Flo liebt diese Arbeit. Er hat die Schule für sie fertig gemacht, hat sich dann selber um einen Ausbildungsplatz dort gekümmert, hat die Ausbildung abgeschlossen und liebt die alten Leute. Ich schätze mal, seine überdrehte Art tut ihnen so gut, wie ihre Akzeptanz und Wertschätzung ihm guttun. Er kann sich kümmern und wird wahrgenommen, verstehst du?«

»Aber ihr traut dem Ganzen nicht.«

»Wir haben Angst, K. Wir wissen nicht, was damals passiert ist. Aber was es auch war, es hat ihn aus der Bahn geworfen. Und Thomas ist keine seiner sonstigen Rein-Raus-Beziehungen. Ich war entsetzt, als ich ihn eben kennengelernt habe, schon, weil der Mann gute zehn Jahre älter ist als ich. Was auch immer Flo in ihm sieht, ich habe es nicht gefunden. Aber ich schätze, das Aus-der-Bahn-geworfen-Werden ist wieder passiert.« Chris schauderte. »Wenn ich daran denke, wie er damals aussah, als Callum ihn mitbrachte … So will ich ihn nie wieder sehen. Du hattest Recht, K, wir hätten viel früher eingreifen sollen. Schon, als er anfing, sich so zu verbiegen. Wir hätten alle viel mehr aufeinander achtg…«

Die Wohnungstür wurde aufgeschlossen. Doch es war nicht Flo, der heimkam, sondern Callum. Hinter ihm gingen Dawide und – Leon.

K und Chris brauchten nicht zu fragen, ob ihre Suche Erfolg gehabt hatte. Ihre Gesichter sprachen Bände. Selbst Leon schien besorgt zu sein.

K schob ihren Ärger über seine Anwesenheit energisch von sich. *Kein Streit jetzt.* »Kaffee?«, fragte sie knapp.

Alle drei nickten.

Sie musste an Callum vorbei, um zur Küche zu kommen. Als sie ihn passierte, griff er unvermittelt nach ihrer Hand hielt sie fest. Sie wollte sich ihm entziehen, ihn stehen lassen und mit Missachtung strafen, schon, weil Leon da war. Dann erinnerte sie sich an das, was Chris eben erzählt hatte. Von dem anderen Callum, dem, der sich kümmerte, der an Flo festgehalten hatte gegen jeden Widerstand. Dem Callum, der sich sorgte. In seinem abgekämpften Gesicht sah sie sie, diese Sorge, und so ließ sie sich in seine Umarmung ziehen, roch seinen vertrauten Geruch. Sie hatte ihn vermisst.

»Schön, dass du hier bist«, sagte er leise.

»Das wird schon.« Sie lehnte den Kopf an seine Brust und hoffte die Wahrheit gesagt zu haben. Sie spürte Leons Blick, wusste, sie sollte sich als Sieger fühlen in diesem Krieg zwischen ihnen, und konnte es nicht. Sie löste sich von Callum, kochte den Kaffee und kehrte ins Wohnzimmer zurück.

Simon kam, spürte die gedrückte Stimmung und verzichtete auf eine Stellungnahme zu Leons Anwesenheit, außer sich demonstrativ neben K zu setzen. Dann kam Martin, von Chris angerufen und ebenfalls besorgt. Auch er nahm Leon kaum zur Kenntnis.

Sie redeten belangloses Zeug, hörten auf jeden Schritt im Treppenhaus, überlegten laut, wo Flo noch sein könne, machten Anrufe, baten um Rückrufe.

Die Zeit verstrich, die Telefone schwiegen und auch in der WG wurde es ungewohnt still.

»Das ist alles deine Schuld«, warf Dawide Callum unvermittelt an den Kopf.

Der antwortete nicht.

»Mit Leon hat alles angefangen, Callum. Erst K, jetzt Flo.«

»Das ist doch nicht wahr, Dawide«, sagte Chris, als Leon auffahren wollte.

»Er sieht nur, was er will, und er macht, was er will!«, schimpfte Dawide, jetzt schon lauter. »Ich weiß, er war hier letzte Nacht. Ich bin nicht blind!

»Nein, aber du siehst auch nur, was du willst«, platzte Chris heraus. »*Jetzt* bist du hier. Für *Flo* bist du hier. Für *Leon* konntest du auch hier sein. Nur für *mich* war das nicht möglich.«

»Wunderbar! Dann hätten wir das Private ja geklärt.« Martin schnitt Chris wütend das Wort ab, bevor er sich an Dawide wandte. »Und du, meiner lieber Dawide, hör du mal damit auf, Callum immer für alles verantwortlich zu machen. Der böse Callum, der euch zum Streiten bringt, der böse Callum, der Flo anschleppt, der böse Callum, der Leon mitbringt. Warum, zum Teufel, soll Callum Leon nicht mitbringen, wenn es ihm passt? Ihm gehört die Wohnung genauso wie euch. Leon muss nicht *euch* passen. Er muss *Callum* passen.«

Zu Ks Überraschung schwiegen sowohl Dawide als auch Chris. Dawide sah stur zum Fenster hinaus und Chris hatte sich zurückfallen lassen, war aschgrau geworden und sah nichts und niemanden an.

»Wozu die Aufregung?« fragte Leon überraschend versöhnlich. »Flo taucht schon wieder auf.« Er griff nach Callums Hand. »Und wenn nicht: Lasst ihn doch. Ist doch gut, wenn er sich von euch löst.« Als Simon auffahren wollte, hob Leon begütigend die Hand. »Jetzt seid doch mal ehrlich: So ganz passt Flo nicht zu euch. Flo ist weiß Gott nicht dumm. Vielleicht ist er zu demselben Ergebnis gekommen und hat nun den Absprung gefunden.« Seine Stimme war immer noch ohne Angriff. »Und,

Simon, wenn wir ehrlich sind, gilt das ebenso für andere.« Er deutete auf K und auch diesmal lagen keine Kampfansage und kein Vorwurf darin.

Simon wollte ihm dennoch über den Mund fahren. Callum kam ihm zuvor. »Leon«, sagte er kalt und überbetont. »Ein für alle Mal: Flo passt zu uns und gehört zu uns.« Seine Stimme wurde lauter. »K ist Flos Freundin. Sie macht sich Sorgen, wie wir alle.« Er stand auf. »Und ich *möchte* nicht, dass Flo einen Absprung findet, Leon, verstehst du? Er gehört hierher. Wenn er wiederk…« Er schloss kurz die Augen und atmete tief durch. »Du wolltest eine Chance, Leon. Nutze sie.«

»Ich wusste nicht, dass ich nicht einmal mehr meine Meinung darf! Ich darf scheint's überhaupt nichts mehr sagen, ohne …«

Das Telefon klingelte. Dawide reagierte am schnellsten. »Ja?« Er lauschte kurz. »Ja, ist gut. Danke. – Ich sag's ihnen, ja. – Danke dir.« Er machte eine Pause, sah in die Runde und reckte einen Daumen in die Höhe. »Sag ihm, er soll nach Hause kommen, Theo, ja? Wir warten auf ihn. Alle, Theo. Sag ihm das.« Er hörte noch einmal kurz zu, dann legte er auf und schnaufte tief durch. Für einen Moment schien sich die Spannung im Raum zu verflüchtigen. »Er ist eben bei Theo aufgeschlagen. Habt ihr ja gehört.«

»Gott sei Dank!« Simon klatschte in die Hände.

»Schön«, sagte Leon trocken und sah K dabei intensiv an.

Der wurde unbehaglich zumute. Sie sprang auf. »Ich hole nur noch was aus meinem Zimmer.«

»Warte auf mich, bitte«, rief Simon ihr nach und deutete auf die Runde. »Ich komme gleich. Ich muss hier noch was klären.«

»Ich hole uns ein Bier.« Chris stemmte sich aus seinem Sessel und wanderte in die Küche hinüber.

Es fühlte sich so normal an, so vertraut. So, als würden sie sich jetzt zusammensetzen und noch einmal die WG sein können, die sie so lange gewesen waren. Als könne alles ausgesprochen, alles geklärt werden, wenn sie es nur versuchen würden.

Callum wollte es versuchen. Er erhob sich und trat auf den Flur hinaus, um an Ks Zimmertür zu klopfen. Er wollte aussprechen, was er eben am Tisch hätte sagen sollen: Auch sie gehörte hierher, musste hierbleiben. Er wollte reden, erklären, soweit es ihm möglich war. Er hob gerade die Hand, als er ihre leise Stimme aus der Küche dringen hörte.

»… hat Martin also die Wahrheit gesagt.« Sie klang enttäuscht. »Du hast es ja gehört. *Flo* gehört zu euch. *Flo* darf man nicht angreifen. *Flo* darf nicht gehen. *Ich* bin nur hier, weil ich mir Sorgen mache. Sonst war ich ihm kein Wort wert. Zwei Minuten, nachdem er mich umarmt hat.«

Callum trat einen Schritt vor, um sich bemerkbar zu machen, um offen zu sagen, was er zu sagen hatte, aber K sprach bereits weiter.

»Er ist kein Freund, Chris, und er wird es nie sein. Was immer es ist, was er hat, es wird immer vorgehen. Immer schön unverbindlich.«

Weil niemand außer ihnen bereit ist mich zu lieben. Nicht zu den Bedingungen, die ich stelle. Die ich stellen muss. Callum hatte einmal mehr das Gefühl, jemand habe ihn in den Magen geboxt.

»Ich denke, ich mache es, Chris. Diesmal wirklich. Soll Martin doch mein Untermieter werden und sich von Callum demütigen und von Leon beleidigen lassen. Ich kann bei Simon bleiben, jedenfalls bis auf Weiteres.«

»Nicht, K, bitte, tu das nicht! Callum hat das alles nie als Demütigung gemeint, K. Er kann nicht anders. Es hat nichts mit dir zu tun. Er ist nicht feige, verleugnet sich und uns nie, wenn er direkt gefragt wird. Aber er will um jeden Preis verhindern überhaupt gefragt zu werden oder auch nur die geringste Aufmerksamkeit auf sich zu lenken. Warum auch immer ist er bereit alles und jeden dafür aufzugeben, damit das nicht passiert. Martin. Sogar dich. Irgendwann auch Leon.« Er hörte sie schnauben. »Doch K, den auch, jedenfalls, sobald er mehr fordert. Wie Martin. Zum Beispiel, zu wissen, warum er nicht mehr fordern darf. Warum Callum schweigt.«

Sie machte wieder dieses Geräusch.

»K, bitte, wenn du gehst, dann war alles umsonst.« Callum hörte Chris scharf Luft holen, als der merkte, was er da so unbedacht gesagt hatte, dann wechselte er schleunigst das Thema. »Die Unverbindlichkeit, die du zu sehen glaubst, trifft jeden von uns, ihn selbst am Schlimmsten. Ich glaube nämlich nicht, dass er sich nicht binden *will*. Irgendetwas hält ihn zurück. Wir haben ihn nie danach gefragt, aber es ist verrückt. Er liebt und entschuldigt Leon bis zum Exzess, hat furchtbare Angst, ihn gehen zu lassen. Aber dann macht Leon einen falschen Schritt in Sachen Status und – zack – wirft er ihn raus. Nur: Es wird ihm wieder bitter wehtun, K, und dann braucht er uns. dich. Egal, was war.«

Sie entgegnete etwas, aber Callum hörte es nicht mehr. Er hatte sich auf die kleine Bank fallen lassen, unter der sie manchmal ihre Schuhe parkten, und hörte nur das Rauschen seines Blutes in seinen Ohren.

Es wird ihm bitter wehtun. Dann braucht er uns. Egal, was war. Er liebt und entschuldigt Leon bis zum Exzess.

Weil niemand bereit ist, mich zu lieben. Nicht zu den Bedingungen, die ich stellen muss.

Wenn Dawide und Chris nicht die Männer wären, die sie sind, wärst du heute ganz alleine.

Chris. Dawide. Theo. Flo. K. Sie hatten alles getan, es zu akzeptieren.

»Alles klar mit dir?«, fragte Leon auf dem Weg ins Badezimmer.

»Ja.« Callum erhob sich. »Klar wie selten.« Er straffte sich und kehrte ins Wohnzimmer zurück.

»… ist doch echt eine miese Type. Woher hat er ihn eigentlich?«, fragte Martin Dawide gerade, als Callum eintrat.

Chris enthob Dawide einer Antwort, indem er Martin und Simon je eine Flasche Bier unter die Nase hielt.

Simon schüttelte den Kopf. »Lass mal, heut nicht. – Ach, Callum, Martin wüsste gerne, woher du, ich zitiere, *diese miese Type*, hast. Ich nehme an, er meint Leon.« Er wandte sich wieder Martin zu. »Callum ist begeistert, ich sehe es an seinem Blick.« Er freute sich diebisch, als Martin klar wurde, wie mächtig er sich in Simon geirrt hatte. »Also, wie war das noch mal? Erst versuchst du's bei Callum, indem du Streit in der WG säst wegen Leon. Dann über K und mich, indem du Callum reinreitest, und jetzt bei Dawide, indem du Leon abwertest. Weißt du, was du bist? Ein Illusionist, Martin, nicht wahr? Das ist es, was du bist.«

Martin öffnete den Mund, schloss ihn aber vorsichtshalber wieder. Er war unsicher, wie er reagieren sollte. Er hatte den *Illusionisten* nicht verstanden.

»*Hm.*« Von Simons Gesicht wollte die diebische Freude nicht verschwinden. »Du bist einer dieser Typen, die dich in der Illusion lassen, sie seien deine Partner, deine Freunde, was auch immer. Aber sobald sich ihre Interessen drehen, verschwinden sie zu neuen Ufern und lassen dich zurück. Kein weiterer Gedanke an dich, bis sie dich mal wieder brauchen. Ich wette, lieber Martin, es gibt einen guten Grund, warum du dich plötzlich Callums und der Jungs erinnert und Amerikas *Sonnyboy Sonnyboy* hast sein lassen, richtig? Was ist es? Geld? Job?«

Martin versteckte sich hinter Leons Rückkehr.

Chris vergaß den Schluck aus der Bierflasche, den er hatte nehmen wollen, und setzte sich überrascht auf. »Richtig, Martin, wir haben bisher noch keinen Grund für deine plötzliche Rückkehr gehört, nicht, Dawide?«

Der grinste, als er Martins verunsichertes Gesicht sah. »Nein, haben wir nicht. Würden wir aber gerne.«

Martins Blick schoss von einem zum anderen und blieb schließlich hilfesuchend an Callum hängen. »Ist doch nicht wichtig, oder? Ist doch nur wichtig, dass ich hier bin, nicht, Callum? So war es doch immer zwischen uns …«

Callum sah zu Simon hinüber.

Der tat ihm den Gefallen. »Er hat dich rausgeschmissen. Das ist es.« Er legte den Kopf schräg und sah Martin an, als sei der ein interessantes Insekt unter dem Mikroskop. »Vermutlich hast du ihn betrogen.«

Martin wechselte die Gesichtsfarbe.

»Aha«, rief Simon. »Du hast ihn betrogen und er hat dich rausgeschmissen. Jetzt brauchst du einen Platz zum Verkriechen. – Bist du wohl mal an den Richtigen geraten, Martin.« Er warf einen Seitenblick auf Callum.

Der sah stur an ihm vorbei.

Martin sprang auf. »Was fällt dir eigentlich ein …«

Simon kratzte sich den nicht vorhandenen Bart und grinste. »Ich habe also ins Schwarze getroffen.«

»Arschloch!«

Leon grinste und verbeugte leicht in Richtung Simon. »Ich werte diese Aussage als Zustimmung, Herr Richter.«

Simon erwiderte die Verbeugung hoheitsvoll.

Die freundschaftliche Zusammenarbeit der beiden brachte Martin endgültig ins Schwimmen. »Du weißt es besser, Callum, oder? Willst du nichts dazu sagen?«

Callum schüttelte den Kopf, schwieg und deutete mit beiden Händen auf Simon.

Martin explodierte. »Weißt du was, Callum? Du bist und bleibst ein Waschlappen. An dir ist wirklich jeder Tropfen Männlichkeit vorbeigelaufen. Du hattest nicht mal genug Eier in der Hose, um mich rauszuschmeißen damals.«

Callum legte den Kopf schräg und sah Martin einen Moment lang an. »Jetzt schon.« Er deutete zur Tür.

Simon blinzelte überrascht.

Martin lachte höhnisch. »Ach, spiel' dich nicht so auf, Callum, nur weil deine Freunde dir Schutz bieten. Du bist so weichgespült, es dauert nicht mehr lange, bis er …«, er deutete auf Leon, »… das auch zum Kotzen findet. Wahrscheinlich tut er das längst und hat bloß noch nichts Besseres gefunden. *Wochenendbeziehung* – Scheiße, Callum. Wie dumm bist du eigentlich?« Als Leon aufstehen wollte, winkte er ab. »Lass nur. Ich kenn den Weg. *Mich* hat er ja immerhin bei sich wohnen lassen.« Seinem melodramatischen Abgang folgte das laute Knallen der Wohnungstür.

Im Wohnzimmer lachte Simon und erhob sich. »So, der Mohr hat seine Schuldigkeit getan. Ich denke, den Rest klärt ihr unter euch, Leute.« Er streckte sich. »K und ich sind dann mal weg.« Kurz darauf schloss sich die Wohnungstür hinter ihnen.

»*Pfft*«, prustete Leon. »Endlich allein. Nur wir. Prost.«

Niemand reagierte. Sie wussten, was Simon gemeint hatte.

Callum wartete, ob jemand den ersten Zug machen, es aussprechen würde.

Chris tat es, nur nicht so, wie Callum es erhofft hatte. Er knallte seine Flasche auf den Tisch und stand auf. »Ich geh dann auch mal.«

Erschreckt folgte Dawide ihm hinaus und schloss die Zimmertür hinter sich. »Chris?« rief er leise, als er auf dem Flur stand.

Chris, schon an der Wohnungstür, wandte sich ihm zu und wartete, was Dawide tun oder sagen würde. Der aber bekam kein weiteres Wort heraus. Chris wartete noch einen Moment, dann machte er einen Schritt auf Dawide zu und zog ihn fest an sich.

Dawide schloss die Arme um ihn, hoffte, es werde ausreichen, Chris zu halten, denn sein Verstand wollte nicht liefern, sein Mund sich nicht bewegen, so verzweifelt er auch darum kämpfte.

Chris aber fühlte Dawides Herz schlagen, wartete, hoffte auf das eine Wort, den einen Satz, der ihn bleiben lassen würde. Doch Dawide schwieg.

Chris ließ die Arme sinken. »Mach's gut«, flüsterte er heiser und entzog sich Dawide. Er hatte das Gefühl, jemand habe ihm eine Zentnerlast auf den Brustkorb gelegt, so schwer fiel ihm das Atmen auf einmal.

Dawide öffnete den Mund, hielt Chris an der Hand zurück, wollte reden, endlich reden, die Worte schon in der Kehle, als es im Wohnzimmer kurz laut wurde und Leon durch die Tür in den Flur geschossen kam. Callum hatte ihn gebeten zu gehen. Endgültig.

Kapitel 35

Es war Callum, der redete. Erst mit Flo, lange und unter vier Augen, dann mit Dawide. Er traf Chris und Simon und schließlich K. Er machte sich nicht klein. Es gebe einen Grund für das Verhalten, das sie ihm so übelnahmen, sagte er ihnen, aber er wolle über diesen Grund schweigen. Er könnte sich in dieser einen Sache nicht ändern und wolle es auch nicht. Er bitte sie dies zu akzeptieren, *ihn* zu akzeptieren, wie er war. Er werde sich zurückziehen, wenn sie es nicht könnten. Es fiel ihm unendlich schwer.

Leon hatte es nicht gekonnt. Er hatte wissen wollen, warum Callum ihm jenes einfache Bekenntnis verweigerte, hatte Callums Schweigen als mangelndes Vertrauen, als fehlende Ernsthaftigkeit ausgelegt. Er hatte mehr gefordert und hatte gehen müssen. Es tat weh. Sehr weh.

K wohnte nun zwar wieder bei ihnen, verbrachte aber immer noch viel zu viel Zeit mit Simon, statt mit Callum. Auch das tat weh. Immerhin aber verbrachte sie die Zeit, in der Simon auf Reisen war, jetzt wieder mit ihm. Und mit Flo, natürlich, weil der mit Callums Hilfe Thomas endgültig den Laufpass gegeben hatte. Es tat gut, Flo wieder mit bunten Haarsträhnen und in den ausgefallensten Kleidungsstücken durch die Wohnung hüpfen zu sehen.

Nun mussten sie nur noch Chris und Dawide wieder zusammenbringen. Das aber gestaltete sich schwierig.

Kapitel 36

Dawide berührte es nicht, was Achim ihm ins Ohr brüllte. Ihn berührte überhaupt nichts mehr. Seit Chris, nur wenige Schritte hinter Leon, wortlos durch die Wohnungstür gegangen war, war Dawide nicht mehr bei sich. Er arbeitete, bis ihm vor Erschöpfung die Augen zufielen, und kehrte nur noch zum Duschen nach Hause zurück. Sein Kopf war leicht, viel zu leicht, und er vergaß Dinge. Wie jetzt. Warum brüllte Achim ihn an? Der war Partner der Kanzlei, vielleicht deswegen …

»Dawide!« Eine Hand, die seine Schulter rüttelte. »Dawide!« Seine Assistentin. Er sah auf. »Ja?«, fragte er, ohne Achim über die Unterbrechung ihres Gesprächs zu informieren.

Entschlossen riss sie ihm den Hörer aus der Hand. »Dr. Hausmann? Entschuldigung, aber hier gibt es einen Notfall. Ich muss unterbrechen. Ich melde mich bei Ihnen, sobald ich kann, ja?« Sie knallte den Hörer aufs Telefon. »Dawide! Uniklinik Köln auf Leitung 2. Chris!« Sie riss den Hörer wieder von der Gabel, drückte eine Taste und hielt ihn ihm hin.

Er hörte zu. Als der andere das Gespräch beendete, legte er den Hörer vor sich auf den Schreibtisch.

Sie sah ihm ins Gesicht. »Was ist geschehen?«

Er stand langsam auf. Er musste sich am Schreibtisch abstützen, wollte nicht fallen.

»Informieren Sie Niklas, er soll meine Mandanten übernehmen. Er ist schließlich mein Vertreter.« Ihm war so egal, was Niklas tun würde. Es war alles egal geworden. Alles.

»Was ist geschehen?«, wiederholte sie entsetzt.

»Chris hatte einen Herzinfarkt.«

Kapitel 37

Callum und K waren schon dort, als er im Wartebereich eintraf. Er ging zu ihnen, wartete stumm auf die angekündigte Ärztin und das Urteil, das sie bringen würde. Er empfand nichts, war immer noch nicht aus dem Tunnel heraus, in dem er schon so lange feststeckte. Eine Wand aus Glas zwischen sich und seiner Umwelt.

»Sie sind Angehörige?« Eine Frau im weißen Kittel kam auf sie zu.

»Ja«, logen Callum und K.

»Nein«, widersprach Dawide.

»Also, wer sind Sie?«

Sie sagten es ihr.

»Also keine Angehörigen. Haben Sie Vollmachten? Sie wissen, ich darf Ihnen sonst nichts sagen.«

Callum sah Dawide an. »Sicher hat er die.«

Dawide aber schüttelte den Kopf. »Nein, Callum, habe ich nicht. Wir haben nie …«

Callum platzte. »Ja, sag' mal spinnt ihr? Chris ist doch vom Fach! Ihr wisst doch genau … Chris hat seit zwanzig Jahren eine Vollmacht für mich!«

Dawide sah zu Boden.

Sie hatten darüber gesprochen. Einmal. Das einzige Mal, bei dem Chris je ausgesprochen hatte, was er wollte. Was er sich wünschte. Wo er hinwollte mit ihm, mit Dawide. Sie waren um Haaresbreite der Trennung entronnen an diesem Tag und hatten seither nie wieder darüber gesprochen. Jetzt würden sie es womöglich nie mehr können.

Die Wand aus Glas bekam einen Riss.

»*Hat* er Angehörige?«, fragte die Ärztin, als Dawide schwieg.

Angehörige. Irgendwo auf dieser Station lag Chris. Sein Chris. Und sie würde schweigen. Chris würde sterben und er würde weit fort sein, nicht zu ihm dürfen, nichts mehr sagen, ihm nichts mehr mitgeben können.

Die Glaswand zersprang in tausend Scherben. »Ja! *Mich.* Seit nahezu zwanzig Jahren. Aber Sie kommen damit nicht zurecht.« *Ich komme damit nicht zurecht.* Die halbe Station hörte ihn brüllen und sah zu ihnen hinüber. Es kratzte ihn nicht. »So ist es doch immer. Sie kommen mit uns nicht zurecht und wir müssen darunter leiden.« Er machte einen Schritt auf sie zu.

Callum fing ihn ab. »Dawide.«

Die Ärztin schüttelte den Kopf. »Machen Sie bitte nicht mich für Ihre Versäumnisse verantwortlich. Nach dem, was Sie gesagt haben, könnten Sie längst eine Lebenspartnerschaft oder eine Ehe führen, dann hätten wir diese Probleme nicht. Ganz abgesehen davon, dass *jedes* nicht verheiratete Paar dasselbe Problem hat. Also mal immer halblang mit den Vorwürfen, ja?«

Dawide schämte sich längst für seinen Ausbruch. Vor allem Callums wegen. »Darf ich wenigstens zu ihm?«

Die Ärztin sah ihn mitleidig an. »Nein, tut mir leid. Wenn er wach wird und es möchte, ja. Oder wenn seine Angehörigen es erlauben.«

Dawide trat zurück und nickte. Als sie sich abwenden wollte, hielt er sie unvermittelt am Ärmel ihres Kittels fest. »Warum? Er ist immer so still, so … so gleichmäßig. Stabil. Regt sich so wenig auf.«

»Vermutlich deswegen«, erklärte sie sanft und ohne seine Hand abzuschütteln. »Das wäre nicht ungewöhnlich. Solche Menschen fressen Sorgen und Kummer oft in sich hinein.« Sie sah ihn an. »*Hatte* er Kummer in letzter Zeit?« Dawide musste nicht antworten. Sie blickte sich um und lächelte verschwörerisch. »Nun, es *könnte* ja vielleicht sein, dass Sie durch *Zufall* hören, wie ich einer *Schwester* mitteile, dass der ICU-Patient mit dem Herzinfarkt derzeit untersucht wird und wir bald mehr wissen werden.« Sie lächelte zu Callum hinauf und zwinkerte. »Aber so etwas würde mir natürlich nie passieren, nicht wahr?«

Kapitel 38

Sie warteten gemeinsam, bis Chris' Familie eintraf. Dann entschuldigten Callum und K sich und beobachteten aus der Ferne, wie Chris' Eltern und dessen Schwester reagierten, als Dawide ihnen erklärte, warum Chris an jenem Morgen am Kölner Hauptbahnhof zusammengebrochen war. Woher er gekommen war, und warum.

Sie hätten sich jede Sorge sparen können. Die drei stellten Dawide wie selbstverständlich in ihre Mitte, als die Ärztin zurückkam und ihnen, nun in allen Einzelheiten, berichtete. Es gab kein Wort des Vorwurfs, kein Unverständnis. Nur Sorge.

Callum und K ließen sie guten Gewissens alleine, um mit Flo und Simon in der Wohnung auf Neuigkeiten zu warten.

Als die Nacht voranschritt und sich niemand mehr blicken ließ, als die Ungewissheit und die Angst sie stumm machten, zog Dawide sich zurück. Er wusste, wohin er wollte, was er dort sagen wollte, und doch fiel ihm jeder Schritt dorthin unsäglich schwer.

Der Raum war schlicht gehalten, offen für alle Zufluchtsuchenden. Keine Symbole an den Wänden, nur eine Kerze, Licht für die Dunkelheit in denen, die hierherkamen. Er war willkommen.

Er ließ sich auf eine der Bänke fallen, die Gedanken noch wirbelnd, den Kopf wie aus Watte. Er faltete die Hände in jener ordnenden Geste, die ihm so viel bedeutete und die anderen so lächerlich war, sprach die uralten Worte, die wie stets ganz von selbst kamen, ihm den Weg weisen wollten. Dann begann er zu erzählen.

»Nehmen Sie die Finger von ihm«, polterte eine Stimme hinter ihm.

Dawide zuckte zusammen.

Ein Mann in einem schwarzen Hemd zog die Hand zurück, die er ihm wohl hatte auf den Rücken legen wollen, und wandte sich dem Sprecher zu. »Wa…?«

»Ihr Pfaffen seid doch schuld an dem Ganzen hier«, donnerte der breitschultrige ältere Mann an der Tür des Raumes. »Hängen sollten wir euch alle. An die höchste Domspitze!«

Josef ist hier. Chris' Vater war gekommen.

Der Mann im schwarzen Hemd richtete sich auf und lächelte. »Verlesen Sie mir noch die Anklage, bevor Sie mich hängen?«

Energisch trat Josef ein. »Die Anklage? Mein Sohn liegt da oben und kämpft um sein Leben. Ein Leben, dass Sie und Ihresgleichen ihm kaputtmachen. Seit Jahren. Weil Sie Menschen wie ihm …«, er deutete auf Dawide, »… einreden, sie dürften nicht lieben. Ihm die Liebe, die er fühlt, zur Hölle machen. Nur, weil Ihre Kirche *Sie* nicht lieben lässt.«

Der Mann sah von Josef zu Dawide und wieder zurück. »Es ist nicht *meine* Kirche. Sie gehört mir nämlich nicht. Leider. Manchmal wünschte ich, es wäre so.« Er sah Josef offen an und lehnte sich mit dem Rücken an Dawides Bank. »Ich bin meiner Berufung gefolgt, ja. Aber ich habe nur Gehorsam geschworen, nicht Meinungslosigkeit. Ich kann als Person durchaus eine Meinung haben, die von dem abweicht, was die Kirche vorgibt. Zu deren enormen Ärger.«

»Was nützt Ihnen eine Meinung, wenn Sie sie nicht umsetzen dürfen?« Es klang immer noch nach Kampfansage.

»Wer sagt Ihnen, dass ich das nicht kann?« Als der Mann Josefs zweifelnden Blick bemerkte, lächelte er wieder. »Was ist die Kirche letztlich?«

»Die Gemeinschaft der Gläubigen«, antwortete Dawide automatisch.

Der Mann sah sich überrascht nach ihm um. »Richtig. Und was sind die Gläubigen? Menschen. Selbst der Fels, auf den Christus seine Kirche bauen wollte, war ein Mensch. Zum großen Ärger seiner Nachfolger, die sich gerne anders sahen. Denn weil wir nun mal Menschen sind, sind wir nicht fehlerlos. *Ich* sage: Also ist es auch die Kirche nicht.« Er lächelte zu Josef hinüber. »*Dafür* dürfen Sie mich hängen. – Nein, die Kirche lebt mit den Menschen, in den Menschen und von den Menschen. Und wie die Menschen, so kann auch sie sich ändern. Viele sagen, sie muss sich ändern. Nun, tut sie: Die Erde ist keine Scheibe und Krankheiten sind keine Strafe Gottes mehr. Der Mensch hat sogar einen freien Willen zugestanden bekommen. Selbst ich.

Der Weg der Veränderung ist lang, zu lang, unbestreitbar, aber er ist da. Es gibt genug, die ihn weiter gehen wollen und etliche, die ihn immer offener fordern. Vielleicht nicht mehr – oder noch nicht? – so drastisch, wie die, die einst Kampfansagen in Form von Thesen an Kirchentüren schlugen. Aber es gibt sie und sie arbeiten an Veränderungen. Leise. Möglichst, ohne Kriege dabei zu entfachen.«

Josef schnaubte. »Das alles hilft denen heute keinen Schritt weiter.« Er deutete auf Dawide.

»Nicht unmittelbar, nein. Aber es läuft über ein paar theologische Umwege auf etwas hinaus, das ich, und ich meine jetzt ausdrücklich mich persönlich, immer für das Wichtigste an meinem Glauben gehalten habe. Nämlich, dass letztlich Gott alleine über uns richtet. Ich kann, einmal dazu berufen, in *Seinem* Namen ein Sakrament spenden, wo ich sicher bin, dass *Ihm* das gefällt, wo *Er* es vielleicht sogar selbst verlangt hat. Aber ich sollte mich tunlichst zurückhalten, derart in *Seinem* Namen zu handeln, wo ich mir nicht sicher bin, dass *Er* das auch will. Ich bin eben nur ein Handlanger. Aber wenn ich kleines Licht es nicht tue, dann heißt das noch lange nicht, dass auch *Er* das nicht tut. Es heißt doch erst einmal nur, dass der Mensch es nicht tut. Wir *hoffen* darauf, in *Seinem* Namen zu handeln, lesen, was uns hinterlassen wurde, interpretieren und studieren. Wir, die wir uns berufen fühlen, *glauben* es zu tun. Beharren vielleicht manchmal darauf, bestärken uns gegenseitig darin. Sind der festen Überzeugung, bestenfalls. Nur *wissen* werden wir alle das erst, wenn wir eines Tages vor ihm stehen und *Er* Rechenschaft von uns fordert. Es ist das Versprechen unseres Glaubens, dass wir dann nicht auf einen rächenden, sondern auf einen liebenden, verzeihenden und verstehenden Gott treffen werden, der unser Gewissen ebenso prüft wie unsere Taten. Dem nichts verborgen bleibt, der alles sieht.« Er sah zu Dawide hinüber. »Das heißt für mich: Denken Sie *Ihren* Weg zu Ende. Sagen Sie *Ihm*, was Sie *Ihm* zu sagen haben. Und dann entscheiden Sie, was Sie *Ihm* gegenüber eines Tages verantworten können – oder eben auch nicht. Wie gesagt, das ist ein persönlicher Rat eines Mannes, der zufällig ein schwarzes Hemd trägt.« Er lächelte Josef an. »Ein Rat, für den ich mich übrigens ebenso ungerne an eine Domspitze hängen lassen möchte wie für den Rat, den derselbe Mann mit einer Soutane bekleidet geben müsste. Ich lebe nämlich ausgesprochen gerne, müssen Sie wissen. Daran kann der Zölibat auch nichts ändern.«

Josef schmunzelte, dann wurde er wieder ernst. »Dawide?«

Dawide sah zum ersten Mal von der Bank vor sich auf und zu Josef hinüber.

»Er ist außer Lebensgefahr.« Josef lächelte.

Dawide sah, wie der Mann im schwarzen Hemd kurz die Augen schloss und sprach die drei Worte im Geiste mit ihm.

Josef kam zu ihm hinüber. »Ich denke, er hat Recht, Dawide. So kann es nicht weitergehen. Es wird Zeit für dich zu entscheiden, was du möchtest. Aber egal, wie du entscheidest, er wird es verstehen. Wir werden es verstehen. Das solltest du wissen.«

Der Mann in dem schwarzen Hemd nickte. »Ich bin nur zufällig hier, Dawide. – Oder vielleicht auch nicht, wenn ich es recht bedenke.« Er sah zu der kleinen Kerze hinüber, die vorne an der Wand aufgestellt war. »Aber wie auch immer: *Er* ist immer, überall und für jeden erreichbar. Egal, welche Entscheidungen der getroffen hat oder treffen will.« Er stieß sich von der Rücklehne der Bank ab. »Für *jeden*, Josef. Besonders dann, wenn derjenige gerade mal wieder einen der *Seinen* an *Seinen* Dom hängen möchte.« Er lachte leise, ließ Josef den Vortritt und folgte ihm nach draußen, wo sie ein kurzes Nicken tauschten und auseinandergingen.

Dawide blieb noch etliche Stunden in dem stillen Raum. Es gab keine Offenbarung, kein Wunder, das ihn erlöste, aber am Ende eine Entscheidung. Eine, zu der er stehen wollte, zu stehen hoffte für den Rest seines Lebens und darüber hinaus.

Er kehrte zu den anderen zurück, die ihn erwartungsvoll ansahen, als er ihnen gegenübertrat. Doch was er zu sagen hatte, war für Chris bestimmt und für Chris alleine. Er öffnete den Mund, als jemand in Krankenhausuniform auf sie zutrat. »Er ist wach«, sagte der Mann knapp, aber freundlich.

»W…«, machte Dawide, als sich die Welt um ihn zu drehen begann. Er griff nach Josef, verfehlte ihn, dann wurde alles schwarz.

III.

Kapitel 1

Drei Monate später kam Chris aus der Reha nach Hause, abgeholt von Dawide und begeistert empfangen von K, Callum, Flo und Simon.

Die WG, in die er zurückkehrte, war, wie Chris gewohnt trocken feststellte, selbst eine Rekonvaleszenz-WG. Sie rauften sich aufrichtig und ernsthaft zusammen, alle bemüht den Schock heilsam werden und die Wunden der letzten Monate heilen zu lassen.

K war in ihr Zimmer zurückgekehrt und Simon wieder gerngesehener Dauergast bei ihnen. Sie und Dawide kochten bereits eifrig nach den Rezepten, die Chris ihnen aus der Reha mitgegeben hatte. Flo hüpfte wieder und Callum machte sich erneut einen Spaß daraus, mit Ks Empfangslady zu flirten.

Ja, als Chris feierlich die Wohnungstür aufschloss, war Dawide bester Hoffnung. Es würde gutgehen. Er wusste es.

Von dem Moment an, an dem Dawide Chris im Krankenhaus hatte wiedersehen dürfen, war er ihm nicht mehr von der Seite gewichen. Es hatte etwas gedauert, bis er hatte aufstehen dürfen und auch dann nur mit dem ausdrücklichen Versprechen, sich den weiteren Untersuchungen und dem psychologischen Beratungsgespräch nicht wieder zu entziehen. Aber das hatte er ohnehin nicht vorgehabt. Er würde alles neu angehen.

»Was tust du nur?«, hatte Chris ihn gefragt, sobald sie alleine gewesen waren. Seine Stimme war voller Sorge gewesen und voller Angst. Er hatte auffordernd die Hand nach Dawide ausgestreckt, der abwartend im Raum stehen geblieben war.

»Das passiert, wenn du nicht auf mich aufpasst.«

Dawide hatte sich neben ihn gesetzt und Chris einfach einen Finger auf den schon zur Erwiderung geöffneten Mund gelegt. »Warte, bitte. Ich hab' dir so viel zu sagen.« Er hatte geschluckt, hatte sich auf den Stuhl neben dem Bett fallen lassen und von dort aus die Dinge ausgesprochen, die er sich so mühevoll erkämpft hatte.

»Da war nichts«, hatte ihm Chris nach einer Weile des Schweigens gestanden. »Nichts, Dawide. Ich konnte es nicht. Er war nicht du, verstehst du? Es ist schwer, ja. Manchmal unerträglich, ja. Aber: keiner außer dir. Es war nur, weil … ich dachte, ich hätte dich verloren. Es war … furchtbar.«

»Ich weiß. Ich durfte nicht zu dir. Ich hab' nur daran gedacht, was …«

»Schluss damit!« Chris hatte fast noch angefangen zu weinen. »Wir sind schließlich kein rührseliges altes Ehepaar.«

Dawide hatte ihn angesehen, hatte zum ersten Mal wirklich die Blässe in Chris Gesicht gesehen, die ungewohnten Bartstoppeln, die gerötete Augen, den kleinen transparenten Schlauch, der quer über die Wangen zur Nase verlaufen war. »Wenn es dir wieder gutgeht, machen wir es richtig, ja?«

»Wenn es mir wieder gutgeht, polieren wir jemandem die Fresse, ja? Gemeinsam.«

Dawide hatte sich überrascht zurückgelehnt. »Wem?«

»Niklas Wilhelm.«

Es war nur ein Anfang gewesen. Sie wussten beide, es gab keine Heilzauber und kein sofortiges *Happy End* für sie. Ihre Wunden waren zu tief, um über Nacht zu heilen, in Dawides Fall zu tief, um je zu heilen. Aber sie waren bereit an Wunder zu glauben und ihre ganz persönlichen Schlüsse daraus zu ziehen. Chris war Dawide zurückgegeben worden, weil ihr Gott das so gewollt hatte, und für Chris war seinem Dawide nicht ohne Grund zur rechten Zeit ein Engel über den Weg gelaufen, egal, ob nun himmlischer oder irdischer Natur. Den Mann im schwarzen Hemd sahen sie jedenfalls nie wieder.

Sobald es Chris besser gegangen war, hatten K, Simon, Callum und Flo ihn besucht, wann immer es ihnen möglich war. Als er aus dem Krankenhaus in eine nahegelegene Reha-Klinik gewechselt war, verteilten sie ihre Besuche dort ganz bewusst so breit wie möglich, damit Chris immer jemanden von ihnen in der Nähe hatte – und um Dawide vor dem nächsten Zusammenbruch zu bewahren.

In seiner Euphorie übersah Dawide nämlich den Weg, den er beschritt. Nachdem Chris so deutlich gemacht hatte, was er von Niklas hielt, war

Dawide endgültig davon überzeugt, all ihre Probleme würden sich in Luft auflösen, wenn er den aus dem Feld geschlagen haben würde. Also war er der Arbeit nur so lange ferngeblieben, wie es unbedingt nötig gewesen war. Kaum zurückgekehrt, hatte er ein langes Gespräch mit Achim geführt und diesem einen wohldurchdachten Aktionsplan für die folgenden sechs Monate unterbreitet. Achim hatte erleichtert zugestimmt und Dawide seine volle Unterstützung zugesagt.

Von dem Tag an machte Dawide pünktlich Schluss und fuhr vom Büro aus zu Chris, erst ins Krankenhaus, später in die Reha-Klinik. Was er in der Woche an Arbeit nicht bewältigen konnte, nahm er mit nach Hause und arbeitete es nachts und an den Wochenenden ab, immer dann, wenn er nicht bei Chris sein konnte, wenn er nicht mit Callum ausging, Flo tröstete oder mit K kochte.

Er kämpfte sich verbissen durch seinen Plan, versuchte allen gerecht zu werden, alle Bälle in der Luft zu halten, um so kurz vor dem Ziel nicht doch noch zu scheitern. Mit aller Kraft wollte um Chris kämpfen – und Niklas Werner *die Fresse polieren*.

Doch die ersten Opfer waren ganz andere: seine Therapietermine. Die hatte er nämlich in die Mittagspausen gelegt.

Kapitel 2

Callum wartete gespannt an der Wohnungstür und wettete mit sich selbst, wie der neue Thomas wohl aussehen würde.

Er wolle zu Flo, hatte der Mann an der Türsprechanlage knapp angegeben, und Callum hatte keine Veranlassung gesehen, ihn nicht wenigstens zur Haustür vorzulassen. Er war schließlich neugierig.

Doch schon, als die Gestalt des Mannes um die Ecke des letzten Treppenabsatzes bog, wusste Callum um den furchtbaren Fehler, den er begangen hatte.

»Sieh' mal einer an, es stimmt also.« Flos Vater musterte Callum abschätzig. »Der Herr Staatsanwalt hat sich damals ein Spielzeug geangelt.«

Callum hatte das Gefühl, sich übergeben zu müssen.

»Also?« Der Mann deutete in den Wohnungsflur hinter Callum. »Ist er da? Ich würde ihn gerne wiedersehen.«

Nicht im Traum, dachte Callum.

»Ist er nicht. Er arbeitet.« Chris blieb abwartend hinter Callum stehen. Er musste den ersten Sätzen des Gesprächs vom Wohnzimmer aus gefolgt sein.

»Ach«, machte Flos Vater und versuchte ersichtlich den neuen Gegner zu bewerten – und der hochgewachsene, mittelblonde Hüne mit den scharfen, blauen Augen und den breiten Schultern ihm gegenüber *war* ein Gegner. »Wie schade.« Er trat einen Schritt zurück. Sein Gesicht verriet keine Enttäuschung.

Callum und Chris wechselten einen alarmierten Blick. Der Mann hatte Flo absichtlich verpasst.

»Und Sie sind …?« Er deutete zwischen Callum und Chris hin und her.

»Keineswegs«, beschied ihm Callum.

»Also doch mein Junge, ja?« Der Mann tat erfreut.

»Ich weiß nicht genau, was Sie da andeuten wollen, aber ich darf Ihnen versichern, Sie sind auf dem Holzweg.« Chris ließ es nach Drohung klingen.

»Dann darf ich ja wohl reinkommen und auf ihn warten, ja?«

Callum sah, wie Chris die Farbe verlor und die Hand auf seine Brust legte. Ihm wurde angst und bange. »Geh' zurück.« Er deutete unbestimmt in Richtung Wohnzimmer. »Geht schon gut hier.«

Chris nickte unsicher, verschwand aber brav wieder in der Wohnung.

»Gut«, sagte der Mann triumphierend. Das Ganze schien ihm Spaß zu machen.

Keine Blöße geben, erinnerte sich Callum seines Berufes. *Ruhig, unbeteiligt, schnell mit dem Mund. Das ist das Einzige, das sie verstehen. Es ist das Einzige, was du kannst*, erinnerte ihn eine hässliche Stimme in seinem Kopf. *Im Zuschlagen ist er weitaus besser als du.* Energisch verbot er ihr den Mund. Plötzlich vermisste er seine Robe.

»Also, Herr Staatsanwalt, da wir ja jetzt unter uns sind …« Flos Vater sah sich betont langsam um »… können wir ja besprechen, wie wir aus dieser unschönen Situation wieder herauskommen.«

Callum glaubte sich verhört zu haben. »Wie bitte?«

»Nun, ich denke, es dürfte den einen oder anderen schon interessieren, dass es da einen Staatsanwalt gibt, der kleine Jungs mit nach Hause nimmt, wenn sie nur das aussagen, was er gerne hören würde.«

Callum verschlug es die Sprache.

Der Mann sah es und deutete es als Schrecken. »Aber ich könnte ja vielleicht vergessen, was geschehen ist. Natürlich auch das, was ich heute gesehen habe. Sehen Sie, ich muss gerade wieder auf die Beine kommen …«

Callum fühlte sich wie in einem schlechten Gangsterfilm.

»Nun kommen Sie schon. Ist ja wohl genug da. Wo mein kleiner Flo doch auch arbeitet. Ein bisschen Unterstützung für mich, und Sie und er behalten Ihre Ruhe.«

Die Absurdität des Ganzen ließ Callum seine Sprache wiederfinden. »Ich denke, Sie gehen jetzt besser. Ich beabsichtige keinesfalls mich von Ihnen erpressen zu lassen – ganz abgesehen davon, dass schon der Versuch strafbar ist. Ich sollte Sie anzeigen, eigentlich, aber ich halte Ihnen zugute, dass Sie vermutlich wirklich in der Klemme stecken. Also verschwinden Sie lieber, bevor ich es mir anders überlege.« Er deutete zur Treppe.

Flos Vater lief dunkelrot an und trat einen Schritt auf Callum zu. »Hör gut zu. Du hast deinen Spaß mit ihm und mir ist er noch 'ne Menge schuldig. Ich bekomme meinen Anteil oder ich erzähle meine Geschichte. Lautstark. Ich weiß, wie das läuft. Sie müssen ermitteln. Auch gegen euch. Bis sie fertig sind, bist du fertig.«

Keine Anzeige. Nicht hier. Nicht deswegen. Nicht auffallen. Sie würden es erfahren, alle erfahren. Er war ihr Kollege … nicht auffallen. Du hast einen Ruf zu wahren, sei diskret, du hast einen Ruf zu wahren, du hast einen Ruf …

Callums Gesicht offenbarte die Niederlage. Flos Vater feixte.

»Einmal«, krächzte Callum. »Ein einziges Mal.« Nur mit viel Mühe schaffte er es, dem Ganzen wenigstens einen Hauch von Drohung zu verpassen. »Für Flo, weil Sie sein Vater sind.« Er wusste selbst, wie lächerlich er sich gerade machte. »Einmal, und Sie verschwinden und kommen nie wieder. Kein Kontakt zu Flo, keiner zu uns.«

Der Mann nahm unschuldig die Hände auseinander und drehte die Handflächen nach außen.

»Also? Wieviel wollen Sie?«

»Bist du wahnsinnig geworden?« Chris schnaubte, als er es ihm beichtete. »Du glaubst doch nicht wirklich, dass es das gewesen ist, oder? So blöd kannst du nicht sein, Callum.«

Callum protestierte schwach.

»Ach komm! Jetzt hör aber auf! Flo ist nach dem Prozess im Heim geblieben. Du hast dich immer nur dort mit ihm getroffen, nie irgendwo anders.«

»Ich habe ihm die Wohnung besorgt, Chris. Die Anträge mit ihm gestellt und …«

»Da war er längst volljährig und wenn du es nicht getan hättest, hätte es ein anderer getan.«

»Und was ist mit den Sachen die ich … glattgezogen habe?«

Chris sah entnervt zur Decke. »Schön, ja. Nichts, was andere nicht auch getan hätten. Du hast ja wohl keine Akten verschwinden lassen, oder?«

Callum schüttelte den Kopf. Sicher nicht. Er hatte nur ab und zu um Verständnis geworben. »Immerhin lebt er heute hier.«

»Ja, und hatte etliche andere in seinem *Erwachsenen*bettchen. Dich nicht.«

Callum hustete. »Nein. Aber darum geht es auch gar nicht. Es geht darum, wie man es auslegen *kann.*«

Chris seufzte. Punkt für Callum.

Der sah plötzlich zu Boden. »Besonders, wenn ich erklären muss, …«

Chris schloss kurz die Augen. »Du meinst, wie er wieder hierhergekommen ist?«

Callum nickte.

»Kein Verbrechen, Callum. Weder woher, noch dass.«

Callum rieb sich über das Gesicht. »Nein. Aber ausschlachtbar.« Er seufzte. »Was soll ich nur tun, Chris?«

Chris streckte sich mühevoll. Sein Herz raste schon wieder. »Ich sehe nicht, wo der Typ die Öffentlichkeit herbekommen sollte, die du so fürchtest.«

Callum wollte ihn daran erinnern, was sie ihm versprochen hatten, aber Chris winkte schon ab. »Warum auch immer. Aber wenn du mich schon fragst: Bau vor. Geh zu Frank. Rede. Zeig den Typen an, wenn Frank es für nötig hält. Rede mit Flo. Mach ihm klar, dass es dich nicht trifft, egal, ob es das wirklich so ist oder nicht. Aber schweig nicht wieder. Nicht nach eurem letzten Gespräch. Er könnte ja kaum anders als abzuhauen, um dich zu schützen. Vor allem aber: Gib dem Arschloch keinen einzigen Cent mehr, Callum.«

Kapitel 3

Wie immer, wenn Callum sich einer Sache unsicher war, suchte er Rat bei Theo. Doch als er eintraf, öffnete ihm ein ungewöhnlich unwirscher und sichtlich mit sich selbst beschäftigter Theo die Zimmertür. Er sah aus wie immer, vielleicht um einen Hauch mehr gestylt als sonst, aber der Rest von ihm wirkte wie ein gereizter Tiger im Käfig.

Er fragte nicht einmal, warum Callum am frühen Morgen unangekündigt vorbeikam, sondern blickte nur ungeduldig auf seine Armbanduhr. Callum wollte gerade nach dem Grund für den Aufruhr fragen, als Flo zwischen ihm und Theo hindurchhüpfte. »Dein Taxi wartet. Alles fertig?«

Theo nickte, sah noch einmal auf seine Uhr, griff nach seinem Mantel und scheuchte Flo und Callum mit einer Handbewegung zurück auf den Flur.

»Bist du sicher, dass ich nicht doch mitfahren soll?«, fragte Flo Theo leise, als sie im Aufzug standen.

»Ich bin alt, aber nicht dement, Flo, danke. Ich bin sicher, ich schaffe einen einfachen Tagesausflug, ohne einen Weltuntergang heraufzubeschwören.« Es klang ungewöhnlich aggressiv.

Im Erdgeschoss angekommen, umarmte Flo Theo kurz und hüpfte dann davon. Callum hingegen blieb in Theos Nähe, während der eilig auf das wartende Taxi zuging. Dessen Fahrer wollte aussteigen, um Theo beim Einsteigen zu helfen, Callum aber bremste ihn mit einer Handbewegung aus. Der Mann blieb sitzen. Callum nickte dankbar.

»Theo, wo immer du hinwillst, ich kann dich fahren«, bot er an. Im ersten Moment vermutete er, Theo werde sein Angebot zurückweisen, dann aber nickte der entschlossen. »Ist vielleicht gut für Dich«, murmelte er, unhörbar für Callum.

Der hatte sich schon dem Fahrer zugewandt, um zu erklären, warum er nicht mehr gebraucht würde, und die bereits angefallenen Kosten zu begleichen – mit angemessenem Entschuldigungsaufschlag natürlich.

»Willst du warten, bis ich mit dem Wagen hier bin, oder magst du mit zu uns gehen?«

»Ich gehe mit. Passt ganz gut, heute. Nur nicht mit rein, bitte.«

~ * ~

»Also? Wohin, der Herr?«, fragte Callum, als sie im Wagen saßen.

»Venlo«, sagte Theo leise.

»Eine bestimmte Adresse?« Callum rief die Navigation auf.

Theo zog einen handgeschriebenen Zettel aus der Tasche und las Postleitzahl und Straße davon ab.

Leider stellte das Gerät keinerlei Informationen zum Zielort bereit. Callum wartete, bis die Route berechnet war, und fuhr los.

Die angegebene Adresse war kein Hotel, wie Callum vermutet hatte, sondern ein Hospiz, wenn auch ein besonders ansprechend gestaltetes.

Callum schluckte, stieg aber tapfer aus, um Theo auf dessen Seite zu helfen. Doch Theo regte sich nicht. Langsam ging Callum die Hocke. »So schwer?«

Theo nickte und sah stur weiter geradeaus.

»Soll ich doch mitgehen?«

»Ja. Ja, warum nicht? Wenn du es nicht an die große Glocke hängst zu Hause?«

Callum wusste, das verlangte nach einem besonderen Versprechen, aber ihm wollte spontan keine passende deutsche Formel dafür einfallen. Er konnte ja kaum einen der Eide aus dem Gerichtssaal verwenden. »Wie heißt dieses Wort, was man da gibt, noch mal?« Er hob drei Finger.

»Pfadfinderehrenwort?« Theo vor lächelte gequält.

»Wirklich?« Das klang zu komisch.

»Ja.«

Callum lachte. »Also schön.« Er legte drei Finger aufs Herz. »Pfadfinderehrenwort.« Es klang wirklich schräg, schon wegen seines Akzents.

Theo lächelte darüber, dann straffte er sich plötzlich. »Angenommen. Auf geht's«, sagte Theo und ließ sich von Callum aus dem Wagen helfen.

Schweigend begleitete Callum ihn hinein.

Theo meldete sie an, während Callum respektvoll Abstand hielt. Die Dame am Empfang sprach kurz mit Theo, telefonierte ebenso kurz, dann fuhren Theo und er mit dem Aufzug ein Stockwerk höher.

Als sich die Aufzugstüren öffneten, kam ihnen eine ältere Frau entgegen, echtes Interesse und freundliche Reserviertheit zugleich auf dem Gesicht. Definitiv eine Fremde.

Er ließ Theo vorgehen und blieb außer Hörweite, als sie Theo zu einer auf dem Flur bereitstehenden Sitzecke geleitete und dort leise mit ihm sprach.

Nach einer Weile hob Theo die Hand und winkte Callum zu ihnen. Beide erhoben sich, als er näherkam. Die Frau begrüßte Callum freundlich, ohne ihren Namen zu nennen, und erklärte ihm in wunderbar mit niederländischem Akzent eingefärbtem Deutsch, er dürfe ruhig mit Theo hineingehen, wenn der das wolle. Sie werde hier auf sie warten.

Aber Theo schüttelte den Kopf. »Bitte nicht, Callum.«

Callum verstand ihn. »Ich bin hier, wenn du mich brauchst.«

Theo griff kurz nach seiner Hand, dann straffte er sich und ging zu einer der Zimmertüren hinüber. Er legte die Hand auf die Klinke, holte tief Luft und drückte sie herunter. Dann war er fort.

Die Frau wandte sich Callum zu. »Sind Sie sein Sohn?«, fragte sie freundlich.

Callum lächelte. »Nein, bin ich nicht. Nicht im normalen Sinne, jedenfalls.«

Sie lachte plötzlich. »Reden Sie ruhig Englisch mit mir«, bot sie an – auf Englisch. »Ich habe etliche Jahre dort gelebt. Ich nehme an, Deutsch mit niederländischem Akzent ist auch nach Jahren in Deutschland kaum zu verstehen.«

Er lachte mit ihr. »Gerne.« Dann erklärte er ihr, welche Verbindung zwischen ihm und Theo bestand und wie sie entstanden war.

»Die Wohnung, ja. Er hat davon erzählt, wann immer wir auf das Thema Karneval und Köln kamen. Sie war wohl immer schon ein Zuhause.«

Callum zog die Augenbrauen zusammen. »Er. Ich nehme an, der Mann im Krankenzimmer.«

Sie lächelte wieder, aber es war ein trauriges Lächeln. »Sterbezimmer, Callum. Es ist ein Sterbezimmer. Wir reden von Stunden, vielleicht Tagen. Nicht mehr.«

»Wer sind Sie?«

»Ich bin seine Schwägerin, wenn Sie so wollen, auch wenn die beiden nie geheiratet haben. Mein Bruder, sein Partner, starb vor etwa einem Jahr.«

»Und jetzt geht er.«

»Ja. Er wollte nicht mehr, danach. Ich habe nur nie damit gerechnet, dass es so schnell gehen würde.«

Callum musste an Chris denken. »Und Theo?«, fragte er schnell, um den Gedanken nicht zu Ende denken zu müssen.

»Theo war seine große Liebe, glaube ich. Zuhause, in Köln, meine ich. Er ist schon in den Sechzigerjahren hierhergekommen. Alleine. Meinen Bruder hat er erst hier kennengelernt. Wie, weiß ich nicht. Aber sie sind zusammengeblieben, die ganzen Jahre. Soweit ich weiß, haben Theo und er keinen Kontakt mehr gehabt, nachdem er aus Köln weggegangen ist. Er hat nie darüber gesprochen. Aber er hatte oft Heimweh. Und einmal, so vor ungefähr zehn Jahren, da ist er sogar mit meinem Bruder nach Köln gefahren. Um den Dom noch einmal zu sehen, hat er gesagt. Theo zu kontaktieren scheint er nicht übers Herz gebracht zu haben.«

»Warum jetzt?«

»Meine Entscheidung. Er hat ihn gerufen in den letzten Wochen. Mehrfach. Ich dachte, vielleicht er muss es beenden. Verstehen Sie? Ich denke, es hilft ihm zu gehen. In Frieden. Also habe ich gesucht. *Neumarkt*, das wusste ich noch. Theo. Das Internet hat ihn schnell gefunden. *Der schöne Theodor*. Ich wusste, er war es, als ich die alten Bilder von Theo sah. Er sah meinem Bruder so ähnlich. Also habe ich ihn angerufen.« Sie lachte leise.

Callum schwirrte der Kopf. Er hatte plötzlich das Gefühl, sich bewegen zu müssen, und erhob sich. »Kaffee?« Als sie nickte, war er dankbar dafür, einen Moment für sich zu haben.

Er kehrte mit dem Kaffee zurück zu ihr und sie begannen ein neues, weitaus unbefangeneres Gespräch, das vom einen zum anderen Thema wanderte, bis sich die Zimmertür wieder öffnete. Callum brauchte nur einen Blick auf Theo zu werfen, um zu schweigen. Jede Frage, jedes Wort wäre zu viel gewesen.

Hochaufgerichtet schloss Theo die Tür hinter sich, kam zu ihnen herüber und streckte der Frau höflich die Hand hin. Ihre Verabschiedung war ebenso endgültig wie die im Sterbezimmer es gewesen war, und so reichte auch Callum ihr die Hand, verabschiedete sich und ging neben einem stillen Theo zurück zum Wagen.

Callum versuchte nicht Theo aus seinem Schweigen zu reißen, als sie die Rückfahrt antraten. Sie waren schon einige Zeit unterwegs, als Theo plötzlich den Kopf wandte, um ihn anzusehen. »Es wird Zeit für mich zu gehen, Callum.«

Callum trat vor Schreck mit voller Wucht auf die Bremse. Er schaffte es nur mit Mühe, den Wagen in der Spur zu halten, und er musste den Blick dazu fest auf die Straße vor sich richten. Tempo 120 auf der Autobahn ließ ihn an Sprechen vorerst nicht denken. Es war gut so, denn er hätte beim besten Willen nicht gewusst, was er Theo hätte antworten sollen.

»Er hat gefragt, damals, weißt du?«, sagte Theo. »Ob ich mitgehen würde. In die Niederlande, meine ich. Wir haben wochenlang darüber geredet, gestritten, uns versöhnt, und uns wieder darüber gestritten. Irgendwann hatte er meine Unentschlossenheit satt und hat mir ein Ultimatum gestellt. Er war fest entschlossen zu gehen, koste es, was es wolle. *Ich will uns nicht mein ganzes Leben verstecken müssen, Theo,* hat er gesagt.« Seine Stimme war voller Schmerz. »Manchmal weiß ich nicht mal mehr, warum ich unbedingt bleiben wollte. Warum ich nicht einfach mitgegangen bin. Da war doch nichts, was mich gehalten hätte.« »Die Wohnung?«, schlug Callum vorsichtig vor.

»Ja, vielleicht. Ich weiß es nicht. Es war seine Wohnung, eigentlich. Er hatte sie angeboten bekommen. Zur Miete. Wir sind zusammen eingezogen. Zwei Junggesellen, versteht sich.« Er brach ab und sah erneut zur Frontscheibe hinaus.

»Deswegen wurde sie dir so wichtig, ja? Du wolltest *dort* sein.«

»Ja.« Er sah noch einmal hinaus. »Dann ging er. Ganz offen. Ich habe ihm zum Bahnhof gebracht, wir haben uns verabschiedet und er war fort. Ein paar Wochen später kam ein Brief, schon aus der Nähe von Venlo. Er werde warten, schrieb er, und seine Adresse. Ich solle nachkommen. Ich habe nie geantwortet und er hat sich nie wieder gemeldet.«

Callum erlaubte es sich, Theo einen Moment lang anzusehen. »Aber er ist trotzdem nie ganz gegangen, oder?«

»Nein. Es gab immer wieder mal jemanden, ja. Aber nie wieder jemanden wie ihn. Nichts Ernstes mehr. Ich glaube, ich habe immer gedacht, er kommt irgendwann zurück.«

»Und wolltest da sein.«

»Ja.« Theo schwieg. »Ich frage mich, wie es ausgesehen hätte, wenn ich mitgegangen wäre.«

Callum dachte kurz darüber nach. »Dann hättest du uns nie kennengelernt. Chris wäre irgendwo aufgelaufen, Dawide hätte sich zu Tode gehungert, Flo wäre auf der Straße bei dem Falschen oder bei den Drogen gelandet und ich hätte nicht einmal das bisschen Rückgrat entwickelt, das ich habe.«

Theo lächelte ob der entschiedenen Antwort und legte seine Hand begütigend auf Callums Oberschenkel. »Ja, schon richtig. Normalerweise sehe ich das auch so, Callum. Es ist nur … gerade fällt es mir etwas schwer, ja?«

Callum nickte. Es war nicht schwer zu verstehen. »Nach Hause?«

Theo schüttelte den Kopf. »Nein …, wenn das geht?«

»Natürlich. Wohin dann?«

Theo zögerte keine Sekunde. »An den Rhein, bitte. Irgendwo.«

Callum änderte die Route und fuhr ans Rheinufer, irgendwo im Nirgendwo, wie K später einmal sagte. Er half Theo den unbefestigten Uferweg entlangzugehen, bis sie am Wasser standen.

Theo sah dem Fluss nach, den Schiffen, die flussabwärts fuhren, immer Richtung Meer. »Wenn ich mal nicht mehr bin, Callum, beerdige mich nicht einfach irgendwo, nein? Bring mich an den Rhein, da, wo keiner hinsieht, und dann schütte mich hinein. Er will es auch so. Dann … sind wir wieder zusammen, er und ich. Irgendwie.«

Es klang endgültig. Callum fühlte sich verpflichtet zu protestieren.

Theo bemerkte es und lächelte. Er legte seine Hand auf Callums Oberarm. »Es klingt verrückt, ich weiß. Aber ich glaube, ich komme dann auch immer wieder mal an Köln vorbei. Bei euch. Alle paar Jahre, oder so. Wasserkreislauf. Habe ich mal gehört.«

Callum hatte plötzlich einen Kloß im Hals, den er nicht hinunterbekam. Er dachte an K, fragte sich, was sie an seiner Stelle wohl sagen oder tun würde. Es half nicht.

Er legte seine freie Hand über Theos, würgte den Kloß hinunter und zwang sich zu lächeln. »Werden wir dich denn nie los, alter Mann?«

»Niemals, das weißt du doch. Ich werde euch immer im Auge behalten.« Theo lächelte.

»Im weißen Anzug.« Callum rang sich ebenfalls ein Lächeln ab.

Theo nickte, ohne ihn anzusehen. »Selbstverständlich. Mit Heiligenschein und Harfe, allen Versprechungen zum Trotz.«

Bei der Vorstellung von Theo mit einer Harfe in der Hand wurde aus Callums erzwungenem Lächeln ein echtes. »Lass das mal nicht Dawide hören.«

»Warum nicht? Einer muss ihm ja mit gutem Beispiel vorangehen.«

Callum verstärkte den Druck seiner Hand. Er mochte sich ein Leben ohne Theo nicht vorstellen. Dann fiel ihm auf, wie kalt sich dessen Hand unter seiner anfühlte. »Komm, es wird kalt. Du brauchst ja nicht ganz so bald zu gehen.«

Theo warf einen letzten Blick auf den Rhein. »Hast ja Recht. Ich lebe nämlich noch ganz gerne, wenn ich es recht bedenke.« Plötzlich war der Blick aus seinen hellblauen Augen fast wieder der vertraute.

Callum hatte das Gefühl, ihm falle eine Zentnerlast von der Seele.

»Weißt du was?« fragte er, als sie wieder im Wagen saßen. »Ich weiß, wo wir jetzt noch hinfahren.«

»Ach ja?«

»Hm. Du brauchst einen neuen Anzug. Dieser ist schon ja fast hellgrau.«

Theos Anzug war schneeweiß wie immer, aber Theo focht seit seinem Einzug ins Heim einen ständigen Kleinkrieg mit der Heimwäscherei darum, wie die Farbe seiner Anzüge am besten zu erhalten sei. Die WG machte sich einen Spaß daraus, Theo gegenüber zu behaupten, der Anzug sehe aber ganz bestimmt ein kleines bisschen gelblich oder gräulich aus, um sich dann kringelig zu lachen, wenn Theo in Schimpftiraden über die Wäscherei ausbrach.

Nicht einmal ein Tag wie dieser konnte an Theos Eitelkeit etwas ändern, das hatte Callum ganz richtig vermutet. Entrüstet verteidigte Theo sich. »Das kommt davon, dass ich ihn nicht selber waschen darf. Sie weigern sich Soda dazu zu nehmen und dadurch …«

Callum lachte ihn lauthals aus. Theo war ihm voll auf den Leim gegangen.

Theo runzelte kurz die Stirn. Dann aber stimmte er lauthals in Callums Lachen ein.

Dem tat es unendlich gut.

Kapitel 4

Hat jemand Lust, mit essen zu gehen? Simon ist mal wieder kurzfristig abberufen worden. Letzte Chance, für die nächsten Monate mal ins …«, K nannte den Namen eines derzeitigen In-Lokals, »… zu kommen.« Sie hatte sich längst an derartige Absagen gewöhnt und nahm sie ihm nicht mehr krumm.

»Wer zahlt?« Flo zwinkerte ihr zu. Er würde ohnehin Dienst haben und K wusste das auch.

»Immer der, der nicht auf dem Klo ist, wenn der Kellner mit der Rechnung kommt«, rief Chris zu ihnen hinüber. Das war Flos Lieblings-Ausgehvariante.

Flo zog einen Schmollmund. »Sooo oft mache ich das jetzt auch nicht.« Er schniefte beleidigt. »Und auch nur bei Fremden.«

Chris winkte ab und wandte sich an K. »Sei mir nicht böse, aber Dawide und ich sind raus. Es ist mitten in der Woche. Ausgangssperre für alte Männer.«

Sie lächelte nur. Sie wusste ja, warum er darauf bestand, sie beide zu schonen. Abgesehen davon hatte Dawide ohnehin nicht viel Spaß an Essenseinladungen.

»Dann bin ich wohl der Mann der Stunde«, freute sich Callum, der sich nur mit Mühe zurückgehalten hatte. Erstens hatte er K ausgesprochen selten mal für sich alleine und zweitens war es eine unschlagbare Gelegenheit, das Lokal zu besuchen.

»Mein Ritter«, hauchte K, verdrehte hingebungsvoll die Augen und lehnte sich in tiefster Dankbarkeit an seine Schulter.

»Mein Fräulein.« Lachend entzog sich Callum ihr für eine tiefe Verbeugung.

»Nehmen wir die KVB-Pferdchen oder Kokosnusshälften?«

»Die falbenfarbige Kutsche«, rief Dawide vom Sofa aus und lachte über Callums verständnisloses Gesicht. »Das Taxi. Falbenfarbig. Ihr könnte da schlecht zu Fuß auftauchen.«

»Guter Punkt. – Also, *Mylady*, ich bügele noch rasch das Kettenhemd und öle die Stiefel, dann können wir los. Mach dich hübsch, ich will ja schließlich nicht alleine glänzen«, fügte er frech hinzu, vorsichtshalber erst auf halbem Weg zur Tür hinaus.

~ * ~

»Es ist wirklich gut«, stellte Callum nach der Vorspeise erfreut fest.

»Hm. War es das letzte Mal schon.« Sie legte ihr Besteck auf den Teller.

»Du warst schon mal hier?«

»Ja. Wir waren bei der Eröffnung. Frag mich, wieso, aber Simon stand auf der Gästeliste. *In Begleitung.* Das war dann ich.«

Callum konnte nicht verhindern wieder mal einen kleinen Stich von Eifersucht zu verspüren. Simon schien ständig Zugang zu so was zu haben. Dabei war er nicht mal aus Köln.

Er hatte das Gefühl, punkten zu müssen, und so erzählte er, ohne die Hintergründe zu nennen, von seinem Ausflug mit Theo. Sie hatten sich während ihrer Einkaufsorgie auf eine Version geeinigt, denn sie waren ja, wie Flo wusste, gemeinsam losgefahren. Und die Ergebnisse der Orgie wären bei den anderen ohnehin nicht unbemerkt geblieben.

»Was hast du?«, fragte K, als Callum gegen Ende seiner Erzählung zunehmend ernsthafter wurde.

»Ach, mir ist an dem Tag nur bewusst geworden … Er wird irgendwann nicht mehr da sein, verstehst du?«

»Unvorstellbar, ja. Wird aber noch lange dauern.«

Er antwortete nicht.

Sie sah ihn misstrauisch an. »Das alleine war es aber noch nicht, oder?«

Er seufzte. »Es ist nur … Ich frage mich, wie er das aushält. So alleine, die ganze Zeit.«

»Er ist nicht alleine, er hat uns.«

»Das meinte ich nicht. Wir sind Freunde, Kinder, so was. Keine Liebenden. Partner.«

K dachte einen Moment lang darüber nach. »Du vermisst Leon und fragst dich, ob du eines Tages auch so alleine sein wirst, wie du es bei Theo vermutest.«

Callum schnaubte. Er hatte fast vergessen gehabt, wie schnell sie in solchen Dingen war. »Ja. Wie ist es bei dir? Hast du nie Angst, alleine zu bleiben?«

Zu seiner Überraschung lief K dunkelrot an. »Äh … Nein. Nein, irgendwie … gerade nicht.«

Callum hatte das Gefühl, etwas Wesentliches zu übersehen, aber während er noch darüber nachdachte, erschien der Kellner mit dem Hauptgang. Bis er wieder verschwand, hatte K geschickt das Thema gewechselt. Aber das fiel Callum erst Tage später auf.

Kapitel 5

Dawide balancierte vorsichtig die große Salatschüssel an den Abendbrottisch. »So, vielleicht nicht ganz das Niveau eures gestrigen Abendessens, aber definitiv lecker«, sagte er, bevor er sich auf seinen Platz fallen ließ. »Nehmt euch. Ach, K, ich soll dich schön von Simon grüßen. Er war heute im Büro. Dienstlich. Er sagte, du wissest schon, dass er heute Abend noch mal unterwegs sei, ich solle dich aber vorsichtshalber noch mal dran erinnern.«

K nickte. Simon hatte sich noch einmal *abgemeldet*, wie er das nannte, weil er einen Abendtermin hatte.

»Na, Spaß wird er haben, bei der Begleitung.«

»M oder w?«, fragte Flo.

»W. Aber sowas von. Ich habe selten so viele Herren *ad hoc* Kaffee holen sehen wie heute im Büro. Die Anwesenheit der Dame hat sich wie ein Lauffeuer verbreitet.« Dawide lachte.

K hatte Mühe, sich ihren Schrecken nicht anmerken zu lassen. Davon hatte sie keine Ahnung gehabt. »Nur eines der Modelle, nehme ich an«, sagte sie betont leichthin in die milde interessierte Runde.

Nur Flo konnte nicht verhindern aufgeregt auf seinem Stuhl herumzuwibbeln. »Vielleicht bringt er sie ja mal mit. Die Modelle sollen Tipps auf Lager haben …«

»Sicher nicht«, entfuhr es K weitaus schärfer als beabsichtigt.

»Ich meinte Schminktipps.«

»Schon klar«, fauchte K, knallte ihr Besteck neben ihren Teller und ging auf ihr Zimmer.

Die vier am Tisch Verbliebenen sahen sich an. Drei von ihnen dachten an Leons böse Worte, nur Callum fiel auf, wie stark es nach Eifersucht geklungen hatte. Energisch rief er sich zur Ordnung. Vermutlich war sie nur wütend gewesen für ein Model sitzengelassen zu werden.

~ * ~

»Kannst du mir erklären, was das soll?«, schimpfte K in ihr Telefon.

Simon seufzte. »K, bitte. Ich hab dir schon alles gesagt, wirklich.«

»Nur nicht, wer sie ist.«

»Nein.« Wie sollte er ihr erklären, wer *sie* war, wenn das bedeutete zugleich zu sagen, wer *er* war. Das zu offenbaren, was er so tunlichst zu verbergen suchte, seit Dawide ihm von ihrer Reaktion auf sein Gehalt berichtet hatte. Seit er wusste, warum sie so lange gezögert hatte, mit nach Rom zu fliegen.

»Ich hab die Lügerei so satt!« Sie schluchzte es. »Sag endlich die Wahrheit, Simon. Ihnen. Mir. Bitte. Was immer es ist, wenn du es wirklich ernst meinst, dann sag' es.«

Er wusste, es hätte alles verändert, alles zerstört. Wieder einmal. Er konnte es nicht. »K, bitte. Bitte, Schatz, nicht. Ich … kann nicht. Bitte. Aber es ist auch nicht so, wie du denkst, wirklich. So gut solltest du mich kennen.« Er merkte selbst, wie furchtbar er bettelte.

»Simon, hör zu, ich…«, sie holte tief Luft, »… ich glaube dir ja, dass da nicht gelaufen ist. Aber ich will das nicht mehr. Ich hatte das einmal, dieses Schweigen und Lügen und Stillhalten. Es hat in der Katastrophe geendet. Ich will das nicht noch mal, verstanden? Entweder deine Lügerei hört auf – warum auch immer du überhaupt lügst – oder ich gehe.« Sie legte auf, bevor er antworten konnte.

Kapitel 6

Du kannst nicht einfach *nein* sagen, Chris. Du hast es mir versprochen!«

Chris funkelte Callum an. »Nimm halt Flo mit.«

Callum hatte Floh immer noch nichts über den Auftritt seines Vaters erzählt und ging ihm deshalb aus dem Weg. Chris wusste das sehr genau.

Was Chris nicht wusste, war, wie tief der Schlag ging, den er Callum gerade versetzt hatte. Flos Vater war zurückgekommen. Mit neuen Forderungen.

Seitdem schwankte Callum zwischen der grauenhaften Vorstellung, Chris' Rat zu folgen und Frank einzuweihen, und der mindestens ebenso grauenhaften Vorstellung, sich erneut den Forderungen des Mannes zu beugen.

Wenigstens war K nicht in seiner Nähe. Callum hätte ihren sechsten Sinn für seine Gemütslagen gerade gar nicht gebrauchen können. Er wusste zu gut, was sie dazu zu sagen haben würde.

K war am Vortag zu ihren Eltern gefahren, um ihrer Mutter für eine kleine ambulante Operation beizustehen. Simon hatte ihr sein Auto ausgeliehen, damit sie ihre Mutter fahren und heute am späten Abend wieder zu ihnen nach Hause kommen konnte. Und doch stand ihr Ultimatum noch im Raum.

»Nimmst du auch mich mit?«, fragte Simon Callum nach einem Blick auf sein Mobiltelefon enttäuscht. »Ich wollte hier auf K warten, aber sie schreibt, sie fährt doch noch später los. Ich habe also gerade einen freien Abend serviert bekommen.« Allemal besser als rumzusitzen und ein schlechtes Gewissen zu haben, weil er eine weitere Gelegenheit zur Offenbarung der Wahrheit verstreichen ließ.

Callum nickte erfreut. »Sicher.«

»Und wieder einmal rettet der Zufall unseren Helden aus allen Gefahren. Tatata!«, spottete Chris.

Callum konnte nicht verhindern rot anzulaufen. Gott sei Dank bat Flo nicht um eine Erklärung. Auch Simon hatte die Gesichtsfarbe gewechselt, aber das entging Callum.

Ob Zufall oder Absicht der Gastgeber, die Hineinfeier-Geburtstagsparty in dem dafür angemieteten Club entpuppte sich als eine reine Gay-Party. Callum schätzte die gar nicht. In ihrem Freundeskreis waren sie dankenswerter Weise selten geworden. Aber da das angehende Geburtstagskind einen festen Platz oben auf der Liste seiner Bekannten einnahm, schluckte er seinen Unmut herunter und hoffte, Ks Rückkehr in die WG würde Simon und ihm nach Mitternacht einen schnellen Absprung verschaffen. Er stellte Simon denen vor, die ihn noch nicht kannten, und blieb im Gespräch mit ein paar entfernteren Bekannten hängen.

In Gedanken beim ausgefallenen Abend mit K, zog Simon noch etwas durch die Gästegrüppchen und landete schließlich am Tresen. Immer noch der beste Platz, fand er, überwiegend fremde Feiernde zu beobachten und sich dabei zu überlegen, was er am Tag darauf mit K unternehmen würde.

Es dauerte nicht lange, bis er Gesellschaft bekam. Leider entpuppte sich der ohnehin unwillkommene Thekennachbar schnell als allzu interessiert. So etwas geschah zwar bei Weitem nicht zum ersten Mal, aber der Mann schien Simons Desinteresse nicht begreifen zu wollen. Selbst als Simon sich freundlich, aber bestimmt in Richtung Callum verabschiedete, folgte er ihm noch.

Der ohnehin angesäuerte Simon blieb ruckartig stehen. »Jetzt hör mal gut zu. Lies mir von den Lippen: kein Interesse, ja?« Entnervt untermalte das Ganze mit deutlichen Gesten. Die Antwort, die er erhielt, war extrem beleidigend. Ihm platzte der Kragen. »Callum?«, rief er über die Musik hinweg in die Gruppe neben sich. »Sei mir nicht böse, aber das wird mir alles ein bisschen viel hier. Ich bin raus.« Er wartete keine Antwort ab.

Als Callum ihn einholte, riss Simon gerade wütend die Ausgangstür auf.

»Hey, warte mal!«

Aber Simon war schon hinausgestürmt.

Callum hatte durchaus Verständnis für Simons Verärgerung, aber dessen Wortwahl war ihm komisch vorgekommen. »Jetzt warte halt mal. Ich …« Callum trat ebenfalls auf die Straße. Dort blieb er ebenso angewurzelt stehen wie Simon ein paar Schritte vor ihm.

Die Gruppe, die sich auf der gegenüberliegenden Straßenseite versammelt hatte, roch nach Ärger. Abschätzige Blicke musterten sie.

»Lauf!«, flüsterte Simon und richtete sich hoch auf.

Da erst entdeckte Callum ihren Nachbarn in der Gruppe – und den Aufnäher auf dessen Ärmel.

Kapitel 7

K war gerade erst ein paar Minuten zu Hause, als die Wohnungstür erneut geöffnet wurde. Erfreut steckte sie ihren Kopf aus dem Zimmer. »Simon? Cal…« Weiter kam sie nicht.

Callum war schon wortlos an ihr vorbeigeschossen. Im nächsten Moment fiel seine Zimmertür hinter ihm zu. Nur Sekunden später krachte es laut.

Erschreckt folgte sie ihm. »Callum, was ist …?«

Keine Antwort, nur weiteres lautes Krachen.

Dawide erschien neben ihr – aus dem Schlaf aufgeschreckt, wie es aussah. »Was ist …?«

In Callums Zimmer zerbarst etwas in Scherben.

Entsetzt sahen sie sich an.

Ks Mobiltelefon piepste.

Dawide nickte auffordernd.

Sie hetzte in ihr Zimmer, las Simons Nachricht und kehrte in den Flur zurück. »Es hat Ärger gegeben. Auf der Party. Simon fragt, ob es Callum gut gehe.«

Wie zur Bestätigung krachte es erneut in Callums Zimmer.

Dawide deutete auf K, dann auf die Tür. »Ich hole Chris.«

Als sie eintrat, fegte Callum gerade seine teure Modellautosammlung aus dem Regal über dem Schreibtisch. Die geliebten Miniaturen flogen durch die Luft und zerschellten, wo sie aufprallten.

»Callum!« K ignorierte Chaos und Trümmerteile und machte einen Schritt auf ihn zu.

»Verschwinde.«

»Ich denke nicht daran.«

»Verschwinde!«

»Callum, ich …«

Er schoss zu ihr herum.

Im Halbdunkel des Zimmers erinnerte er sie an ein verletztes Raubtier vor dem Sprung. Plötzlich war sie dankbar für den Schreibtisch, der sie voneinander trennte.

»Er ist nicht wie wir, oder?«

Sie musste seinem Blick ausweichen. »Wer?«

»Simon!«, heulte Callum auf und fegte mit dem Arm über seinen Schreibtisch. »Er ist nicht wie wir, K. Er ist es nie gewesen.«

Sie schwieg.

Er stützte die Hände auf den Schreibtisch, bevor er mit der Faust draufschlug. »Die Wahrheit!« Es klang, als kämpfe er mit den Tränen.

»Nein. Nein, ist er nicht. Wieso?«

»Er ist stehengeblieben, K!«, brüllte Callum. »Er ist stehengeblieben«, wiederholte er flüsternd. »Er hat sich gestellt. Wie ein Mann. So wie er eingegriffen hat, als Leon dich beleidigt hat. Wie er Martin durchschaut und konfrontiert hat. Er hat nicht stillgehalten, ist nicht abgehauen.« Seine Worte kamen immer schneller, unterbrochen von heftigem Schlucken.

»Callum, er …«

»Er ist nicht so eine feige schwule Sau wie ich.« Er konnte die Tränen nicht mehr zurückkämpfen, ließ sie laufen und sah zu, wie sie auf seinen Schreibtisch tropften, ohne sie wirklich wahrzunehmen.

Sie umrundete den Schreibtisch und strich sie von seiner Wange.

Wütend schob er ihre Hand fort. »Und er heult vermutlich auch nicht wie ein Mädchen.«

»Himmel! Callum! Was ist das für ein Schwachsinn, den du da von dir gibst? Was hättest du denn tun sollen? Dich verprügeln lassen?«

»Ja! Ja, verflucht.« Schluchzend schlug er mit der flachen Hand auf den Schreitisch. »Warum nicht?« Er schluckte. »Einmal wenigstens. Einmal nicht weglaufen. Aufstehen, etwas entgegensetzen. Laut sein.« Es klang verzweifelt.

K nahm seinen Kopf in ihre Hände, drehte ihn zu sich und sah ihn an. »Aber das tust du doch! Du verheimlichst es doch nie. Du achtest darauf, wem du es erzählst, ja. Bindest es nicht jedem auf die Nase wie Flo, okay. Lässt sie rätseln, vermuten, sich das Maul zerreißen. Trennst Beruf und Privatleben. Das ist doch gut so. Aber letztlich stehst du doch immer dazu …«

Callum entriss ihr seinen Kopf und warf ihn wieder in den Nacken. »*Hier*, K. In *diesem* Leben. Und selbst hier nicht immer.«

Plötzlich verstand sie. »Heißt das …?«

»Heißt es, ja.« Er seufzte und sah sie an. »Wir schweigen es tot. Wenn ich heimkomme, erzählt meine Mutter der Nachbarschaft von meinen beruflichen Erfolgen und meiner netten Freundin, die ja leider kein Englisch kann und deswegen wieder nicht mitgekommen ist. Irgendwann steht mein Vater auf und sagt zu meinem Schwager: *Komm, wir Männer gehen fischen.* Es schließt mich nicht ein. Sie gehen und ich sitze am Tisch mit meiner Schwester und ihren Kindern und existiere nicht.« Er sah wieder zur Decke. »Er war so froh damals.«

»Als du Deutscher wurdest.«

»Ja. Es wurde alles einfacher. Als wir Theo die Wohnungen abkauften, hat er mir über unseren Anwalt angeboten mich auszuzahlen. Ich hab's angenommen. Ist mir egal, wer seinen unwichtigen x-fach existierenden Scheiß-gekauften-Titel mal erbt. Ihm nicht.«

Sie ließ sich auf sein Bett fallen und sah den Raum mit neuen Augen. Warum war ihr nie aufgefallen, wie betont unterkühlt er eingerichtet war? »Hasst du ihn?«

»Nein. Nein, tue ich nicht. Er ist … wie er ist.«

K versuchte das in die Geschichte einzuarbeiten, die sich abzuzeichnen begann. Es passte nicht. »Aber deine Mutter?«

Callum schnaubte. »Wenn sie gehen, kaschiert meine Mutter ihre Tränen, indem sie aufsteht und etwas mit dem Rücken zu uns macht. Dann sagt sie sowas wie: *vielleicht, wenn du sie mal mitbringst* … Und ich nicke und lache und tue, als mache es mir nichts aus. Aber es macht mir etwas aus, K. Es macht mir etwas aus, weil ich immer noch ein Teil von ihnen bin. Für sie, zumindest. Und für die *Nachbarn*. Deswegen bin ich hier. Bin, wie ich bin.«

In Ks Kopf rasten die Gedanken. »Deswegen ist das mit Martin auseinandergegangen.«

»Ja. Und mit allen anderen. Sie wollen es offen leben, immer, überall. Wollen irgendwann mehr. Ich nicht. Ich könnte sie ihnen nicht präsentieren, K, ihre Illusion nicht zerstören. Ich kann es nicht. Kann meine Interessen nicht über ihre setzen.« Er holte hektisch Luft. »Leon. Er hat es verstanden, weißt du. Wollte genau dasselbe. Das ist so selten, K. So furchtbar selten, dass es jemand versteht. Erst als ich für euch einstehen konnte, aber nicht für ihn, da …« Die Tränen kehrten zurück. Er wischte sie fort, bevor sie sichtbar wurden. »Egal.« Er setzte sich neben sie. »Es war immer so. Ich bin immer gerannt, K, schon als Jugendlicher. Weggerannt. Davor, andere wissen zu lassen, was ich bin.« Er deutete auf sein Zimmer. »Ich tu's immer noch.«

K zog die Augenbrauen zusammen. Da war ein merkwürdiger Unterton gewesen in seinen letzten Sätzen. »Und was, bitte, bist du?«

Er seufzte und stützte den Kopf auf die Unterarme. »Ich weiß es nicht. Jedenfalls kein Mann.«

Sie schnaubte ärgerlich. »Nicht? Wer sagt das? Ich hätte dich nämlich glatt für einen gehalten. Neulich unter der Dusche sah es *fast* so aus.«

»Hör auf damit K, bitte.«

»Warum?«

»Weil ich alles, was du mir jetzt sagen willst, schon dutzende Male gehört habe. *Das* Mannsein gebe es nicht. Es ginge sehr wohl zusammen, *einen Mann zu lieben* und ein *Mann zu sein*. Ich würde es ja wunderbar leben.« Er wischte es mit einer Handbewegung fort. »Es ist Schwachsinn, K. Ich konnte damals nicht für mich einstehen, ich kann es heute nicht. Ich habe nicht den Mut, den Flo hat, einfach Flo zu sein.«

Es erinnerte sie an Theos und Chris' Worte. Aber es erschien ihr trotzdem falsch. »Sei mir nicht böse, aber ich glaube nicht, dass du je wie Flo geworden wärst. Es ist nicht deine Art. Was ist so schlimm daran, so wie du zu sein? Nicht gleich einsortiert werden zu wollen?«

»Wir schaffen uns eine Illusion von Normalität und dann passiert etwas und sie platzt.«

K musste lachen. »Nicht viel anders als alle anderen Menschen, die ich kenne, weißt du?«

Es klopfte, die Tür öffnete sich und Chris trat ein, das Festnetztelefon in der Hand. »Es ist Simon, K. Er will er wissen, wie es ihm geht.«

K nickte und nahm das Telefon. »Simon, hi … Ja, habe ich gesehen, aber ich konnte noch nicht antworten … Nein, nein, es geht ihm gut … Nein, er ist heil angekommen.«

Simon erzählte etwas, das sie nicht verstanden.

»Wie bitte? Was bist du?« Sie lachte. »Warte! Sag das noch mal.« Sie stellte das Telefon auf Lautsprecher.

»Ich sagte, ich habe Callum aus den Augen verloren«, klang Simons Stimme in den dunklen Raum hinein. »Ich Idiot bin stehengeblieben, als er losgelaufen ist, aber als sie näher gekommen sind … na ja, ich bin saucool bis zur Straßenecke gekommen, dann hab ich die Beine in die Hand genommen, kannst du mir glauben.«

»Soll das etwa heißen, du Prachtexemplar von einem *Mann* warst so klug *abzuhauen*?« Sie unterdrückte ein Kichern.

»Bin ich *Batman*? Die Jungs hatten Baseballschläger! Glaub ich jedenfalls. Ich kann nicht boxen, geschweige denn rennen. Ich hab ja nicht mal Callum eingeholt. Also bin ich in die nächstbeste Kneipe, hab von da aus den Club gewarnt und die Polizei angerufen. Ich wusste nicht, ob Callum das schon erledigt hatte. Der war ja schon weg. Kluger Junge. Sag ihm, es tut mir leid, ja?«

Callum gab ein merkwürdiges Geräusch von sich, irgendwo zwischen einem Schluchzen und einem Lachen.

K sah zu ihm hinüber uns reichte Simon an ihn weiter. »Sag es ihm selbst. Er zerfließt gerade in Selbsthass, weil er dich schwulentypisch feige im Stich gelassen habe.«

»Du machst Witze.«

»Leider nein.«

»Gib ihn mir.«

Simon schwieg eisern darüber, was er mit Callum in den folgenden eineinhalb Stunden besprach. Nur eins drang später nach außen: Er gestand Callum, wie lange er seine Freunde schon Simon-typisch feige mit K hinterging und warum.

Was die beiden auch sonst noch besprachen, Simon wurde danach endgültig der Freund, den sich Callum in Martin nur vorgestellt hatte.

Leider rang Callum von da an aber auch ständig mit sich, ob er seinen anderen Freunden berichten solle, Simon sei keineswegs so ungefährlich, wie sie glaubten, ganz im Gegenteil. Doch noch bevor er sich zu einer Entscheidung durchgerungen hatte, bekam er Post.

Kapitel 8

Der weiße Briefumschlag mit den auffälligen Briefmarken wartete im Flur auf ihn, als er heimkam. Er brauchte ihn nur anzusehen, um zu wissen, was er enthielt. Trotzdem zitterten seine Hände, als er ihn öffnete, die innenliegende, weiße Karte entnahm und sie aufschlug. Dann wurde es Wahrheit. Sein Vater war tot.

»Bist du verrückt geworden?« brüllte K ihn an, als er wenig später in ihrem Zimmer stand. »Ich soll WAS tun?

»Du sollst meine Freundin spielen. Einmal. Für zwölf Stunden. Vierundzwanzig, wenn wir dort übernachten müssen.«

»Du spinnst! Abgesehen davon, dass ich euch halbwegs verstehe. Das sieht man mir an. Ich kann nicht lügen, wie du weißt.«

»Ach, nicht?«

Sie wurde dunkelrot. »Wir haben nie gelogen. Nur geschwiegen. Das ist ein Unterschied.«

»Genau. Also schweig. Oder von mir aus hast du halt ein paar Englischkurse besucht, für mich. Der großen Liebe wegen.«

Sie seufzte und verdrehte die Augen. »Warum?«

»Weil ich hinwill. Ein letztes Mal. Danach nie mehr. Ich werde noch einmal den Callum für sie spielen, den sie sich geschaffen haben; alle Gerüchte und Vermutungen tottrampeln – und danach nie wieder auftauchen.«

»Aber das heißt, dass du dieser Callum für den Rest deines Lebens sein musst! Hier. So wie bisher. Damit bloß nichts nach außen dringt.«

»Das werde ich entscheiden, wenn ich an seinem Grab gestanden habe.«

Kapitel 9

Der Tag war windig, kalt und regnerisch. Inselwetter, hatte K versucht, ihn aufzuheitern. Erfolglos. Er war müde, deprimiert und ihm war kalt.

Er hatte es sich – Ks Spott hin oder her – nicht verkneifen können, nur seine beste Kleidung mitzunehmen, die teuren Lederschuhe eingeschlossen. Allerdings waren sie schon nach wenigen Metern im englischen Nieselregen durchgeweicht gewesen und jetzt hatte er kalte Füße, bildlich und real.

Sie saß einige Reihen hinter ihm, nicht bei ihm und seiner Familie. Es war die ihr eigene Intuition gewesen, die sie beim Eintritt in die kleine Trauerkapelle unvermittelt hatte zurückbleiben lassen. Spätestens mit dieser kleinen Geste hatte sie sich endgültig die Achtung seiner Mutter erworben.

Die Sympathie zwischen den beiden war unverkennbar, seit Callum ihr K vorgestellt hatte. K hatte ohne sein Wissen eine deutsche Schmuckausgabe der Grimm'schen Märchen für sie im Gepäck gehabt, um sich für ihre Aufnahme bei ihnen im Haus zu bedanken. Wäre seine Mutter nicht seine Mutter gewesen, hätte Callum behauptet, K habe sie damit im Sturm erobert. Und wäre das hier nicht die Beerdigung seines Vaters gewesen, hätte er fast darüber gelacht.

Er fühlte sie ganz in seiner Nähe, als der Sarg in das Grab hinabgelassen wurde und er plötzlich das Gefühl hatte, losschreien, alles herausbrüllen zu müssen. Ihm nachzuschreien, was er sich all die Jahre verboten hatte, einmal nur, bevor es endgültig zu spät sein würde.

Er wandte sich nicht zu ihr um, sah nur weiter hinab und schwieg, aber sie da zu wissen, tat ihm gut. Es hinderte ihn daran, es wirklich zu tun. Ihnen allen entgegenzuschreien, wer wirklich bei ihm sein sollte. Öffentlich. Ein Mann namens Leon. Die Wahrheit statt einer Lüge namens Kathie.

Bei dem kleinen Empfang in seinem Elternhaus stand K plötzlich wieder neben ihm. Sie griff nach seiner Hand und drückte sie kurz. »Na?«, fragte sie leise auf Deutsch. Er lächelte, bevor der nächste Gast ihn ins Gespräch zog.

Sie blieb neben ihm stehen, lächelnd, schweigend, beobachtend, hörte zu, wie sie ihn nach ihr ausfragten, bis seine Mutter sie zu sich winkte. Sie entschuldigte sich, wanderte hinüber und folgte Hannah auf deren Bitte hin nach oben in deren Zimmer.

»Ich habe Ihnen noch nicht gedankt, Kathie«, sagte Hannah und lud K mit einer Handbewegung ein sich neben sie zu setzen. Hannah sprach stets Deutsch mit K. Sie sprach es ebenso ausgezeichnet wie Callum und seine Schwester.

»Aber wofür denn?«

»Ach, Kathie.« Hannah lächelte traurig. »Oder wie immer Sie sonst auch heißen mögen.«

Ks Augen weiteten sich überrascht.

»Sie sind nicht seine Freundin. Jedenfalls nicht *so* eine Freundin.« Hannah verbat sich Ks Protestversuch mit einer energischen Geste. »… und das wissen wir beide. Aber ich danke Ihnen, dass Sie es vorgeben. Erzählen Sie mir die wahre Geschichte?«

K seufzte. »Ich weiß nicht, Hannah, ob mir das zusteht. Das ist Callums Entscheidung, denke ich. Aber, falls es Ihnen hilft, ich heiße tatsächlich Katharina.«

Hannah nickte. »Also gut, dann weiter *Kathie.* Nun, ich kann mir denken, was Sie von uns halten. Aber ich würde das gerne klarstellen. Egal, was Callum erzählt haben mag, mein Mann war kein schlechter Mensch. Er hat nur seine Liebe zu Callum für die Liebe zu seiner Frau und zu seiner sonstigen Familie zurückgestellt. Es ist ihm schwer genug gefallen.«

K schnaubte. »Verzeihung, Hannah, aber ich sehe nicht …«

Hannah nickte. »Nein. Natürlich nicht. Dazu müssten Sie die ganze Geschichte kennen. Nun, sie ist schnell erzählt. Vorausgesetzt, Sie möchten Sie hören und dürfen das auch?«

K dachte kurz darüber nach, dann nickte sie. »Ich möchte sie hören, Hannah. Unbedingt. Selbst wenn ich mir sicher bin, dass Callum es grässlich finden wird. Aber es würde vielleicht ein paar Dinge geraderücken, die ich mir nicht erklären kann. Und das wäre mir wichtig. *Er* ist mir wichtig, wissen Sie.«

Hannah sah sie merkwürdig an, begann dann aber, zu erzählen. »Ich stamme – wie sagt man das? – aus gutem Haus?«

K nickte.

»Aus weitaus besserem, könnte man sagen, als der Mann, den ich geheiratet habe.«

»Callums Vater.«

»Eben nicht«, sagte Hannah so ruhig, als nenne sie K die Uhrzeit. »Callums Vater ließ mich sitzen, als ich es ihm sagte. Er nicht. Wieder nicht, sollte ich sagen. Er war auch für mich dagewesen, als der Mann, der später Callums Vater wurde, mich das erste Mal verließ. Danach lehnte ich mich an ihn und willigte ein ihn zu heiraten, als er mich darum bat. Aber es war ein Abstieg für mich. So sah er es zumindest und so sah es auch mein Vater. Das Dorf zerriss sich das Maul über mich, das kann ich Ihnen sagen. Er aber wollte mich nur glücklich sehen. Wir heirateten, zogen um und bekamen unser erstes gemeinsames Kind, Callums Schwester.

Eines Tages kam *er* zurück. Er sagte *für immer* und ich lief mit fliegenden Fahnen in seine Arme. Ich hätte es besser wissen müssen. Wieder einmal hatte ein Dorf allen Grund zu klatschen.« Sie lächelte. »Nun, sein ganzes Leben lang hat mein Mann alles dafür getan, damit niemand es mehr wagen würde, mich mit diesen Dingen zu konfrontieren. Hat alles getan, um mich glücklich zu machen.«

»Und Callum?«

»Hätte sich keinen besseren Vater wünschen können, Kathie.«

Das stimmte mit dem überein, was Callum ihr erzählt hatte. »Ich dachte, er würde ihn hassen. Aber das tut er nicht. Im Gegenteil. Selbst jetzt will Callum ihn noch … ich weiß nicht … schützen, vielleicht?«

Hannah lachte leise. »Aber nein, Kathie. Mich, *mich* will er schützen. Das Wiederauftauchen von Callums Vater hatte für Wirbel gesorgt, hatte uns den Anfang hier nicht gerade leicht gemacht, aber nach einiger Zeit war es in Vergessenheit geraten. Mein Mann hat deswegen zutiefst entsetzt reagiert, weil er fürchtete, ein offener Umgang mit Callums Homosexualität würde alles zurückbringen, den Tratsch, die bösen Blicke. So etwa: *Was sollte schon rauskommen, bei* der *Mutter und* dem *Vater…* Dementsprechend, Kathie, war alles, was er von Callum forderte, dass der …«

»… diskret sein würde, nichts nach außen tragen und ihren Ruf wahren würde, indem er das Theaterstück mitspielte, das er zu Ihrem vermeintlichen Schutz inszenierte.«

»Richtig. Hat er das erzählt ja?« Callum hatte nichts dergleichen getan, las sie von Ks Gesicht ab. »Kathie, ich weiß, wenn es darum ging, die Leute vom Reden abzuhalten, wurde mein Mann eisenhart. Zu sich, zu uns, zu anderen. Callum machte da keine Ausnahme.«

»Deswegen war ihm auch der Titel so wichtig.«

Hannah nickte wieder. »Ja. Er wertete ihn auf, machte ihn zu einer Respektsperson, nicht für sich, aber für mich.«

»Und deswegen war er auch erleichtert, als Callum ihn nicht haben wollte. Der war ja eh nicht von ihm.«

Jetzt schüttelte Hannah den Kopf. »Ersteres ja, letzteres nein, Kathie. Er war froh, als Callum den Weg frei machte, weil so bei seinem Tod nicht alles noch einmal – wie sagt man? – hochkochen würde. Er hatte Callum anerkannt, aber alle hier wussten genau, Callum war nicht von ihm – Callum eingeschlossen. Jedenfalls seit er alt genug war, es zu verstehen. Es hatte nichts geändert zwischen den beiden.«

In Ks Kopf fielen die letzten Puzzleteile an ihren Platz. Als sie fertige Bild erkannte, wusste sie plötzlich nicht mehr, ob sie lachen oder weinen sollte. »Lassen Sie mich raten, Hannah: Sie alle haben kein Geheimnis daraus gemacht, haben es zugegeben, wenn Sie darauf angesprochen wurden, aber hübsch zugesehen, dass es besser gar nicht erst zum Thema wurde.«

»Ja, genau. Woher …?« Wieder las sie die Antwort von Ks Gesicht ab.

»Wusste Ihr Mann eigentlich, was er Callum noch vermittelte?«

»Was meinen Sie?«

»Nun, Callum hat nichts darüber erzählt, was vorgefallen ist, niemandem. Nicht einmal seinem engsten Vertrauten, seinem Ersatz-Vater bei uns, wenn Sie so wollen. Er kann nicht darüber sprechen. Da muss mehr gewesen sein, als das, was Sie gerade erzählt haben.« Sie brach ab, bevor sie zu viel preisgab, Dinge, die Callum nicht hier haben wollte.

Hannah sah sie erschrocken an. »Mehr? Nein. Ich dachte immer, Callum sei glücklich in Köln. Mit irgendjemandem. Einem Mann, meine ich.«

K musste nicht einmal den Kopf schütteln, um Hannah eines Besseren zu belehren.

»Er schweigt also nicht nur hier … Das meinten Sie doch, oder?«

K nickte.

»Kathie, ich weiß wirklich nicht, was … Das Einzige, von dem ich weiß, ist dieser einer Vorfall in der Schule, da war Callum sechzehn, und danach ein Gespräch zwischen den beiden, hier im Haus. Von da an haben die beiden es nie mehr angesprochen. Callum machte das Trimester hier zu Ende, dann fanden wir einen Platz für ihn in einem Internat bei Köln. Seitdem ist er dort.«

»Warum hat sein Vater ihn dann bei seinen Besuchen hier so offen ausgegrenzt?« Er war sicher enttäuscht gewesen, hatte Callum als makelbehaftet empfunden, einen Vergleich zu dessen leiblichen Vater gezogen und bereut, ihn als seinen eigenen Sohn ausgegeben zu haben. Würde Hannah das wenigstens jetzt zugeben?

Aber Hannah sah sie nur an. »Ich wüsste nicht, dass er das getan hätte«, sagte sie scharf.

Sie würde keine Antwort bekommen. Callums Familie folgte strikt ihrer ganz eigenen Wahrheit, so, wie Callum selbst. Sie beließ es dabei. Sie interessierte ohnehin noch etwas ganz anderes. »Sie sagten eben, Callum sei mit sechzehn nach Köln gekommen. Solange ist er schon bei uns? Wieso? Warum nicht die USA, Australien oder sowas?«

Hannah kicherte. »Achtung, Klischee! Ich hatte ein deutsches Kindermädchen. Wie gesagt, besseres Haus. Ein Kindermädchen war da durchaus üblich. Meines war deutsch und sprach Deutsch mit uns.«

K verstand. »Deswegen sprechen Sie so fantastisch Deutsch.«

Hannah lachte. »Hm. Ja. Ich lese immer noch gerne deutsche Bücher, sehe deutsches Fernsehen und deutsche Filme. Ihr Geschenk hat mich also wirklich erfreut.« Sie drückte kurz Ks Hand. »Nun, als meine Kinder kamen, suchte ich den Kontakt zu meinem alten Kindermädchen und das vermittelte mir eine deutsche Kinderfrau. Der folgten etliche *Au Pairs*. Callum und seine Schwester sprachen bald fast ebenso gut Deutsch wie ihre Muttersprache. Callum musste also nur die … wie heißt das?« Sie tat, als schriebe sie etwas.

»Die Schriftsprache?«

»Ja, genau. Das Schreiben musste er lernen. Außerdem war das eine für alle akzeptable Erklärung für sein Fortgehen. Callum vollendete nur, was wir schon vor Jahren begonnen hatten; die bestmögliche Erziehung und so weiter.«

Es klopfte und Callums Schwester trat ein. »Ihr werdet schon vermisst.« Als sie die zwei Frauen in offensichtlicher Eintracht dasitzen sah, lächelte sie. »Das ist unfair! Mir tun schon die Hände weh vom vielen Schütteln. Kommt sofort und rettet Callum und mich.«

Hannah erhob sich. »Entschuldige. Du hast ja Recht. Aber ich musste unbedingt wissen, ob wir demnächst in Köln eingeladen sind. Zu einer Hochzeit.«

Callums Schwester verschlug es die Sprache. Es dauerte etwas, bis sie den Spaß bemerkte.

Hannah lachte leise. »Kommen Sie, Kathie. *The show must go on.* Und du bleib ruhig ein bisschen hier oben. Wir kommen schon eine Zeitlang alleine klar da unten.«

~ * ~

Es war ein komisches Gefühl, neben Callum im Bett zu liegen, ihn so nah zu wissen. Sie wusste, er schlief ebenso wenig wie sie, aber sie schwieg trotzdem. Der Tag hatte ihn aufgewühlt. Er brauchte Zeit, das alles zu verarbeiten. Falls er reden wollte, würde er es tun, so gut kannte sie ihn. Sie versuchte ja auch noch zu begreifen, was sie erfahren hatte.

»K?«, fragte er leise, als sie unwillkürlich seufzte.

»Ja?«

»Meinst du, ihr würdet es verstehen, wenn ich es nicht ändere?«

Sie brauchte nicht zu fragen, was er meinte. »Callum, ich glaube, sie erwarten nicht mehr, dass du es weiterlebst.«

Auch er musste nicht fragen, wen sie meinte.

»Vielleicht nicht, nein. Aber ich erwarte es, K. Von mir selbst. So lange sie lebt. Ich will ihn nicht in Stich lassen, verstehst du? Und sie auch nicht. Nicht feige sein. Den schwierigeren Weg gehen. Auf meine Art kämpfen. Nicht weglaufen. Ich will *sein* Sohn sein, K. Nicht seiner.«

Kapitel 10

Schon im Flieger nach Hause wurde Callum krank. Schwer krank. Als sie landeten, fieberte er bereits stark. K fuhr sie nach Hause und innerhalb der folgenden Stunden stieg sein Fieber, bis er kaum noch wahrnahm, was um ihn herum vorging. Allein in der Wohnung, brach K in Panik aus. Sie war drauf und dran den Rettungsdienst zu rufen, als Flo nach Hause kam.

Zum ersten Mal, seit K ihn kannte, übernahm der kleine Flo das Kommando in der WG. Er beruhigte K, rief einen Arzt, schickte sie zur Apotheke und setzte Dawide in Kenntnis, damit Chris und er der Wohnung fern- und bei Chris' Eltern blieben. Der Arzt hatte den Verdacht geäußert, Callum könne eine echte Grippe erwischt haben, und Flo wusste, wie gefährlich das für Chris werden konnte.

Als K in die Wohnung zurückkehrte, telefonierte er gerade mit dem Heim, um die Situation zu erklären und sich kurzfristig Urlaub zu nehmen. Dann wurde er zu Callums Pfleger.

In den folgenden sechsunddreißig Stunden wich Flo nicht von Callums Seite. Egal, wie kritisch Callums Zustand wurde, Flo sorgte für ihn, gab ihm seine Medikamente und flößte ihm Flüssigkeit ein. Er half ihm zur Toilette, wusch ihn, rasierte ihn, cremte ihn ein, zog ihn um und wechselte die Bettwäsche, wenn Callum wieder alles durchgeschwitzt hatte. Erst als er selbst fast im Stehen einschlief und Callums Fieber wenigstens nicht mehr stieg, ließ er sich für ein paar Stunden von K ablösen und fiel ins Bett.

»Es ist fantastisch, wie du das machst«, sagte K, als er am darauffolgenden Morgen nach einer weiteren Pflegerunde für Callum am Frühstückstisch auftauchte.

»Es ist mein Beruf.« Flo machte eine lange Pause. »Es ist das Einzige, was ich kann.« Es lag ein merkwürdiger Tonfall darin, eine Mischung aus Bedauern und Stolz.

Sie sah ihn fest an. »Nicht das Einzige. Sicher nicht. Aber es ist trotzdem toll. Er verdankt es dir, dass es ihm schon besser geht.«

Er sah sie an. »Kaum. Und selbst wenn, er hätte so viel mehr verdient.« Er schien weit fort zu sein.

Plötzlich hatte sie das Gefühl, als habe sich ihr gerade eine Tür geöffnet zu jenem früheren Florian, den sie bisher kaum kannte. »Was meinst du?«, fragte sie rasch, bevor die Tür sich wieder schließen konnte.

»Weißt du, wie wir uns kennengelernt haben?«

Sie sah keinen Grund zu lügen. »Ja. Chris hat mir die offizielle Version erzählt an dem Tag, als du plötzlich verschwunden warst. Ich hatte einen ziemlich dummen Spruch dazu gemacht, weil er so aufgeregt deswegen war.«

Flo lachte leise. »Es gibt keine inoffizielle Version, K, tut mir leid.«

Jetzt musste sie lachen. »Schade. Aber keiner scheint zu wissen, warum du beim ersten Mal verschwunden warst. Es schien Chris richtiggehend Angst zu machen.«

Flos Lachen verschwand. »Ehrlich?«

»Ja. Weiß Callum es?«

Flo schüttelte den Kopf. »Nein. Eigentlich wollte ich damals nur nicht, dass …«

»Dass was, Flo?«

»Dass Callum meinetwegen Ärger bekam.«

»Wieso? Was hattest du gemacht?«

»Ich? Gar nichts.«

»Aber?«

»Andere.«

»Andere. Freunde von dir. Falsche Freunde.«

»Nein. Von denen war ich weg … na ja, fast jedenfalls. Aber die, die ich noch traf, machten keinen Ärger im Haus. Echt nicht.«

Sie musste fast darüber lächeln, wie er plötzlich dasaß, wie er redete, ganz so, als sei er wieder neunzehn und sie eine strenge Lehrerin.

»Wer also dann?«

Er seufzte. »Mein Vater. Er tauchte auf, war gerade wieder raus, wollte bei mir einziehen. Ich … ich hab ihn gelassen. Meine Mutter hatte keine eigene Wohnung, da konnte er also nicht hin. Ich konnte doch nicht … Ich meine, ich hatte ihn doch reingebracht und … Aber er hat rumgepöbelt, Theater gemacht, und irgendwann …«

»… wieder zugeschlagen.«

»Ja. Die Polizei kam, von den Nachbarn gerufen. Es gab Ärger, er haute ab. Ich hab keine Anzeige erstattet, hab die anderen im Haus gebeten die Schnauze zu halten … und bin abgetaucht.«

»Warum?«

»Als ich Callum mal fragte, warum er sich überhaupt für mich interessiert, hat er meinen angeblichen Mut rausgekramt. Wie toll er es fand, dass ich meinen Vater angezeigt hatte und so. Er hat keine Ahnung, K. Das war kein Mut. Das war …«

»Verzweiflung?«

»Ja. Irgend so was. Weißt du, es wurde immer schlimmer. Beim Mal davor hatte er meine Mutter fast bewusstlos geschlagen, aber sie wollte wieder nicht … Die Jugendamtsmitarbeiterin hat damals immer wieder gesagt, ich könne das. Es beenden. Ich solle mir Gedanken machen, ob ich damit leben könnte, wenn ich nichts täte und er sie totschlagen würde. Darauf würde es hinauslaufen. Also habe ich es gemacht. Damals.« Er holte tief Luft. »Jetzt war er zurück, und ich konnte es nicht. Es ging ja nur um mich diesmal.« Er sah auf den Tisch vor sich. »Aber ich konnte es Callum nicht sagen. Konnte nicht den ersten Menschen enttäuschen, der sich je ernsthaft für mich eingesetzt hat. Der mich wirklich ge…«

K wartete ab, bis er weitersprach. Sie ahnte, er würde sich verschließen wie eine Auster, wenn sie ihn unterbrach.

»Es hat fast eine Woche gedauert, bis ich nachts aufgewacht bin und gemerkt habe, dass ich ihn mit meinem Abtauchen wohl noch mehr enttäuscht hatte als mit meinem Klappe-Halten. Da war es zu spät.«

»Wieso? Du hättest doch wiederauftauchen können.«

»Nein. Ich sagte es gerade: Ich bin durchaus nicht so mutig, wie Callum sich das einbildet. Ich wollte nur noch laufen und vergessen.«

Sie nickte. »Wie ging es weiter?«

»Straße.« Er zuckte mit den Schultern. »Tagsüber betteln, Auffangstationen, Sozialeinrichtungen, nachts Notunterkünfte, Parkbänke, U-Bahn und so.«

»Und Freunde.«

»*Freunde.* Quatsch! Typen. Ich hab sie angemacht, bin mitgegangen und geblieben, so lange es ging. Mal haben sie mich rausgeschmissen, mal bin ich abgehauen. Ich bin vielleicht nicht auf den Strich gegangen, aber ich war verdammt nahe dran. Ich hab verfluchtes Glück gehabt, dass nicht der Falsche dabei war. HIV, Drogen oder sonst was – mir war alles egal. Hauptsache, ein Platz zum Schlafen und was zu essen.« Er sah auf seine Hände. »Ich bin nicht stolz auf diese Zeit, weißt du?«

»Dann hast du Callum wiedergetroffen.«

»Ja, aber darüber möchte ich nicht reden.«

»Ich weiß von seinen *Ausflügen.*« Sie lachte.

»Von mir aus. Aber ich möchte es trotzdem nicht. Er tut es ja auch nicht.«

Sie legte ihre Hand auf seine. »Schön, also nicht. Aber Flo, was auch immer passiert, du gehörst hierher, das weißt du, oder? Mehr noch als ich. Callum hat es sogar Leon gegenüber klar gemacht, erinnerst du dich?«

Flo zeigte nicht, ob er es verstanden hatte. Er stand auf und deutete zu Callums Zimmer hinüber. »Ich muss zu ihm. Zeit für die Medikamente«, sagte er. Es war Antwort genug.

~ * ~

Es dauerte fast eine Woche, bis Callums Fieber sank. Während einer von Flos Schichten kehrte er erstmals aus seinen wirren Fieberträumen in die Realität zurück. »Flo?«, krächzte er, als er den neben sich Stehenden erkannte.

»Hallo, *Majestät.*« Flo ließ sich auf die Bettkante fallen. »Schön, dich wiederzuhaben.«

»Was tust du hier?«, fragte Callum mühsam. Er fühlte sich zu Tode erschöpft.

»Nach dir sehen?«

»Ich bin so müde.«

»Ich weiß. Dann schlaf' auch. Tut dir gut.« Flo legte seine Hand kurz auf Callums. »Du siehst echt schlecht aus.«

»Quitt«, krächzte Callum.

Flo lachte leise. Er wusste, worauf Callum anspielte. »Ja, quitt.« Er wollte aufstehen, als er das Gefühl hatte, noch etwas loswerden zu müssen. »Danke, Callum.«

»Wofür?«, murmelte Callum im Halbschlaf.

»Dafür, dass du mich da rausgeholt hast, damals. Dass du es nie erzählt hast.«

»Vorbei«, nuschelte Callum und drehte sich zur Seite.

»Ich hab dich lieb, weißt du das?«

Callum hörte es nicht mehr. Er war eingeschlafen.

Kapitel 11

Callum erholte sich nur langsam. Das Gefühl tiefer Erschöpfung blieb ihm erhalten, obwohl er die nächsten zwei Tage fast durchschlief. Doch auch danach fühlte er sich noch ausgelaugt und deprimiert, egal, was seine Mitbewohner taten, um ihn aufzumuntern.

Tagsüber ging es halbwegs. Da hatte er Chris, mit dem er irgendwelche *Games* zocken konnte, und K oder Flo zum Reden. Nachts aber floh ihn immer häufiger der Schlaf, verlangten die Ereignisse der letzten Monate Beachtung, hallten in ihm nach. Als der Arzt ihm verkündete ihn eine weitere Woche krankschreiben zu wollen, hätte er ihn am liebsten angeschrien.

Dann kam die Nacht, in der die Schatten ihn einholten. Er fand nicht in den Schlaf, wälzte sich unruhig von einer Seite auf die andere, abgeschlagen, müde und überreizt zugleich. Er hörte Chris und Dawide leise lachen, als die sich im Badezimmer für die Nacht fertig machten. Ein nie gekanntes Gefühl widerlichen Neides kroch seinen Hals hinauf.

Leon. Sein Leon. Seine Chance auf ein Leben wie das, das die beiden nebenan führen durften. Fort. Aufgegeben, weggestoßen, weit weg, nur für die, die eh schon alles hatten. Sein Herz, dieses idiotische Ding, wollte nicht aufhören sich nach Leon zu sehnen. Nach Zärtlichkeit zu schreien, nach Liebe, nach Sex mit einem Partner, einem echten Partner.

Im Dunkel des Zimmers schnitt die Einsamkeit schmerzhaft durch seine Gedanken. *Gewöhn dich dran*, höhnte die so ekelhaft vertraute Stimme in seinem Kopf. *So wird es immer sein. Wie bei Theo. Wie bei deinem Vater.*

Sein Vater. Callum warf sich auf die andere Seite des Bettes. Hatte er wirklich geglaubt, die Mauer zwischen ihnen noch einmal einreißen zu können? Den Vater seiner Kindheit wiederzubekommen? *Hast du,* höhnte die Stimme. *Emotionsgeladener Trottel.* Ich habe so viel dafür getan, erinnerte Callum sie. *Quatsch!* patzte die Stimme zurück. *Als ob etwas aus Köln je dorthin dringen würde. Gib es endlich zu: Du selbst willst es nicht anders, als es ist. Du hast so viel Angst, wieder zu scheitern, dich wie bei Martin wieder zu verrennen, dass du es lieber gar nicht mehr versuchst. Lieber lässt du alle hübsch im Unklaren darüber, was und wie du bist. Lässt keinen an dich ran. Suchst einen Vorwand, um sie loszuwerden. Zu viel verlangt – Blödsinn! Was hat Leon schon verlangt von dir? Ein einfaches Bekenntnis, ein einziges* Ich liebe dich *unter vier Augen.*

Callum floh vor ihrer Wahrheit, steckte den Kopf unter sein Kissen, presste es auf seine Ohren. Er warf sich zurück auf die Wandseite des Bettes, das Kissen noch über den Ohren, barg das Gesicht in der heißen Matratze und brüllte seine ganze Wut, seinen ganzen Schmerz hinein.

Die Tür seines Zimmers wurde geöffnet. Leise, vorsichtige Schritte. »Callum?« Im nächsten Moment saß K an seinem Bett. Sie griff nach ihm, zog ihn an der Schulter herum zu sich. Ihre Hände waren angenehm kühl auf seiner Haut. »Alles in Ordnung? Ich dachte, ich hätte etwas gehört.« Sorge in ihrer Stimme. Er konnte nicht antworten, bekam kein Wort heraus.

Sie spürte es, wie sie es immer spürte. »Komm her.« Sie breitete die Arme aus.

Er ließ sich umarmen, legte den Kopf auf ihre Schulter und blickte in die Dunkelheit.

»Was ist los?« Sanft strich sie über seinen Hinterkopf.

Die Geste vergrößerte den Kloß in seinem Hals, zerrte an seiner Selbstbeherrschung. »Ich will nicht mehr!«

Sie nahm seinen Kopf in ihre Hände und schob ihn zurück, um ihn ansehen zu können. »Callum!«

Er entzog sich ihr heftig, ließ sich zurück aufs Bett fallen. »Ich gehe zurück. Oder jedenfalls fort. Weg von hier. Das bringt doch alles nichts hier. Simon und du, ihr könnt meinen Anteil haben, wenn ihr wollt. Und ich …«

»Callum! Bitte, was soll das auf einmal? Was hast du nur?«

»Ich will nicht so enden wie Theo. Allein, im Heim, unter Fremden. Dann lieber zurück.«

Sie strich über seine Schultern, seinen Rücken. »Theo ist nicht alleine, Callum. Er hat euch. Chris, Dawide und dich. Flo sogar ganz in seiner Nähe. Er hat seine Familie in euch gefunden, Callum. Und ihr werdet da sein.«

Callum dachte an Theos Worte. »Leon.«

»Du vermisst ihn, ich weiß.«

Abrupt wandte er sich ihr zu. »Nichts weißt du!«

Sie ließ sich nicht abschrecken. »Dann erklär es mir.«

Er schluckte. In der Dunkelheit konnte er sie kaum sehen. Er erinnerte sich ihrer Nähe vor wenigen Tagen, an das schöne Gefühl, nach der Beerdigung nicht alleine zu sein, an die Vertrautheit, die sie teilten, und nahm die Bettdecke hoch.

Sie schlüpfte darunter.

Er legte seinen Kopf auf ihre Brust. »Mein Vater. Solange er da war, war es so einfach. Alles seine Schuld, alles meine Verpflichtung, mein Versprechen. Jetzt … weiß ich nicht mehr. Manchmal denke ich, ich bin zu feige, um anders zu leben.«

»Callum, bitte. Wir haben so viel darüber geredet. Wir verstehen es längst, alle. Ich noch viel mehr jetzt. Ich verstehe, warum du es weiterführen willst. Ihm zuliebe, weil du dich ihm näher fühlst als deinem Erzeuger. Trotz allem. Warum du für deine Mutter weitermachen willst wie bisher. Und was du forderst, ist doch auch kein Verbrechen. Du willst es nicht offen leben und warum solltest du auch? Wer dich fragt, bekommt eine ehrliche Antwort.«

»Es ist mehr, das weißt du. Der Typ damals. Meine Angst vor der Anzeige. Das ist feige.«

Sie seufzte. »War es, ja. *War* es. Vorbei. Du hast gesagt, es sei deine Art zu kämpfen. Dann ist das eben so.«

Er wusste nicht mehr, ob es stimmte. Bei Flos Vater zum Beispiel.

»Ich begreife langsam, dass das schwerer ist, als alles offenzulegen.« Sie drückte ihn fest.

Es tat ihm so unglaublich gut. »Ich werde nie erfahren, wenn es ihm schlecht geht.« Er dachte an die Frau aus Holland und was sie getan hatte. »Er hat niemanden. Wie ich.«

»Dann regle das für dich. Chris hat doch alle Vollmachten. Schreib auf, was du willst.«

»Ich will nicht alleine sein. Chris und Dawide. Simon und du. Das ist für immer. Auch Flo wird jemanden finden, mit dem er leben will. Dauerhaft. Ihr alle werdet jemanden haben. Nur ich nicht.«

»Dann hol Leon zurück. Leb mit ihm.«

Er richtete sich auf. »Das würde bedeuten euch aufzugeben.«

»Wie du schon sagtest, wir werden es kaum bemerken.« Seine Worte hatten sie verletzt.

»So habe ich das nicht gemeint, das weißt du. Ich weiß, ihr werdet mich nicht alleine lassen. Aber es ist nicht dasselbe.«

Sie antwortete nicht.

»K?«

»Schon gut.«

»Ich wünschte, ich könnte noch einmal anfangen. Ich würde …« Er ließ sich zurückfallen und legte den Kopf zurück auf ihre Brust.

Sie schloss die Arme um ihn. »Lass es gut sein für heute, Callum. Du bist noch so angeschlagen. Versuch zu schlafen. Morgen reden wir weiter.« Sie drehte sich zur Seite, schüttelte ihn sanft ab.

Er nickte, wandte sich ebenfalls zur Seite, spürte ihren Atemzügen nach, fühlte, wie sie einen Arm um ihn legte. Es tat gut. Es tat gut, es ausgesprochen zu haben. Es hatte die Stimme zum Verstummen gebracht, das Gedankenkarussell angehalten. Morgen würde er reden können. Morgen. Die Erschöpfung gewann die Oberhand und Sekunden später war er eingeschlafen.

Als er erwachte, war sie fort.

Kapitel 12

Als niemand anderes auf die Klingel antwortete, ließ Callum missmutig seinen Rundenrekord Rundenrekord sein und tappte barfuß zur Wohnungstür, um die Gegensprechanlage zu bedienen. Niemand antwortete, stattdessen klopfte es an der Wohnungstür. Der Besucher stand offensichtlich schon im Hausflur. Callum seufzte. Immerhin war er geduscht, rasiert und mit einem frischen Schlafanzug ausgestattet. Also schön. Er öffnete – und erstarrte.

Flos Vater hatte unmittelbar vor der Tür gestanden. »Da bin ich.«

»Ja, und Sie dürfen direkt wieder gehen.« Callum machte sich vorsichtshalber breiter, um den Durchgang in die Wohnung zu verbarrikadieren.

»Nicht doch. Ich komme doch nur, um mir zu holen, was mir zusteht, *Herr Staatsanwalt.* Hatten wir uns nicht darauf geeinigt, das so zu sehen?«

Callum blieb stehen und schwieg.

»Also?« Der Mann klang aggressiver jetzt. »Wo ist es?«

Callum schwieg weiter.

»Mein Geld.« Flos Vater trat einen Schritt auf ihn zu.

Callums Herz raste. Doch etwas blieb aus. Die Stimme in seinem Kopf war nicht zu hören. Sie ging unter in Satzfetzen aus Chris', Simons, Flos und Ks Stimmen. Stimmen, die ihm Mut machten und von ihm verlangten sich laut und offen zur Wehr zu setzen. Es würde nichts ändern, nichts ausmachen, kein Bruch seines Versprechens sein. Er holte tief Luft und auf seinem Gesicht erschien ein Lächeln.

Flos Vater trat einen Schritt zurück.

»Nichts mehr.« Das Lächeln auf Callums Gesicht verbreiterte sich. »Keinen Cent. Gehen Sie und sagen Sie, was Sie zu sagen haben. Laut. Dann werde ich sagen, was ich zu sagen habe, und wir werden hören, was ein Richter dazu zu sagen hat. Ich vermute, eine Menge.« Das Hochgefühl, das seinen Worten folgte, war unermesslich. Es wuchs noch, als Flos Vater die Hände hob. Vor ihm! Er hätte jauchzen können.

Im nächsten Moment zerplatze Callums Glück wie eine Seifenblase. Der Mann schoss vor und packte ihn an der Kehle. »Mein Geld, *Arschloch!*« Er drängte Callum gegen die Türzarge. Kein Ausweichen möglich.

»Loslassen«, krächzte Callum. Sein hilfloser Versuch, sich zu befreien, scheiterte an der überlegenen Kraft seines Gegenübers. Das begann zuzudrücken. »Wann – bekomme – ich – mein – Geld?«, fragte es und drückte bei jedem Wort kurz etwas fester zu.

Callum bekam es mit der Angst zu tun. »Sobald … ich … ka…«, presste er mühsam hustend hervor. *Feiges Schwein*, johlte die Stimme.

»Aufhören!« Zwei Hände rissen die Hände des Mannes von seiner Kehle. Flo.

»Lass ihn los!«

Callum schnappte nach Luft, während neben ihm ein wüstes Gerangel ausbrach.

»Verschwinde!« Flos Vater holte aus und hieb Flo die Faust an die Schläfe. Dem dumpfen Aufprall folgte ein Aufschrei. Flo taumelte zurück.

Ohne nachzudenken, trat Callum vor und versuchte den Mann von Flo fortzubekommen, bevor der erneut zuschlagen konnte. Flo war zusammengesunken, die Hände über dem Kopf, und schluchzte. Abwesend nahm Callum wahr, wie es an der Haustür klingelte. Dann ertönte der Summer. Im Hausflur erklangen hastige Schritte. Flos Vater riss sich von Callum los und packte Flo mit einer Hand an den Haaren, während er mit der anderen Hand ausholte.

»Okay, das reicht jetzt. Auseinander. Sofort.« Befehlsgewohnte Stimme, dunkelblaue Uniformen. Polizei. Panik kroch seinen Rücken hinauf. Die Stimme kehrte zurück, laut wie immer. *Nicht jetzt, nicht so. Noch nicht, er hatte noch nicht mit Frank geredet, alle würden es erfahren, er musste einen Ruf wahren, er musste doch erst mit Frank …*

»Schön, also, wer hat uns gerufen?«, fragte die Kollegin des Beamten, der zuerst gesprochen hatte. Der hatte sich zwischen Flo und dessen Vater platziert und beobachtete beide aufmerksam.

»Das war ich.« Flo sah Callum um Verzeihung flehend an.

Dem wurde schlecht vor Scham.

»Ich habe ihn reingehen sehen. Ich bin gerade erst vom Dienst gekommen. Ich wusste, er würde Ärger machen.« Flo richtete seine Erklärung mehr an Callum als an die Beamten.

»Aha. Und warum wussten Sie, dass er …«, sie deutete auf Flos Vater, der so ruhig und lächelnd dastand, als könne er kein Wässerchen trüben, »… Ärger machen würde?«

Flo sah Callum hilflos an.

»Weil der Herr bereits einschlägig vorbestraft ist. Und zwar aufgrund der Aussage dieses jungen Mannes hier.« Er deutete auf Flo.

Die Beamtin nickte.

»Stimmt das?«, fragte sie Flos Vater.

»Nein«, log der freundlich. »Aber ich wollte ohnehin gerade gehen. Ich sehe, ich bin hier unerwünscht.« Er wollte an ihr vorbei auf die Treppe treten.

Sie stoppte ihn mit einem warnend ausgestreckten Arm. »Moment. Was ich gesehen habe, war durchaus etwas anderes.« Sie wandte sich an Flo und Callum. »Wenn also jemand von Ihnen Anzeige erstatten möchte …?«

Callum sah zu Boden. *Tu es,* flehte er innerlich. *Tu es noch einmal, Flo. Ich kann es nicht, wieder nicht.* Noch *nicht. Aber tu du es. Du bist so viel stärker als ich.*

Flo aber fühlte nur den stählernen Blick seines Vaters auf sich gerichtet, sah das Versprechen der Rache darin. Das Versprechen wiederzukommen. *Genau wie damals.*

Angst stieg auf. Scham. Callums Schweigen bot ihm keine Hilfe an, erinnerte ihn nur an das, was er seinerseits Callum versprochen hatte. Es zu akzeptieren. Callum ging vor.

»Nein. Wenn er nur geht und nicht wiederkommt, das reicht schon. Ein … Hausverbot, so heißt das, glaube ich.«

Die Beamtin sah Callum fragend an.

Der biss sich auf die Lippen, sah vom Boden auf und nickte knapp.

»Schön.« Sie schien nicht weiter verwundert. »Also, dann gehen Sie …«, sie deutete auf Flos Vater, »… jetzt uns voran hinaus. Sie haben es gehört, Sie haben hier Hausverbot, das heißt, grob gesagt, Sie tauchen hier besser nicht mehr auf.« Dann deutete sie nach unten. »Nach Ihnen.«

Flos Vater ging die ersten Stufen hinab. »Gerne«, sagte er. »Aber unten vor der Haustür möchte Ihnen noch etwas erzählen.« Er grinste unverschämt zu Callum zurück.

Sie hörten sie hinausgehen, hörten, wie die Haustür hinter ihnen ins Schloss fiel. Unten standen die drei noch einen Moment lang zusammen. Schließlich verschwand Flos Vater um die Straßenecke und die Beamten stiegen in ihr Fahrzeug. Dann waren sie fort.

~ * ~

Oben in der Wohnung trat Flo vom Fenster zurück. Callum stand hinter ihm, immer noch sprachlos. Er griff nach Flos Arm, räusperte sich, um zu reden, endlich zu reden, als Flo unvermittelt herumflog und an ihm vorbei hinausschoss. Laut fiel die Wohnungstüre hinter ihm ins Schloss.

Die Stimme forderte Callum auf Flo gehen zu lassen, es gut sein zu lassen und sich auf sich selbst zu konzentrieren. Flo würde durchkommen. Er war stark.

Unsinn! rang Theos Stimme sie nieder. Callums Erinnerung zeigte ihm Flo, wie er ihn wiedergefunden hatte, Flo, wie er eben im Hausflur die Hände über den Kopf gestreckt hatte, unfähig sich zu wehren. Flos Gesicht. Ein Flo, der seinen Vater nicht hatte anzeigen können.

Die Erkenntnis traf Callum wie ein Schlag. Flo war nicht so stark, wie er es sich eingeredet hatte. Er würde zugrunde gehen. Flo hatte Angst. Angst vor seinem Vater und – vor ihm?

Er rannte hinter Flo her, hetzte die Treppen hinab zur Haustür, hinaus auf die Straße. Flo bog bereits in die übernächste Straße ein. »Flo!«, schrie er ihm nach. Keine Reaktion. »Warte!«

Er jagte um die Ecke, sah Flo weit vor sich. Er versuchte schneller zu werden, geriet außer Atem, hörte sein Herz pochen, laut und in seiner Kehle. Kleine schwarze Punkte tanzten vor seinen Augen. *Gentlemen will walk but never run,* verspottete ihn die Stimme in seinem Kopf. *Bloß die Grippe*, versicherte er sich hastig. Der Schmerz in seiner Seite war nicht auszuhalten. Er kapitulierte.

Verzweifelt ließ er sich auf die Treppenstufen des nächstgelegenen Hauseingangs fallen, stützte die Ellenbogen auf die Knie und nahm seinen Kopf in die Hände. Er würde Flo nicht mehr einholen. Flo war fort. Endgültig. Flo würde zugrunde gehen. *Seinetwegen.*

Seine Arme begannen zu zittern. Es breitete sich aus. Ihm war kalt und es gab niemanden, der ihn wärmen würde. Seine Seite pochte immer noch und auch sein Atem wollte und wollte sich nicht beruhigen. Ihm war schwindelig. Und schlecht.

Er legte den Kopf in den Nacken, spürte, wie ihm die Tränen herabliefen. Er konnte sie nicht aufhalten. Er sah ihnen nach, sah sie auf seine dunkle, gestreifte Hose tropfen. Es war immer noch die Schlafanzugshose.

Er brach in ein irres, verzweifeltes Lachen aus, als ihm klar wurde, wie das hier aussah. Ein alternder Sack hetzte einem *Twink* im Schlafanzug durch halb Köln nach. *Einen Ruf wahren, klar.*

Er wollte sterben. Nur noch das. *Nicht auch noch Flo.* Das Zittern wollte nicht aufhören. Ihm war so schlecht.

»Callum?« Eine Gestalt tauchte vor ihm auf. Flo. »Callum, weinst du?« Es klang verunsichert, erschreckt.

Callum konnte nicht antworten, lachte und weinte, verschluckte sich, hustete und spuckte.

Flo ließ sich neben ihn fallen, legte ihm die Hand auf den Rücken. »Callum! Hör auf damit. Bitte. Du machst mir Angst.«

»Nicht.« Callum hustete. »Weggehen.«

»Doch, Callum, ich muss.«

Zwischen den Worten und seinem eigenen Husten und Schluchzen machte Callum Flos Schluchzen aus. »Warum?« Er musste es wissen. Wenigstens dieses Mal.

»Ich habe es dir versprochen, Callum. In meinem Zimmer. Du hast uns alle gefragt, ob wir es akzeptieren würden, und ich habe es dir versprochen. Er kommt wieder, immer wieder. Es wird immer so weitergehen. Das geht nicht für dich. Also gehe ich. Mir passiert schon nichts.«

Callum heulte auf.

Kapitel 13

Jetzt mach schon«, sagte der Mann rau.

Callum wandte sich zum Tresen und verbarg sein Gesicht, als Flo ihn passierte, um hastig dem Mann zu folgen, der ihn den Abend über ausgehalten hatte.

»Kennen Sie ihn?«, fragte Callum den Barmann, als er bezahlte. Bar, natürlich.

»Beide, ja.«

»Und?«

»Nicht gut, wenn Sie mich fragen. Ich weiß ja nicht, welcher von beiden Sie interessiert, Mister, aber ich würde von beiden Abstand halten. Der Kleine ist bald durch und der andere ist ein …«

Callum hatte genug gehört. Er legte einen weiteren Schein auf den Tresen und folgte den beiden langsam hinaus.

Sie fuhren ein paar Straßen weiter und parkten vor einem unscheinbaren Mehrfamilienhaus. Callum fuhr an ihnen vorbei. Im Rückspiegel sah er, wie die beiden in dem Haus verschwanden. Er verlangsamte und wartete, ob in einem Fenster das Licht angehen würde. Nichts. Er bog ab und stellte seinen Wagen in eine Seitenstraße. Dann lief er zurück und sah auf die vielen Klingelschilder an der Haustür.

Ein ungutes Gefühl in seinem Magen warnte ihn vor dem, was er da tat. Aber er würde Florian nicht mehr wiederfinden, wenn er es nicht versuchte. Und der hatte gar nicht gut ausgesehen.

»Entscheide dich, Mann«, motzte jemand neben ihm.

»Entschuldigung.« Er und trat zur Seite. Der Mann drückte eine Klingel, kurz darauf summte die Haustür. Sie traten in den Flur.

Der Mann beeilte sich die Treppen hinaufzukommen, während Callum hektisch versuchte einen Plan zu fassen und vorsichtshalber zurückblieb.

In der zweiten Etage öffnete sich eine Wohnungstür. »Da bist du ja endlich. Höchste Zeit. Wir sind gleich soweit.«

Callums Herz machte einen Satz. Das war die Stimme von Flos Begleiter gewesen. *Wir sind gleich soweit.* Was immer der Mann gemeint hatte, in Callums Ohren klang es gar nicht gut. Wer war wir?

Eine Treppe über ihm fiel die Wohnungstür hinter dem Neuankömmling ins Schloss. Callum wartete, unschlüssig, was er tun sollte. Schließlich kletterte er die Treppe hinauf, schaute sich um, ob ihn jemand sah, und legte das Ohr an die Wohnungstür. Auf die dumpfen Geräusche, die er hörte, konnte er sich keinen Reim machen. In der Wohnung stürzte etwas zu Boden. Ein leiser Aufschrei war zu hören. Noch bevor er sich eines Besseren besinnen konnte, hatte er schon geklingelt.

»Was?«, schimpfte der Mann, der die Tür aufriss, als er Callum sah. Es weder der, mit dem Flo unterwegs gewesen war, noch der, der eben hineingegangen war. *Was war hier los?*

Callum versuchte an dem Mann vorbei in die Wohnung zu sehen. »Ja, also, ich suche …« Hinter dem Mann lag ein Flur. Eine halb geöffnete Tür führte in ein Wohnzimmer, in dem etwas vorging.

»Was suchst du?«

Callum starrte weiter in die Wohnung. »… einen Freund. Ich dachte, ich hätte ihn eben ins Haus gehen sehen.«

Im Wohnzimmer entstand Bewegung.

»Ich hab …« Ein weiter Aufschrei aus dem Wohnzimmer unterbrach ihn. Flo.

»Halt die Klappe und nimm es endlich, verdammt noch mal.« Die Stimme von Flos Begleiter klang kalt und aggressiv.

Callum hatte genug gehört. Flo war in Gefahr. »… ihn gerade gefunden«, sagte er und war unter dem Arm des Türstehers durchgetaucht, bevor der die Bewegung hatte kommen sehen.

»Hey!«, protestierte er, aber da war Callum schon im Flur angelangt.

»Flo? Wir gehen«, rief er und stieß die Tür zum Wohnzimmer auf.

Kapitel 14

»Nein!«, heulte der heutige Callum auf und wischte sich energisch mit dem Ärmel seines Schlafanzuges das Gesicht ab.

Er zog Flo zu sich und legte seine überheiße Stirn an dessen. Er sah die rot-blau verfärbte Stelle an Flos Kopf und die Verzweiflung in Flos Augen. »Nein. Du gehst nicht. Nie mehr.« Es reichte nicht, um sie beide zu beruhigen. Als Flo sich ihm entzog, um schluchzend den Kopf auf seine Schulter zu legen, schlang er den Arm um ihn und weinte mit.

Flo musste ihm schließlich helfen, die Treppen ihres Hauses hochzuklettern, so ausgelaugt war Callum, als sie dort eintrafen. Flo parkte ihn auf einem ihrer Wohnzimmersofas, kochte Tee, setzte sich mit dem Rücken zu Callum auf den Teppichboden und lehnte seinen Kopf an Callums Seite.

»Warum hast du es nicht getan?«, fragte Callum, als er den süßen, starken Tee fast zur Hälfte getrunken hatte. Er begann sich besser zu fühlen.

»Ich dachte, du wolltest es nicht.«

»Du wolltest es selber auch nicht. Du hattest Angst. Warum? Weil du dir vorwirfst, ihn ins Gefängnis gebracht zu haben?«

Flo dachte darüber nach. »Nein. Die Anzeige damals…« Er holte tief Luft. »Callum, das war nicht so, wie es in den Papieren stand.« Er wandte sich zu ihm um. »Ich hab das nicht … Also, damals, da hat er zugeschlagen, ja. Wieder. Wie immer.« Er ließ sich zurückfallen und starrte blicklos auf den Couchtisch. »Aber diesmal, da hat er nicht mehr aufgehört. Er hat immer weiter gemacht, erst bei mir und dann bei ihr.« Er machte eine kurze Pause. »Ich bin abgehauen, Callum. Raus aus der Wohnung. Feige abgehauen, obwohl er noch dran war. Ich bin den Beamten in die Arme gelaufen. Eine Nachbarin hatte sie gerufen; die wussten ja, was vorging.

Die Frau vom Jugendamt hat in der Notunterkunft stundenlang auf mich eingeredet, ich solle die Aussage machen. Hat gemeint, ich wäre sonst schuld, wenn er sie totschlagen würde. Deswegen habe ich's gemacht. Nur deswegen.« Er wandte sich wieder Callum zu, suchte nach dem Urteil in dessen Augen. Er fand keines. »Ich war nie so mutig, wie du geglaubt hast.« Callum musste das endlich verstehen. »Alles Lüge. Ich habe vier Mal versucht aus dem Heim abzuhauen, um dem Gerichtstermin zu entgehen, weißt du. Na ja, die kannten mich ja auch schon. Du nicht.« Er schniefte leise. »Es war so schön, dass jemand an mich glaubte, verstehst du? Mich mochte, ohne dazu … verpflichtet zu sein. Aber jetzt, wo du's weißt …« Er legte den Kopf auf die angezogenen Knie und begann wieder zu weinen.

Callum nahm den Arm von der Couch und legte ihn um Flos schmale Brust. »Stimmt schon, ich kannte dich nicht«, sagte er ganz bewusst und kicherte. »Deswegen hat es mich auch umgehauen, als du verschwunden bist.«

Flo lehnte den Kopf an seinen Arm. »Er war wiederaufgetaucht, weißt du? Ich hatte Angst, er würde dich mit reinziehen. So wie jetzt. Er brauchte immer Geld. Es war nie genug, was wir ihm gaben.«

Callum drückte ihn einmal, so fest er es gerade vermochte. »Schon gut. Irgendwie ist mir das nie in den Sinn gekommen, weißt du? Dass es das gewesen sein könnte.«

Flo lachte leise. »Kein Straßenkind«, spottete er.

»Nein«, antwortete Callum. »Danke.«

Flos Kopf schoss herum. »Wofür?«

»Dafür. Dafür, dass du mich schützen wolltest. Schon damals. Eben.« Er bemerkte etwas. »Eigentlich … immer.«

Unvermittelt zog Flo die Augenbrauen zusammen. Etwas in seinem Blick veränderte sich, wurde ungeheuer weich. »Hast du nie daran gedacht, dass aus uns etwas hätte werden können? Auf der Fahrt zurück, zum Beispiel. Du hättest nur ranfahren müssen …«

Callum lachte leise. »Flo, ich hatte Mühe, dich davon abzuhalten, bei voller Fahrt aus dem Wagen zu springen. Ich habe nicht im Traum daran gedacht anzuhalten. Jedenfalls nicht, bevor ich dich dazu überredet hatte, wenigstens etwas mit mir zu essen, ohne dass du fortliefst.«

Flo ließ sich zurückfallen. »Ich hätte es getan«, sagte er in den Raum hinein.

Callums Herz setzte einen Schlag aus. »Hättest du nicht.« Er versuchte den Arm wieder um Flo zu legen.

Flo entzog sich ihm und rutschte ein Stück auf dem Teppich nach vorne. »Doch, Callum. Es war mir egal, weißt du. Nicht du. Das andere. Was auch immer das für ein Zeugs war, was der Typ mir da geben wollte, es war mir egal. Egal, wo der Dreck, den sie drehen wollten, landen würde, egal, wo ich landen würde, egal, was sie dafür mit mir machen würden. Und ich hätte es auch mit dir gemacht, wenn du was gesagt hättest.« Seine Stimme sank zu einem Flüstern herab. »Weil du eben nicht …«

Callum winkte ab. Er hatte Flos letzte Worte nicht gehört und versuchte zu ergründen, warum er gerade enttäuscht war.

»Es war mir egal«, wiederholte Flo, als habe es den unvollendeten Satz nie gegeben. »Ich war gar nicht richtig da damals.«

»Lass es gut sein, Flo. Es ist vorbei.«

Aber Flo wollte es noch nicht gut sein lassen. »*Hast* du daran gedacht?«

Callum nahm die Hände hinter den Kopf. »Ja. Ja, habe ich. Aber dann …« Er richtete sich auf und sah zu Flo hinunter. »Ich steh nicht so auf *Twinks*.«

Flo blinzelte. »Doch. Tust du. Extrem. Selbst Leon ist einer.«

Callum lachte hell auf. »Leon ist so alt wie ich, Flo, also mach mal halblang.«

Flo schüttelte energisch den Kopf. »Aber hallo ist er einer! Er mag nicht so eine Prinzessin sein wie ich, aber es muss ja auch nicht immer gleich für drei Prinzessinnen reichen.«

Callum musste kichern.

Flo freute es. »Hast du ihn mal angesehen? Ich meine, abgesehen vom Alter? Einen halben Kopf kleiner als du – und du bist schon nicht groß – schmal wie ein Hemd, blonder Wuschelkopf, blaue Puppenaugen, hohe Wangenknochen, weiche Bewegungen. Genau wie Martin. Ich wette zehn zu eins, du hast ihn in alle Richtungen …«

»Hey!« Leon passte nicht hierher. »Schluss jetzt. Es ist vorbei, Flo. Egal, was er war, er kommt nicht wieder.« Er machte eine Pause. »Im Unterschied zu dir. Warum? Warum bist du zurückgekommen eben?«

Flo seufzte. »Weil es mir nicht mehr egal ist, was aus mir wird. Weil K mir klar gemacht hat, dass ich hierhergehöre. Hier sein möchte. Deswegen. Und deinetwegen. Weil ich …« Flo sagte noch etwas, aber Callum hörte es nicht mehr.

Deinetwegen. In Callums Klopf machte es *klick* und etwas verschob sich. K. Flo. Chris und Dawide. *Was du forderst, ist doch auch kein Verbrechen. Du willst es nicht offen leben, und warum solltest du auch? Wer dich fragt, bekommt eine ehrliche Antwort. Es ist deine Art zu kämpfen. Nicht wegzulaufen. Ich begreife langsam, dass das schwerer ist, als alles offenzulegen.* Schwerer, ja. Nicht unmöglich. Es würde gehen. Es würde sich verbinden lassen. Er musste es nur wollen. Er rappelte sich energisch auf. »Ich muss zu Frank, Flo. Jetzt. Hilf mir, ja?«

Flo tat es.

Seinen merkwürdigen Gesichtsausdruck übersah Callum.

Kapitel 15

Kam am späten Vormittag. Er sei noch nicht im Hause, sagte man ihr, aber sie setzte sich durch, kämpfte sich vom Empfang bis zu seinem Büro hinauf und durfte dort auf ihn warten.

Er warf nur einen kurzen Blick auf sie, als er wenig später kam, und deutete auf sein Büro. »Gekommen, um den Sieg auszukosten?«, fragte er, als sich die Tür hinter ihnen geschlossen hatte.

»Welchen Sieg?«

»Er hat sich für Sie entschieden, nicht?«

»Sehen Sie das so? Ich nicht. *Ich* habe das Gefühl, wir haben alle drei verloren. Jedenfalls hat er nicht, was er will.«

»Und was will er?« Leons Stimme klang bemüht desinteressiert.

»Sie, wenn ich das, was ich in den letzten Monaten erlebt habe, richtig deute.«

Er schloss kurz die Augen.

»Und wenn ich mich nicht sehr täusche, *Dr. Walter*, geht es Ihnen nicht viel anders. Ich möchte Sie nicht beleidigen, aber ich habe Sie schon in besserer Verfassung gesehen.« Sie ahnte nicht, wie Recht sie hatte.

Er stand auf und wandte sich ab.

»Drei kurzfristige Zusatzveranstaltungen in den letzten Monaten.« Sie zählte sie an ihren Fingern ab. »Düsseldorf, Koblenz, Köln.«

Er schwieg und sah stur aus dem bodentiefen Fenster auf die Straße hinunter.

Sie seufzte. »Also schön. Hier.« Sie griff in ihren Rucksack, zog zwei Päckchen heraus und schon sie ihm über den Schreibtisch hinüber. Briefe, dutzende Briefe. Seine Briefe. An ihn.

»Ich habe sie ihm gestohlen gestern Nacht.« Sie deutete darauf. »Sie lagen auf seinem Schreibtisch. In einer Extra-Box. Er hat sie gelesen. Jeden einzelnen von ihnen, dutzende Male.« Sie deutete auf den ersten Stapel. Es stimmte, die Papiere waren etliche Male gelesen worden. »Und er hat sie beantwortet, alle.« Sie schob den zweiten Stapel zu ihm herüber. »Nur nie abgeschickt. Er kann es nicht.«

Leon schwieg.

»Herrgott noch mal, was sind Sie für ein Kotzbrocken!« Es klang eher nach Verzweiflung als nach dem Versuch, ihn zu beleidigen. »Er *war* da, Leon. Jedes Mal, wenn Sie in der Nähe waren. Auch wenn er es nicht zugibt. Ich weiß es. Er hat vermutlich stundenlang in den Cafés der Umgebung gesessen und gehofft wenigstens einen Blick auf Sie zu erhaschen. Zu sehen, dass es Ihnen gut geht. Und Flo hat *Sie* gesehen, Leon. In der Nähe unserer Wohnung. Jedes Mal. Es geht Ihnen beiden beschissen, aber Ihr verdammter Männerstolz siegt immer noch über Ihr offensichtlich doch schlagendes Herz.«

Er schwieg und biss sich auf die Lippen, damit sie nicht zitterten.

Sie seufzte wieder und nahm einen neuen Anlauf, sanfter diesmal. »Ich kann Sie nicht leiden, Leon. Sie mich auch nicht, warum auch immer. Aber Sie lieben ihn und ich liebe ihn, auf meine Weise. Also kommen Sie. Wir müssen los.«

»Wie bitte?«

»Wir nehmen Ihr Auto. Sie haben sicher was männlich-schnittig Schnelles unten in der Tiefgarage stehen. Wir können uns auf der Fahrt einigen.« Sie grinste frech. »Sorgerecht, Umgangsrecht, paritätisches Wechselmodell zwischen Köln und München, was auch immer. Es sind Ihre Vokabeln, nicht meine.« Sie wandte sich zur Tür. »Wir haben fünf Stunden Fahrt, um zu verhandeln.«

»Sechs«, brachte er erstickt heraus.

»Sechs?«

Er drehte sich zu ihr um und versuchte ein Lächeln. »Wegen der Pinkelpausen für Sie.«

Kapitel 16

Mit Flos Hilfe halbwegs ansehnlich zurechtgemacht, klopfte Callum eine gute Stunde später an Franks Bürotür. Er hatte sich natürlich vorher erkundigt, ob Frank überhaupt da sein würde, aber es überraschte ihn dennoch, wie erwartungsvoll der ihn ansah, als er eintrat.

»Callum!«

Callum lächelte müde. »Schon gut, Frank. Ich weiß, wie ich aussehe. Wird schon wieder.«

»Okay. Und warum tauchst du hier auf, wenn es dir so geht, wie du aussiehst?« Franks Gesicht verfinsterte sich, als das Lächeln auf Callums Gesicht schlagartig verschwand.

»Weil etwas passiert ist heute. Das heißt, eigentlich läuft das Ganze schon etwas länger, aber heute ist es eskaliert. Ich finde, du solltest es von mir erfahren und ich habe auch eine Bitte dazu an dich.«

Frank schob sich ein Stück vom Schreibtisch zurück. »Ich höre.«

»Jemand hat Anzeige gegen mich erstattet, Frank. Vermute ich zumindest.« Callum verbot der Stimme in seinem Kopf energisch sich zu erheben.

»Wer?«

»Der Vater eines WG-Kumpels.«

»Wieso?«

»Das ist eine lange Geschichte.«

»Wie gesagt, ich bin ganz Ohr.«

Callum seufzte und holte tief Luft, dann erzählte er, wie er Flo kennengelernt hatte.

Als er mit Flos Einzug in der WG endete, sah Frank ihn groß an. »Okay, verstanden, aber wo ist die Anzeige?«

»Er ist aufgetaucht bei uns zu Hause, hat Flo attackiert. Ich habe ihn rausgeworfen.«

»Schön, Hausrecht bis hierhin. Was noch?«

»Na ja, es gab eine kleine Rangelei.«

Frank grinste. »*Rangelei.*«

Callum grinste zurück. »Ja. Zu mehr bin ich nicht in der Lage, solltest du wissen. Ich war schon auf dem Schulhof der, der mit dem Gesicht nach unten im Dreck lag.«

»Vermutlich war deine Klappe damals schon so groß wie heute.« Frank lachte. »Berufskrankheit.«

Callum konnte nicht darüber lachen.

»Körperverletzung, also.«

»Ja, vermutlich, aber…«

»Callum! Aber was? Ich möchte dir nicht jedes Wort aus der Nase ziehen müssen, bitte.«

Callum seufzte erneut. »Frank, ich sagte eben, ich habe Flo wiedergefunden. Sein Vater droht mir damit, mein Kümmern, Flos Abtauchen und die Umstände dieses *Wiederfindens* in eine Anzeige zu fassen. Je nachdem, wer diese Anzeige zu lesen bekommt … Ich bin ein Kollege.«

Frank zog die Augenbrauen zusammen. »Was für Umstände?«

»Kann ich mich darauf verlassen, dass das, was ich jetzt sage, auch hier in diesem Raum bleibt? Zwischen uns beiden?«

Frank hob die Hände und schüttelte den Kopf. »Nein. Nicht, wenn es Dienstliches betrifft. Und das weißt du auch. Also?«

»Es hat mit … meiner … Lebensweise zu tun.« Callums Mut drohte ihn zu verlassen. Er hörte sie schon flüstern, seine böse Stimme.

»Callum, kannst du zur Sache kommen, bitte?«

Jetzt oder nie. »Ich habe Flo in einer Bar wiedergetroffen, Frank. In einer Bar im Ruhrgebiet, in die ich aus … anderen Gründen gefahren war. Da stand er plötzlich. Der Typ am Tresen hat mich auf ihn aufmerksam gemacht, meinte, er würde immer wieder mal auftauchen, auf der Suche nach … Schlafplätzen.«

Frank sah ihn an und lächelte. »Ach, so eine Bar.«

»Hm.«

»Wo ist das Problem?«

»Ich habe ihn mit nach Hause genommen. In meine WG.«

»Ja, und?«

»Wir sind …« Es reichte, merkte Callum. Er holte tief Luft, sah Frank an und schloss die Augen. »Wir sind queer, Frank. Alle vier, die damals dort wohnten. Schwul, und alle rund fünfzehn Jahre älter als der mittellose Streuner, den ich – wieder, wenn du so willst – mit nach Hause nahm.«

»Und Flo ist …?«

»Ebenfalls queer, ja.«

»Und sein Vater sieht jetzt eine Chance, sich zu rächen, indem er ein intimes Verhältnis behauptet. Das mit einem Minderjährigen begonnen wurde. Vergiss es.«

»Er behauptet vor allem, ich hätte Flo damals zu einer Falschaussage verleitet, Frank. Hätte ihm dafür die erste Wohnung verschafft und unterhielte seitdem eine erzwungene Beziehung mit ihm. Deswegen sei ich da gewesen.«

Frank schnaubte. Das war schon ernster zu nehmen. »Was sagt Flo dazu?«

»Er möchte verschwinden, nur um mir nicht zu schaden.« Callum sah Franks Entsetzen. Er hatte verstanden. Alles verstanden. »Die Bar wäre nicht die Endstation gewesen, Frank. Er war auf dem Weg noch weiter runter. Viel weiter runter.«

Frank nickte.

Callum nahm seinen ganzen Mut zusammen. »Frank, hör zu. Ich kann dir nicht erklären, warum, aber ich will nicht, dass es bekannt wird. Nicht die Anzeige, sondern wie ich lebe. Es geht niemanden etwas an. Ich verleugne es nicht, aber ich will auch nicht auffallen damit. Sollen sie mutmaßen, Gerüchte hören, egal. Aber nicht *wissen*. Ich habe mein Privatleben immer strikt von euch getrennt gehalten und das soll auch so bleiben. Kannst du es unter Verschluss halten erst mal?«

Zu Callums großer Erleichterung nickte Frank. Er war Callums immer hektischerem Wortschwall aufmerksam gefolgt, hatte ihn nur milde überrascht angesehen. »Natürlich. Ist mir egal, was du in deinem Bett liegen hast, vorausgesetzt, es ist menschlich, erwachsen und freiwillig da. Ich muss das erst im Rahmen der Dienstaufsicht zur Kenntnis nehmen. Hier sehe ich noch keinen Grund dazu. Eine vertiefte Erklärung für das angebliche Abhängigkeitsverhältnis brauchen wir nicht, denke ich. Die Behauptung ist ja eh hanebüchen. Nur die Erpressung, die ich hinter dem Auftauchen des Mannes vermute, ist es nicht, Callum.«

Callum sah zu Boden. »Ja. Ich weiß, aber …«

»Vor allem aber, Callum, will ich wissen, warum du nicht sofort zu mir gekommen bist. Sofort. Nach dem, was du da gerade erzählt hast, vermute ich nämlich, du hast dich erpressen lassen.« Es klang ärgerlich.

Da hast du es, flüsterte die Stimme hohntriefend. *Er ist sauer. Sie* können *es nicht verstehen. Werden es nie. Es ist abartig.* »Wie gesagt, ich habe gehofft, …«

Frank verdrehte die Augen zur Decke und schüttelte den Kopf. »Du wusstest es doch besser, Callum. Das hört nicht von alleine auf.«

Siehst du, siehst du, höhnte die Stimme. *Denk daran, was er gesagt hat. So ist es immer. Begreif es endlich. Es geht nur durch Schweigen.* Callum wand sich. »Aber dein Kommentar«, krächzte er. »Ich wollte nicht …«

»Welcher Kommentar?«

Callum zitierte ihn.

»Du hast WAS gedacht? Na, vielen Dank. Ich habe bloß sagen wollen, wie klar mir war, was für heiße Eisen das waren. Die meisten Neulinge tun sich erfahrungsgemäß schwer damit, nehmen die Fälle mit nach Hause. Im Kopf, meine ich. Werden die Bilder nicht mehr los. Das und *nur* das, habe ich gemeint. Ich wollte sagen, du würdest das meiner Meinung nach gut hinbekommen, gerade *weil* du Privates und Berufliches bisher so gut getrennt hattest.«

Die Stimme verschluckte sich an der eigenen Spucke und schwieg abrupt.

Callum aber wollte wieder einmal im Boden versinken.

Frank fiel etwas auf. »Du hast die Stelle doch nicht deswegen abgelehnt, Callum?«

Callum schwieg und sah weiter stur auf den Boden, in dem er unverändert versinken wollte. Auch nach all den Jahren wollte ihm keine weitere deutsche Bezeichnung dafür einfallen. Vor lauter Ärger darüber schnaubte er, während er sich schwor zu Hause als erstes eine andere Metapher dafür herauszusuchen. Er konnte sich ja nicht dauernd wiederholen, fand er, nicht einmal in seinem Kopf.

»Das ist nicht dein Ernst« sagte Frank. Es kam leise, ganz leise, enttäuscht und verletzt.

Callum legte den Kopf mit geschlossenen Augen in den Nacken. Er konnte Frank nicht ins Gesicht sehen. »Entschuldige. Ich wollte nicht …

Ich weiß, was das für ein Angebot war, Frank. Wirklich.« *Jetzt reiß dich aber mal zusammen*, befahl er sich energisch, nahm den Kopf herunter unter öffnete die Augen, um Frank anzusehen. »Es war ein bisschen viel in letzter Zeit und … Frank, ich trete seit Monaten jedem immer nur auf die Füße.«

Frank nickte. »Bekomme ich die Geschichte?«, fragte er und hörte sich dabei stark nach K an.

Callum musste grinsen. Franks Blick war ebenso offen und wertungsfrei wie ihrer. »Weißt du was? Ja. – Ja. Warum eigentlich nicht?« Dann erzählte er. Es dauerte eine Weile, aber schließlich endete Callum mit dem Verlauf des Tages und seinem Entschluss hierherzukommen.

Frank hatte zugehört, nachgefragt und wieder zugehört, aber vor allem hatte er verstanden, wie es Callum ging. Also hob er die Hand und hinderte Callum damit an jedem weiteren Wort. »Danke. Danke für die Geschichte. Aber jetzt geh nach Hause. Leg dich wieder ins Bett. Sofort. Und mach anschließend bloß deinen anstehenden Urlaub. Du siehst wirklich zum Kotzen aus.« Er lächelte, als Callum missmutig das Gesicht verzog, sich mühsam erhob und zur Tür ging. »Ach, Callum?«

»Ja?«

»Hör zu. Ich … Ich habe verstanden, dass es einen Preis hat, so zu leben. Also, wenn ich dir irgendwie helfen kann, …« Er brach ab. Es hatte schon ihm selbst zu sehr nach Mitleid geklungen. »Ach, sag einfach Bescheid, ja?«

Callum grinste nur. Er hatte Frank schon richtig verstanden, aber ein boshafter Teil von ihm freute sich, weil selbst der mal ins Schwimmen geriet.

Frank räusperte sich hastig. »Und …, wenn dir etwas querkommt, Callum, dann frag gefälligst, ja? Das sollten wir aushalten können, okay?«

»Ja. Ja mach ich, Frank. Mach ich bestimmt.« Er hielt Franks Blick noch einen Moment fest. »Danke«, sagte er leise, dann war er durch die Tür.

Kapitel 17

Callum war viel zu erschöpft, um schon im Taxi zu begreifen, was an diesem Tag alles geschehen war. Müde lehnte er den Kopf an die Stütze hinter sich und schloss die Augen, vor denen schon wieder dunkle Punkte tanzten. Er sehnte sich nach etwas zu essen, einer Badewanne, seinem Bett und auch nach seinen Freunden.

Als das Taxi vor dem Haus hielt, zahlte er und dachte mit Schrecken an die vier Treppenabsätze, die ihn noch erwarteten. Zum ersten Mal brachte er so etwas wie Verständnis für Theos Wunsch nach barrierefreiem Wohnen auf.

Er quälte sich die zwei Etagen hinauf und schloss auf, froh, es endlich hinter sich zu haben. Noch etwas schnaufend trat er ein, nur um sofort von einer zappeligen K überfallen zu werden.

»Tata!«, schrie sie. »Da bist du ja wieder! Alles gut? Wie wars?« Er öffnete den Mund, um es ihr zu sagen, aber sie gebot ihm mit einer Handbewegung Einhalt. »Flo hat gesagt, … egal. Komm mit!« Sie schubste ihn Richtung Wohnzimmertür, ohne ihm eine Chance auf Gegenwehr zu lassen. »Ich habe eine Überraschung für dich.«

Callum brachte es nicht fertig, ihr zu sagen, er wünschte sich gerade nichts weniger als eine weitere Überraschung. Artig stieß er die Tür ins Wohnzimmer auf. Als er sah, wer ihn da erwartete, verlor er den Boden unter den Füßen.

»Leon!« Er griff nach der nächstgelegenen Sofalehne, um sich daran festzuhalten. »Wie kommst du …?« Vorsichtshalber setzte er sich.

»Ich mach dir einen Tee«, sagte Flo hinter ihm.

Abwesend registrierte Callum, wie stark Flos Stimme nach Verteidigung, ja fast verärgert, geklungen hatte. Er konnte es nur nicht verarbeiten.

K räusperte sich. »Ja, also, … das geht auf meine Kappe, Callum. Ich habe ihn hergeholt. Du sagtest gestern, du würdest noch einmal anfangen wollen.« Als Callum nicht reagierte, würde sie zögerlicher. »Ich … ich habe die Briefe gesehen, Callum. Schon nach der Party. Sie lagen auf dem Boden … Ich hab' sie genommen heute Morgen, aber … zurückgelegt eben.«

»Danke«, sagte Callum, und ließ unbewusst offen, ob er K meinte oder Flo, der ihm gerade seinen Tee angereicht hatte.

Unbehagliches Schweigen breitete sich aus.

Chris reagierte als erster. »Wir lassen euch mal alleine«, sagte er und wollte sich aus seinem Sofa stemmen.

Callum hob abwehrend die Hand. »Nein, Chris«, sagte er heiser. »Dawide«, ergänzte er schnell, weil der Chris natürlich hatte folgen wollen. »Bleibt, bitte. Das geht euch ebenso viel an wie mich.« Zu seiner eigenen Überraschung wurde der Klang seiner Stimme fester. »Das gilt, lieber Leon, auch für K und Flo.«

Flos angespanntes Gesicht leuchtete kurz auf.

Als Callum es bemerkte, stahl sich ein Lächeln auf sein Gesicht. Er verdrängte es wieder, wandte den Kopf von Flo zu Leon hinüber und sah ihn auffordernd an. »Ich höre?«, fragte er in bestem K-Tonfall.

Leon schloss kurz die Augen, als müsse er sich auf seine Antwort konzentrieren. »K …«, begann er und deutete auf sie, »… kam heute Vormittag zu mir ins Büro und dann …« Er berichtete, anfangs stockend, dann immer schneller, von ihren Gesprächen, dem im Büro und denen im Auto. »Wir … Callum, ich und K … also, K und ich … wir denken, wir können miteinander auskommen. In Zukunft. Keine Ausfälle mehr, wirklich.« Er wandte sich hilfesuchend und entschuldigend zugleich an Flo. »Das gilt auch für … Sie, Flo…rian. Es tut mir leid.«

Flos Blick schoss zu Callum.

Der hob beide Hände und drehte die Handflächen gen Himmel.

»*Du*«, sagte Flo zu Leon. »*Du* und *Florian*. Auf Probe. Nicht *Flo*. Irgendwann vielleicht. Auf Anbieten.«

Leon nickte dankbar. Es war ein Anfang

K griff ein. »Leon und ich haben noch über etliches mehr geredet, Callum.«

Chris und er mussten sich das Lachen verbeißen, als sie berichtete, wie sie und Leon über ihre Rechte an Callum verhandelt hatten. Es wärmte Callum.

»Ich denke, er meint es wirklich ernst diesmal«, schloss K. »Und wie du selbst gesagt hast: Dawide hat Chris, Chris hat Dawide, Flo hat mich und ich habe Simon. Wir werden also nicht zugrunde gehen, nur weil du künftig mal wieder *ab und zu …*«, sie sah betont zu Leon hinüber, »… in München verweilst, *Majestät.*« Sie sah ihn auffordernd an.

Callum fühlte sich in einen merkwürdigen Schwebezustand. Statt wie sonst herumzuwirbeln, kamen ihm nur langsam einzelne Gedanken in den Sinn. Ansonsten herrschte ungewohnte Stille in seinem Kopf, keine Stimme erhob sich, keine Erinnerungen begehrten Aufmerksamkeit.

Er spürte dem nach, suchte tief in sich eine Antwort auf die Frage, die in der Luft hing. Es dauerte also, bis er neben der Stille in ihm auch die draußen, im Wohnzimmer seines Zuhauses bemerkte. Es war an der Zeit, zu sprechen. »Nein«, sagte er leise und griff nach der Teetasse vor sich auf dem Couchtisch. »Ihr habt euch das nett ausgedacht, danke. Aber: nein.«

Ks Augen weiteten sich schlagartig.

Zur Überraschung aller anderen legte Leon ihr sanft die Hand auf ein Knie, als sie zum Sprechen ansetzte. »Ich will es wirklich versuchen, Callum. Bitte. K und ich … wir haben … das weißt du ja schon. Und ich gehe auch zu Simon und entschuldige mich. Er wird wissen, ob ich es ernst meine.«

Callum nickte, antwortete ihm aber nicht. Stattdessen wandte er sich an K. »Es wird genauso weitergehen, K. Es wird vielleicht eine Zeitlang gutgehen, aber dann …« Er deutete ein *Nein* an, sprach es aber nicht aus.

K senkte den Kopf und biss sich auf die Lippen, aber es lag kein Ärger darin, erkannte er, nur Enttäuschung.

Leon aber griff nach dem letzten Strohhalm, der sich ihm bot. »Callum, bitte! Wir haben damals gesagt *langsam angehen* und ich habe es nicht getan. Diesmal werde ich es. Ich kann den Abstand halten, Callum. Ich will nicht mehr als das, was wir hatten. Vielleicht irgendwann dein Vertrauen. Aber bis dahin …« Es klang verzweifelt.

Callums Blick fiel auf Chris und Dawide, die dem Ganzen gespannt gefolgt waren. Wie stets hatten sich ihre Hände dabei gefunden. Callum wusste, es war keine Absicht gewesen, nur ein unbewusstes Zusammenrücken, Zueinanderstehen im Krisenfall.

Zwanzig Jahre, dachte er. *Es sind fast zwanzig Jahre. Nur eine echte Krise. In all den Jahren. Wie geht das bloß?* Er war drauf und dran das niemals zu erfahren. Weil da niemand für ihn sein würde. *Das ist so selten, K, hört er sich selbst sagen. So furchtbar selten, dass jemand es versteht.*

Leon wartete nicht länger auf Callums Antwort. Er zog sich nach vorne, um aufzustehen, zu gehen, als Callum unvermittelt nickte.

Chris und Dawide fielen ein Stück in sich zusammen.

Leon bemerkte es und bekam Panik. Callum würde zurückziehen. Für sie. »Wenn nicht mir zuliebe, dann ihr zuliebe, Callum«, stieß er hastig hervor. »Sie hat sechs Stunden eingesperrt in meinem Auto mit mir verbracht, nur um mich hierher zu bringen. Soll das alles umsonst gewesen sein?«

Callum lächelte plötzlich.

Es war ein warmes Lächeln, bemerkte Leon erleichtert. Die Panik ebbte ab.

»Stimmt das?«, fragte Callum K mild.

Leon sah sie flehend an.

»Nein«, antwortete sie erbarmungslos. Die Panik flutete zurück. »Es waren fünf. Und *er* musste als erster aufs Klo.«

Leon grinste kläglich. In seiner Erleichterung fiel ihm nichts Besseres ein. »Sie hat mich hereingelegt«, beklagte er sich leidend. »Sie hatte Kaffee dabei. Unwiderstehlich guten Kaffee. Sie …«, er deutete auf K und holte tief Luft, »… kocht echt tollen Kaffee. Für …«, Chris und Dawide richteten sich alarmiert auf, »… für einen halben Jungen«, schloss er, ernsthaft bemüht.

Chris und Dawide lachten.

»Siehst du, Leon«, sage K und lachte auch, »Geht doch. Und das üben wir jetzt immer weiter, bis die Mama sagt, du darfst damit aufhören.«

Leon warf ihr einen seiner bitterbösen Blicke zu. »Nicht übertreiben, ja?« Es lag etwas Neues in seinem Tonfall. Etwas, das Callum aufhorchen ließ. Respekt.

Er sah zu Chris und Dawide, deren Gelächter ebenfalls verstummt war. Sie hatten es auch gehört. Dawide nickte Callum kaum merklich zu. Der wusste, Chris würde es ebenso akzeptieren. Er traf seine Entscheidung. »So weit, so gut, Leon.« Seine Stimme klang immer noch ungewohnt fest in seinen Ohren. »Du hast fünf Stunden gebraucht, um dich mit K zu einigen und hierher zu kommen. Du wirst weitere fünf brauchen, um zurückzukommen und dich mit dir selbst zu einigen.«

Leon ließ sich entsetzt zurückfallen.

Callum bremste ihn nicht. »Entscheide dich, ob du wirklich mit dem leben kannst, was ich an Leben zu geben habe. Denn das wird nicht mehr werden. Entscheide, ob du ein für alle Mal akzeptieren kannst, dass ich nicht reden und mich nicht verändern werde. So, wie meine Freunde hier das tun. Entscheide, ob du neben ihnen stehen magst, denn *über* ihnen wirst du es nie tun. Entscheide, ob du akzeptieren kannst, dass du in dem Moment gehen wirst, in dem du mehr haben willst oder in dem du einen von ihnen verletzt.« Leon wollte eifrig nicken, tat es schon fast, während Callum noch sprach, aber der lehnte sich nach vorne und hob abwehrend die Hand. »Nicht jetzt und nicht heute, Leon. Zu schnell. Zu viel. Zu weitreichend. Fahr nach Hause. Denk darüber nach. Wie ich gesagt habe. Dann entscheide, ob du es versuchen willst. Aber nicht jetzt.« Callum wusste, es war richtig, was er tat. *Es ist meine Art zu kämpfen. Nicht wegzulaufen. Es ist schwerer, aber machbar. Er muss es wollen, wirklich wollen.*

Leon schloss die Augen, damit man die Wut und die Enttäuschung darin nicht sehen würde. Als er sich unter Kontrolle hatte, nickte er kaum merklich, öffnete sie wieder und stand auf.

K folgte ihm und legte die Hand auf seine Schulter. Sie hatte plötzlich furchtbares Mitleid mit ihm. »Dann mache ich dir wohl noch mal Kaffee, ja?«, sagte sie und zog ihn in die Küche. Sie schob es auf die Enttäuschung, als er ihre Hand abschüttelte, sobald sie dort waren.

Im Wohnzimmer sahen Flo, Dawide und Chris Callum fragend an. Der wärmte sich an dem guten Stück Anerkennung, das in ihren Blicken lag.

»Wer bist du und was hast du mit Callum gemacht?«, fragte Chris in dem untauglichen Versuch, das Ganze ins Lächerliche zu ziehen.

Flo eilte dem sichtlich erschöpften Callum zur Hilfe. Er hüpfte zu ihm hinüber, um sich auf dessen Armlehne zu setzen. »Das erkläre ich …«, sagte er zu Callum, »… während du in der Badewanne liegst. Die ich dir einlaufen lasse.« Er stand auf, aber Callum regte sich nicht. »Jetzt!«

Diesmal gehorchte Callum schwerfällig.

Chris und Dawide tauschten einen überraschten Blick. Aber den bemerkten weder Flo noch Callum.

Kapitel 18

Leon wartete fast eine ganze Woche, bevor er sich meldete und Callum erlöste.

Callum hatte getan, als fechte es ihn nicht an, sich innerlich aber fast zerrissen. Zwar hatte es noch bis in den Morgen, der auf Leons Abgang gefolgt war, hinein gedauert, bis er endlich begriffen hatte, was da möglich geworden war, dann aber hatte sein Herz umso heftiger reagiert. Als Leon endlich anrief und ihm sagte, er werde auf Callums Bedingungen eingehen, hob er fast ab vor Glück.

Simon, K, Chris und Dawide freuten sich von Herzen mit ihm. Nur Flo blieb merkwürdig reserviert. Das musste wohl an seinem Misstrauen gegenüber Leon liegen, vermutete Simon für alle überzeugend.

Mehr als das konnte Flo auch nicht mehr auf der Seele liegen, denn schon zwei Tage nachdem Callum bei ihm im Büro gewesen war, meldete sich Frank bei Callum.

Flos Vater hatte keine Anzeige erstattet, hatte eine inoffizielle Nachfrage ergeben. Die Beamten vor Ort hatten ihn wohl darauf hingewiesen, was sie an Beobachtungen dazu aufschreiben würden, auch wenn sie sich der Anzeige natürlich nicht hätten verweigern können. Frank hatte damit geschlossen, er werde Callums Besuch in seinem Büro vorläufig vergessen, rate Callum aber nach wie vor dazu, in der Sache selber tätig zu werden. Callum hatte ihm gedankt und noch während er auflegte zum Festnetztelefon gegriffen.

»Ich wollte euch um eure Meinung bitten«, sagte Callum, als alle erwartungsvoll um den Esstisch versammelt waren. Selbst Flo saß einmal nicht in seinem Zimmer am Computer, wie er das seit Neuestem so häufig tat, wenn er frei hatte. »Ich möchte wissen, was ihr davon hieltet, wenn ich den Vorfall zwischen K und unserem netten Nachbarn nachträglich zur Anzeige bringe.«

Vor Erstaunen blieb selbst Chris einen Moment lang still.

»Geht das überhaupt?«, fragte Flo, als kein anderer sprach.

»Doch, ja. Ich müsste nur sagen, dass ich aus Angst geschwiegen habe und K deswegen keine Aussicht in einer Anzeige gesehen hat.«

Chris nickte. »Aber es durchzubringen wird schon schwieriger.«

Jetzt war es an Callum zu nicken. »Klar.«

»Aber wird er nicht ...?«

»... sagen, dass wir *pervers* sind und sie es verdient hatte? Woraufhin er gefragt werden wird, was er meint?«, fragte Callum frech.

Flo wurde dunkelrot. Genau das hatte er sagen wollen.

»Ja, wird er.« Callum zuckte mit den Schultern. »Nur ist das erstens kein Grund, jemanden zu nötigen, und zweitens keine Entschuldigung. Soll heißen: Ich kann offenlassen, ob es stimmt, wenn ich danach gefragt werde. Nach dem Motto: Ich wüsste nicht, was das ändern würde, selbst wenn es so wäre.« Callum feixte, dann sah er K und Flo entschuldigend an. Aus ganz unterschiedlichen Gründen. Aber Flo hatte bereits verstanden. Seine Sache lag da ganz anders.

»Ich habe das damals nicht sehen wollen, K«, fuhr Callum, zu ihr gewandt, fort. »Dass es geht. Dass die Feigheit und das ... *Andere* nichts miteinander zu tun haben. Das hast erst du mir klar gemacht, als du gesagt hast, es sei schwerer, so zu leben wie ich.«

Sie sah ihn verständnislos an.

»Ich hab auch etwas gebraucht. Erst bei Frank im Büro habe ich verstanden. Wenn es der schwerere Weg ist und ich ihn gehe, dann kann ich doch gar nicht *deswegen* feige sein. Also musste meine Feigheit woanders herkommen, verstehst du? Aus mir selbst, nicht ... *daraus*.«

K begann zu strahlen.

»Als Frank geradezu entsetzt auf meine Unterstellung reagierte, hab ich auch endlich verstanden, dass die Feigheit nur bequemer war. So bequem, wie an Martin festzuhalten. Und an Leon. Immer mit der Entschuldigung, es ginge ja nicht anders, den Kopf einzuziehen und im Zweifel nichts zu tun. Dabei hätte ich es sehr wohl tun können.«

Callum schrak zusammen, als Dawide laut zu klatschen begann. So, als habe Callum gerade eine Aufgabe gelöst, die er schon seit Stunden fertig hatte. Chris folgte Dawide, wiederum gefolgt von Simon, und auch Flo stimmte begeistert ein. Er klatschte nur doppelt so schnell wie die anderen. Als Callum beim Versuch einer vollendeten Sitz-Verbeugung auch noch mit der Stirn auf dem Tisch landete, konnte sich keiner von ihnen mehr halten. Lautstark lachten sie sich gegenseitig aus. Oder endlich wieder einmal an.

»Also, K? Was meinst du?«, fragte Chris, als sie sich wieder beruhigt hatten.

K zog nachdenklich die Augenbrauen zusammen. »Nein«, sagte sie dann. »Nein«, wiederholte sie, deutlich entschlossener, als Callum etwas einwenden wollte. »Nein, *wenn* ich so etwas mache,« sie ließ das *noch mal* bewusst aus, »dann nur, wenn es auch zum Erfolg führt. Ihr habt selbst gesagt, es wird schwierig. Und bei der Party ist ja auch nichts passiert. Gott sei Dank und leider zugleich.«

Tatsächlich war nie ganz klar geworden, was die Gruppe vor dem Club eigentlich vorgehabt hatte. Die Männer hatten sich beim Eintreffen der Beamten brav zerstreut und zuvor einhellig erklärt, sie hätten Simon lediglich fragen wollen, warum der sie so anstarre. Callum und Simon waren sich sicher, es war anders gewesen, aber einen Beweis dafür würden sie nie bekommen. Die Baseballschläger, die Simon bis heute behauptete gesehen zu haben, waren jedenfalls nicht aufzufinden gewesen.

»Ich brauche das auch nicht mehr.« K sah einen Punkt an der Wand zur Küche an. Simons Hand drückte sanft ihr Knie. Verdeckt, natürlich. Immer noch. Es ärgerte sie, aber sie schwieg dazu.

Flo jedoch war die Enttäuschung anzusehen. »Aber können wir ihm nicht wenigstens ein bisschen Angst machen, damit sich das nicht wiederholt? Was meint ihr?«

Dawide und Simon waren sofort überzeugt.

»Ich kann bei einem Kunden nachfragen«, sagte Simon. »Der hat mir mal angeboten, für den Schutz von meinen … also egal, jedenfalls, ich könnte mal nachhören, was da so möglich ist.«

Empört richteten sich Chris und Callum auf. »Kommt gar nicht in Frage!«, protestierten die beiden Juristen *unisono.*

Dawide, Flo und Simon wollten umgehend den Kampf aufnehmen.

»Nein!« K lächelte plötzlich sehr boshaft. »Ich weiß etwas viel Besseres.«

Aller Augen wandten sich ihr zu.

»Das nächste Mal, wenn ich ihn in der Bahn treffe, werde ich mich bei ihm *entschuldigen*«, erklärte sie zum blanken Entsetzen ihrer Freunde. »Ich möchte jetzt *so gerne* mit ihm ausgehen. Mit ihm und seinen *Freunden.* Der Auftritt vor dem Club, das war so *beeindruckend.*«

Die Tafelrunde verstand nur Bahnhof.

Sie schüttelte den Kopf. »Und dann, auf dem Weg, so gerade im Angesicht seiner Freunde, treffen wir ein paar von euch. Mit lautem Hallo. *Zufällig.*«

Flo begann zu prusten, so unverschämt näselte K ›*zufällig*‹.

»Die *ihn* zufällig kennen. *So gut* kennen, dass sie sich gar nicht einkriegen vor Freude, ihn *wiederzusehen.*«

Langsam begannen die Männer am Tisch zu begreifen.

Ks Grinsen vertiefte sich. »Beste Freunde, die unbedingt wissen wollen, wann er denn endlich mal wieder *vorbeikommt.* Zu *ihnen.*«

Die Jungs am Tisch brachen in brüllendes Gelächter aus.

»Bevor sie sich schnellstens verkrümeln, versteht sich.« K ließ sich zufrieden an ihre Stuhllehne zurücksinken.

»Erinnere mich daran, niemals dein Feind zu werden«, bat Chris erstickt.

»Die Hölle ist nichts im Vergleich zur Rache einer Frau«, zitierte Dawide.

»Voilà!«, rief Callum zustimmend und schlug mit der flachen Hand auf den Tisch. »Wir haben einen Plan.«

Kapitel 19

K hetzte die Treppe zu Simons Wohnung voller freudiger Erwartung hinauf.

Es war schwer genug gewesen, Simon dort zu halten, war es doch der Abend, an dem sie Ks diabolischen Plan in die Tat hatten umsetzen wollen. Aber Callum hatte darauf bestanden. Simon, so hatte Callum ihm leise mitgeteilt, sei da nun ausnahmsweise doch einmal überfordert. Sowohl damit, den *aufdringlichen Schwulen* zu spielen, als auch damit, brav zuzusehen, wie K mit einem anderen herumturtelte. Schweren Herzens hatte Simon zugestimmt und sich missmutig in seiner Wohnung verschanzt.

Jetzt konnte K ihm vermelden, er sei aus dem Arrest entlassen und der Plan äußerst erfolgreich durchgeführt worden. Der Typ würde nie wieder freiwillig sein Gesicht zeigen. Begeistert schloss sie auf.

Die Frau saß an eng Simon gelehnt, als K ins Wohnzimmer stürmte. Ihr wunderschönes Gesicht zeigte nur einen Hauch von Überraschung und außer ihre endlos langen Beine elegant übereinanderzuschlagen ließ sie keine Regung erkennen. K erstarrte.

»Hallo.« Frau legte den Kopf schräg, als erwarte sie eine warme Begrüßung von K.

Die sah rot. »Du verfluchter Mistkerl!«, brüllte sie. Simon hob die Hand, als sei er in der Schule und wolle etwas sagen, aber K ließ ihn nicht zu Wort kommen. Sie warf ihm an Schimpfworten an den Kopf, was ihr einfiel, bis sie ihr ausgingen und Tränen folgten.

Die Frau wartete ab, bis K still wurde, dann stand sie auf und trat, eine Hand ausgestreckt, auf K zu. »K, bitte, ich …«

K schlug ihre Hand aus dem Weg und stürmte aus dem Wohnzimmer in das Zimmer hinein, in dem sie ihre Sachen aufbewahrte. Sie riss den kleinen antiken Schrank auf, den Simon vor langer Zeit für sie hineingestellt hatte, packte die Tasche für die Schmutzwäsche, die darin lag, und warf in sie hinein, was sie zu fassen bekam.

Die Tür öffnete sich vorsichtig. Die Frau stand darin. »K? Würden Sie mir einen Moment zuhören, bitte?«

K antwortete nicht. Sie stopfte weiter ihre Sachen in die mittlerweile schon viel zu volle Tasche.

Die Frau tanzte – ein anderes Wort fiel K dafür nicht ein – zwei, drei Schritte auf sie zu und fasste sie vorsichtig am Arm. »Würden Sie mich bitte erklären lassen, wer ich bin?«

»Es interessiert mich nicht, was Sie mir für einen Mist erzählen wollen! Is' sowieso alles Lüge!«

Die Frau nahm kurz die Hand vor den Mund, als unterdrücke sie ein Lächeln.

K hätte sie umbringen können.

»Schön«, sagte die Frau und erst da hörte K den leichten Akzent in ihrer Stimme. »Dann sage ich eben nicht, dass ich Anah heiße und Simon mein großer Bruder ist.« Sie sah K an und lachte. Herzhaft. Vor allem aber herz*lich*.

»Anah, nicht Anna«, erklärte sie K ein paar Minuten später, nachdem sie K zum tausendsten Mal versichert hatte, der müsse nichts peinlich sein und sie selber würde ganz gewiss genauso reagiert haben. Anah saß mittlerweile auf dem Boden des Zimmers, die Beine untergezogen, und sah K zu, die etwas gemesseneren Tempos ihre Sachen zurück in den Schrank räumte. »Einen Idee unserer Eltern. Die sind ein bisschen … speziell.«

»Simon ist nicht gerade speziell«, gab K zurück.

»Der Name vielleicht nicht, er schon.« Anah kicherte. »Jedenfalls in unserer Familie. – Es tut mir übrigens leid, dass ich Sie nicht schon früher kennengelernt habe. Aber das letzte Mal war ich dienstlich hier und hatte nur das Abendessen, um mit Simon eine Geschwistersache zu besprechen.«

K erschrak. Dann war Anah wohl die Dame gewesen, von der Dawide berichtet hatte. Sie wäre fast schon wieder in Tränen ausgebrochen, diesmal vor Scham.

Ihr Ultimatum an Simon kam ihr wieder in den Sinn. Schnell stopfte sie die letzten Stücke in den kleinen Schrank zurück und verschloss energisch dessen Türen. »Ich denke, ich sollte mich bei Simon entschuldigen. Er wird sich schon fragen, ob ich Sie umgebra…«

Die Tür öffnete sich einen Spalt breit und Simon sah hinein. »Ich wollte nur sehen, ob sie dich schon umgebra…«

Anah lachte hellauf. »… umgebracht hat. Himmel, ihre zwei seid ja wirklich wie füreinander geschaffen.«

Simon schluckte. Er durchschaute die Lage noch nicht ganz. »Aperitif?«

»Prima. Können wir beide brauchen.« Anah deutete auf K und sich.

Simon fiel ein Stein vom Herzen, als K zustimmend nickte. »Und wohin darf ich meine *beiden* Damen anschließend zum Essen ausführen?«

»Gar nicht. K und ich gehen nämlich einkaufen. Ich möchte mir diesmal keinesfalls wieder Ihre Kochkünste entgehen lassen, K. Simon schwärmt seit Monaten davon.«

K fand, das sei eine prima Wiedergutmachung für ihre Szene von eben und nickte schnell. Erst auf dem Weg fiel ihr auf, wie geschickt Anah sie dazu gebracht hatte, sich wohlzufühlen, indem sie sie machen ließ, worin sie sich sicher fühlte: kochen. *Miststück.*

Kapitel 20

Sie vergleichen.« Anah lachte, als sie an einer weiteren großen, spiegelnden Scheibe vorbeiliefen.

Anahs Offenheit überraschte K. Das war selten unter Frauen. »Tue ich, ja. Ich finde es entsetzlich, aber ich tue es. Ich bin so … klein. Unscheinbar. Sehen Sie sich an!« K deutete auf ihrer beider Spiegelbilder. »*Das* ist es, was zu ihm gehört. Eine Frau wie Sie.«

Anah lachte wieder. »Es ist mein Kapital, K, mein Beruf. Ich habe nichts anderes gelernt. Wenn Sie zig Stunden am Tag damit verbringen würden, sich schön zu machen, wären Sie es auch. Etwas ist angeboren und der Rest mit viel Kampf und Geld weitergeführt.«

»Geld, das ich nie haben werde.«

»Nehmen Sie seines, wenn Sie wollen.« Anah zuckte mit den Schultern.

»Ich habe mein eigenes Geld, danke.« Es klang aggressiver, als sie beabsichtigt hatte.

Anah schwieg einen Moment und betrachtete Ks Reflektion in der Fensterscheibe. »Hat er mir erzählt, ja. Bedenken, mit ihm zu fliegen, das Verbot größerer Geschenke, das Teilen des Einkaufs. Das ist Ihr Ernst«, sagte sie mit einem weiteren Blick auf K, »keine Masche.« Sie schüttelte den Kopf, wirkte aber zugleich erleichtert. Dann wandte sie sich von der Scheibe ab und ging weiter.

K folgte ihr stumm.

»Ich glaube, ich verstehe ihn langsam«, sagte Anah nach einer Weile nachdenklich.

»Was meinen Sie?« K war die Stille lang geworden.

Anah lächelte. »Sie scheinen ihn wirklich zu lieben. Seine Frau hat …«

»Seine *Frau*?«

»*Autsch*. Ich dachte, Sie wüssten … Seien Sie ihm nicht böse, K. Er redet nicht gerne darüber. Es war ein bewusst gemachter Fehler, keine Ehe. Und sie ist schon lange Geschichte.«

Sie waren vor dem kleinen Laden angekommen, in dem K gerne einkaufte, und so erzählte Anah die Geschichte, während K ihre Ware auswählte und in den Einkaufskorb legte, den Anah neben ihr hertrug.

Auf dem Rückweg war Anah bei Susa angelangt. »Die war noch schlimmer.« Sie erzählte auch diese Geschichte.

»Selbst mich hat sie mit hineingezogen. Meine *beste Freundin* wollte sie sein. Hat mich immer wieder ausgehorcht. Das lief immer gleich ab: *Ach, Anah, … ich bin ja so unglücklich. Xy Brand hat das und das gemacht, und ich weiß nicht, was ich jetzt machen soll.*« Sie lachte harsch. »Ich Idiotin bin immer wieder drauf reingefallen. Hab mit Simon geredet, der hat mir was erzählt und ich hab es ihr erzählt. So lief das. Am Ende konnte ich von Glück reden, dass Simon so großherzig ist und so schnell verzeiht. Sonst hätte sie unser enges Verhältnis auch noch auf dem Gewissen gehabt.«

K nickte.

»Sie haben ihn immer ausgenommen, K. Nicht nur die Frauen. Simon und ich waren die Kinder, die alles hatten. Mein Bruder hat sein Leben lang nur ein einziges Mal um seiner selbst willen dazugehören wollen. *Echte* Freunde. Leute, die *ihn* sehen, nicht mehr. Er träumte davon, ein Ritter an Artus Tafelrunde zu sein. Es war so leicht, ihn auszunehmen. Ist es bis heute, Sie müssten es nur mal versuchen.« Sie lachte leise.

K konnte nicht darüber lachen.

Anah bemerkte es und wurde ebenfalls wieder ernst. »Jetzt scheint es fast, als würde sein Traum wahr werden. Ihre Jungs scheinen ihn wirklich zu mögen.«

»Das tun sie.«

»Trotzdem fühlt er sich schlecht damit.« Anah sah K scharf an. »Warum?«

K seufzte. »Hat er das nicht erzählt?«

»Das konnte er nicht mehr, K.« Anah kicherte. »Ich hatte gemerkt, dass etwas nicht stimmte, und habe mich zu ihm rüber gesetzt, um ihn zu drücken. Das war der Moment, als Sie reinplatzten.«

K konnte nicht verhindern, sich wieder dafür zu schämen. Sie räusperte sich. »Sie halten ihn für queer, Anah.«

Anah sah sie verdutzt an. »Quatsch!«

»Doch, tun sie. Er glaubt, wenn er es aufdeckt, fliegt er mal wieder aus der Tafelrunde.« Anahs Gesicht verdüsterte sich.

»Tut er's?«

»Ehrlich gesagt, Anah, ich weiß es nicht.« Sie dachte darüber nach. »Aber was halten Sie davon, sie kennenzulernen?«

Anahs Augen leuchteten auf.

»Vorausgesetzt, natürlich, Sie überleben einen Abend, ohne angeschmachtet zu werden.«

Anah verdrehte pflichtschuldigst die Augen. »Undenkbar«, hauchte sie divenhaft.

»Abgesehen von Callum natürlich, der das formvollendet schauspielern wird, und Florian, der den Boden unter Ihren Füßen anbeten wird.«

Anah stutzte.

»Der Schminktipps wegen, Anah.« Bei der Vorstellung davon, was Anah erwartete, musste K lachen.

»Wissen Sie was, K? Ich glaube, ich kann das einen Abend überleben. Selbstverständlich weiß ich von nichts. Und werde es auch nicht herumtragen. Wie sagt man? Schwesternehrenwort!«

Sie ist kein Miststück, dachte K, als sie Anah in die Augen sah. *Sie ist wie er. Sie will einfach nur nett sein und dazugehören, egal, wie sie aussieht.*

Es wurde ein ungemein lustiger Abend. Zum ersten Mal seit langer, langer Zeit hatte K in Gegenwart einer Frau wie Anah nicht das Gefühl, verschwinden zu müssen. Anah und Simon überboten sich mit Anekdoten von ihren Reisen und auch hier fühlte K sich nie zurückgesetzt. Wann immer K zugeben musste, ein Reiseziel nicht zu kennen, und das war oft, endete es in den fantastischsten Plänen, wie K diese Orte kennenlernen konnte. Wenn sie dabei auf das Thema *Geld* zu sprechen kamen, war kein Hauch von Aufdringlichkeit oder Mitleid in ihren Stimmen. Als K sich zurück in ihr WG-Zimmer aufmachte, hatte sie das Gefühl zu fliegen.

Sie verabschiedete sich von Anah in Simons Küche. Anah hatte es übernommen, den abgegrasten Tisch abzuräumen, und dabei jede Hilfe von K strikt abgelehnt. Als die nun eintrat, richtete sich Anah betrübt auf. »Schade, dass ich morgen früh schon wieder weg bin.«

»Aber du kommst doch nächstes Wochenende mit Simon zum Essen.«

»Ja, stimmt.« Unvermittelt griff Anah nach ihrem Nacken und öffnete den Verschluss der feinen Goldkette, die an ihrem Hals hing. »Nimm sie, bitte. Ich möchte es.« Sie trat hinter K und legte sie ihr um. »Sie soll dich an mich erinnern und daran, dass Geld nicht alles ist, egal, was sie sagen. Und sie gehört an eine schöne Frau.« Sie zwinkerte K zu.

Die traute ihren Ohren nicht.

Kapitel 21

W*enn er noch eine dieser Barbie-Puppen würde busseln müssen, würde er schreien.* Die immer gleich belanglosen, für diese Menschen aber scheinbar so wichtigen Themen, der endlose Strom an boshaft gemeinten Scheinkomplimenten und Leons ständige Giftattacken gegen alle halbwegs normalen Frauen – sie alle gingen Callum zunehmend auf die Nerven.

Zwar respektierte Leon K auch weiterhin, dafür hatte aber er nur wenig Zeit gebraucht, um es sich endgültig mit Flo zu verscherzen. Der wehrte sich ungewohnt lautstark und massiv gegen Leons Attacken und auch Callum konnte und wollte Leons Verhalten immer weniger entschuldigen. Ständig gerieten Leon und er deswegen aneinander.

Eine attraktive Blondine ging vorbei. Sie erinnerte Callum an Anah, Simons Schwester. Ein Lächeln huschte über sein Gesicht.

Es war ein netter Abend gewesen, als Simon sie mitgebracht hatte. Callum hatte sein Bestes gegeben, um Anah sich wohlfühlen zu lassen, schon um Simons Willen. Anah wiederum hatte ihr Bestes gegeben Flo glücklich zu machen und ihm endlose Geschichten und Gerüchte von den *Sets* erzählt, an denen sie gewesen war. Sie hatte sich sogar bereiterklärt ihm zwei oder drei Tricks der *Make-up-Artists* zu zeigen. Flo hatte den Rest des Abends über geleuchtet wie ein Flutlichtstrahler im Kölner Stadion im Winter. Und als Anah auch noch Dawide für dessen Kochkunst gelobt und über Chris' schwarzen Humor gelacht hatte, hatte sie die WG endgültig erobert gehabt.

Callum folgte der Frau mit den Augen, bis er Leon an der Bar bemerkte. Sein Lächeln verschwand abrupt. Er hatte ihn ausladen müssen für jenen Abend. Ihn mit Anah zu konfrontieren hatten sie nicht gewagt. Dazu war die viel zu natürlich.

Callum seufzte. Der schöne Abend hatte noch etwas ganz anderes zu Tage gefördert. Etwas, über das er am liebsten nicht nachdenken wollte. Simon hatte unbefangen berichtet Leon in München auf einem Empfang begegnet zu sein. Leon war dort gewesen, das hatte Callum gewusst, aber offensichtlich war Leon nicht alleine dort gewesen. *Das* hatte Leon nicht erwähnt. Es traf Callum.

Flo hatte das natürlich sofort erspürt und sich langsam und vorsichtig aus der Deckung gewagt. Das werde dann wohl derjenige sein, den Leon dauernd am Handy habe, wenn Callum aus dem Zimmer sei, hatte er vermutet.

Callum hatte Mühe gehabt, ihn nicht vor allen anderen anzubrüllen. Er bereute bitterlich, es später auf dem Flur nachgeholt zu haben. Zwar hatte er sich gleich am nächsten Morgen bei Flo entschuldigt, aber dessen verletzter Blick hatte ausgereicht ihm mal wieder ein schlechtes Gewissen zu verpassen.

Wirklich erschreckend aber war der Traum gewesen, den er in der vergangenen Nacht von Flo geträumt hatte. Einen Traum, den man nicht von einem Freund träumte, nicht einmal, wenn man Callum war. Schon gar nicht von *Flo*. Erst K hatte Callums Welt wieder in Ordnung bringen können. Am Telefon hatte sie ihn beruhigt und ihm erklärt, er spüre wohl die Risse in seiner Beziehung zu Leon.

Risse, dachte Callum und sah wieder zu Leon hinüber. Der schrieb schon wieder eine Nachricht. Als er Callums Blick auf sich ruhen fühlte, sah er auf und lächelte. Callums düstere Stimmung verflog. Nichts, was man nicht klären konnte, versprach er sich stumm und lächelte zurück.

Kapitel 22

Während Callum in München seinen Gedanken nachhing, tigerte Dawide unruhig durch die Wohnung. In wenigen Tagen würde das so lange geplante *Event* stattfinden und Dawide hatte dauernd das Gefühl, etwas Wichtiges übersehen zu haben.

Chris versuchte ihn etliche Male zu beruhigen, dann packte er Dawide kurzerhand ins Auto und fuhr mit ihm hinaus zu seinen Eltern. Das wirkte immer.

Es wirkte auch diesmal, schon weil Josef sich mit Engelsgeduld auch zum tausendsten Mal anhörte, was Dawide bei der Planung alles falsch gemacht hatte, hätte besser machen können oder hätte berücksichtigen müssen. Der geerdete Unternehmer ließ Dawide auf ihrem Rheinspaziergang reden und reden, sah nur ab und zu nach hinten zu seiner Frau und seinem Sohn, bis er abrupt stehen blieb und Dawide scharf ansah. »Was machst du eigentlich am Samstag?«

Dawide sah verblüfft zurück.

Josef lachte. »Ich meine, was passiert nach dem *Event*, wie du das so schön nennst. Wie geht es weiter? Es gibt ein Leben nach Freitag, weißt du?«, sagte er sanft und nahm den Spaziergang wieder auf.

Dawide sah nachdenklich den Rhein hinauf. »Ich weiß es nicht.«

Josef lachte. »Siehst du, genau das meinte ich.«

Dawide schwieg.

Josef lachte noch einmal. »Dawide, *dat is doch im Jrunde jenommen janz einfach. Entwedder et jeht jot odr et löf nit esu jot. Da is nix dran ze maache.* Aber du musst schon wissen, wie du damit umgehen willst.«

Der rheinische Dialekt nahm der Kritik die Schärfe, die sie sonst wohl gehabt hätte, und so kam Dawides Kopfkarussell tatsächlich für einen Moment zum Stehen und erlaubte ihm den Blick in die Zukunft.

»Wo willst du hin, Dawide? Beruflich, diesmal.«

»Ich glaube, ich …« Dawide gab sich einen Ruck. »Josef, ich glaube, ich muss dir etwas erzählen.«

Als sie zum Kaffee zurückkehrten, rannte ihnen Marius entgegen. Chris' Schwester hatte offensichtlich dieselbe Idee gehabt wie ihr Bruder. »Dawide!« Marius sprang ihm begeistert in die Arme.

Der Junge hatte seinen Schrecken schnell überwunden und Dawide schon nach wenigen Stunden verziehen. So machte man das unter Kumpeln. Und Dawide war, das wussten alle, die Marius kannten, Marius' bester Kumpel. An Dawide reichte nichts und niemand heran. Marius' kleine Schwester konnte ein Lied davon singen, wie eifersüchtig ihr großer Bruder Dawide für sich reklamierte. Zum Glück, fand Marius, interessierte Dawide sich nicht für Mädchen. Die waren eh doof. Vor allem, wenn sie noch so klein waren.

Diesmal zerrte Marius Dawide in den Garten seiner Großeltern. Er musste seinem besten Kumpel unbedingt eine Sensation präsentieren: seine erste Drohne. Der kleine Quadkopter mit Kamera war seit dem Vortag Marius' ganzer Stolz, auch wenn das Gerät noch nicht immer das tat, was Marius wollte.

Fasziniert beobachtete Dawide, wie der Junge die Drohne steuerte. Er selber beherrschte nicht einmal die Controller von Callums und Chris Spielekonsolen – sehr zu deren Gaudi. Entsprechend erfreut war er, als Chris und Josef sich zu ihnen gesellten. Bald lieferte die Kamera erste Bilder vom Garten, dann vom Dach.

»Jetzt brauche ich nur noch einen größeren Speicherstick«, sagte Marius stolz, als sie wieder hineingingen. »Aber den kriege ich zur *Kommejon*.«

Kommejon, dachte Dawide grinsend. Heilige Erstkommunion auf Kölsch.

»Dafür lohnt sich sogar die ganze Auswendiglernerei – und der blöde Anzug«, sagte Marius.

Dawide verbiss sich verzweifelt das Lachen.

»Es ist ein wunderschöner dunkelblauer Anzug und wenn du so weiterschimpfst, kannst du ihn gleich anbehalten bis zu Amelies Hochzeit eine Woche später, Rabauke«, drohte Marius' Mutter.

Dawide hatte Mitleid mit dem entsetzten Marius. »Du, ich trage fast jeden Tag einen«, suchte er Marius mit dem ungewohnten Anzug zu versöhnen. »Sind praktisch, die Dinger. Musst morgens nie überlegen, ob sie zusammenpassen.«

»Papa hat auch bloß den Anzug von der Hochzeit«, muffelte Marius wenig überzeugt zurück. »Hast du deinen noch?«

»Kann ich doch nicht. Chris und ich sind doch nicht verheiratet.«

Marius klatschte sich die Hand vor Stirn. »Ja, stimmt ja. Wegen Gott und so.« Er klopfte Dawide wissend auf den Rücken. An dessen Schulter reichte er ja zu seinem Ärger nicht heran. »Mach dir nichts draus«, tröstete er Dawide großherzig. »In meiner Klasse sind ganz viele Kinder, wo die Eltern nicht verheiratet sind. Alef hat zwei Väter, aber seine Mutter ist mit keinem verheiratet, sagt er. Tuluns Mama war verheiratet, ist aber jetzt alleine, und bei Ludwig glaubt erst gar keiner an Gott, also gehen sie auch nie in die Kirche und er auch nicht zur *Kommejon*. Seine Eltern sind aber trotzdem verheiratet, sagt meine Lehrerin. Ich versteh das zwar nicht, aber das geht wohl auch.«

Dawide sah einen Moment lang nachdenklich in den grau-blauen Kölner Himmel hinauf. »Ja. Das geht wohl auch.«

Kapitel 23

Als sie zu Bett gingen, stellte Callum Leon zur Rede. Der aber wollte von nichts etwas wissen. Callum sei bloß empfindlicher geworden.

»Ich?« Callum setzte sich auf die Bettkante. »Ich habe das Gefühl, du bist aggressiver geworden als früher.«

Leon blinzelte. »Mag sein.«

»Leon, magst du mir nicht endlich sagen, woher das kommt? Vielleicht verstehe ich es dann besser.«

»Nein. Du redest ja auch nicht.«

Callum schwieg und ließ sich zurückfallen.

Leon folgte ihm auf seiner Seite, legte dann aber seinen Kopf auf Callums Brust. »Entschuldige. Es ist nur … eine Art Reflex. Ich werde verletzend, bevor ich verletzt werde. Und Frauen haben das irgendwie immer geschafft.«

»Ach, jetzt komm aber. Nicht *das*.«

»Doch. Ich war mal verheiratet, weißt du?«

»Echt?«

»Ja. Ich habe mich darauf eingelassen und jahrelang mein anderes Leben heimlich gelebt.«

Callum glaubte fast so etwas wie Stolz aus Leons Worten herauszuhören. Er fand es widerlich. »Und dann? Was ist dann passiert?« Vielleicht hatte er sich verhört.

»Ich habe mich verliebt. Es ist nichts draus geworden, aber plötzlich fand ich das alles unerträglich. Tja. Ich bin also nach Hause marschiert und habe die Wahrheit gesagt. Habe ihr angeboten zu gehen.«

»Aber?«

»Nun, sie … wollte es offen sagen. Wollte nicht die Schuld für das Scheitern unserer Ehe übernehmen, wie sie sagte. Ich konnte ja wohl kaum etwas dagegen machen. Also habe ich alles aufgegeben und bin von Frankfurt nach München gezogen. Habe neu angefangen und denselben Schluss gezogen wie du: Sollen sie tratschen, vermuten, sonst was – wissen nie.«

Callum verletzte es. So, wie Leon das sagte, klang es nach einem Spiel, einem viel zu leichten Spiel. Einem Spiel mit anderen. So hatte er das nie gesehen. Und die Geschichte, die Leon erzählt hatte, hielt er auch nicht für eine ausreichende Begründung für dessen Verhalten. »Aber …«

Leon hinderte ihn mit einem Kuss am Weitersprechen. Langsam streichelte er an Callums Brust entlang.

Es reizte ihn nicht, stellte Callum erschrocken fest. Er fing Leons Hand ein. »Lass mal. Ich bin … mir is' nicht danach, okay?«

Leon akzeptierte es ohne Protest, aber die ungewohnte Ferne verblieb zwischen ihnen, selbst noch, als Callum am Folgetag nach Hause flog.

Kapitel 24

»Und, Callum, schon fertig gepackt?«, fragte Simon am folgenden Donnerstag, als Callum gerade noch einmal die Daten seines Fluges nach München auf dem Mobiltelefon abrief.

Um Dawide dazu zu bringen, auch in den letzten Tagen vor seinem *Event* noch etwas zu sich zu nehmen, hatte Chris die gesamte WG plus Simon eingespannt. Also saßen sie seit Montag jeden Abend in voller Besetzung um den Esszimmertisch versammelt und warteten auf das, was K und Dawide an Köstlichkeiten aus der Küche anschleppen würden.

Nur wurde Callum dabei jeden Abend mit Nachrichten und Mails bombardiert, ohne einen Grund dafür angeben zu wollen. Das nervte und Callum wusste es. »Entschuldige«, sagte er ertappt. »Ja. Ja, habe ich.« Er lächelte. Es war ein bisschen verkrampft, das Lächeln.

Natürlich freute er sich auf die Woche in München, die Teil des Urlaubes war, den der Arzt ihm so dringend angeraten hatte, um sich auszukurieren. Aber ihm fehlte die Lust auf eine weitere Runde in der Bussigesellschaft. Bei zwei vollen Wochenenden in München würde er nicht um sie herumkommen.

Er wich Simons fragendem Blick aus und landete bei Flo. Der wirkte auch geknickt, obwohl Callum sich nicht erklären konnte, warum. Sein Fauxpas aus der Vorwoche fiel ihm ein. Auf einmal hatte er das Bedürfnis, Flo aufzuheitern. »Ich bin dir noch was schuldig, Flo«, sagte er und freute sich an Flos erfreut-überraschtem Gesichtsausdruck.

»Wofür denn?«

»Fürs Gesundpflegen zum Beispiel. Also, was willst du?«

»Am liebsten was mit dir machen«, platze es aus Flo heraus, bevor er es verhindern konnte. Er lief dunkelrot an. »Also, ich meine …«

Callum entging der letzte Teil des Satzes. Er hatte gerade eine weitere Nachricht von Leon erhalten. Diesmal aber war es keiner von dessen Wiedergutmachungsversuchen. Ärgerlich las er die letzten Zeilen noch einmal, knallte das Telefon ungewohnt heftig neben sich auf den Tisch und sah Flo an. »Gut.« Der oberflächliche Ärger wich einer gewissen Erleichterung und Vorfreude. Mit Leon würde er am Montag reden. Jetzt konnte er jemandem eine echte Freude machen. Jemandem, der ihn ernsthaft mochte und eine Menge für ihn getan hatte. »Pass auf, Leon hat mir gerade für das Wochenende abgesagt. Er muss arbeiten, der Arme.«

Flo sah betont zur Decke.

»Oder was auch immer, Flo. Jedenfalls soll ich erst Montag oder Dienstag kommen. Also, was hieltest du von einem Wochenende mit mir? *Diesem* Wochenende, genauer gesagt. Spontan. Kriegst du das hin?«

Flo strahlte. »Ja. Kriege ich. Klar.«

K und Dawide kamen aus der Küche, beladen mit ihren Kreationen. Als sich alle genommen hatten, nahm Chris auch den Gesprächsfaden wieder auf, indem er die beiden Köche auf den neusten Stand brachte. »Und, Flo? Schon eine Idee, wohin?«

Flo zuckte mit den Schultern und blickte hilfesuchend zu Callum.

»Irgendwohin, egal wo. Flug, Bahn, Auto, alles okayay. Du sagst was – ich zahle.«

»Barcelona.« Es kam wie aus der Pistole geschossen.

Seine Freunde guckten verdutzt aus der Wäsche.

»Was willst du denn da? Du bist nicht Freddy Mercury und Callum taugt nicht für Sonne.« Die ganze Idee schmeckte K nicht, und noch viel weniger gefiel ihr Simons Begeisterung darüber.

»Nicht für *Freddy* und auch nicht der Sonne wegen. Sondern wegen Gaudí. Ich will das sehen. Das ist so unglaublich …«

Die Blicke der anderen wurden bohrend.

Flo riss die Augen weit auf. »… bunt?«

Erleichtert fanden sie den ihnen vertrauteren Flo wieder.

»*Bunt*«, wiederholte K kichernd.

»Also Barcelona«, sagte Callum, bevor Flos Begeisterung von Ks schlechter Laune getrübt werden konnte. »Nach dem Essen wird gebucht …«, zur Bestätigung schlug er mit der Hand auf den Tisch, »… und morgen geht's los.«

Kapitel 25

Callum hatte sich nicht getäuscht. Flo brachte ihn ständig zum Lachen, schon weil er so begeistert von allem war, was er sah, und so still und unsicher wurde, wenn etwas Neues auf ihn zukam. Dann wandte er sich hilfesuchend an Callum, der es genoss, die Führung zu übernehmen, ohne sich dafür rechtfertigen zu müssen.

Viel Neues stürmte an diesem Wochenende auf Flo ein. Er hatte Callum gleich zu Planungsbeginn gestanden noch nie geflogen oder in einem Hotel gewesen zu sein. Flo, der er war, hatte er sich auch gleich vorab bei Callum für alles entschuldigt, was er deswegen vermutlich anrichten würde. Damit hatte er Callum zum ersten Mal zum Lachen gebracht.

Es war ihnen erhalten geblieben, das Lachen, während sie die halbe Nacht in Callums Zimmer ihr Wochenende zusammengestellt hatten. Flo hatte Callum damit überrascht, wie schnell er sich zu entscheiden vermochte, wenn er darum gebeten wurde, und wie genau er wusste, was er wollte, wenn man ihm Optionen bot.

Entsprechend schnell hatten sie sich darauf geeinigt, ein Hotel zu buchen und nur die Hälfte ihrer Zeit von Köln aus zu verplanen. Die andere Hälfte würden sie spontanen Einfällen überlassen. Obwohl eigentlich eher Planer als Streuner, sah Callum Flos gerne verrückten Einfällen mit einer gewissen Vorfreude entgegen.

Und wirklich: Kaum hatten sie ihre Einzelzimmer im Hotel bezogen, hielt Flo schon nichts mehr darin. Sie hatten den Freitagnachmittag spontanen Ideen vorbehalten, suchten ein bisschen herum und landeten schließlich auf einer Stadtrundfahrt in einem roten Doppeldeckerbus mit Cabrio-Dach.

Flo lauschte zwar durchaus interessiert den Erklärungen zu den Sehenswürdigkeiten, quietschte aber auch vor Freude, wenn er etwas Spannendes am Wegesrand entdecke. Dann zupfte er begeistert an Callums Arm oder deutete wild mit dem Finger drauf.

Anfangs beunruhigten Callum die irritierten Blicke ihrer Mitfahrer, aber da sie an jeder Haltestelle aus- und wiedereinsteigen konnten, wie sie wollten, vergaß er bald seine Zurückhaltung und deutete ebenso quietschend auf das, was *ihm* am Wegesrand auffiel.

Das brauchten keine großen oder bekannten Dinge zu sein, beiden genügten schon ein interessanter Platz oder ein ungewöhnlicher Laden. Fand auch der Andere Interesse daran, kletterten sie am nächsten Haltepunkt aus dem Bus und machten sich auf, den Ort wiederzufinden und zu entdecken. Dann nahmen sie den nächsten Bus, bis sie wieder etwas interessant fanden. Callum fand es unglaublich schön.

Er legte den Kopf in den Nacken, um in den hellblauen Himmel zu sehen. *Paradiesisch*, dachte er und genoss den Wind, die Sonne, die Gerüche und die angenehme Wärme um sich herum. *Leon müsste hier sein,* vollendete sein Kopf ohne sein Zutun. *Aber dann hätte ich nicht halb so viel Spaß!* Die Erkenntnis ließ ihn zusammenzucken.

»Entschuldige.« Flo zog beschämt die Arme zurück, die er wieder einmal hoch in den Himmel gereckt hatte, weil ihm das Cabriofahren so viel Spaß machte. »Alles okay?«, fragte er besorgt, als er Callums Gesichtsausdruck bemerkte.

»Ja«, sagte Callum fest. »Ja«, wiederholte er leise, nur für sich. »Alles bestens.« Plötzlich lachte er. Es stimmte. Er riss die Arme in die Luft wie Flo zuvor. Der Fahrtwind kribbelte an seinen Handflächen. Flo sah ihn entgeistert an. Callum lachte noch lauter. »*Yeah*!«

Flo grinste und warf die Arme hoch. »*Jippiiiihhh!*«, brüllte er und lachte sich kaputt, als eine Dame sich kopfschüttelnd nach ihnen umsah.

Callum kratzte es nicht. Er würde sie nie wiedersehen. »*Jippiiiihhh!*«, tat er es Flo gleich. Es fühlte sich so verdammt gut an.

Kapitel 26

Gar nicht gut fühlte sich Dawide. Er hatte sich auf die Herrentoilette seiner Etage verzogen und versuchte verzweifelt, alles, was er in den Therapien gelernt hatte anzuwenden, um das von K so liebevoll für ihn vorbereitete Lunch-Sandwich bei sich zu behalten.

Die Konfrontation mit Niklas war heftig gewesen.

Niklas hatte Dawides Auswärtstermine vom Vortag genutzt, um Zweifel gegen dessen Vorhaben zu säen, an höchster Stelle, verstand sich. Das *Event* verursache unnötige Kosten, da die meisten der eingeladenen Kunden allenfalls innerhalb des Hauses wechseln würden. Außerdem biete Dawide ja wohl kaum eine ausreichende Gewähr dafür, die so an sich gebundenen Kunden künftig auch entsprechend umfassend betreuen zu können.

Dawide hatte davon erst am heutigen Freitag und auch nur durch Zufall erfahren, was er als ausgesprochen schlechtes Zeichen wertete. Warum hatte Achim sich nicht bei ihm gemeldet und eine Stellungnahme verlangt?

Erbost hatte Dawide Niklas am frühen Nachmittag zur Rede gestellt, nur um von ihm hohntriefend von der *allgemeinen Besorgnis um Dawides Gesundheit* zu erfahren. Er habe Dawide selbstverständlich nicht noch im Anschluss an dessen Mandantentermine oder gar in seinem Feierabend behelligen wollen und habe sich natürlich nur deswegen unmittelbar an die Partner gewandt. Wer wisse denn, ob Dawide schon wieder so weit sei, derartige Diskussionen zu verkraften? Vermutlich brauche er die freie Zeit ja noch, um sich zu erholen.

Dawide war daraufhin drauf und dran gewesen den Kotzbrocken vor die Tür zu bitten, um ihm den Stand seiner Erholung mit schlagkräftigen Argumenten zu verdeutlichen. Nur hatte Niklas mit bekümmerter Miene angefügt, Dawide könne ja nun einmal leider nicht auf eine intakte Familie zurückgreifen, soweit er, Niklas, über dessen Lebensverhältnisse informiert sei. Männer seien ja bekanntermaßen im Umgang miteinander weniger fürsorglich und Dawide habe sich ja nun einmal für ein Leben mit einem solchen entschieden.

Dawide hatte es die Sprache verschlagen. Zum ersten Mal in seiner gesamten beruflichen Laufbahn war er mit so einem Spruch konfrontiert worden – und er hatte ihn ganz sicher nicht von jemandem in Niklas' Alter erwartet. Nur seine langjährige Berufserfahrung hatte es ihm ermöglicht, Niklas noch lauthals ins Gesicht zu lachen, bevor ihm draußen schlecht geworden war.

Als Dawide ungewöhnlich früh und kreidebleich aus dem Büro nach Hause kam, läuteten bei Chris alle Alarmglocken. Es dauerte etwas, bis er die Einzelheiten aus Dawide herausgekitzelt hatte, dann aber schickte er ihn kurzerhand mit einer endlos langen Liste einkaufen, griff zum Telefon und informierte Simon und Josef. Überrascht war er nur, als Josef ihn daraufhin um Simons Telefonnummer bat, um direkt mit ihm sprechen zu können.

Kapitel 27

Das Licht des späten Samstagvormittags schien durch die Buntglasfenster in den Innenraum des Sakralbaus. Es verlieh dem außergewöhnlichen Gotteshaus eine Unwirklichkeit, die selbst den Atheisten Callum anfasste. Er war in Salisbury gewesen vor langer Zeit, ja, hatte natürlich auch die Richter-Fenster des Kölner Doms gesehen – aber das hier war anders.

Vielleicht lag es an dem jungen Mann, der verzaubert in den bunten Lichtflecken stand und sich wie ein Kind daran freute, die wechselnden Farben über seine Hände und Arme tanzen zu sehen, wenn er sich bewegte. Die vielen Menschen, die ihn dabei mal verständnislos, mal missbilligend und mal gerührt beobachteten, nahm er nicht einmal wahr.

Callum ließ ihn spielen, sah ihm an irgendetwas gelehnt zu und machte sich bewusst, wie wenig Gelegenheit zu spielen Florian wohl in seiner Kindheit gehabt hatte.

Er dachte an Chris' Geschichten aus dessen Kindheit, an Marius' Kindheit heute, an die unbeschwerte Kindheit, die er selbst gehabt hatte. Wissend, wie Flos Kindheit ausgesehen hatte, war er fasziniert von der Ausgelassenheit, der kindlichen Unbedachtheit, die Flo sich bewahrt hatte – oder zurückerkämpft. Und er?

Er stieß sich ab und sah kurz nach oben. Er hatte sich selbst dazu verurteilt, das alles hinter sich zu lassen. Hatte sich verordnet schlagartig erwachsen zu werden. Anderes als Flo fehlte ihm der Mut, es nachzuholen. Oder nicht?

Die Fahrt im Cabrio-Bus fiel ihm ein. Das Gefühl, die Arme hoch hinauszustrecken und die Freude am Fahrtwind auf der Haut hinauszubrüllen. Weil da jemand war, der es konnte. Dem er folgen konnte. Der ihm folgte. Sein Blick wanderte zu dem jungen Mann im Lichterspiel zurück. Die bunten Lichter ließen ihn ebenso unwirklich erscheinen wie seine Umgebung. Flo.

»Sollten Sie Ihr Engelchen je loswerden wollen, ich nehme ihn sofort«, sagte ein Mann hinter ihm und deutete zu Flo hinüber, der jetzt fasziniert von Lichtfleck zu Lichtfleck auf Callum zu hüpfte. Der Mann hatte Englisch gesprochen, aber mit dem starken Akzent der hiesigen Bevölkerung.

Callum erstarrte. *Wieviel von ihm war sichtbar gewesen gerade? Wo war seine wohltrainierte Vorsicht geblieben? Was war geschehen?* Hastig wandte er sich dem Mann zu, das Gesicht bewusst verärgert.

Flo war herangekommen und hatte die Worte des Mannes mitgehört. »Ich bin weder *ein Engelchen* noch *sein*, aus uns könnte also was werden.« Er kicherte frech und sah Callum auffordernd an. Der übersetzte seine Worte.

Der Mann grinste, deutete zwischen Flo und Callum hin und her und schüttelte fragend den Kopf.

»Richtig. Vorausgesetzt also, ich werde meinen Wachhund hier an eine nette *Señorita* los.«

Das Gesicht des Mannes leuchtete auf, noch bevor Callum Flos überraschende Lüge verdaut und übersetzt hatte. Der Mann deutete das Aufschreiben von etwas an.

Flo lachte hellauf, sehr zum Missfallen anderer Touristen.

Callum ärgerte das. Das und die ganze Situation. Er holte Luft, um Flo in alle Richtungen zu verteidigen.

»Hast du mal ’nen Stift?«, tönte Flo dazwischen. Seine blauen Augen funkelten frech. »Ich glaube, der *Señor* hier möchte meine Telefonnummer.«

Callum wurde es heiß. Er schluckte die Verteidigung hinunter und gab Flo das Gewünschte.

Er war ungewöhnlich in sich gekehrt, als sie in einem der unzähligen Straßenrestaurants einkehrten und etwas aßen.

Flo ahnte, was ihn beschäftigte. Er ließ Callum schweigen und betrachtete die Menschen, die an ihnen vorbeigingen.

»Danke«, sagte Callum, als der Kellner das Essen brachte. »Wieder einmal.« Er rang sich ein Lächeln ab.

»Das ist der *Deal*, oder? Abgesehen davon war es nur halb gelogen.« Flo sah hinaus, das Gesicht undefinierbar verschlossen.

Callum versuchte immer noch zu verarbeiten, wie der Mann so mühelos hatte erkennen können, was er unbedingt zu verbergen suchte. Die Stimme mahnte ihn eindringlich *diskreter* zu sein. Weitaus eindringlicher aber erinnerte ihn sein Herz aber an den Stich, den es gespürt hatte, als Flo mit dem von ihm geliehenen Kugelschreiber seine Handynummer auf die Hand des Mannes geschrieben hatte.

»*Hmmmm*«, machte Flo genießerisch und deutete mit zwei Fingern unauffällig auf einen gutaussehenden Passanten. »Noch mehr Gaudi. Diesmal für dich.« Er zwinkerte Callum zu.

Leon, dachte Callum. *Ich bin mit Leon zusammen, Flo.* Aber es wollte nicht heraus.

Sie kehrten kurz ins Hotel zurück, ruhten sich etwas aus und beschlossen sich den Rest des Tages weiter treiben zu lassen. Als die Sonne hinter dem Horizont verschwand folgten sie dem Beispiel der Einheimischen, wanderten sie die breiten Straßen entlang, bis sie einen schönen Platz fanden, tranken etwas, aßen etwas und zogen dann weiter. Flos Partyinstinkt führte sie irgendwann in eine Mischung aus Bar, Café und Club, in der sie sich wohlfühlten und in der sie zu bleiben beschlossen.

Während Callum seinen Drink genoss und interessiert das bunte Durcheinander aus Menschen um sich herum studierte, hüpfte Flo auf der kleinen Tanzfläche.

»Wenn der dich weiter so anschmachtet, zerfließt er«, schimpfte Callum zwei Stunden später entnervt.

Flo wusste genau, wen Callum meinte. »Wieso? Ist doch niedlich.« Er kicherte.

Callum ärgerte es. Er wurde langsam müde, während Flo noch genauso fit schien wie am Morgen beim Frühstück. Das ärgerte ihn noch mehr.

Flo lachte darüber. »Trink halt mal was Richtiges, statt immer nur Alkoholwasser.«

»Es ist Gin.«

»Richtig. Wasser mit Alkohol drin.« Flo deutete auf seinen Cocktail. »Energydrink mit Alkohol. Enthemmt und macht wach. Perfekt für einen heißen Spanier.«

»Dann geh halt und such dir einen.« Es schoss viel zu aggressiv aus Callum heraus.

Flos Gesicht verhärtete sich. »Gerne.« Er nickte hoheitsvoll, nahm seinen Cocktail und ließ Callum sitzen.

Als der Typ Flo schließlich unauffällig aus dem Lokal lotsen wollte, hatte Callum genug. Er stand auf und bahnte sich rücksichtslos einen Weg durch die Reihen auf die beiden zu. »Flo? Wir gehen«, sagte er scharf und griff nach dessen Schulter.

Der fremde Mann verstand den Tonfall eher denn die Worte, lächelte Flo entschuldigend an, hob kurz die Hand zum Gruß und verschwand zurück auf die Tanzfläche.

Flo funkelte Callum wütend an, ließ sich aber von ihm auf die Straße hinaus bugsieren und wanderte stumm neben ihm zurück in Richtung Hotel.

»Gute Nacht, Flo«, sagte Callum versöhnlich, als sie vor ihren Zimmern standen.

Flo, der gerade seine Schlüsselkarte ruppig durch das Schloss seiner Zimmertür zog, schoss herum. »Was soll das alles eigentlich?« Es war mehr Vorwurf als Frage. »Für sie soll ich zu gut sein, aber für dich bin ich zu schlecht, ja? Ich …« Er kam nicht weiter.

Callum hatte ihn gepackt und küsste ihn fest auf den Mund.

Für einen Moment hielten sie beide den Atem an, dann trat Callum erschreckt zurück und gab Flo frei. »*Sorry*. Ich …, ich …« Er nahm die Hand an die Stirn. »Ich …« Er erinnerte sich der kleinen Karte in seiner Hand. Er trat zur Seite, zog sie durch das Lesegerät und schob die Tür auf. »Zuviel Gin. Zu wenig Leon«, stammelte er. »Vergiss es, bitte.«

Flo rührte sich nicht.

»Geh schlafen, Flo, ja? Bitte.«

Flo rührte sich immer noch nicht.

»Bitte, Flo«, wiederholte er hilflos. »Leon … er … und ich …«

Er wollte die Tür schließen, als Flo die Hand auf den Rahmen legte. »Warum hast du nicht angehalten damals, Callum?«

»Weil …« Plötzlich erkannte er die Wahrheit hinter den Lügen, die er sich selbst stets erzählt hatte. »Weil es alles zerstört hätte, Flo.«

»Und heute?«

Callum wusste keine Antwort darauf. »Geh ins Bett, Flo. Bitte.« Er war dankbar, als Flo die Hand langsam zurückzog, ließ die Tür hinter sich ins Schloss fallen und lauschte. Erleichtert hörte er, wie Flos Zimmertür zuschlug. Dann kam die Stille.

Er warf sich viel vor, als er im Bett lag. Seinen Entschluss, Flo eingeladen zu haben. Sich gehen gelassen zu haben. Im Bus, in der Kirche, im Club. Flo zu benutzen, mit ihm zu spielen wie Jo mit ihm. Ihn nicht zu beschützen, ihn aber auch nicht gehen lassen zu können.

Er stand wieder auf, schob die Verdunkelungsvorhänge des Hotels zur Seite, um auf den Park hinauszublicken. Der Kuss hatte ihn erregt, aber die Sehnsucht nach Leon, die der Erregung sonst folgte, suchte er vergeblich.

Risse, spottete die Stimme. *Blind wie immer bist du. Schön festhalten.*

Es klopfte leise.

»Callum?« Flos Stimme, draußen an der Tür.

Er wusste um die Gefahr, wenn er Flo jetzt und hier hereinlassen würde. Er blieb stehen.

Es klopfte wieder. »Callum? Bist du wach?« Flo, leise, bittend. Traurig. Enttäuscht.

Callum seufzte, strich sich mit den Händen die Haare aus dem Gesicht und ging, um zu öffnen. *Es ist Flo. Nur Flo. Ich kann das.*

»Entschuldige«, schluchzte Flo, als Callum öffnete, und hatte die Arme um ihn geschlungen, bevor Callum ausweichen konnte. »Das war so gemein und …« Er schniefte und legte den Kopf an Callums Brust.

Callum musste fast lachen, so viel Flo lag in diesen Worten. *Keine Gefahr. Nur Flo.* »Lass gut sein. Das war … ein Ausrutscher. Wie gesagt: zu viel Gin, zu wenig Leon« Er strubbelte Flo mit der Hand durch dessen Haare, so, wie er es auch bei Marius getan hätte.

Flo schniefte erleichtert. Er wischte sich mit einer Hand über die Augen, dann sah er zu Callum hinauf. Im Halbdunkel des Zimmers waren seine Augen riesengroß geworden. *Puppenaugen*, dachte Callum.

»Aber der Kuss war schön«, flüsterte Flo und auf einmal war sie da, die Gefahr, sprang Callum hinterrücks an, drängte ihn, es zu versuchen, sich zu verbrennen. Das Licht der Flurbeleuchtung fiel auf Flo, so wie am Morgen in der Kirche. »Ja«, sagte Callum heiser und entzog sich ihm. *Er ist kein Engel und er ist nicht dir*, erinnerte er sich mühsam. *Dein Engel heißt Leon.*

Er trat zurück, langsam und vorsichtig, um es nicht nach Zurückweisung aussehen zu lassen. Nur ein Freund, der sich aus der Umarmung eines Freundes löste. Mehr nicht. *Mehr nicht.* »Geh schlafen, Flo. Wir haben morgen noch eine Menge vor.«

Flo ließ die Arme sinken und trat auf dem Flur zurück. Sein Gesicht zeigte nicht, was er fühlte. »Ist gut, ja. Mach ich.« Er hüpfte etwas zur Seite, um sein Zimmer aufzuschließen. »Schaf gut!« Er winkte, hüpfte durch seine Tür und drückte sie sanft wieder ins Schloss.

Callum schlief überraschend gut in dieser Nacht. Auch Flo wirkte ausgeruht und fröhlich, als er am Sonntagmorgen auf der Terrasse des Hotels auftauchte und nach Callum Ausschau hielt. Der hob den Arm, um ihn zu sich zu winken, und freute sich am kurzen Aufleuchten in Flos Gesicht, als der ihn entdeckte.

Flo rieb sich die Hände, als eine Kellnerin Kaffee und einen Brotkorb vor sie stellte. »Mann, daran könnte ich mich gewöhnen. Wenn ich jetzt noch den Saftautomaten dazu bringe, mir zu gehorchen, ziehe ich ein.«

Callum lachte. »Und verzichtest auf Dawides und Ks Abendessen? Ernsthaft?«

Flo dachte einen Moment lang darüber nach. »Ja. Tapas sind besser für die Figur und an hübschen Spaniern herrscht dabei auch kein Mangel.«

Callum lachte noch heftiger. Flo schien wieder ganz der Alte. »Komm!« Er erhob sich. »Ich erklär dir noch mal den vertrackten Automaten.« Was für ein Fehler!

Flo lachte noch über Callums dummes Gesicht, als die Maschine auch ihm den Dienst verweigerte, da hatten sie schon ausgecheckt und waren shoppen gegangen.

Auch wenn der Gag auf seine Kosten ging, fand Callum, er sei ausgesprochen glimpflich davongekommen. Merkwürdig war nur, wie geknickt er plötzlich war, als Flo ihn am Sonntagabend nach ihrer Rückkehr in die WG an der Tür seines Zimmers mit den Worten »Viel Spaß in München« verabschiedete und hineinverschwand. Callum hatte auf mehr gehofft. Nur auf was, das hätte er beim besten Willen nicht zu sagen gewusst.

Kapitel 28

Gestärkt von den Gesprächen mit Chris, Josef, Callum, Simon und K kehrte Dawide am Montagmorgen an seinen Arbeitsplatz zurück. Er wartete bis kurz vor Mittag, dann bat er seine Assistentin ihn bei Achim anzumelden. Kurze Zeit später stand er in dessen Büro.

»Niklas hat sich am Donnerstag mit euch getroffen?«, fragte er, als Achim ihn gebeten hatte, Platz zu nehmen.

Achim schoss das Blut ins Gesicht. »Äh … ja, also, er hat … Ja, wir hatten einen Termin, ja. Aber es ging eigentlich um ganz andere Dinge, weißt du, daher …«

»… daher hieltest du es nicht für notwendig, mich darüber zu informieren, schon klar.«

Dawides versöhnlicher Tonfall entspannte Achim etwas.

»Ich nehme an, ihr habt Niklas Vorschlag, meine Veranstaltung zu *canceln*, ohnehin rundweg abgelehnt, ja?«

»Äh … nein, also …«

»Nein? Dann ist der Termin also abgesagt?«

»Ja, also weißt du …«

»Nein, weiß ich eben nicht. Deswegen bin ich ja hier.«

Achim räusperte sich. »Also, ich denke, wir lassen das mal stattfinden, Dawide.«

Dawide grinste breit. »Wunderbar.«

Achim nickte wohlwollend. »Die Kunden rechnen ja auch fest mit dir.«

Dawides Grinsen wurde noch eine Spur breiter. *Hatte Simon Achim also schon erreicht.* »Richtig. Wo wir uns alle doch *so* gut kennen.«

Achim wurde wieder dunkelrot. »Äh, ja, äh, sicher.«

»Und eine Absage würde ja auch so viele *unnötige Kosten* verursachen«, konnte Dawide sich nicht verkneifen nachzuschieben. »So etwas würde *ich* natürlich nie vorschlagen, Achim, nicht? Schon unserer langjährigen *Freundschaft* wegen.«

»Natürlich nicht«, krächzte Achim.

»Schön, dann gehe ich jetzt mal wieder an Arbeit.« Dawide stand auf, um hinauszugehen. »Wir sehen uns ja spätestens am Freitag bei Abendessen. Ich freue mich schon *so sehr* auf dein Schlussstatement.« Immer noch scheinheilig grinsend schloss er die Bürotür hinter sich.

Von Achim aus ging er direkt in die kleine Cafébar, die sein Unternehmen an Stelle einer Kantine unterhielt. Er musste nicht lange warten, bis Niklas mit seinen Kollegen erschien. Dawide beobachtete sie, bis Niklas am Kaffeeautomaten angelangt war, dann stand er auf und ging hinter Niklas vorbei, als wolle er sich eines der belegten Brötchen aussuchen, die unter einer Glasglocke bereitstanden. »Wie gut, dass es am Freitag etwas Besseres geben wird.« Er seufzte hingebungsvoll in Niklas Richtung.

Niklas' Kopf schoss herum. »Aber …?« Niklas' Kollegen starrten herüber.

»Ja, ja«, informierte ihn Dawide betont beiläufig. »Die Veranstaltung. Du weißt schon, Abendessen mit zuständigem Partner und so. Achim lässt sich doch kein *Showdinner* entgehen. Nicht, wenn er ausnahmsweise auch noch das letzte Wort hat.« Als Niklas die Gesichtszüge entgleisten, setzte Dawide den Todesstoß. »*Männerfreundschaft*, Niklas«, raunte er. »So was kommt vor. Sollte *mann* nie vergessen.« Er zuckte die Achseln in Richtung Brötchen, als habe er es sich anders überlegt, drehte sich um und ließ Niklas stehen. *Schade um das Brötchen*, dachte er, als er in triumphaler Stimmung in sein Büro zurückkehrte. Er hätte wirklich Hunger gehabt.

Kapitel 29

Dawide kreischte und brüllte mit den anderen, als der nachgemachte Baumstamm den Wasserfall heruntersauste und sein Aufprall sie alle durchnässte. Er lachte noch, als Simon schon der bildhübschen blonden Kundin, die zwischen ihnen beiden gesessen hatte, beim Aussteigen half. Die Gute war klitschnass geworden. Dawide ging allerdings von purer Absicht aus, jedenfalls was die weiße Bluse betraf, die davon so wunderbar durchscheinend geworden war. Die Frau hatte schließlich alles dafür getan hatte, zum wiederholten Male just Simons Baumstamm zugeteilt zu werden. Es verwunderte ihn daher nicht weiter, als sie Simon mit sich zu den Heißlufttrocknern zog, um sich dann unauffällig mit ihm davonzustehlen. Er sah ihnen grinsend nach. Da bekam der Begriff *Kundenbindungsmaßnahme* doch noch eine ganz neue Bedeutung. Schade um die alte *Geister-Riksha*, in die Chris und er früher so gerne verschwunden waren. Im Geiste hörte er noch das so vertraute *»Hey! Hey ho!«* des verfluchten Mandarin. Nun, die Dame hätte darin eine herbe Enttäuschung erlebt.

Die verbliebenen nassen Pudel zogen sich gutgelaunt in eines der Cafés im Stil der goldenen Zwanzigerjahre zurück, um sich mit Kaffee und Kuchen für die nächste Attraktion des Freizeitparks zu stärken. Sie hatten gerade bestellt, als die Kundin wieder zu ihnen stieß, immer noch halb nass, aber weitaus schlechterer Laune als zuvor.

Zwei andere Frauen, offensichtlich Bekannte von ihr, mussten sie darauf angesprochen haben, denn als Dawide wieder hinsah, hatten die Frauen die Köpfe zusammengesteckt und diskutierten das Ereignis heftig, aber leise. Er lehnte sich zurück und genoss seinen Kaffee. *Erledigt.* Simon würde schon wieder auftauchen.

Simon wartete auf sie, als Dawide sich mit seiner gemischten Gruppe durch drei weitere Fahrgeschäfte gejohlt hatte. Selbst die offensichtlich geknickte Kundin hatte ihr Lächeln dabei wiedergefunden, jedenfalls, bis sie Simons ansichtig wurde. Da wandten sich die drei Frauen kurzerhand zum Gehen. Eine von ihnen drehte noch einmal um, trat auf Simon zu und steckte sich zu ihm hinauf. »Hättest Susa behalten sollen«, raunte sie vernehmlich zu ihm hinauf. »Sie war das Beste, was dir je passiert ist, Idiot.« Sie trat zurück. »Wir gehen schon mal vor.«

»Das hast du nun davon, Simon«, lachte einer der verbliebenen Kollegen Dawides. »Keine Affären in der Branche, Alter. Hat Papa dir das nicht beigebracht?« Er bemerkte Dawides Verblüffung. »Die beiden haben damals halb München aufgemischt. Da wurde schon heftig über den Designer des Brautkleids spekuliert, bei zwei so klingenden Namen.«

Dawide musste sich zwingen mit ihnen zu lachen. Gott sei Dank gab es genug Fahrgeschäfte, auf die er seine plötzliche Übelkeit schieben konnte.

Kapitel 30

Während Dawide in Brühl darum kämpfte, beim Anblick des ersten Ganges seines Abendessens nicht den Tisch verlassen zu müssen, sah sich Callum in München zum wiederholten Male gelangweilt nach Leon um.

»Das war aber auch ein toller Empfang, wirklich«, erzählte eine der Damen am Tisch.

Callum nutzte seine Chance. »Leon war auch da. Er hatte jemanden bei sich, hat er gesagt, aber ich weiß grad nicht mehr, wen.«

Die Dame wechselte einen kurzen Blick mit ihrer Freundin. »Äh, ja. Stimmt. Er war nicht alleine. Aber wer das war, musst du ihn schon noch mal selbst fragen. Die beiden waren die ganze Woche unzertrennlich. Kein Gespräch möglich.«

Callum lachte gekünstelt. »Ach, nicht so wichtig. Fällt mir schon wieder ein.«

»Muss ja toll gewesen sein letztes Wochenende. Ich dachte, du hättest Termine gehabt«, sagte Callum zu Leon auf ihrem Heimweg. Selbst im Licht der Straßenlaternen konnte er erkennen, wie Leon dunkelrot anlief.

»Ja … äh, hatte ich. Einen von ihnen habe ich dann ja auch … mitgenommen zu … also …«

»Aha.«

»Ja, das war ein besonders lieber Mandant von mir.«

Callum musste grinsen. Zu sehr erinnerte ihn Leons Gesicht gerade an Martins, wenn der wieder einmal eine Geschichte erfunden hatte, um Callum zu versöhnen.

Theos eindringliche Stimme hallte in ihm nach. *Noch einen Martin werden dir deine Freunde nicht verzeihen.* Callums Lächeln verschwand.

Plötzlich hasste er die ständige Fliegerei, die Heimlichkeit, die Lügen. Unwillkürlich verlangsamte er seinen Schritt.

»Callum?« rief Leon, als der so plötzlich zurückblieb. Sie waren fast an der Haustür zu Leons Wohnhaus angekommen. »Was hast du denn?«

»Weißt du was, Leon? Ich denke, ich fliege nach Hause. Heute noch. Jetzt.« Von Wort zu Wort wurde er fester in seinem Entschluss.

»Aber … aber da war doch nichts … Ich meine, ich war doch nur dort … mit … ihm.« Als Callum in der offenen Haustür stehen blieb, kehrte Leon entsetzt zu ihm zurück. »Komm schon. Nicht hier. Nicht hier draußen, und nicht um diese Uhrzeit.« Er griff nach Callums Hand und versuchte ihn mit sich zum Aufzug zu ziehen.

Der musste fast lachen, so sehr hatte er genau diese Reaktion erwartet. Es ein wunderbares Gefühl. Vertrautheit. Es schloss Risse.

Leon sah Callums Gesicht weicher werden. »Deine Sachen …« Er deutete nach oben Richtung Wohnungstür.

Seine Sachen. Seine Art zu Leben. Sein Leon. Callum nickte. Er konnte später noch fliegen.

»Ich war dort, ja, und ich war mit einem Klienten dort. Mehr nicht«, wiederholte Leon, als sie im Wohnungsflur standen.

Callum hörte es kaum. Er wunderte sich gerade, warum sie vergessen hatten das Licht auszuschalten. Leon rannte jedes Mal, wenn sie ausgingen, herum und schaltete alle Lichter aus, eine Angewohnheit, die Callum maßlos spießig fand.

Leon missdeutete sein Schweigen, griff erneut nach ihm und zog ihn an sich heran. Er sah zu Callum hinauf mit diesen himmelblauen Augen, die Callum schon im Hotel so gefangen genommen hatten.

Puppenaugen, flüsterte Flos Stimme. *Du stehst darauf.*

Callums Ärger verrauchte.

»Ich hab mich für dich entscheiden, Callum. Nur für dich.«

Keine Risse. Callum seufzte und legte die Arme um Leon. *Es ist nur unsere Art zu lieben.*

Ein höhnisches Lachen ließ ihn zusammenfahren. »Mein Mann, wie er leibt und lebt, Callum.«

Er stieß Leon reflexartig von sich, schoss zu der Sprecherin herum, die in der Wohnzimmertür erschienen war, und starrte sie entgeistert an.

»Ich nehme jedenfalls an, Sie sind Callum. Sie sehen zumindest so aus, wie Leon mir Callum beschrieben hat.« Achselzuckend trat sie zwei Schritte zurück, um den Durchgang freizugeben, und winkte sie mit einer Handbewegung ins Zimmer. »Nun, wer Sie auch sind, er wird mich nicht für Sie aufgeben. Nicht für Sie und auch für keinen anderen, falls Ihnen das hilft.«

Callum war zu perplex, um an ihrer rüden Einladung Anstoß zu nehmen. Ein Teil von ihm wollte wissen, was hier los war. Der Rest wollte fortlaufen.

Die Frau setzte sich elegant in einen der Couchsessel, wo sie sich zurücklehnte und die Beine lässig übereinanderschlug. »Ich nehme an, er hat Ihnen seine üblichen Lügen aufgetischt von wegen Scheidung und so weiter. Nun, ich darf Ihnen versichern, es *waren* Lügen.«

Hätte ein kreidebleicher Leon nicht geschweigen, hätte Callum das Ganze lachend abgetan. Es klang zu deutlich nach Klischee.

»Aber ich kann Sie beruhigen. Diesbezüglich …«, sie deutete auf Leons Körpermitte, »… verbindet uns nichts. Nichts *mehr*, sollte ich sagen. Die Erkenntnis kam spät, aber sie kam. Immerhin kam *etwas*.«

Leons Gesichtsfarbe wechselte von kreidebleich zu dunkelrot. Er öffnete den Mund, aber sie sprach unbarmherzig weiter.

»Nun, eine Scheidung täte meinem lieben kleinen Leon furchtbar weh, müssen Sie wissen.« Es klang mehr nach Hass als nach Liebe. »Ich bin seine Rückversicherung, seine Begleitung, wenn sie mal wieder nötig ist. Wenn die Gerüchte, die er so fürchtet, mal wieder *zu* hoch kochen.« Sie sandte Leon ein Luftküsschen. »Vor allem aber bin ich sein *finanzieller* Rückhalt. Es ist teuer, immer wieder die Stadt, die Kanzlei und das Privatleben zu wechseln, um zwei davon führen zu können.«

Callum hatte das Gefühl, entweder lachen oder brechen zu müssen, so heftig widerte ihn das Ganze an. Er entschied sich fürs Lachen.

Als sich das Lächeln auf sein Gesicht stahl, sah sie ihn scharf an, so, als wolle sie überprüfen, ob er sie verstanden hatte.

Das hatte er. Besser, als ihr lieb sein konnte. Er hatte sie gesehen, diese Spur von Angst in ihrem Blick. Er kannte sie aus dem Gerichtssaal. Den Hauch von Unsicherheit in den Augen, wenn die Lüge zu geübt vorgetragen wurde. Sie war hier, um ihn loszuwerden, weil er sehr wohl eine Gefahr für sie war. Callums Augen wurden schmal. »Und was haben Sie von *ihm*?«

»Nun, ich behalte meinen gesellschaftlichen und finanziellen Status, darf leben, wie ich will, und habe meinerseits einen Herrn zur Verfügung, falls ich den mal brauche. Selten genug, diese Variante.«

Callum verstand. »*Sie* waren auf dem Empfang. Sie haben Ihren Platz behauptet, haben Ihre Macht ausgespielt. Sich bewiesen, dass Sie mich aus dem Feld schlagen können. Denn das mussten Sie, nicht wahr?« Er ging langsam um ihren Sessel herum, als sei das hier eine der schlecht gemachten Gerichtsserien, die Chris und er so gerne sahen, um sich darüber aufzuregen. »Sie sind sich nämlich seiner keineswegs so sicher, wie Sie tun. Sie fürchten durchaus, er könne gehen diesmal.« Er schoss zu ihr herum. »Zu *mir*.«

Sie blinzelte. »Ich …«

Callum beugte sich ein wenig zu ihr vor und lächelte boshaft. »Ich kann Sie beruhigen. Ich will ihn gar nicht mehr.« Es tat weh, es auszusprechen. Viel zu weh, um es zu zeigen. Aber es war die Wahrheit. Kein Festhalten mehr, kein neuer Jo, kein weiterer Martin. Keine Lügen.

Ihre Augen weiteten sich.

»Ja, genau. Sie hätten sich die Mühe dieser sorgfältigen Inszenierung sparen können. Ich war nur noch mit hochgekommen, um zu packen.« Er verbeugte sich in ihre Richtung. »Was ich, vorausgesetzt, Sie möchten mir nicht noch weitere Details enthüllen, umgehend tun werde. Sie entschuldigen mich?«

Sie öffnete den Mund, besann sich und schloss ihn wieder.

Statt ihrer sprach Leon. »Aber es kann doch so bleiben, wie es war, Callum. Was wirfst du mir vor? Du willst doch gar nicht mehr.«

Callum sah ihn an. Die Wut über den Betrug wich dem Schmerz. Martins Worte kamen ihm wieder in den Sinn. *Spiel dich nicht so auf, Callum, nur weil deine Freunde dir Schutz bieten. Du bist so weichgespült, es dauert nicht mehr lange, bis er das auch zum Kotzen findet. Wahrscheinlich tut er das längst und hat bloß noch nichts Besseres gefunden.* Er musste kichern. *Gleich erkennt Gleich.* »Nein, natürlich nicht.«

Leon sah einen Hoffnungsschimmer. »Ich sollte es doch langsam angehen lassen und da dachte ich, es sei nicht nötig …«

Wochenendbeziehung – Scheiße, Callum. Wie dumm bist du eigentlich? fragte Martin und lachte ihn aus.

Besonders dumm, gestand Callum ihm zu. »Aber klar dachtest du«, erwiderte er Leon gutgelaunt.

Der verstand die Welt nicht mehr.

Callum wandte sich zur Tür. Er freute sich plötzlich auf Dawide und Chris, auf K, auf Simon und auf … Flo. Eine Entscheidung, getroffen vor langer Zeit. »Weißt du was, Leon? Es bleibt dabei: *Die Klappe halten* und *eine Lüge leben* sind zwei grundverschiedene Dinge. Das mit der Lüge war nie mein Ding.«

Leon griff nach ihm. »Dann rede ich. In Köln. Sage allen, dass du *schwul* bist.«

Die Frau im Sessel holte scharf Luft.

Callum sah zu ihr hinüber und schüttelte den Kopf.

Sie verstand und lächelte ihn an.

Leon hatte es ebenfalls verstanden. »Es ist genau, wie du gesagt hast. Du bist kein Mann. Du bist feige, du bist …«

Callum machte einen schnellen Schritt auf ihn zu.

Leon zuckte zurück.

»Wieso? Weil ich nicht zuschlage? Ich kann es nicht. Ich laufe lieber. Na und?« Er sah Leon mitleidig an. »Nein, Leon. Rede. Rede ruhig. Es ist gut. Erzähl. Versprüh dein Gift. Es erreicht mich nicht. Es macht mir nichts mehr aus.« Ihm wurde klar, wie zutreffend das war. Seine Freunde würden ihn schützen, ihm helfen, allem entgegentreten, was immer auch behauptet werden würde. Ohne Lügen und doch *diskret*, was immer er selbst darunter verstehen wollte. Nur das, was er zulassen würde, würde je Wahrheit werden. Es war möglich. Er musste es nur wollen – und er wollte … Er brachte den Gedanken nicht zu Ende. Er hatte Angst vor ihm bekommen.

Er ging ruhig hinaus und ließ die beiden im Zimmer nebenan allein. Als er nach seiner Tasche griff, um sie zu packen, fiel ihm auf, wie unnötig das war. Er hatte nicht ein Stück herausgenommen.

Kapitel 31

»Er ist – was?« Flo japste, als Dawide Callum und ihm am Samstagmorgen berichtete. Flo hatte Nachtdienst gehabt und auch Callum war eben erst angekommen.

»Muss wohl. Die beiden waren immerhin fast zwei Jahre zusammen, haben sogar zusammengewohnt. Hat Paul mir jedenfalls erzählt. Das kann man wohl kaum mehr als Ausrutscher werten. Oder?«

»Vielleicht ist ihm erst später klar geworden …«

»O bitte, Flo, mach dich nicht lächerlich. Es geht um *Simon*«, erwiderte Chris. »Wir sind voll auf ihn reingefallen.«

»Eher haben wir uns etwas vorgemacht«, wandte Dawide vorsichtig ein. »Er hat nie etwas in der Richtung gesagt. Wir sind schlicht davon ausgegangen.«

Callum lehnte sich zurück. »Und jetzt?«

Flo sah ihn entrüstet an. »Das fragst du noch?«

Callum tat sein Bestes, um seine Freunde von einer Entscheidung über die nächsten Maßnahmen der ›Operation *Forever K*‹ abzuhalten. Ausschließlich deswegen, so behauptete er jedenfalls später, schilderte er ihnen seine Trennung von Leon in allen Einzelheiten, als K kurze Zeit später vom Brötchenholen zurückkehrte.

»Oh, Callum, entschuldige, es tut mir so leid.«

Callum fand, K sah elend aus.

»Ich hätte das alles nie anfangen sollen. Immer muss ich mich einmischen, ich …«

»Jetzt lass es aber mal gut sein«, bat Chris.

»Genau. Ich fand es wunderbar, was du getan hast, K«, sagte Callum erleichtert, weil ausnahmsweise mal jemand anderer K unterbrochen hatte. »Es war gut, wie es gelaufen ist. Jetzt kann ich wirklich damit abschließen, statt mich dauernd zu fragen, wie es wohl weitergegangen wäre.«

»Trotzdem bin ich froh, dass er endgültig weg ist«, verkündete Dawide. »Ganz ehrlich, Callum: Es war zwar schön, mal wieder als Kleeblatt unterwegs zu sein, aber ihr beide wart schon … ich weiß nicht.«

Chris nickte. »Ich schon: komisch. So im Umgang miteinander, meine ich. Und die ständige Sorge um das Ausbrechen des Vulkans Leon war auch nicht prickelnd.«

Callum sah ihn groß an. »Würdet ihr mir verraten, warum ich das alles erst jetzt erfahre?«

»Du warst glücklich damit«, sagten Chris, Dawide und K im Chor und sahen sich verdutzt an. Was daraufhin durch die WG schallte, war fast wieder das unbefangene Lachen ihrer Anfangszeit.

»Spieleabend?« schlug Callum vor, als sie sich halbwegs beruhigt hatten. »Haben wir lange nicht gemacht.«

Dawide sprang begeistert auf. »Fantastisch – und Simon kann uns nicht dazwischenhageln wie sonst.« Der spielte ausgesprochen gerne, es passte nur gerade gut in die ›Operation *Forever K*‹. »Wie lange willst du das eigentlich noch aushalten, K?«, schob Dawide also nach, und auch Chris sprang sofort auf den Zug auf. »Dauernd dieses Alleinsein und doch nichts machen dürfen.«

»Hab ich eigentlich schon erzählt, dass Simon Achim dazu gebracht hat, das *Event* stattfinden zu lassen?« Hatte Dawide natürlich, nur nicht so, wie er es jetzt zu verwerten gedachte.

»Ja, sicher. Er hat Achim angerufen und sich dafür eingesetzt. Hast du erwähnt, ja. Ich weiß nicht mehr, wie oft.«

»Also, das macht mir ja schon Angst. Ich meine, der braucht bloß einen Partner meiner Kanzlei anzurufen und – *hopps*! – springt der. Hilfst du mir, die Snacks vorzubereiten?«

Kaum waren die beiden in der Küche verschwunden, klatsche Chris unhörbar Applaus.

Callum verdrehte die Augen gen Himmel. »Ich gehe Flo holen.«

Ein paar Minuten später kehrte er unverrichteter Dinge zurück.

»Hm?«, machte Chris, als er Callums Gesicht sah.

»Er sagt, er wolle nicht, er habe *zu tun.*«

Chris grinste wieder.

»WAS?«

»Neuer Typ am Start, Callum!«

»Echt?« Etwas tobte plötzlich in Callums Magen herum.

»Ja, klar! Die drei hellrosa Strähnen sind wasserstoffblond, die Frisur ist nur noch durchschnittlich verwuschelt und er hat seit Tagen kein Glitzertop mehr angehabt. Selbst sein Augen-Make-Up ist dezenter geworden. Also, ich glaube ja, er hat den Typen in Barcelona kennengelernt. Er hängt ja schon seit Wochen abends am Rechner, aber jetzt quatscht er auch noch dauernd mit jemandem. Auf – Achtung! – Englisch.«

Callum fiel aus allen Wolken. Wieder wollte nichts auftauchen, was er darauf hätte sagen können. Es tat verflucht weh. Aber das war das letzte, was er hätte sagen *wollen.*

Immerhin gewann er an diesem Abend so ziemlich jedes Spiel, das sie spielten. *Glück im Spiel …*

Kapitel 32

Er verlebte eine unruhige Nacht, an deren Ende er keinen Schritt weiter war. In der Hoffnung, K werde ihm helfen können, bot er ihr beim Frühstück an sie zu Simon *zu begleiten*. K wäre nicht K gewesen, wenn sie nicht die richtigen Schlüsse aus seinem *Angebot* gezogen und es, scheinbar freudig, sofort akzeptiert hätte.

Dawide und Chris hingegen freuten sich, Callum wieder im Club der Beziehungssaboteure willkommen zu heißen.

»Schicker Samstagabend-Restaurantbesuch ohne Anhang elegant verhindert«, klatschte Dawide mit Chris ab, als er K und Callum die Reste vom Vortag eingepackt hatte, damit *der arme Rückkehrer nicht verhungern* würde.

~ * ~

»Du hast was?«, schrie K, als Callum Simon und ihr die Ereignisse in Barcelona gestand. »Ja, sag mal, spinnst du? Ist dir klar, was du da anrichtest?« Sie sprang auf und lief unruhig hin und her. »Das kann alles kaputtmachen, dieses Spiel, Callum!«

»Ich glaube nicht, dass Callum mit Florian spielt, K.« Simon sah sie ruhig an. »Nein, ganz im Gegenteil. Ich glaube eher, dass gerade passiert, was genau richtig ist.«

K blieb abrupt stehen und funkelte ihn wütend an. »Ach ja? Dass Callum die WG endgültig auseinandertreibt, ja? Das?«

Simon hob abwehrend die Hände. »Schatz, bitte. Setz dich einen Moment, ja? Ich kriege Kopfschmerzen davon, dir die ganze Zeit beim Auf- und Ablaufen zuzusehen. Ich hasse Tennis.«

»Mir doch egal.« Als er sehr betont schwieg, setzte sie sich dennoch.

»Schau, K, ist dir nie aufgefallen, wie Callum Flo mit den Augen durch den Raum folgt? Dass es immer Callum ist, der fragt, wo Flo ist, wenn der nicht sofort auftaucht? Das ist schon so, seit ich die beiden kenne. Nicht einmal Leon hat daran etwas geändert.«

Das stimmte, musste sie zähneknirschend zugeben. Wenn sie es recht bedachte, hatte sie sich so manches Mal gewundert, wieso die beiden so viel Abstand voneinander hielten, einander dabei aber stets so nahe zu sein schienen. Eigentlich passten sie hervorragend zusammen. Callum konnte von Flos Spontanität und Lebensfreude nur profitieren, ebenso wie Flo von Callums in der Öffentlichkeit so beherrschter, kontrollierter Art. Nur hatte sie das nie gesehen. *Wollte sie auch nicht.* »Aber es ist trotzdem falsch! Wenn das schiefgeht…, und das wird es, Callum.«

Callum schwieg. K äußerte nur seine eigenen Befürchtungen.

Sie wandte sich an Simon. »Leon hatte schon Recht, Callum ist …«

»Wie gesagt, ich glaube das nicht, K. Ich sehe es eher auf Dauer, vielleicht sogar für immer.«

Callum blieb die Spucke weg.

Simon bemerkte es und nickte. »Doch ja, tue ich, Callum. – Sieh mal, K, Flo hat Callum von Anfang an so gemocht, wie der nun mal ist. Dezent, sagen wir mal höflich; ohne feste Absichten, distinguiert, gebildet und, ja auch älter. Jemand Vertrauenswürdiges zum Anlehnen. Auf Dauer.«

»Eine Vaterfigur aus Dankbarkeit.«

Callum zuckte unwillkürlich zusammen, so perfekt hatte sie seine Vorbehalte auf den Punkt gebracht.

»Nein! Jedenfalls nicht nur«, entgegnete Simon. »*Auch*, ja, aber darüber ist Florian längst hinaus. Florian ist bei Weitem nicht so unbedarft, wie Flo tut. Er ist längst bereit Flo – wie soll ich sagen? – zu reduzieren, auf ein Normalmaß zurückzufahren, wenn er dafür jemanden bekommt, der Florian annimmt. Was Callum, wie gesagt, immer getan hat. Sogar bewundert hat ab und zu, glaube ich.« K wollte erneut protestieren, aber Simon hob mahnend einen Finger. »Du hast selbst gesagt, dass Flo dich überrascht hat, als Callum krank war.«

Widerwillig musste K dem zustimmen.

»Abgesehen davon ist Callum auch nicht so erwachsen, wie er tut.«

Jetzt wollte Callum protestieren, schloss aber den bereits geöffneten Mund wieder, als er sich an die Cabrio-Busfahrt erinnerte.

»Callum fehlt eine Menge Flo-Zeit. Vielleicht verdaut er dann auch endlich den Stock, den er vor Jahren verschluckt hat. Oder er taut womöglich sogar ganz auf, unser Versteckspieler.«

Callum verzog pikiert das Gesicht.

K schnaubte. Zwar sagte Simon nichts anderes als das, was sie selbst am liebsten gesagt hätte, aber es auszusprechen ängstigte sie.

»Du hast Angst vor der Veränderung.«

Warum nur fiel es ihr so schwer, ihrem Freund die Chance zu gönnen? Kannte sie ihn denn nicht besser? Vielleicht nicht. Immerhin hatte sie die Sache mit Leon ja sauber vergeigt. Ihr schossen die Tränen in die Augen. *Verflucht! Warum konnte das nicht aufhören?* Sie sprang auf. *Simon war schuld. An allem. Überhaupt.* »Du willst immer alles regeln können! Du mit deiner verfluchten Macht und deinem … Scheiß-Geld! Du glaubst doch, du könnest alles und jeden kontrollieren! Aber nicht mit uns! Halt dich aus der WG raus!« Tränen gerieten ihren Worten in den Weg. Sie flüchtete sich zur Tür, wo sie stehenblieb und noch einmal zu Simon zurücksah. »Die Jungs haben schon Recht, das wird mir echt alles zu viel mit dir«, rief sie schluchzend, dann war sie hinaus.

Simon ließ sich zurückfallen und rieb sich mit den Händen über das Gesicht.

»Was war *das*?« fragte Callum.

»Callum, was läuft bei euch gegen mich? Sie hat seit Neuestem dauernd solche Sprüche drauf.«

Callum schluckte. Ihm fiel auf, wie angeschlagen Simon wirkte. Er war drauf und dran sich in eine Lüge zu flüchten, als ihm klar wurde, wie sehr der Mann, der ihn so mutlos ansah, sein Freund geworden war. Er wollte ihn nicht belügen. »Simon, ich … ich kann dir deine Frage nicht beantworten. Und ich glaube, das weißt du auch. Ich bin ganz zerrissen, in alle Richtungen. Flo, Chris, Dawide. K und du. Alle meine Freunde und jeder zieht woandershin.«

Simon wirkte enttäuscht.

»Versteh doch, ich tue, was ich kann. Komm schon. Du ahnst doch längst, was geschehen ist.«

Simon nickte und sah zu Boden. »Susa, ja.« Er seufzte. »Diese Frau zerstört alles, wo immer sie auch auftaucht. Wenn ich gewusst hätte, dass sie auf der Liste steht … *Scheiße*.«

Es war zu leise gekommen, zu wenig kämpferisch. Es passte nicht zu dem Simon, den Callum kannte. Callum wollte ihm Mut machen, ihn beruhigen, aber Simon lächelte gequält und winkte ab. »Schon gut. Deine Freunde. Sie sind dir wichtig. Ist doch richtig. Lass also.« Dann deutete er hinter K her. »Is' mit egal. Ich habe genug damit zu tun, sie bei mir zu halten. Ist alles ein bisschen viel im Moment.« Es lag ein merkwürdiger Unterton in Simons Worten – als habe der etwas ganz anderes gemeint als ihrer beider Freundschaft.

Callum ging ratloser nach Hause, als er gekommen war.

Kapitel 33

Wie jeden Sonntag waren Chris und Dawide morgens zu spät aufgestanden, um am abends zur gewohnten Zeit einschlafen zu können. Sie nahmen es längst zum Anlass, im Schutz ihres Schlafzimmers die Dinge miteinander zu besprechen, die sie sonst nicht aus- oder ansprachen. Meist legte Dawide dann – schlicht deswegen, weil er der Leichtere von ihnen beiden war – seinen Kopf auf Chris' Schulter, ließ sich von ihm umarmen und schnitt ein Thema an, das ihm auf der Seele lag. Diesmal dauerte es nicht lange, bis er bei Callum landete. »Ich bin froh, dass das mit Leon ein Ende hat, da war ich schon ganz ehrlich gestern.«

»Im Grunde hatte ich daran geglaubt, das mit Leon gehe gut«, entgegnete Chris.

Dawide lachte leise und richtete sich auf, um Chris ansehen zu können. »Engelchen«, spottete er milde und strich Chris über die Wange.

»Sicher nicht!« Entrüstet schob Chris Dawides Hand fort. »Das einzige Halbwegs-Engelchen hier ist ja wohl Flo.«

Chris war nicht nach Flirten zu Mute. Das war selten genug, also musste er sich mit dem Thema schwerer tun, als er am Tag bereit war zuzugeben. Dawide legte sich zurück in seine alte Position und nahm den Gesprächsfaden wieder auf. »Was meinst du zu Flo?«

»Keine Ahnung. Aber wenn ich raten sollte: Callum und Barcelona.«

»Was? Du meinst, da is' was gelaufen? Die beiden? Nach all den Jahren? Nie!«

»Doch, meine ich. Die Veränderungen, das dauernde Zuhause-Sein, Englisch.« Chris lachte leise. »Du hättest Callums Gesicht sehen sollen, als ich das alles probeweise auf einen *unbekannten Lover* geschoben habe. Er war auf der Stelle bereit zum Duell anzutreten.«

Dawide hatte sich noch nicht von seinem Schrecken erholt. Das Ausmaß dessen, was Chris da erzählte, erschloss sich ihm erst langsam.

Chris wiederum vermutete fälschlicherweise, Dawide sei von seiner Beweisführung noch nicht überzeugt. »Das würde auch erklären, warum K derzeit alle fünf Minuten Amok läuft.«

»Eigentlich hätte das viel früher passieren müssen«, sagte Dawide nachdenklich.

»Was? Das K Amok läuft?«

Dawide boxte ihn spielerisch in die Seite. »Blödmann! Nein, ich meinte natürlich Callum und Flo. Wenn ich's genau bedenke: Es passt.« Noch während er es aussprach, bekam er Angst vor der eigenen Courage. »Oder?«

Chris hob eine Hand. »Moment mal, Dawide. Ich sagte, ich glaube, *Flo* hat sich in Barcelona endgültig in *Callum* verguckt.«

»Aber du sagtest doch, Callum sei eifersüchtig gewesen, als du … Callum ist …«

»… ständig und immer um Flo besorgt, ja. Aber *verliebt* in ihn?«

Dawide dachte noch einmal darüber nach. »Das hat Sprengkraft, weißt du?«

»Hm. Hat es. Und wie.«

Dawide richtete sich noch einmal auf und lehnte sich über Chris. »Und wenn Callum doch … Ich meine, für eine Beziehung zwischen den beiden gälte dasselbe. Kannst du dir das vorstellen?«

Chris nahm einen Arm unter den Kopf. Den anderen legte er Dawide auf den Rücken. »Das ist der Witz, Dawide. Als Callum damals mit Flo hier ankam, habe ich wirklich gedacht, da wäre schon was gelaufen.«

»Weiß ich. Aber die Zeiten des kleinen Streuners sind vorbei.«

»Stimmt. Flo hat sich seitdem verändert – und gleichzeitig auch nicht. Callum genauso. Ich finde immer noch, es passt mehr, als es nicht passt. Und ich glaube wirklich, das könnte gutgehen. Für länger. Vielleicht sogar für immer.«

Dawide musste ob der sorgfältigen Abwägung in Chris' Worten unwillkürlich lachen. »Jetzt *klingst* du schon wie ich.«

Chris grinste schelmisch. »Siehst du. Das meine ich. Das machen Beziehungen mit einem. Zack, zwanzig Jahre, und schon hörst du dich an wie dein Partner.«

Dawide kicherte. »Ich kann mir nicht vorstellen, dass K sich je wie Simon anhören würde.«

»Aber sicher würde sie das.«

Dawide wurde schlagartig ernst. »Siehst du aber auch nicht, oder?«

Auch von Chris' Gesicht war das Lächeln verschwunden. »Ich weiß nicht.« Er seufzte. »Wir tun ja auch alles, es zu verhindern.«

»Er wäre sowieso nicht der Richtige für sie. Hast du ihre Reaktion darauf gesehen, als ich erzählt habe, wie er für mich eingegriffen hat? Sie hat echte Probleme damit.«

Chris zog den Arm unter seinem Kopf hervor und strich mit der Hand nachdenklich durch Dawides Haare. »Ich weiß nicht, ob das daran liegt, Schatz. Sie scheint gerade andere Probleme zu haben.«

Dawide legte den Kopf zurück auf Chris' Brust. »Glaub ich nicht. Sie telefoniert dauernd mit Anah, also geht es ja wohl um Simon und um nichts anderes.«

»Hm«, machte Chris wenig überzeugt. »Ich weiß nicht. Die ›Operation *Forever K*‹ ist in letzter Zeit etwas zum Erliegen gekommen – keiner von uns hat sich mehr viel um sie gekümmert. Vielleicht ist es nicht richtig, was wir tun, weißt du?«

Dawide entzog sich seiner Hand.

»Versteh doch!« Chris zog ihn wieder zu sich. »Ich frage mich in letzter Zeit oft, was …«

»Was?«

»Na, wenn sich damals jemand zwischen uns gedrängt hätte, Dawide? Am Anfang. Versucht hätte uns auseinanderzuhalten – mit allen Tricks? Was wäre aus uns geworden? *Wäre* etwas aus uns geworden?«

»Wir? Wir beide hätten uns immer, überall und unter allen Umständen gefunden. Das war so bestimmt.«

Chris musste lachen. Sie war noch so ungewohnt, diese Festigkeit. »Dem Himmel sei Dank.«

»Du sollst das nicht tun«, mahnte Dawide ihn erschrocken.

»Nein, ich hab das durchaus ernst gemeint.«

»Vielleicht hast du Recht. Wir nehmen die ›Operation *Forever K*‹ wieder auf und sehen, was passiert.«

»Genau. Aber wir müssen eine Grenze finden, Dawide. Wenn er echtes Interesse hat und sich nicht mehr vertreiben lässt, dann …«

»… sind die beiden vielleicht auch für einander bestimmt? Meinst du das?«

»Ist nur so eine Überlegung, ja. Also, wenn Callum und Flo, und du und ich … Ich meine, hat sie dann nicht auch das Recht …?«

»Ausgeschlossen! K gehört zu uns. Zu uns und sonst nirgendwohin. Die ist für *uns* gemacht worden. *Unsere* Fee. Basta.«

»Mein Dawide.« Chris schmunzelte und beendete jegliche Diskussion, indem er sich aufrichtete, Dawide dabei umschubste und dann küsste.

Kapitel 34

Eine Woche später bat Achim Dawide in sein Büro. Der hatte zwar fest damit gerechnet, aber der frühe Zeitpunkt überraschte ihn doch. Er hatte gehofft die Sammelmappe mit den ausgedruckten Dankesmails, den postalischen Danksagungen und vor allem mit der Liste der zusätzlich beauftragten Arbeiten noch ein wenig dicker präsentieren zu können, als sie es jetzt schon war. Resolut zuckte er die Achseln und schüttelte das mulmige Gefühl ab, das ihn beschlichen hatte.

Als er Achims Büro betrat, kam dieser ihm strahlend lächelnd entgegen. »Dawide!« Er tat, als sei der eben wohlbehalten von einer jahrelangen lebensgefährlichen Expedition zurückgekehrt.

A…rmleuchter, dachte Dawide, schon, damit sein Grinsen echt wirkte. Als er Achim gegenübersaß, legte er die mitgebrachte Mappe auffällig vor sich und signalisierte Achim zuhörbereit zu sein.

»Also das war ja nun wirklich ein voller Erfolg!« Achim deutete unbestimmt auf die Mappe vor Dawide. »Ich kann dir gar nicht sagen, wie sehr mich das freut.«

Dawides Grinsen vertiefte sich. *So weit, so gut.*

»Tja, Dawide, was soll ich sagen? Also … wir Partner haben uns entschlossen, Niklas einen Wechsel an einen anderen Standort nahezulegen, also nur, damit der … also …« Er geriet ins Stocken. »Andere Standorte bieten doch bessere Aufstiegsmöglichkeiten und bei Niklas' Potential …«

Dawide prustete. »Er hat mit Kündigung gedroht.«

Achim zuckte zusammen. »Nein! Also nein, sicher nicht, also …«

»Komm, lass gut sein. Weg ist weg.« Ihm doch egal, wo Niklas ab sofort sein Unwesen treiben würde. Die anderen Standorte konnten ihn mal am … *Nein, lieber nicht.*

»Jedenfalls, …«, Achim dehnte den Satzanfang aus, »… weißt du ja, dass Kurt bald ausscheiden möchte, und da dachten wir … also, wenn du willst …« Angesichts Dawides unbewegter Miene versuchte Achim es auf einem anderen Weg. »Ich meine, so als Partner wären dann Figuren wie Niklas ja …«

Dawide lachte hellauf und zog ein Schreiben aus der Sammelmappe. »Bemüh dich nicht weiter.« Er drehte es, bis Achim es lesen konnte, dann schob er es über den Glastisch zu ihm hinüber.

Achims Gesicht verlor jedwede Farbe. »Das ist nicht dein Ernst!«, brachte er mühsam heraus und versuchte unbewusst das Schreiben loszuwerden, indem er es zu Dawide zurückschob. Der Seitenkopf blockierte an der Sammelmappe. »Du *kündigst*?«

Dawide nickte nur.

»Aber wer …? Ich meine, wo gehst du hin? Wie geht es weiter?«

»Mit Gottes Hilfe, Josefs Geld, Chris' Know-How und meiner Arbeit.«

Achim sah ihn perplex an.

»Ich gehe in ein neues Unternehmen – mein eigenes.«

In Achims Gesicht kam Bewegung. »Das kannst du gar nicht! Wen willst du denn beraten? Du hast ein Wettbewerbsverbot unterschrieben! Ganz abgesehen von der Mandantenschutzklausel.«

Dawide sah ihn mitleidig an. »Ich brauche nicht Niklas zu spielen, Achim. Das habe ich gar nicht nötig. Sie kommen von ganz alleine mit mir. Einfach so.« Er schnippte mit den Fingern.

Achims schockstarres Gesicht war purer Balsam auf Dawides Wunden.

»Die Frage ist nur noch, ob ihr euer Gesicht wahrt, indem ihr sie und mich ziehen lasst, oder ob ihr versucht sie zu behindern – oder mich.«

Achim versuchte einen Protest.

»Das würden sie alle gerne weitertragen. Alle *zwölf*, die bisher unterschrieben haben.«

Für einen Moment verschlug es Achim die Sprache. Dann änderte er blitzschnell seine Strategie. »Und deine Entscheidung ist … unumkehrbar?« Er schlug einen schmeichelnden Ton an. »Auch wenn wir, sagen wir mal, eine Partnerposition für … besondere Aufgaben schaffen würden? Sofort, meine ich?«

Dawides Miene veränderte sich nicht.

»Ich könnte mich auch dafür einsetzen, dass wir Niklas Kündigung doch annehmen. Aus … übergeordnetem Interesse sozusagen.«

»Ich … denke darüber nach.« Dawide sah betont auf die Uhr. »Und ich müsste das natürlich auch noch einmal mit Chris besprechen, Achim.«

»Sicher. Weißt du, fahr doch nach Hause und rede in Ruhe mit ihm.«

Dawide nickte und stand auf. Im Hinausgehen sah er aus dem bodentiefen Fenster in den sonnigen Nachmittag hinaus. *Herr, vergib ihnen, denn sie wissen nicht, was sie tun.* Er hatte gerade einen freien Nachmittag für seinen Termin bei der Bank gewonnen.

Kapitel 35

Als die Aufzugtüre auffuhr, stieß Flo sich kräftig ab, stützte sich auf den Rollstuhl, den er eigentlich schieben sollte, und sauste mit der Patientin darin über den höhergelegenen Teil der Lobby in Richtung Gartentür. »*Jippiiieh*!«, quietschte er gutgelaunt.

»Flo! Pass doch auf. Du fährst Martha noch gegen die Wand!«, rief Theo ihm lachend hinterher. Der sonnige Nachmittag hatte auch ihn aus seinem Zimmer Richtung Garten gelockt. Im Aufzug war er auf Flo getroffen, der eine Demenzpatientin dorthin bringen wollte. Nun waren sie im Erdgeschoss des Alten- und Pflegeheimes angelangt, wo Flo kurz vor der breiten automatischen Glastür zum Garten sein improvisiertes Skateboard gekonnt abfing. Er war immerhin ein Profi – und die alte Dame hatte sich an der rasanten Rollstuhl-Fahrt sichtlich erfreut.

Theo folgte dem schnellen Gespann gemesseneren Tempos und mit einem Achselzucken in Richtung Aygun, der drei langestreckte Treppenstufen tiefer den Empfangsbereich des Heimes besetzte.

Aygun verdrehte grinsend die Augen gen Himmel, bevor er sich wieder dem Mann vor sich zuwandte.

Der wiederum hatte die Szene aufmerksam beobachtet und dabei sämtliches Interesse an Aygun verloren. »Florian«, sagte er laut und drehte sich herum.

Flo erstarrte. Sein Gesicht verlor jede Farbe. »Du!«

Theo erschrak. Er ahnte, wen sie vor sich hatten.

Flo wandte sich zur Flucht. Hektisch versuchte er den zwei Armlängen vor sich angebrachten Türöffner zu erreichen, um den Rollstuhl in den Garten zu schieben.

Der Mann lächelte böse, sprang leichtfüßig die drei Stufen hoch und vertrat Flo mit wenigen langen Schritten den Weg. Theo nahm er dabei kaum zur Kenntnis.

»Verschwinde!« Flo klang viel zu ängstlich, um Eindruck zu hinterlassen.

Martha spürte die neue Stimmung und sah Flo hilfesuchend an.

Der machte Anstalten, dem Störer ruckartig den Rollstuhl entgegenzuschieben, um ihn zum Ausweichen zu zwingen.

Flos Vater sah es voraus, griff an die Armlehnen des Rollstuhls und blockierte ihn. Dann beugte er sich ungerührt weit über Martha hinweg, um näher an Flo heranzukommen.

Martha spürte seine Angriffslust. Sie wimmerte leise machte sich klein.

Hilfesuchend sah Flo sich um. Aygun sprach am Telefon und beobachtete sie nicht mehr. Flo spannte sich.

Theo hielt kurz den Atem an, dann schlug er seinen Gehstock kraftvoll auf den Fliesenboden. »Was wollen Sie?« Er positionierte sich ruhig, aber betont neben Flo. »Sie sind hier ebenso unerwünscht wie sonst in Florians Nähe.«

»Halten Sie sich raus, wer immer Sie sind. Is' besser für Sie.«

Theo lachte hart. Ganz langsam lehnte er sich dem über den Rollstuhl vorgebeugten Mann entgegen, um ihm ins Gesicht sehen zu können. »Sonst – *was*?« Die Eiseskälte in seinen hellen Augen war beeindruckend.

Die Warnung kam an. Flos Vater zog sich zurück und richtete sich langsam auf. Als er die Hände vom Rollstuhl löste, schoss sein Blick zu Flo hinüber. »Wenn das so ist …«, sagte er fast unhörbar, »… werde ich jetzt wohl mal nachholen, was ich bei den Beamten damals *vergessen* habe. Dürfte deinen *Süßen* ganz schön in Schwierigkeiten bringen. Oder sollte ich sagen in *Schwulitäten*?«

Flo schnappte nach Luft.

Theo hatte nicht genau verstanden, was Flos Vater gemeint hatte, aber er ahnte es. »Was auch immer Sie vorhaben, Sie werden damit nicht durchkommen. Wir haben das längst geklärt. Auf unsere Art.«

»Ach. Wunderbar! Dann brauche ich der Heimleitung also nichts mehr von seiner wilden Zeit bei diversen Heimaufenthalten zu erzählen? Vor allem nicht von seinen weitreichenden Erfahrungen mit allem, was *high* macht, oder?«

Theo las den Treffer an Flos Gesicht ab. Eine solche Behauptung konnte für ihn ernsthafte Konsequenzen haben. Er hatte genug mit Medikamenten zu tun, um verlässlich damit sein zu müssen. »Noch eine Geschichte, für die Sie keine Beweise vorbringen können?«

»O ncin. Da müssen Sie nur mal in die Heimakten sehen.«

»Die sind längst vernichtet und Flo ist erwachsen. Er ist seit Jahren hier im Hause. Kein Mensch wird Ihnen glauben. Nicht bei Ihrem Strafregister. Also noch mal: Verschwinden Sie!« Theo war bewusst immer lauter geworden. Er hatte aus dem Augenwinkel gesehen, wie Aygun aufgelegt hatte.

Nun sah er zu ihnen hinauf. Der *schöne Theodor* wurde niemals laut.

Flo erkannte seine Chance. Er schubste den Rollstuhl ruckartig vorwärts, um seinen Vater zum Ausweichen zu zwingen.

Der griff nach der verängstigten Martha, um Flo aufzuhalten. Es war der berühmte Schritt zu weit.

»Aygun! Polizei!«, brüllte Flo, nahm die Hände vom Rollstuhl und schoss auf seinen Vater los.

Der ließ Martha los und schlug ungezielt zu. Er traf Flo hart auf die Brust.

Flo taumelte zurück, wollte Theo ausweichen und trat dabei auf die Kante der obersten der drei Stufen, die das Foyer von Aufzug und Gartenebene trennten. Er verlor das Gleichgewicht und kippte hinten über. Reflexartig griff er nach dem Geländer der Rollstuhlrampe, die die Treppe zur Außenwand hin überbrückte, und verfehlte es. Es hallte dumpf, als sein Kopf auf der seitlichen Metallkante der Rampe aufschlug. Dann lag er still.

Kapitel 36

Theo rief Callum an, sobald Flo im Rettungswagen lag. Frank gab ihm sofort frei, als er hörte, was geschehen war, und so rannte Callum fast zu Flos Zimmer, als er es genannt bekam. Es kostete ihn viel Mühe, wenigstens anzuklopfen, bevor er eintrat, und auch im Zimmer musste er sich seiner Manieren erinnern, um die anderen drei Patienten darin mit einem Kopfnicken zu grüßen. Sein Herz schlug ihm seit Theos Anruf vor Angst bis zum Hals.

Flo lag im Bett ganz vorne an der Tür. Riesige weiße Pflaster zierten seine linke vordere Kopfhälfte vom Scheitel bis zum Ohr. Die Haare darunter waren ohne Rücksicht auf Schönheit abrasiert worden, während die bunten, langen Haarpartien auf der anderen Seite wirr und zerdrückt vom Kopf herabhingen. Unter Flos linkem Wangenknochen verlief eine dunkelrote Prellung, die sein Gesicht auf dieser Seite hatte anschwellen lassen.

Callum biss sich auf die Faust. Er wusste nicht, was er tun sollte. Flo hatte die Augen geschlossen und schien zu schlafen. Er sah furchtbar verletzt aus.

Callum nahm sich einen Stuhl vom Tisch des Zimmers, trug ihn zu Flos Bett hinüber und ließ sich darauf fallen. Gefasster sah er Flo von dort aus eindringlich an.

Flo öffnete die Augen, um zu sehen, wer im Zimmer rumorte. Als er Callum erkannte, schossen ihm Tränen in die Augen. »Es tut mir leid, Callum. Wirklich.« Callum musste sich zu ihm hinunterbeugen, um ihn zu verstehen, so leise flüsterte er. »Das hört nie mehr auf.«

Callum hätte Flo am liebsten an sich gedrückt, um ihn zu trösten. Doch sie waren immer noch ein einem Zimmer mit drei fremden Menschen. »Und ob das aufhört, Flo. Eben habe ich mit Frank gesprochen. Ich werde zur Erpressung aussagen, mit dir als Zeugen. Zur Körperverletzung machen wir es genauso. Zu der damals und der heute. Theo und das Heim haben bereits Anzeige erstattet, du bist also nicht allein. Er wird für lange Zeit verschwinden, das verspreche ich dir.«

Flo wandte sich ab und blickte auf die Wand zum Badezimmer. »Aber er wird wiederkommen. Er kommt immer wieder. Ich richte alles wieder ein und dann, eines Tages, steht er wieder da und macht es kaputt. Das hört nie auf. Nie.« Er schloss die Augen. Tränen quollen unter seinen Lidern hervor.

Callum streckte einen Finger aus und wischte sie sanft fort. Soviel musste erlaubt sein. »Nein. Du hast dich gewehrt diesmal und andere haben zu dir gestanden. Das wird er nicht vergessen. Er wird es fürchten.«

»Ich habe nur eine Patien…« Flo hatte den Kopf zu schnell herumgedreht. Ein stechender Schmerz schoss durch seine linke Seite. Ihm wurde schlecht. Als er die Augen wieder schloss, um Schmerz und Schwindel zu vertreiben, fühlte er Callums kühle Hand auf seiner Wange. Sie tat gut.

»Aber das weiß er nicht.«

Callums Stimme beruhigte ihn. Auch sie tat ihm gut. Ein schwaches Lächeln erschien auf seinem Gesicht.

»Du hast dich gewehrt und du bist nicht weggelaufen.« Callum zog die Hand von Flos Wange zurück, griff aber sofort nach dessen Hand. Er saß ja mit dem Rücken zu den weiteren Betten. »Du bist eben doch mein mutiger Flo, so wie du es immer warst.« Er hielt Flos Hand fest und drückte sie kurz. »Viel mutiger als ich.«

Flo war immer noch nicht überzeugt. Das Lächeln war wieder verschwunden.

»Und falls er doch einmal zurückkommt: Wir werden da sein.«

Flo öffnete vorsichtig die Augen. »Wirklich?«

Callum hätte ihn am liebsten in den Arm genommen und gestreichelt. Es hatte so viel Florian in der Frage gelegen. »Ja. Alle. Chris, Dawide, K, ja sogar Simon, denke ich.« Er seufzte. »Wir haben es doch jetzt wirklich oft genug gesagt, Flo. Du gehörst zu uns.«

»Zu euch. Ja.« Flo sah erneut fort, dann straffte er sich und blickte Callum an. »Auch zu dir?«

Die Frage traf Callum unvorbereitet, schutzlos, und doch wusste er die Antwort sofort. Es war so. Flo gehörte zu ihm.

Es war Wahnsinn. Genug Wahnsinn, um ihrer beider kleine Familie zu sprengen, wenn es schiefging. Aber da war Flo vor ihm, der kleine Flo mit den großen blauen Kinderaugen, den verrückten Frisuren und der jungenhaften Figur. Flo, den er nie als Mann gesehen hatte, bis er sechsunddreißig Stunden an seiner Seite geblieben war, um ihn zu pflegen und für ihn zu sorgen, bis er selbst fast umgefallen war. Flo, der Leon durchschaut hatte, lange bevor er selbst es gekonnt hatte, und der es für sich behalten, zurückgesteckt, ja ihn sogar getröstet hatte. Flo, der sich von allen Dingen, die er sich hatte wünschen dürfen, nur Zeit mit ihm gewünscht hatte. Flo, der seine Bedingung akzeptiert hatte, bevor er sie gestellt hatte. Der ihn liebte, wie er war.

Plötzlich sah er Flo mit den verrückten Haaren und den ausgeflippten Klamotten neben sich stehen, neben sich hüpfen, sah die Menschen missbilligend die Köpfe schütteln, mutmaßen. Er würde darüber lachen können. Er hörte Flo lachen, sah ihn durch Räume voller Menschen frech zu ihm zurückgrinsen, wie so oft in den letzten Jahren. Er fühlte Flos Herz schlagen, fühlte, was er zurückgewiesen hatte in Barcelona, was er hatte zurückweisen müssen. *Mein mutiger Flo*, hatte er eben gesagt. Er wollte das. Gegen jede Vernunft.

»Ja«, sagte er entschlossen. Er beugte sich vor und küsste Flo vorsichtig auf die Stirn. Es würde schon gerade keiner gucken. Und wenn: Das hier war *Köln. Fast* so normal wie atmen.

Flos Augen wurden riesengroß.

»Ja«, wiederholte Callum lachend, als er sich wiederaufrichtete.

»Es ist Wahnsinn, oder?«

Callums Lachen verschwand. Plötzlich schnürte ihm die Angst wieder die Kehle zu.

»Es könnte alles kaputtmachen, Callum.«

»Nicht zu leugnen.«

»Es kann uns alle auseinandersprengen. K wird toben. Sie wird dich umbringen.«

Callum nickte und dachte an ihre Reaktion auf sein Kuss-Geständnis. »Davon ist auszugehen. Aber vorher werde ich ein schönes Leben mit dir gehabt haben. Wenn auch ein kurzes.«

Flo konnte nicht darüber lachen. »Und ich … bin nicht gerade … unauffällig.«

Callum prustete laut. Ihm war, als hätten sie die Rollen getauscht.

»Warum lachst du?« Flo zog die Augenbrauen zusammen. Es tat weh.

»Weil es klappen wird, Flo. Ich weiß nicht, warum, aber ich weiß es. Ich weiß, dass du es kannst. Wirklich kannst.«

»Natürlich kann ich. Ich kann mich ändern für dich. Ich könnte versuchen, etwas … *dezenter* zu werden.«

Callum musste an den Thomas-Flo denken. Die Erinnerung brachte ihn erneut zum Lachen. »O nein, bitte nicht. Bleib genauso, wie du bist, bitte.«

Flos Gesicht leuchtete auf.

»Das habe ich auch gar nicht gemeint.«

»Sondern?«

»Ich meinte, dass …« Da war sie wieder, die Angst. Diese Stimme, die ihn seit so langer Zeit nicht aus ihren Klauen lassen wollte. *Du hast einen Ruf zu wahren. Sei diskret. Es wird nicht mehr geben. Mach ihm das klar.*

»Callum?«

»Ich … ich meinte, … es wird einfach … weitergehen, wie bisher. Nicht … anders. Wir leben weiter, wie bisher, nur … zusammen. In der WG, meine ich. Alles … also … mehr kann … warten.« Es hörte sich selbst für Callum merkwürdig an. Unsicher suchte er Hilfe in Flos Augen. Er wusste, er musste fragen, musste aussprechen, was die Stimme wirklich zu wissen verlangte. Aber er fürchtete die Antwort darauf wie nie zuvor. »Oder … willst du *mehr*?«

Als Flo sich vorsichtig aufrichtete, die Hand auf Callums Schulter legte und ihn fest ansah, ahnte Callum, was er sagen würde. Sein Herz setzte aus.

»Ja. Will ich.«

Callum schloss die Augen. Er hatte das Gefühl zu fallen, endlos zu fallen. Vor seinen Augen tanzten Feuerlichter, in ihnen brannten Tränen. Etwas in ihm schien zu zerreißen, zu zerbrechen, wollte nicht mehr weitermachen, wollte alles aufgeben. Er versuchte die Luft anzuhalten, um es stoppen. *Nicht Flo. Nicht auch noch Flo.*

Sein Verstand flüchtete, ließ keine Gedanken mehr zu, nur Schmerz, ungebremst und ungefiltert.

Von weit, weit weg drang Flos Stimme an sein Ohr, leise, eindringlich. »Callum!«

Er zwang sich einzuatmen, aufzutauchen, den Schmerz zuzulassen. Er musste es. Er konnte nicht ewig so sitzen bleiben. Er hatte einen Ruf zu wahren. *Nur die Augen noch nicht aufmachen, nicht in Flos Gesicht sehen. Noch nicht. Bitte,* bettelte er, ohne wirklich zu wissen, wen er darum bat.

»Callum! Ich meinte *irgendwann*«, flüsterte Flo, als Callum sich nicht mehr regte. »Wenn *du* es willst. Wenn Chris, Dawide und K es akzeptiert haben. Wenn das weggefallen ist, was dich zurückhält. Ich weiß, der Tag wird kommen. Und bis dahin *kann* ich warten, das weißt du doch. Ich habe es dir versprochen.«

Callum reagierte kaum. Das Blut rauschte in seinen Ohren und das Gefühl zu fallen, wollte ihn nicht verlassen. »Das war vor Monaten.«

»Dann tue ich es hiermit wieder. Sieh mich an, Callum.« Sachte rüttelte er an Callums Schulter. »Sieh her! Los!« Er legte drei Finger einer Hand auf sein Herz und wartete, bis Callum die Augen öffnete. »Hier«, sagte Flo feierlich. »Ich verspreche es.«

Langsam, ganz langsam, übermittelte Callums Gehirn ihm die Bedeutung dessen, was Flo gesagt hatte. Mit dem Verständnis kam die Welle. Sie begann in der Magengegend, schwappte von dort aus in seinen Kopf und konzentrierte sich an der Stelle, an der Flos Hand auf seiner Schulter lag. Glück. Pures Glück. Es war zu viel, zu schnell, was da auf Callum einstürmte, das Wechselbad der Gefühle noch nicht verarbeitbar. Er konnte die Mauer nach draußen noch nicht überwinden.

Flo spürte es. Er nahm die Hand fort, ließ sich vorsichtig in sein Kissen zurücksinken und wartete. Als Callum es fertigbrachte zu lächeln, strahlten Flos Augen. »Aber ich darf dir sagen, dass ich dich liebe? Unter uns?«

Selbst Callum hatte Mühe, sein leises Flüstern zu verstehen. *Leon,* dachte er. Er hatte es nicht hören wollen von Leon. Jo, Martin, Leon. Es war immer der Anfang vom Ende gewesen. Zu viel, zu nah. *Ein Ruf zu wahren, ein Herz zu schützen.* Wusste Flo das? Ahnte er es? Callum sah ihn an. Flos blaue Augen sahen zurück. Warm, voller Zuneigung. Plötzlich *wollte* Callum es hören. Von Flo. *Weil es nicht mehr falsch ist. Weil er es meint. Weil ich es auch sagen will. Ihm sagen. Zum ersten Mal wieder sagen* will. *Am liebsten jetzt. Hier. Laut.* Es war eine erschreckende Erkenntnis, aber auch eine schöne. »Wenn ich antworten darf?«

Flo lachte leise. Er wagte kein Nicken.

Sie teilten einen Moment glückseliger Stille.

»Und ich bleibe, wie ich bin?«

In Callums Hals kribbelte ein Lachen. Ein albernes, kindisches, verliebtes Lachen. Er hielt es mühsam zurück. »Unbedingt. Bitte. – Aber ich gehe nicht mit zum CSD, okay?«

»Okay.« Es klang enttäuscht.

Callum kämpfte weiter gegen das Kichern und hob mit todernster Miene einen mahnenden Zeigefinger. »Und kein Karneval.«

Flo lachte leise. »Neiiiiiin! Wie könntest du?«

Nun konnte Callum das Kichern nicht mehr unterdrücken. »Und ich werde kein Altrocker in deiner Band.«

»Um Gottes Willen!«

Callum platzte mit dem Lachen heraus.

Der Mann zwei Betten weiter räusperte sich vernehmlich.

»Entschuldigung«, sagte Flo laut. »Er ist Brite. Er weiß sich in Europa einfach nicht zu benehmen, wissen Sie?«

Callum musste sein Gesicht in Flos Kissen pressen, um nicht laut zu lachen. Für den Mann sah es aus, als schäme er sich. Flo nahm es scheinbar ungerührt zur Kenntnis, bis der Mann kopfschüttelnd nach seinem Buch griff und weiterlas.

Flo tippte Callum auf den Hinterkopf. Als der aus dem Kissen auftauchte, war Flos Gesicht unerwartet ernst geworden. »Callum? Wir beide, ja. Aber was ist mit K? Mit Chris und Dawide? Wir können das nicht …« Er holte tief Luft. »Ich will es nicht verheimlichen. Nicht vor ihnen. Und ich will es nicht gegen ihren Willen. Sie … sie sind alles, was ich habe, verstehst du? Wir sagen es ihnen, ja?«

Flos dringendes Bedürfnis bekräftigte Callum nur in seinem Entschluss. Er hatte nie etwas anderes vorgehabt.

Flo missdeutete sein Schweigen. »Wenn ich morgen nach Hause komme. Zusammen, okay?«

»Nein«, sagte Callum entschlossen.

Flo öffnete den Mund, um zu protestieren.

»*Ich* sage es ihnen. *Alleine.* Nachher.« Es würde sein Beweis für Flo sein, *wie* ernst es ihm war. Er brauchte es Flo nicht zu erklären. Flo kannte ihn. Es war ein schönes Gefühl. »Sie werden ohnehin auf heißen Kohlen sitzen und wissen wollen, was mit dir ist.«

Flo runzelte die Stirn. »Besser noch, Callum«, er sah ihn eindringlich an, »rede erst mal mit Theo. Hör dir an, was er zu sagen hat und was er dir rät. Du bist manchmal ein wenig … ungeschickt … mit Worten.«

Callum schnaubte leise. Mit Worten für *ungeschickt* gehalten zu werden, das passierte ihm äußerst selten. Aber Flo kannte ihn gut. Er wusste genau, wie Recht er hatte.

Unsicherheit schlich sich auf Flos Gesicht. »Hast du Angst?«

Callum dachte an das, was K ihm entgegengehalten hatte. An das, was er sich selbst immer wieder vorgehalten hatte: Flos Alter (oder seins), den Bildungsunterschied, die Gefahr für die WG und so vieles mehr. Er konnte und wollte es nicht wegschieben. Er würde das alles noch einmal hören, wenn er es ihnen sagte. Es war so viel und dem stand so wenig gegenüber. Nur ein Gefühl. Keine harten Fakten, keine Argumente. *Hatte* er Angst davor? »Ja. Und wie. Davor, es ihnen zu sagen. Davor, dass einer von ihnen *nein* sagt. Und davor, dass es schief geht, Flo. Davor am allermeisten.«

Flo lächelte traurig und blinzelte einmal überlange. Nicken hätte weh getan. In seinen Augen sah Callum das Spiegelbild seiner eigenen Angst. Für einen Moment wollten sie aufgeben, es sein lassen, alles beim Alten lassen.

Nein. Er würde das nicht können. Es *würde* gutgehen. Er war angekommen. Zuhause. Endgültig. »Entschuldige«, bat er sanft.

Flos Gesicht wurde zu einem einzigen erschreckten Fragezeichen.

»Dass ich es erst so spät gemerkt habe. In Barcelona … ich …«

Flo nahm sich eine Sekunde, um darüber nachzudenken. »Nein, ich glaube, das war genau richtig. Das musste genauso sein. Ich musste erst … und du auch …«

Callum wusste, was Flo hatten sagen wollen. Es war das schönste Gefühl der Welt. *Geborgenheit.*

Flo sah sich aus dem Augenwinkel nach seinen Zimmergenossen um. Als er sie alle beschäftigt fand, griff er nach Callums Hinterkopf und zog ihn zu sich. »Sag es, Callum. Los!«

Callum grinste und küsste ihn auf den Mund.

»*Um, um!*« Flo befreite sich vorsichtig. »Sag es!«

Callums Grinsen wurde teuflisch.

»Sag es!« Flo grinste ebenso frech zurück.

Callum beugte sich vor, bis sein Mund neben Flos Ohr ankam. »Ich will dich.« Es kam heiser heraus – aus gutem Grund. »Jetzt. Am liebsten.«

Flo sog scharf Luft ein. Dummerweise stieß Callum dadurch an seinen Kopf. Der nächste scharfe Atemzug Flos hatte nichts mit Callums Worten zu tun.

Callum zog sich hastig zurück. »Aber ich werde warten müssen, bis ich mit ihnen gesprochen habe.« Er seufzte. »Und es dir wieder gutgeht.« Er hatte sich eben daran erinnert, wo sie waren. »Hey. Wir haben alle Zeit der Welt. Wir warten, bis es dir wieder gutgeht. Und dann werden wir ein Fest daraus machen, du und ich. Wir machen es unvergesslich. Wie Barcelona. Verstehst du?« Trotzdem konnte er nicht aufstehen und gehen. Noch nicht.

Bundfaltenhosen hatten ihre Tücken.

Kapitel 37

Wie er es versprochen hatte, ging er zuerst zu Theo. Er redete und redete, stellte sich mal auf die eine, mal auf die andere Seite, erzählte Theo alles, was ihm – und Flo – durch den Kopf gegangen war, alles was sie diskutiert hatten.

Dieses Mal ließ Theo ihn reden, schwieg sowohl zu dem einen wie zu dem anderen Standpunkt und ließ offen, was er selbst von alldem hielt. Nur eines gab er Callum mit auf den Weg: Er solle unbedingt sofort seinen Freunden reinen Wein einschenken.

»Aber *was* soll ich Ihnen sagen, Theo? Es stimmt doch, was Flo gesagt hat. Ich kann reden wie ein Wasserfall, aber bei sowas …«

Theo lächelte. »Lass gut sein, Callum. Ich denke, Flo hat dich da nur ein bisschen bremsen wollen. Eigentlich kannst du das ganz gut. Du hast es doch prima gemacht, als du ihnen ihre Versprechen abgeschwatzt hast.«

Callum sah einen Hoffnungsschimmer.

»Du machst es genauso wie jetzt bei mir gerade. Dann wartest du, was du zu hören bekommst. Ändern wirst du es ohnehin nicht können, wenn sie *nein* sagen.«

Callum fuhr erschreckt zusammen. *Hieß das, Theo würde …*

»Heißt es nicht, Callum. Und jetzt verschwinde endlich. Geh zu ihnen. Sie wissen, dass etwas passiert ist, aber noch nicht, was. Deine Chance. Ergreif sie.«

Callum nickte, umarmte Theo und verschwand.

Als sich die Zimmertür hinter ihm schloss, stand Theo auf, ging auf seinen Stock gestützt zum Fenster hinüber und sah in den Himmel hinauf. »Lass es ihn besser machen als ich. Lass ihn Flo festhalten. Lass sie glücklich werden. Zusammen. Bitte. Damit sie mich nicht mehr brauchen. Keiner von ihnen. Damit ich endlich zu dir kommen kann. Es wird Zeit. Hörst du?«

Kapitel 38

Chris? Dawide? K?«, rief er schon im Hausflur.

Sie hatten nur darauf gewartet. K kam aus ihrem Zimmer gerannt, Dawide aus der Küche, Chris aus einem ihrer beiden Zimmer. »Wie geht es ihm?«, riefen sie, noch während sie sich zu ihm in die Couchgruppe fallen ließen.

»Soweit ganz gut«, erwiderte Callum. »Er hat eine üble Platzwunde am Kopf, die genäht werden musste, dazu eine Gehirnerschütterung. Er ist nur zur Beobachtung im Krankenhaus und soll morgen schon wieder entlassen werden.«

Die drei Freunde atmeten erleichtert aus.

»Aber das Ganze macht ihm zu schaffen, oder?«, fragte K nach einer kurzen Pause.

»Ja. Aber ich hatte schon mit Frank gesprochen und konnte Flo daher beruhigen. Diesmal werden wir alles aufdecken. Flos Vater wird wohl für einige Zeit aus unserem Leben verschwinden.«

»Aber wiederkommen.« Damit baute K ihm genau die Brücke, die er sich erhofft hatte.

»Jaaa.« Er holte tief Luft. »Das ist der eigentliche Grund, warum ich euch gerufen habe.«

Erstaunt sahen die drei ihn an.

Plötzlich erschein ein freches Grinsen auf Chris Gesicht. »Stopp! Ich möchte lösen. Darf ich? Darf ich?« In einer gekonnten Flo-Imitation hüpfte er auf seinem Sitz.

Callum kicherte. »Solange du vorher kein *E* kaufen musst. Das Zeug ist mittlerweile illegal, musst du wissen.«

Seine überschäumend gute Laune machte K und Dawide misstrauisch.

»Mach schon«, sagte K zu Chris.

»Callum möchte wissen, ob wir die beiden als Paar akzeptieren.« Chris hielt ihm die Hand zum Abklatschen hin.

Callum wartete, ob sich ein Sturm des Protests erheben würde, und als der ausblieb, schlug er ein.

»Na endlich!« Chris meinte nicht den Handschlag.

Dawide hingegen kratzte sich nachdenklich am Kopf. »Sehe ich auch so. Aber ich habe schon Angst davor, wie es aussieht, wenn ihr euch wieder trennt.«

Callums gute Laune verschwand auf einen Schlag. Sein Gesicht wurde steinern.

Dawide tat er plötzlich leid. Chris' Worte fielen ihm wieder ein. Was, wenn jemand ihm geraten hätte, auf Chris zu verzichten? Schlimmer eigentlich: Hatte er es all die Jahre getan, als es ihm eine Menge Menschen geraten hatten? »Ich meinte, *falls* ihr euch *eines Tages* wieder trennen *solltet*. Was ich nicht glaube. Ihr passt so gut zueinander. Seit Jahren eigentlich.«

Callum nickte die Einschränkung ab. Sein Blick war fest auf K gerichtet, die stur auf den Teppich hinabsah und die Lippen zusammengepresste. »K?«

»Mach was du willst«, entgegnete sie leise. »Es interessiert mich nicht.« Sie stand auf und ging zur Tür. Mitten im Raum blieb sie stehen und sah zurück zu ihnen. »Ihr macht doch sowieso, was ihr wollt.« In ihrer Stimme lag keine Aggression. »Verlangt also nicht ständig, dass ich etwas für euch entscheide, das ihr nicht entscheiden wollt, nur, damit ihr hinterher einen Schuldigen habt.« Sie sah sie nicht an. »Ich bin in meinem Zimmer.«

Als sie hinaus war, saß Callum da, als habe ihn der Blitz getroffen. Er hatte eine Diskussion, Wutausbrüche, Tränen erwartet, aber nicht das. Alle Zweifel, die Flos glückliches Gesicht im Krankenhaus von ihm genommen hatte, kehrten zurück. Mit ihnen kam der Schmerz. Er fühlte, wie seine Augen brannten. Hastig stieß er sich von der Lehne seiner Couch ab und stand auf. »Ich fahre noch mal ins Krankenhaus«, sagte er zu Dawide und Chris. »Ich muss noch mal mit Flo reden. Sofort. Ich habe es ihm versprochen. Ich muss ihm sagen, dass …« Er konnte nicht verhindern zu schlucken. »Das geht nicht, mit uns. Nicht so.«

Wieder wusste Dawide genau, was Callum empfand. Er konnte sich ja auch nicht ganz davon freimachen. Jedes Mal, wenn er sich erlaubte darüber nachzudenken, kehrte es zurück.

In seine Gedanken versunken, verpasste er den Moment aufzustehen und Callum zu trösten. Chris jedoch packte Callum und zog ihn in eine feste Umarmung.

»Nicht, Callum. Das musst du nicht. Das ist es nicht. Es ist etwas anderes. Ich weiß nicht was es ist, aber ihr seid es nicht. Nicht wirklich. Nur für dich hat sie Leon zurückgeholt. Sie würde dir nie im Wege stehen.« Er schob Callum ein Stück von sich. »Geh und rede mit ihr. Hilf ihr.«

Callum sah ihn zweifelnd an.

»Los.« Chris und deutete zur Tür. »Sie braucht dich, glaub ich.«

Sie ließ ihn sofort ein, als er klopfte. Stille Tränen liefen ihre Wangen hinab. Sie besorgten Callum weit mehr als ihre temperamentvollen Ausbrüche vergangener Tage.

Als sie wortlos zum Bett zurückkehrte, auf dem sie gesessen hatte, setzte er sich neben sie und zog sie zu sich. »Sag es mir. Bitte.«

Sie schüttelte den Kopf, entzog sich ihm und wischte ärgerlich die Tränen fort.

»Bitte! Ich bin ein Arschloch, ich weiß. Ich mache alles kaputt, auch das. Aber du konntest mir immer alles erzählen – und ich dir.«

Sie antwortete nicht.

»Macht es dir solche Angst?«

Sie nickte und die Tränen flossen wieder.

»Dann werden wir es lassen, K.« Er achtete sorgsam darauf, nicht den leisesten Hauch von Enttäuschung oder Vorwurf darin mitschwingen zu lassen. »Flo und ich haben uns das schon im Krankenhaus so versprochen: nicht ohne euch.«

Sie sah auf. »Ich will das nicht.«

Er wusste den Satz nicht zuzuordnen.

»Mach mich nicht auch noch *dafür* verantwortlich.« Sie schrie es mehr, als sie es sagte.

»Aber Schatz!« Er zog sie wieder an seine Schulter. »Das tut keiner von uns. Niemand. Wirklich. Wir haben uns entschlossen es so zu machen. *Wir. Wir* haben beschlossen, es sein zu lassen, wenn einer von euch, die ihr uns so wichtig seid, Bedenken dagegen hat. Es ist *uns* wichtig.«

Sie schluchzte und weinte weiter, als habe er nichts gesagt.

Langsam begann er Chris zu glauben. Er nahm sie bei den Schultern, schob sie ein Stück von sich fort und sah sie scharf an. »Was ist es?« Es war ein Versuch, gegründet auf Chris' Verdacht. Aber er traf ins Schwarze.

Sie begann aus tiefster Seele zu weinen. »Mein Vertrag mit der Uni ist ausgelaufen. Ich bekomme keinen Anschluss mehr. Nur noch die Tagung vom Projekt, dann ist Schluss.« Sie kehrte von selbst an seine Schulter zurück.

»Aber du findest doch immer etwas«, sagte er sanft.

Es half nicht. »Nicht … sofort. Ich kann auch nicht …« Sie zwang sich tief durchzuatmen. »Ich weiß grad nicht, wie es weitergehen soll.«

»Dann lass dir helfen. Lass uns doch auch mal ein bisschen Feen sein.«

»Feen-riche.« Sie lächelte schief.

Er lächelte zurück. »Das Wort gibt's gar nicht. Und überhaupt: Flo geht locker als Fee durch, jedenfalls meistens, und Dawide geben wir als Küchen-Fee aus.« Immerhin hörten die Tränen auf zu fließen, auch wenn der Witz noch so schlecht gewesen war. »Also?«

»Ich kann nicht, Callum.« Es war mehr Bitte als Feststellung. »Noch nicht.«

»Also schön.« Er seufzte und hob geschlagen die Hände.

»Callum?«

»Hm?«

»Ich … ich kann verstehen, dass du …, dass du mit Flo zusammen sein willst. Ehrlich. Ich glaube, ich habe wirklich nur Angst davor. Vielleicht, weil gerade so viel los ist bei mir. Also macht nur. Aber gebt mir etwas Zeit, mich daran zu gewöhnen, bevor ich in Begeisterungsstürme ausbrechen muss, ja?«

Callum traute seinen Ohren nicht. »Ehrlich?«

»*Hmm.*«

In Callum schlugen Glücksgefühl, Brite und Staatsanwalt Salti. »Gut.« Er kicherte übermütig. »Aber nur, wenn du mir etwas versprichst. *Tit for tat.*«

»Hä?«

»*Quid pro quo*?«

Sie grinste kläglich. »Was denn?«

»Ein Versprechen. Dass du zu mir kommst, K. Von dir aus. Dass du mich helfen lässt. Uns helfen lässt, ja? Dass du nicht stumm bleibst, selbst, wenn ich vom siebten Himmel aus die Sorgen meiner K übersehe. Bitte.«

Ihr schiefes wurde zu einem echten Lächeln, als sie ihn fest drückte. »Versprochen. Ich nehme mir noch etwas Zeit, und wenn sich nichts tut, dann komme ich zu dir, okay?«

»*Deal?*« Er streckte ihr die Hand hin.

»*Deal.*« Sie lachte, hielt aber ihre Hand zurück. »Nicht reinspucken, ja?«

»Britische Gentleman spucken nicht. *Das* machen nur die Wilden vom Kontinent.« Er hätte sie besser kennen sollen.

Noch bevor er den Satz zu Ende gebracht hatte, hatte sie schon in ihre Hand gespuckt und sie fest in seine hingehaltene geschlagen.

»Ich hasse dich«, grummelte er und vermied es gerade so, seine Hand an ihrer Bettdecke abzuwischen, bevor er aufstand.

»Tust du nicht.« Sie kicherte, als er zur Tür ging. »Callum?« Als er sich zu ihr zurückwandte, war ihr Gesicht wieder sehr ernst.

»Ja?«

»Mach ihn glücklich, ja? Er hat's verdient.« Sie dachte kurz darüber nach. »Ihr habt's verdient.«

Kapitel 39

»Sag ihm, er kann sich hier von dir verabschieden, *wir* bringen dich zum Bahnhof«, trompetete Flo zwei Tage später mitten in Ks Telefonat mit Simon.

Die sah mit gerunzelter Stirn zu ihm hinüber. »Ja«, sagte sie in den Hörer. »Ja, sicher. Mach ich. Ja, finde ich auch … Ja. Also, bis morgen dann.« Sie wandte sich den vier Männern in der Küche zu. »Was sollte das denn jetzt? Warum soll Simon mich denn nicht zum Bahnhof bringen, wenn ich zur Tagung fahre, Flo? Hat er die letzten Male doch auch gemacht. Es liegt auf dem Weg und …« *Und ich habe mich darauf gefreut*, wollte sie ergänzen, verschluckte es aber, als sie in die Gesichter von Chris, Dawide und Flo sah. »Was hat er euch eigentlich getan? Seit zwei Wochen lasst ihr kein gutes Haar mehr an ihm. Als habe er euch persönlich beleidigt! Was soll denn das?«

Flo sah hilfesuchend zu seinen Mitbewohnern. K war seit Wochen derart dünnhäutig, da wollte er lieber nichts riskieren.

Chris setzte gerade zu einer Erklärung an, als Ks Handy erneut klingelte. Diesmal war es ihre Mutter. Mit einem letzten wütenden Blick auf die vier nahm sie das Gespräch an und ging damit auf ihr Zimmer. Die erschreckt-erleichterten Blicke ihrer Mitbewohner entgingen ihr.

Kapitel 40

Als es an der Tür klopfte, sah Callum sich ein letztes Mal in der hellen Suite um, bevor hinüber ging, um zu öffnen.

Check, dachte er, und lachte sich im selben Moment innerlich aus. Was tat er da eigentlich? Als ob bei diesem Ausflug nicht ebenso klar gewesen wäre, wo er enden würde, wie bei jedem anderen auch.

Der entscheidende Unterschied, lieber Callum, steht auf der anderen Seite dieser Tür. Sein Herz machte einen Sprung.

Flo. Florian. Seit drei Tagen *sein* Flo. Genaugenommen seit drei Tagen und zwei Nächten, nur hatten sie die bis dato brav getrennt voneinander verbracht.

Was er heute zu ändern gedachte. Weswegen er sich, wie er sich eingestehen musste, in einen hyper-romantischen Teenager verwandelt hatte und in eine bestenfalls klischeehaft zu nennende Einkaufsorgie verfallen war. Er lächelte. Flo war eben immer für ein Wunder gut.

»Was hast du Chris und Dawide erzählt?«, fragte er grinsend, als er Flo am Eingang mit einem innigen Kuss begrüßt hatte. Dessen Wange war zwar noch rötlich verfärbt, aber abgeschwollen und ein Freund hatte aus Flos Stoppeln sogar eine freche Jungenfrisur zaubern können – in nur drei verschiedenen Farben. Flo sah zum Anbeißen aus.

»Ich habe ihnen erzählt, ich träfe mich mit dir in einem Hotel, um …« Er zog sich an Callums Schulter hoch und flüsterte ihm etwas ins Ohr. Auf Englisch.

Callum verschluckte sich fast daran. Dann sah er Flos freches Grinsen. »Mein Gehirn lass mal schön, wo es ist. Ich verdiene mein Geld damit. Über alles andere lässt sich reden«, sagte er lachend. »Überhaupt: Lernt man sowas heute im Englischkurs?«

Flo blieb bei seinem Grinsen, schüttelte aber den Kopf. »Nein. Ich musste den Lehrer tatsächlich erst danach fragen. Um eine passende Wendung zu finden, musste der natürlich die Umstände wissen, also habe ich sie der Klasse geschildert und …« Beim Anblick von Callums geschockter Miene lachte er hellauf. »Quatsch, Callum! Ich nehme dich auf den Arm. Ich hab's aus den Por… also aus dem Internet.«

Callum ließ die angehaltene Luft entweichen, dann musste er über sich selber lachen. »Und was hast du ihnen nun wirklich erzählt?«

»Ich hab gesagt, ich hätte Nachtdienst. Nichts Ungewöhnliches an einem Samstag.« Flo zuckte die Achseln. »Und du?«

»Gar nichts«, sang Callum, ließ Flo los, wanderte langsam in das eigentliche Zimmer hinüber und setzte sich auf die Kante des breiten Doppelbettes. »Es ist *Samstag.*«

Flo prustete los, als er verstand. Er ließ seinen Rucksack von der Schulter gleiten, stellte ihn sorgsam in den Schrank und folgte Callum. »Du machst einen *Ausflug*, ja?«

»*Hm.*« Callum zog ihn näher an sich heran.

»Trotz meiner! Oder *bin* ich ein Ausflug?«

Callum sog seinen Geruch ein. *Hmmmm.* »Nein.« Er zog Flos Hemd hoch und griff nach dessen Taille. »Aber definitiv einen wert.«

~ * ~

Es dauerte, bis sie wieder sprechen konnten, und selbst dann war Callum noch viel zu vertieft darin, jeden Zentimeter von Flos Körper zu erkunden, um das Bedürfnis zu haben.

Flo dagegen schon. »Darf ich dich was fragen?«

»Alles«, erwiderte Callum abwesend. »Du darfst mich alles fragen.«

»Erster Typ?«

Callum hielt inne. »Jo.«

Etwas in seiner Stimme machte Flo noch neugieriger. »*Joe*?« Der Name war in der WG noch nie gefallen.

»Johannes.« Callum seufzte, ließ sich zurückfallen und streckte einladend den Arm aus.

Flo kuschelte sich hinein und legte seinen Kopf auf Callums Brust.

»Johannes.« Callum ließ dessen Gesicht vor seinem geistigen Auge erscheinen. So viele Jahre.

Flo legte den Kopf in den Nacken, um ihn anzusehen. Hellblaue Augen voller Wärme.

Plötzlich wollte Callum sprechen.

»Daher hast du das also«, stellte Flo fest, als Callum geendet hatte. »Nichts davor? Du warst fast achtzehn!«

»Nein.«

»Nicht mal ein Mädchen?«

Callum schüttelte ihn ab und zog sich in eine aufrechtere Position. »Nein!«

»Jetzt komm aber. Du bist doch nicht erst mit siebzehn auf den Trichter gekommen, dass du mit dem Ding da unten mehr anfangen kannst, als pinkeln zu gehen.« Er streichelte zur Verdeutlichung darüber.

Das *Ding da unten* quittierte es mit einem Zucken.

»Nein. Selbst ich wusste das schon etwas früher.« Callums Grinsen sprach Bände.

Flo zog sich hoch, kniete sich über ihn und setzte sein bestes Bettelgesicht auf. »Komm schon.«

Callums Grinsen erstarb. »Dominik«, flüsterte er. »Er hieß Dominik.«

Flo spürte, wieviel Überwindung alleine der Name Callum gekostet hatte und schwieg.

»Es ging schief. Völlig schief. Danach …« *Das nicht*, forderte die Stimme. *Nicht mehr.* »Von da an habe ich es mir verboten. Bis zu Jo.«

»Da war mehr.« Flo war eben Flo.

Auf Callums Gesicht erschien eine Mischung aus Schmerz und Abwehr.

Flo beugte sich vor und küsste ihn. »Lass nur. Mein Fehler.«

Zutiefst erleichtert schloss Callum die Augen.

»Und du hast wirklich nie die Mädels ausprobiert?«

Callum öffnete die Augen. »Neihein. Hat mich nie gereizt. Wirklich nicht. Ich fand sie schön, interessant, aber nie reizvoll.« Er lachte. »Falsch verdrahtet.« Er deutete auf seinen Kopf.

Flo sprang auf. »Sag das noch mal! Du bist *was*?«

Callum kicherte. »Falsch verdrahtet.« Plötzlich wurde er unsicher. »Das sagt man doch so, oder?«

»So siehst du dich?« Flo warf empört die Arme gen Himmel. »Als *falsch*?«

Callum zuckte die Achseln. »Muss ich ja wohl, oder? Ich meine, die ganze Sache war ja wohl mal anders geplant. Frag Dawide.«

Flo konnte nicht darüber lachen.

»Fortpflanzung und so?«

Flo schnaubte erbost. »Wusstest du, dass es in jeder Flamingo-Kolonie etliche homosexuelle Paare gibt? Sie ziehen sogar gefundene Küken gemeinsam auf.«

Callum kicherte. »Was erwartest du?« Er deutete auf Flos rosa Hemd auf dem Boden. »Sie sind *pink.*«

»*Hmpf.*« Flo, konnte ein Grinsen nicht verbergen. »Ja, schon klar.« Etwas versöhnlicher kletterte er zu Callum ins Bett zurück. »Nur nicht von Natur aus, Callum. Es ist das, was sie essen, was sie pink macht.«

Callum wollte auf keinen Fall wieder in die Diskussion einsteigen. »Fein. Wenn es das ist: Sobald du einen Diätplan hast, bring ihn mir. Ich stelle Dawide als Koch ein und heirate K.«

Flo verdrehte die Augen gen Himmel. »Ich hasse dich. Jetzt schon.«

Callum zuckte zusammen. »Jetzt schon?«

Flo prustete. »Nein, natürlich nicht. Nimm nicht immer alles von mir so wörtlich, Cal.«

»Cal-lum.«

Flo schnalzte mit der Zunge und schüttelte oberlehrerhaft den Kopf. »*Ts, ts.* Man stellt sich *vorher* vor oder gar nicht, *Schätzchen.*«

Schätzchen ließ ihn das teuer bezahlen.

»Ich will nur nicht so … dumm aussehen, okay?«, fuhr Flo fort, als Callum ihn wieder dazu kommen ließ.

»Das lag nicht an dir. Ich wollte ausweichen.«

»Ich weiß. Aber es ist nichts falsch an dir. Nur dann, wenn du zulässt, dass sie dich falsch machen.«

Callum seufzte ergeben. »Wie hast du das nur geschafft, Flo? Ich meine, … wie hast du es nur geschafft nicht … unterzugehen?«

»Stolz«, entgegnete Flo, als sei das die selbstverständlichste Sache der Welt.

»Ich verstehe nicht.«

»Nehmen und geben, das war es.«

»Erklär es mir.«

Diesmal war es Flo, der erzählte. Er erzählte von seiner Kindheit, von der Sozialsiedlung, der Straße darin, auf der er mehr zuhause gewesen war, als in der Wohnung seiner Eltern. Von den Gerichtsvollziehern, den

Polizeieinsätzen, von seinem Vater, der zuschlug, wann immer er einen von ihnen zu fassen bekam. Vom Schweigen, Vertuschen, Verdecken gegenüber Nachbarn, Lehrern, Freunden. Von den Mitschülern, deren Familien Ersatz-Zuhause auf Zeit, für ein paar Stunden, einen Nachmittag, eine Nacht geworden waren. Wie er abgeschaut und gelernt hatte sich so zu verhalten, um wiederkommen zu dürfen, dorthin, wo es das gab, was es bei ihm nicht gab: Sicherheit, Wärme und Essen. Wie er fand, er gebe mit Wohlverhalten nur etwas, wo er nahm. Es war ja nicht viel, was er gab, wo er selbst doch keinen Wert besaß.

Er hatte es oft genug gehört: von seinen Eltern, an deren Streitigkeiten er schuld war, von den Beamten und Jugendamtsleuten, denen er Papierkram machte, von den Eltern der Mitschüler, die ihn nicht einladen durften.

Er erzählte, wie normal es ihm erschienen war, wenn seine *Gangs* – die auf der Straße und die in den Heimen – Treue, Mitmachen und Schweigen gefordert hatten. Nur ein bisschen Wohlverhalten als Gegenleistung für Zugehörigkeit, für Geborgenheit. Genauso normal, wie das, was die Männer, die ihn zu sich einluden, als Gegenleistung forderten. Nur ein bisschen *Wohlverhalten.* »Verstehst du? Es bewahrte mir den Stolz, etwas zurückzugeben, selbst wenn ich bloß etwas Wertloses gab.«

Callum würgte den Ekel herunter, der ihn bei Flos Erzählung immer stärker gewürgt hatte. *Etwas Wertloses.*

»Ich habe darauf gewartet, dass du kommen und etwas fordern würdest. Bis …«

»… bis dein Vater dich in der Wohnung aufspürte.«

»Ja. Da konnte ich nichts mehr geben. Ich hatte dich so furchtbar enttäuscht und du schienst das Einzige, was ich zu geben hatte, nicht zu wollen.«

Callum zog ihn fest an sich. »Du weißt …«

»Ja. Ich weiß, ich habe dich nur damit enttäuscht, nicht zu dir gekommen zu sein. Weiß ich. *Heute.*«

»Flo?«

»Hm?«

»Das hier«, Callum deutete unbestimmt im Zimmer umher, »ist das … *zurückgeben*?«

Flo zuckte zusammen und dachte eine ganze Zeit lang darüber nach.

Callum ließ ihm Zeit, obwohl sein Herz schon wieder vor Angst stillstehen wollte.

Als Flo endlich sprach, tat er es zögerlich, als suche er noch nach den passenden Worten. »Nein. Nein, ich denke nicht. Sicher nicht mehr, seit du krank warst.«

»Sicher?«

»Ja. Anfangs war es meine Chance, ja. Aber dann wolltest du einfach nicht gesund werden und … als mein Vater dich damals angegriffen hat … Ich war so wütend, so … irrsinnig wütend.« Er musste schlucken.

»Lass nur. Ist schon gut. Es war nur …«

»Nein. Ist ja wichtig. Ich meine nur, als du krank warst, da saß ich da und dachte: Wenn er stirbt, dann ist da nicht nur ein Loch in meinem Leben, sondern …«

»Sondern?«

»…, sondern da wäre mehr fortgegangen. Viel mehr als jemand, dem man dankbar ist. Mehr als ein Freund, dem man etwas zurückgeben möchte.«

Callum wusste, was Flo meinte. Es war so sehr das, was er selber fühlte. Martin und Leon kamen ihm in den Sinn. Das schleichende Ende, die Vorwürfe, die bitteren Schlusspointen. »Erinnere dich daran, Flo.«

»*Hm*?«

»Wenn ich dich mal wieder mit Schweigen nerve. Oder dich dumm aussehen lasse. Wenn ich mal wieder so tue, als wäre nichts zwischen uns, nur weil wir draußen unterwegs sind. Wenn ich wieder mal nichts sage, statt … Dann erinnere dich daran. Daran, dass du mich liebst …«, er holte tief Luft und verbot sich darüber nachzudenken oder protestierenden Stimmen zuzuhören, »… und ich dich.«

Kein Donnerschlag, keine losbrechende Hölle folgten seinen Worten. Nur ein Lachen. Es war ein wunderbares Lachen.

»Is' 'n Plan, Alter«, sagte Flo. Einfach so.

Der Spruch nahm den Worten die Endgültigkeit, die Verbindlichkeit, die Verpflichtung, all jenen feierlichen Ernst, den Callum so viele Jahre gefürchtet hatte.

Es war ein neues Gefühl für ihn. Es würde gehen. Flo würde es können. *Er* würde es können. Nichts mehr zu fürchten.

Er legte seinen Kopf auf Flos Brust und schloss die Augen. Flo rutschte auf die Kissen hinunter und schloss die Arme um ihn. Bald waren sie fest eingeschlafen.

Kapitel 41

An einem Abend der folgenden Woche lagen Callum und Flo gemeinsam ausgestreckt auf einer der Couchen im Wohnzimmer und sahen fern. Die andere Couch hatten Dawide und Chris belegt, »genauso im Sandwich-Modus wie die beiden ihnen gegenüber«, wie Chris gespottet hatte.

Es stimmte. Callum hat es aufgegeben, sich innerhalb der WG zurückhaltend zu zeigen. Er konnte seine Finger nicht von Flo lassen. Der auch nicht von ihm, aber trotzdem fühlte es sich noch merkwürdig an.

Callum streckte die Hand aus, um nach den Erdnüssen auf dem Tisch zu greifen, als K hereinkam. Sie sah kurz auf den Bildschirm, ließ sich in den freien Sessel fallen, hängte die Beine über dessen eine Lehne und nahm sich ein paar Chips. Unwillkürlich seufzte sie.

Simon war mal wieder unterwegs und nicht erreichbar, schloss Callum, vermutlich aus Sicherheitsgründen. Keine Ortung. K wirkte einsam, wie sie da so in ihrem Sessel saß.

Auf dem Weg zurück zum Bildschirm kreuzte Callums Blick Chris'. Callum zog die Augenbrauen hoch und sah vielsagend zu K hinüber. Chris verstand und nickte kaum merklich.

Sofort schob Callum K auffordernd die Erdnüsse über den Tisch. Als sie danach griff, fasste er ihre Hand und hielt sie für den Rest der Sendung fest in seiner.

»Wir können das nicht weitermachen«, sagte Callum, als die vier Männer am Ende des Abends Wohnzimmer und Küche aufräumten. Sie hatten es K als *Liebesdienst* verkauft, in Wirklichkeit aber hatten Callum und Chris eine Gelegenheit zum Reden gesucht.

»Ich weiß nicht, Callum«, entgegnete Chris vorsichtig. »Ich bin auch nicht mehr glücklich damit, aber andererseits ist sie ja wohl …«

»… auch nicht glücklich mit *ihm*, also machen wir weiter.« Flo war eben mit den letzten leeren Schalen und Gläsern in die Küche getreten.

»Jawohl.« Dawide war erleichtert, weil er es nicht selber hatte aussprechen müssen.

»Ich habe dir gesagt, was ich davon halte. Was hättest du gemacht, wenn jemand *uns* auseinandergebracht hätte?« Chris wandte sich an Flo. »Und du, wie würdest du dich fühlen, hätte K *Nein* zu euch gesagt?« Er deutete zwischen Flo und Callum hin und her. »Wir haben kein Recht mehr …«

»Haben wir wohl.« Flo stampfte mit dem Fuß auf.

Dawide nickte. »Wir waren uns doch einig, dass wir abwarten, ob er durchhält, Chris. Also eigentlich, ob *sie* durchhält. Wenn ja, nehmen wir es als gott… also … nehmen wir es hin.«

»Schon, aber …«

»Wollt ihr ernsthaft, dass solche Abende wie heute Dauerzustand werden?«

»Sie waren es jahrelang, bis *er* aufgekreuzt ist!«, schimpfte Flo.

»Und? War sie glücklich damit?«, schoss Callum zurück, schärfer als beabsichtigt.

Flos Gesicht verschloss sich sofort.

»Simon ist längst unser Freund geworden. *Mein* Freund geworden – bevor ihr protestiert.« Callum warf einem scharfen Seitenblick zu Flo. »Es kotzt mich an, was wir da tun. Ehrlich.«

»Ach, *Ihre Majestät* wollen sich mal wieder drücken, ja? *Rule Britannia* spielen, ja? *Sorry, Mister*, aber wir haben das alle zusammen zu entscheiden und wir haben es alle zusammen entschieden.« Eigentlich war Dawide auf Chris sauer, der die ganze Sache wieder hatte hochkochen lassen, aber der schwieg leider gerade.

Callum lief zornesrot an. »Sei vorsichtig, was du da von dir gibst, Mann!« Unbewusst ballte er die Fäuste.

Dawide reagierte ebenso unbewusst, indem er sich hoch aufrichtete und die letzte Schale aus den Händen legte.

Flo trat entsetzt zurück.

Chris schnaubte ärgerlich, als seien die beiden Streithähne Kindergartenkinder, räumte das Brett, das er gehalten hatte, demonstrativ laut in die Spülmaschine und tauchte ruckartig wieder daraus auf. »Callum! Dawide!«

Die Angesprochenen funkelten sich kurz an, dann entspannten sie sich etwas und sahen fort. Beide.

»Ich hatte keinesfalls vor, mich zu drücken, *Mister*«, konnte Callum sich nicht verkneifen, klarzustellen.

Dawide nahm es mit einem Kopfnicken zur Kenntnis.

»Ich wollte *nur* daran erinnern, dass ich nicht mehr dahinterstehe ihn loszuwerden. Das heißt nicht, dass ich euch von der Fahne gehe, aber erwartet bitte auch keine Initiative von mir. Ich finde, es reicht. Wir könnten …«

»… es einfach abwarten. Ohne weitere Aktionen, ja. Sehen, ob Ks Probleme mit ihm uns nicht aller weiteren Maßnahmen entheben.«

Callum nickte Chris dankbar zu.

Dawide sah zwischen ihnen hin und her. Auf den ersten Blick schien es ihm ein guter Kompromiss.

Flos Gesicht hingegen war immer noch voller Ärger. »Aber sie ist unsere Fee. Wir können das Risiko nicht eingehen, dass …«

»Vielleicht denkst du mal an sie, Flo!« Callum war gerade auf dem besten Weg gewesen, seine Freunde und Simon unter einen Hut zu bringen. Wie konnte Flo es wagen, ihm das zu vermasseln?

»Aber das tue ich ja, ich meine …«

»Ich denke, wir drei haben es bereits entscheiden Flo, danke.« Wütend räumte Callum seine Sachen in die Maschine. Als er wieder hochkam, war Flo verschwunden.

»Flo …«, sagte Chris besorgt.

»… ist in seinem Zimmer und nirgendwo sonst, Chris, danke.«

»Bin ich nicht.« Er stand in der Küchentür, das Gesicht voller Trotz, die Arme vor der Brust gekreuzt. In einer Hand hielt er einen Umschlag. »Hier.« Er hielt Callum den Umschlag auffordernd hin.

Callum war immer noch wütend. Er sah den Umschlag kurz an. »Was ist das?«

»Das Geld von der Erpressung. Das, was du ihm gegeben hast.«

Callum reagierte nicht.

»Hier«, wiederholte Flo, immer noch mit einem trotzigen Unterton in der Stimme.

»Behalt es. Ich steck das locker weg.« Callum schob Flos Hand zurück. Sein Ärger ließ es großspuriger und arroganter klingen, als er beabsichtigt hatte.

»Und ich bin kein Straßenkind mehr. Ich arbeite meine Schulden nicht mehr ab.« Er ließ den Umschlag vor Callums Füße fallen. »Nie mehr.«

Callum blieb das Herz stehen. In Flos Augen stand ein Maß an Verletzung, das er von seinen Worten nie erwartet hatte. »Flo«, krächzte er entsetzt. »Das …«

»Das hast du nicht gemeint, nein. Aber gesagt. Ein für alle Mal, Callum: Ich bin der kleine Flo für dich, ja. Gerne sogar. Aber mach mich *nie wieder* so klein wie gerade, hörst du? Vergiss nie wieder mich ernst zu nehmen. Nie wieder.« Er trat einen Schritt zurück ins Wohnzimmer. »Weißt du, wenn du nicht mit mir streiten kannst wie mit allen anderen, dann bin ich mit allen anderen besser dran als mit dir.« Er drehte sich um und ließ sie stehen.

Dawide und Chris tauschten einen Blick, dann schubste Chris Callum in Richtung Küchentür. »Los, geh schon.«

Callum schüttelte den Kopf. »Gleich. Ich … ich muss das erst mal verdauen, ja?«

Dawide und Chris tauschten einen weiteren Blick.

»Ist nicht leicht das zu hören, oder?«, fragte Dawide mitleidig.

»Doch, ist es. Es ist nur schwierig, es zu *verstehen*. Ich soll ihn nicht mehr bevormunden, aber trotzdem den kleinen Flo in ihm sehen. Soll ihn nicht zu alt und nicht zu jung machen … Das ist ziemlich absurd.«

Chris hielt sich die Hand vor den Mund und kicherte leise und auch Dawide prustete.

»Was?«

»Das ist so in Beziehungen«, zitierte Dawide.

»Ein paar Tage und – *schwupps*! – hörst du dich an wie dein Partner«, ergänzte Chris lachend.

Sie tauschten einen Verschwörerblick.

Callum kam sich ausgeschlossen vor. Er hatte auch nicht recht verstanden, was die beiden meinten.

»Nicht viel anders als das absurde Verhalten, das du uns gebeten hast zu akzeptieren, oder? Hier ja, draußen nein, auf Partys vielleicht und insgesamt eher *jein*.« Unbewusst hatte Dawide seine Aufzählung mit einer heftigen Pendelbewegung untermalt und mit einem unentschlossen Ausbreiten beider Arme beendet.

Callum musste über die gelungene Veranschaulichung seiner Bitte lachen.

»Hast ja Recht. Wir passen wirklich gut zusammen, er und ich. Na schön«, er grinste kläglich und deutete auf die Tür, »dann fange ich ihn mal wieder ein, ja? Und dann kommen wir zurück und stimmen ab.«

Es kam, wie es kommen musste: Flo vergab Callum, als der ihm Besserung gelobte, blieb aber in der Abstimmung bei seiner Meinung. Am Ende waren es Chris und Dawide, die an diesem Abend verkracht ins Bett gingen. Chris hatte gegen weitere Maßnahmen gestimmt, Dawide dafür. Als es zwei zu zwei gestanden hatte, hatten die beiden Rechtsgelehrten der WG seufzend anerkennen müssen mit ihrem Antrag gescheitert zu sein. Die ›Operation *Forever K*‹ würde weitergehen.

Kapitel 42

Hallo Ju-hungs! Ich hab euch jemand mit-ge-braaacht!«, trompetete Simon fröhlich in die Wohnung, bevor er K höflich vorgehen ließ. »*Hmmm*«, machte die und Simon nickte begeistert. Dawide stand in der Küche, unverkennbar.

Die Aussicht auf das Festessen für K hob Simons ohnehin fantastische Laune weiter. Er schob Ks kleinen Koffer in ihr Zimmer, stahl sich einen heimlichen Kuss von ihr und folgte ihr leise pfeifend über den Flur ins Esszimmer.

Chris und Callum saßen bereits am Tisch, während Flo gerade mit den ersten Schüsseln aus der Küche kam. Als er Simons ansichtig wurde, blieb er abrupt stehen. »Warst du eingeladen?«

Simon erbleichte. Ein hastiger Blick bestätigte ihm: Flos Worte galten für alle. An dem großen Tisch war kein zusätzliches Gedeck aufgelegt worden.

K wollte gerade vorschlagen es zu holen, als Dawide mit dem Rest des Essens aus der Küche auftauchte. »Ich glaube, wir haben auch gar nicht so viel gemacht.«

»Und wir wären auch gerne mal alleine mit K«, vollendete Flo.

K fiel die Kinnlade herunter.

Simons Blick suchte Hilfe bei Callum. Der zuckte kaum merklich die Achseln. Simon sah getroffen zu Boden. »Ja … äh … klar … also …« Er suchte einen letzten Rest von Stolz zu wahren. »Ähm, ich geh dann mal. Ich habe ohnehin noch einen Anruf zu … also: Tschüss dann.« Er flüchtete zur Tür hinaus.

K folgte ihm auf dem Fuße, nicht ohne einen fragenden Blick zurückzuwerfen.

Sie hörten ihre aufgebrachte Stimme im Flur, Simons begütigende leise Antworten, das Schlagen der Wohnungstür.

Sie kam zurück und setzte sich.

»Schön, dass du wieder da bist.« Flo reichte ihr einen gefüllten Teller hinüber.

Sie nahm ihn mit einem Kopfnicken entgegen und sah prüfend in die Runde. »Also?«

»Äh, was?« Callum bereute es umgehend. Er hatte keine Ahnung, wohin er vor ihrem rasiermesserscharfen Blick ausweichen sollte. Ihm war schon Simons verletzter Blick nahegegangen, aber das hier …

»Ich wüsste gerne, was das zu bedeuten hat.« Sie sah von Callum zu Dawide.

Callum verhinderte gerade so einen erleichterten Seufzer. Dann tat ihm Dawide nur noch leid.

»Seit wann haben wir nicht mehr genug für Simon?«

Dawide sah hilfesuchend zu Chris und schob dabei unbewusst seinen Teller von sich. »Äh, ja, also ich hatte einfach nicht damit gerechnet, dass er …«

Sie nickte sein Stammeln ab, als habe sie nichts anderes erwartet, und nahm statt seiner Flo ins Visier. »Und, lieber Flo, warum darf Simon mich morgens nicht mehr zum Bahnhof bringen, wenn ich irgendwohin fahre? Bis vor kurzem war noch dein bester Freund. Vor allem, wenn er mal wieder an die guten Konzertkarten kam, nicht?«

Flo lief dunkelrot an.

»Ich frage also ein letztes Mal: Was – hat – Simon – euch – getan?«

Am Tisch wurde es totenstill. Keiner der vier Männer wagte es, auch nur zu atmen.

K sah noch einmal langsam von einem zum anderen.

Flo patzte als erster. Er hatte nicht verhindern können, auf seinem Stuhl hin und her zu rutschen.

»Florian?«, fragte K butterweich.

»Er soll die Finger von dir lassen!«, jaulte Flo auf. »Das ist es! Weggehen soll er. Endgültig.«

»Die Finger von …?« K sah sich hilfesuchend um, doch alles, was sie sah, waren zustimmende Gesichter. »Callum?« Es klang nach Vorwurf.

Chris schüttelte den Kopf.

»Nein, hat er nicht«, bestätigte Dawide. »Das *Event.* Jemand hat gequatscht dort.«

»Schön«, sagte sie und seufzte. »Also, er lässt schon seit Monaten nicht die Finger von mir. Aber was geht euch das an? Ihr mögt ihn doch.« Als Chris anhob zu sprechen, bügelte sie ihn ab. »*Ihr* habt ja wohl kaum noch Interesse an mir. Ihr habt ja jetzt *euch.*« Mit einem hohntriefenden Lächeln deutete sie auf die beiden Paarungen am Tisch.

Es traf Callum wie ein Keulenhieb.

»Seit Monaten?«, wiederholte Chris.

Flo verhinderte Ks Antwort. Er *musste* sich einfach rechtfertigen. K sah so wütend aus. »Was ist, wenn es wieder schiefgeht? Wenn du wieder so traurig bist? Wieder weggehst?« Es klang herzzerreißend. Callum war drauf und dran ihn schon vorab zu trösten.

K war viel zu enttäuscht, um auf Flos Worte einzugehen. »Das sagt ja mal der Richtige.«

Flo stiegen die Tränen in die Augen. »Aber du bist unsere Glücksfee und ohne dich ging alles schief und es war das schlimmste Weihnachten aller Zeiten und …«

»Moment mal.« K zuckte zusammen. »Was geht hier vor? Callum?«

Callum sah Chris an. Chris sah weiter zu Dawide. Dawide sah Flo an und der sah, wie immer, zu Callum hinüber. Fast gleichzeitig nickten sie alle Chris zu. Der holte tief Luft.

»Wir haben sie von dir weggehalten, K. Die *K-Typen*. Es heißt ›Operation *Forever K*‹. Sie läuft seit etwas mehr als drei Jahren und …«

»Ihr habt WAS getan?« Es kam unglaublich leise und unglaublich wütend.

»Aber sie waren falsch für dich.« Chris deutete auf Flo. »Und in letzter Zeit …«

Langsam stand K auf. »Sie waren nicht falsch für mich. *Ihr* seid es.« Sie ging ein paar Schritte zur Tür. »Wisst Ihr was? Ihr seid immer noch die borniertesten, arrogantesten, verklemmtesten und vorurteilsbehaftetsten Idioten, die mir je begegnet sind.« Sie zählte die Vorwürfe an ihren Fingern ab. Es war so vertraut, so entsetzlich vertraut. »Nur ein paar vergeudete Jahre älter. Und du, Callum, du bist der Schlimmste von allen. Er war dein *Freund*!« Sie ließ sie stehen, wieder, wie damals, sprachlos in ihrem Versuch, zur Besinnung zu kommen.

Callum sprang auf. Das laute Krachen seines umkippenden Stuhls fiel mit dem Krachen der Zimmertür zusammen. Es folgte Stille, bis Flo zu schluchzen und Dawide zu zittern begann. Als Callum Flo und Chris Dawide beruhigt hatten, war die Wohnungstür bereits hinter ihr zugefallen.

Kapitel 43

Chris' eiserner Blick hielt sie weiter auf ihren Plätzen.

Dawide. Keine Gelegenheit zur Flucht vor dem Essen schaffen.

Seufzend ließ Callum sich zurücksinken.

Sie aßen lustlos und schweigend, aber immerhin aßen sie. Dawide musste sich dazu zwingen, das war offensichtlich, aber dank Chris' Eingreifen blieb ihm keine andere Wahl. Als die Teller halbwegs leer waren, nickte Chris Callum kaum merklich zu.

»Simon?« Noch bevor die Anderen Gelegenheit zur Zustimmung fanden, war Callum schon mit seinem und Flos Teller auf dem Weg in die Küche.

~ * ~

Simon drückte ihnen die Haustür auf, ohne etwas zu sagen, und auch die Wohnungstür stand offen, als sie aus dem Aufzug stiegen. Sie fanden ihn im Wohnzimmer auf der Couch sitzend, frisch geduscht und hastig angezogen, mit noch feuchten Haaren, einen Drink in der Hand und totenbleich.

»Sie war hier«, sagte Callum mit einem Blick auf einen nassen Fleck an der Wand und ein in tausende kleine Splitter zerborstenes Glas auf dem Boden.

Simon sah auf und nickte knapp.

»Sie hat dich gefragt, ob du eingeweiht warst.«

Simon nickte wieder.

Callum seufzte. »Und du Depp hast ja gesagt.«

Simon nickte ein drittes Mal.

Chris und Dawide schnaubten ungläubig.

Callum grinste, schob den Couchtisch zur Seite und ging vor Simon in die Hocke. »Du bist ein Idiot.«

Der *Idiot* schluckte. »Ja. Aber ich wollte … nur einmal … nichts falsch …« Er sah Callum an und brach ab. »Du weißt schon, was. Ich hab's versaut.« Er barg sein Gesicht in den Händen.

Callum sah über Simons Schulter hinweg. Im Regal hinter der Couch klaffte ein Loch. Ein Wandsafe. Hinter seiner geöffneten Tür lagen Dokumente, stapelten sich die goldbedruckten Schatullen, in denen auch der gravierte Chronograph gekommen war, den Callum Flo nach ihrer Nacht im Hotel geschenkt hatte. Simon hatte ihn für Callum besorgt. Vorher, wohlgemerkt.

In der obersten Reihe der Schachteln fehlte eine. Zwei weitere waren umgekippt und in den danebenliegenden Stapel Bargeld gefallen.

Callum ahnte, was in der fehlenden Schachtel gewesen war. »Wenn einem jemand einen Heiratsantrag ablehnt, tut das weh«, sagte er leichthin.

Flo, der um die Couch herumgewandert war, um Callum ins Gesicht sehen zu können, folgte dessen Blick. Als er verstand, schrie er entsetzt auf. »Sie hat was?«

»Hat sie nicht.« Chris keuchte.

»Hat sie doch«, antwortete Simon, ohne sich zu rühren. »Wieder.«

Flo rettete sich an das Fenster, das das hohe Bücherregal, in dem der Safe versteckt gewesen war, zur Außenwand hin begrenzte.

Chris hastete zu Flo auf die Rückseite der Couch und zum offenen Safe. »Wieder?«, fragte er entsetzt und starrte den Safe an, als müsse der antworten.

»Ja. Sie meint, ihr würdet einfach zusammengehören, egal, wie es auch aussähe.«

Über den Rücken der Couch hinweg trafen sich Chris' und Callums Blicke. Neben Chris schlug Flo eine Hand vor den Mund, um einen weiteren Aufschrei zu unterdrücken. Auch Dawide sah aus wie vom Blitz getroffen.

Es hatte nie die Gefahr bestanden, ihre Fee zu verlieren. K hatte sie nie alleine lassen wollen. Für keinen K-Typen der Welt, nicht einmal für Simon. Scham und Entsetzen breitete sich auf ihren Gesichtern aus.

Simon missdeutete ihr Schweigen als Vorwurf. Er holte tief Luft und sah Callum an. »Ich dachte, sie würde vielleicht jetzt … wo sie Streit mit euch hat …«

Das in Chris aufgekeimte Mitleid mit Simon verflog schlagartig. »Und das, obwohl du wusstest, dass wir … ›Operation *Forever K*‹ und so?«

Simon zuckte die Achseln. »Ich kann nicht anders. Ich bin ein Kameradenschwein. Immer gewesen.« Er sah zu Callum hinüber und deutete auf die Scherben auf dem Boden. »Sie nicht. Seht ihr ja.« Seine Stimme kippte. »Recht hat sie«, kiekste er.

Stille folgte seinen Worten.

»Warum?«, fragte Dawide plötzlich, ging vorsichtig um den verschobenen Couchtisch herum und ließ sich neben Simon auf die Couch fallen.

Callum nutzte die Gelegenheit, seine Knie zu entlasten, und setzte sich auf den Teppich vor sie.

»Was *warum*?«, fragte Simon.

»Warum machst du sowas?«, entgegnete Dawide. »Uns hintergehen, schweigen, K von uns weglotsen.«

Simon sah zu ihm hinüber. »Habe ich nicht … Ich habe gehofft, wenn sie bei mir … und ich bei euch … dann würde es schon wieder in Ordnung kommen … alles.«

»Blödsinn.«, sagte Chris lachend und auch Callum musste ob der furchtbar schlechten Lüge schmunzeln.

»Ja.« Simon grinste kläglich. »Stimmt.«

»Also, warum?« Chris deutete zu Dawide hinüber.

»Ich weiß es nicht. Vielleicht … kann ich es nicht besser?«

Dawide schüttelte entrüstet den Kopf. »Immer noch ziemlich lahm.«

Chris nickte.

Callum beugte sich zu Simon vor und sah den auffordernd an.

Doch Flos Eingreifen verhinderte weitere Geständnisse Simons. »Vielleicht auch nicht«, sagte er zögerlich. Er war vom Fenster aus zu dem Eckschreibtisch daneben weitergewandert und hatte aus purer Unterbeschäftigung darauf herumgeschaut. Ein Fundstück in der Hand, kehrte er nun grinsend zur Couch zurück und wedelte mit dem bunten Computerausdruck vor Simons Nase. »Wie sagt man so schön? *Geld verdirbt den Charakter*. Nicht wahr, Simon?«

»Das geht dich nichts an«, rief Simon erbost und wollte ihm das Schriftstück aus der Hand reißen.

Das Straßenkind namens Flo aber war weitaus gewiefter als er. Simon hatte noch nicht gezuckt, da hatte es das Papier schon weggezogen. »Wie, sagtest du noch, heißt du?«

»Simon«, sagte Dawide hilfsbereit. »Simon Ter Haan.«

»*Hm*«, machte Flo. »So steht es hier. Ist also wohl sein Bankauszug. Ich vermute mal, einer von mehreren dieser Art.« Er versteckte die Hand mit dem Auszug darin hinter seinem Rücken und beugte sich von hinten über die Couch, um Simon von der Seite anzugrinsen. »Richtig, Simon?«

Dawides Arm schnellte nach hinten und riss Flo das Papier aus der Hand. Der Betrag darauf ließ ihn schwindeln. Er nichts davon geahnt. »Unfassbar!« Keuchend reichte er das Papier an Chris weiter.

Chris blickte darauf, bekam Schnappatmung und gab er den Auszug an Callum weiter. Der reichte ihn Simon, ohne auch nur einen Blick darauf zu werfen, und legte ihm ermutigend die Hand auf die Schulter. Simons Gesicht war wächsern geworden.

Chris stutzte. »Du wusstest …?« Er sah Callum an.

»Nein«, erwiderte der. »Will ich auch nicht. Simon hat mir mal gesagt, es gebe einen Grund dafür, dass er nie irgendwo dazu gehört hat. Mehr nicht. Ich rate mal, das ist er.« Er deutete auf den Auszug. »Also will ich das nicht wissen. Er ist Simon und das reicht mir.« Er drückte kurz Simons Schulter.

Simon wagte es aufzusehen. »Danke.« Für einen Moment erinnerte er Callum an einen verprügelten Hund.

»Erklärung, bitte!«, forderte Chris.

Flo und Dawide klatschten spontan Beifall.

»Ter Haan.« Simon schien es unendliche Überwindung zu kosten, diesen Namen auszusprechen. »Endlose Kette unglaublich erfolgreicher Menschen.«

»Mit entsprechenden *privaten* Bankkonten.« Dawide machte eine Handbewegung zum Bankauszug hinüber, den Simon achtlos auf den Couchtisch hatte fallen lassen.

»Und Verbindungen«, ergänzte Chris.

»Und du mittendrin«, vollendete Callum.

»Es hat mich nie interessiert!«, verteidigte sich Simon vehement. Dann erst fiel ihm auf, wie wenig er angegriffen worden war. »*Menschen* haben mich interessiert«, fuhr er etwas gemäßigter fort. »Ich wollte dazugehören. Aber das ging nicht.«

»Wieso ging das nicht?« Chris Eltern waren nun wahrlich nicht arm, aber das hatte ihn nie beeinträchtigt.

»Meine Eltern wollten immer nur das Beste für uns. Aber wir sind da, wo ich herkomme, eben extrem ... bekannt. Also exklusive Kleinstschulen oder Heimunterricht, streng überwacht, damit uns bloß nichts passiert. Ich wollte raus, wollte richtige Menschen kennenlernen. Alle, nicht nur die *mir angemessenen.*« Seine Hände malten Anführungszeichen in die Luft, als er es aussprach. »Irgendwann gaben sie nach und ich durfte auf eine normale, wenn auch private Schule. Aber ich wurde morgens von Sicherheitsleuten ins Schulgebäude gebracht und nachmittags wieder abgeholt. Spielenachmittage mussten lange geplant werden, denn die betroffenen Kinder und ihre Familien wurden *überprüft*, bevor sie zu mir durften. Klassenfahrten gingen gar nicht, und wenn ich doch mal auf einen Ausflug mitdurfte, fuhren die Sicherheitsleute mit oder hinterher und blieben in der Nähe.«

Chris prustete, so absurd schien ihm das.

Simon nickte. »Genau *so* fanden die anderen das auch. Eine Zeitlang war ich immer *wow*. Toll, einen Freund mit Pool, allen Spielekonsolen und einem eigenen Haus im Haus zu haben. Bis es mit der Zeit zu unpraktisch war, mich zum Freund zu haben, weil ich ja nichts mitmachen konnte draußen. Wer hängt schon gerne mit jemandem ab, der dauernd einen Typen hinter sich stehen hat, der finster guckt? Also stand es immer zwischen mir und den anderen. Durchgehalten haben nur die Falschen. Ich hab sie immer angezogen wie die Fliegen.« Er seufzte. »Je mehr ich mich bemüht habe Freunde zu finden, desto mehr von ihnen kamen. Erst falsche Freunde, dann falsche Frauen. Da hatten meine Eltern schon ganz Recht.«

Chris hatte plötzlich doch wieder einen Hauch von Mitleid mit Simon. Flo ging es genauso. Er schien drauf und dran Simon von hinten zu umarmen, um ihn zu trösten.

»Wolltest du deswegen kein eigenes Unternehmen?«, fragte Chris, um den peinlichen Moment zu überbrücken.

»Genau. Vor allem aber *nicht dort*. Ich hatte immer ein Faible für Kunst, Schmuck und Antiquitäten. Eine Art *Indiana-Jones*-Fimmel. Ich gehe gerne mit Menschen um und ich reise wahnsinnig gerne. Außerdem habe ich immer Trends gesetzt mit dem Zeugs, das ich auf unseren vielen Reisen kaufte. Also habe ich Kunstgeschichte und Betriebswirtschaft studiert und mich, soweit das ging, auf Schmuck spezialisiert. Schon während des Studiums habe ich in einem namhaften Auktionshaus angefangen …«, er hob die Hände, »… ja, dank Papas Beziehungen, und als ein anderer Freund meines Vaters mir den Einstieg in sein Schmuckunternehmen anbot, war ich Feuer und Flamme. Als ich ihm erzählte, wie ich das Unternehmen mit exklusiven Kunst- und Schmuckverkäufen erweitern wollte, war *er* begeistert. Seitdem … Es ist wie ein Traum.« Die Begeisterung hatte die Farbe in sein Gesicht und die Spannung in seinem Körper zurückkehren lassen.

Auf einmal war er wieder der Simon, den sie kannten.

»Und jetzt auch noch eine Frau, die anfangs keine Ahnung hatte und dich trotzdem liebt. Der das viele Geld eher zuwider ist, als dass sie es haben möchte.«

Simon nickte, dann schüttelte er den Kopf und nahm einen großen Schluck von seinem Drink. »Liebt*e*. Ich hab's versaut.«

»Wir wohl auch«, sagte Chris.

»Kaum. Nein, wirklich. Ich bin euch wirklich dankbar für euren Erfolg. Immerhin habt ihr sie mir zwei Jahre lang aufbewahrt. Sozusagen.«

Die vier freuten sich daran.

»Nur, wie kriegen wir das wieder hin?«, schob Simon nach.

Die Freude zerstob.

Callum seufzte. »Du brauchst gar nichts wieder hinzubiegen. Wir haben es verbockt.« Er deutete auf Chris, Dawide, Flo und sich selbst.

Simon grunzte, stand auf und ging zum Fenster hinüber, um hinauszusehen. »Und ich dachte, ich …« Es klang, als verspotte er sich selber für eine Dummheit. Er straffte sich. »Gut. Egal. Ist ja wohl so.« Er sah sich zu ihnen um, dann fiel sein Blick auf das Papier auf dem Couchtisch. Plötzlich wurde seine Miene undurchdringlich. »Tja, also, danke, jedenfalls. Danke für die Chance. Aber ihr seht ja, ich …« Ihm gingen die Phrasen aus. Ruckartig setzte er sein Glas auf dem Eckschreibtisch ab und wandte sich wieder dem Fenster zu. »Ach, Scheiße, vergesst es. Ich denke, ihr geht jetzt besser.« Es klang wie ein Befehl. Er sah sich nicht nach ihnen um. Seine Befehle wurden stets befolgt.

Es war Flo, der die Prozession der vier Freunde zur Flurtür unterbrach, indem er abrupt stehen blieb und zu Simon am Fenster zurücksah. »Warum?«

Simon seufzte. Seine Enttäuschung reichte nicht aus, sich der Magie von Flos kindlicher Naivität zu entziehen, obwohl er wusste, wieviel Absicht darin gesteckt hatte. »Ihr wisst es und sie wird es erfahren und es wird endgültig alles zerstören. Das tut es immer«, erklärte er, ohne sich umzublicken. »Selbst *wenn* sie zurückkommt, selbst *wenn* ich … Egal. Lassen wir es, wie es ist. Es ist gut so. Wirklich.« Sein Lächeln konnte ebenso echt oder falsch gewesen sein wie Flos Naivität. »Ihr geht jetzt besser«, sagte er sanft, den Blick auf Flo gerichtet und die Hand zur Tür ausgestreckt. »Ihr kriegt das schon hin.«

Callum ließ den zutiefst geknickten Flo vorgehen, um die Tür hinter ihm zu schließen. Er konnte später nie erklären, was, aber irgendetwas ließ ihn noch einmal zurückblicken, bevor er hindurchtrat.

Simon stand am Fenster, den Kopf der Scheibe zugewandt, die Augen fest geschlossen. Sein Brustkorb hob und senkte sich viel zu schnell und zu flach, als dass Callum beruhigt hätte gehen können.

»Simon?«

Es dauerte ein weiteres Heben und Senken, bis Simon ihm antwortete. Als er es tat, klangen die Worte flach wie seine Atemzüge. »Geh, Callum. Mit ihnen. Jetzt.«

Als Callum sich nicht sofort bewegte, schoss Simon herum. »Raus hier!«

Callums Augen weiteten sich. Dann wallte Ärger auf. Er trat zurück, drehte sich herum und schloss die Tür hinter sich.

Im Flur sahen sich vier Freunde einen Herzschlag lang stumm an. Callum hielt die Klinke der Wohnzimmertür in der Hand, unfähig, sie loszulassen.

Chris war es, der aussprach, was Callum nicht einmal zu denken gewagt hatte. »Wenigstens sind wir noch Freunde in dem *Schlamassel*, den wir angerichtet haben.«

Etwas in Callums Kopf machte *klick*. *Wir!* Das war es gewesen, was Simon so getroffen hatte. Er grinste. Und noch während sich das Grinsen auf sein Gesicht stahl, sah er, wie Flo dasselbe geschah. Nur einen Herzschlag später folgten Chris und Dawide.

Callum stemmte die Tür wieder auf.

Simon stand am offenen Fenster, die Hände auf das Fensterbrett gelegt, den Blick fest auf die dunkle Straße vier Stockwerke tiefer gerichtet.

»Simon!«, brüllte Callum entsetzt und wollte vorspringen.

Chris und Dawides Hände hielten ihn eisern zurück.

»Warum nicht? Sag mir einen Grund, Callum. *Einen*«, flüsterte Simon.

In Callums Kopf begannen die Gedanken zu rasen. Die Stimme brüllte Anweisungen, der Rest seines Gehirns Ratschläge, nichts war brauchbar, alles zu viel, zu lang, zu spät. Dann ein Bild. K. Er rief nach ihr, verzweifelt. *Komm zurück*, flehte er. *Er braucht dich, K, bitte, komm zurück. Jetzt!*

Sie kam nicht, natürlich nicht. Aber für den Rest seines Lebens blieb er davon überzeugt, die Idee, die ihm plötzlich durch den Kopf schoss, stamme von ihr. »Weil es schade drum wäre«, antwortete er Simon mit etwas Verspätung.

Der reagierte nicht.

Callum stupste den ihm am nächsten stehenden Dawide an. »Er is' doch eigentlich ziemlich süß, oder?« Er blinzelte Dawide zu.

Der verstand sofort. »'n' ganz Süßer, eigentlich.«

Flo sah Callum an, zwinkerte und lachte. »Ich hab ja immer gesagt, er ist niedlich.«

Sie hatten Simons Aufmerksamkeit erlangt.

Schnell zeigte Callum Flo *mehr* an.

»Und eben hat er *wir* gesagt. Zweimal«, fügte der an.

Simons Wangenmuskel zuckte.

Sofort wandte sich Callum an Chris. »Er reagiert wie K, kann Drama wie Flo, zuschlagen wie Dawide, pointiert reden wie du und ist mindestens so feige wie ich.«

Chris hatte Callums Plan längst durchschaut. »Klingt, als wäre doch ein bisschen was von uns in ihm.« Er zuckte bilderbuchmäßig die Achseln. »Käme auf 'nen Versuch an, was meint ihr?«

Vom Fenster aus war ein unterdrücktes Kichern zu hören. »Ich fürchte nein, Chris. Hopfen und Malz verloren bei mir. Durch und durch *anderes Ufer*.«

Erleichtert erlaubte sich auch Callum ein Schnauben. »Macht nichts. Solange du weiter als einer von uns *durchgehst*. Wir haben schließlich einen Ruf zu wahren.« Er warf Flo einen liebevollen Blick zu.

Flo warf ein Luftküsschen zurück.

»Aber du kannst die Rolle des *Am-wenigsten-Schwulen-von-uns* haben.« Callum ging zu Flo hinüber, drückte ihn fest und gab ihm einen richtigen Kuss. Auf die Nase. »Ich brauche sie nicht mehr.«

Chris, Dawide und Flo lachten und selbst Simon quittierte das Angebot mit einem Lächeln. Einem echten.

»Ob ihm klar ist, was er da will?«, gab Flo, scheinbar an seine Freunde gewandt, zu bedenken. »Immerhin glaubt ihm kein Mensch mehr, dass er *hetero* ist, wenn er mit uns abhängt.«

»Ja, und?« Es verschlug den Jungs die Sprache, so ernsthaft irritiert war Simon.

»Is' nicht dein Ernst.«

Callum blickte kritisch zu Simon hinüber. »Doch, Dawide, ich denke wohl. K hat schon recht, damals wie heute, wir haben manchmal mehr Vorurteile ihnen gegenüber, als sie uns gegenüber.« Er deutete unbestimmt zu Simon hinüber. »Er hat nie gefragt, was andere über ihn denken. Aber er hat eine Menge dafür getan, unser Freund zu sein. Gibt nicht viele wie ihn.«

»Wie mich?«

Chris grinste breit. »Männer, die keine Probleme damit haben, mit uns gesehen zu werden, wenn wir händchenhaltend neben ihnen hergehen.«

»In einem Hotelzimmer mit uns zu übernachten.« Callum zwinkerte Simon zu.

»Oder damit, mit uns schwimmen zu gehen.« Dawide feixte frech.

»Oder in die Sauna.« Das war Chris gewesen.

»Unter die Dusche nicht zuletzt.« Flo kicherte entzückt.

Simon hatte die Sätze der anderen drei jeweils mit einem Achselzucken quittiert. Jetzt hielt er verunsichert inne. »Unter die …? O, *der* alte Joke, ja.« Er fasste sich mit der Hand an den Kopf. »Ja, ich gebe zu, der ist mir durch den Kopf gegangen.« Um seinen Mund spielte ein freches Lächeln, während er sich ihnen zuwandte. »Ich glaube, als Callum das Jungs-Wochenende vorgeschlagen hat und du, Chris, plötzlich den Frosch im Hals hattest.«

Dawide prustete. »So hört er sich immer an, wenn er *sexy* klingen will.« Gekonnt ahmte er Chris' rauchigen Tonfall nach.

Der stieß ihn entrüstet von sich. »Stimmt doch gar nicht!«

»Doch. Du machst dann …«

»Simon«, mahnte Callum die beiden.

Sie verstummten.

»Du hast dich jedenfalls nicht davon abhalten lassen«, stellte Callum fest.

»Ihr doch auch nicht.«

»Ich fürchte, das hatte *damit* nichts zu tun«, sagte Dawide.

Simon sank erneut in sich zusammen. Langsam wandte er sich wieder dem Fenster zu, um hinauszusehen. »Ich weiß warum. Ich weiß es schon so lange.«

»Du hast es *gewusst?*«, platzte Flo heraus.

Simon sah sich hilfesuchend nach Callum um. »Ja, sicher. Nach dem Kinoabend schon. K hatte es mir erzählt. Es war Zufall, dass wir darauf gekommen sind. Danach haben wir … geschwiegen.«

Chris bekam kugelrunde Augen vor Überraschung. »Aber euer Kinoabend, das war noch bevor wir … und das Wochenende …« Man konnte die Gedanken praktisch durch seinen Kopf rasen sehen.

»Du wusstest, dass wir dich nur einweihen, weil … und du hast nichts gesagt.« Er schüttelte fassungslos den Kopf. »Nichts!« wiederholte er, maßlos enttäuscht.

»*Deswegen* ist dir schlecht geworden am Samstag.« Dawide schaltete schnell. »Du bist an deinem Gewissen erstickt. So wie gerade.« Entrüstet wandte er sich ab. »Na, immerhin hast du eins.«

Flo sah Simon ebenso enttäuscht an wie Chris zuvor. »Du hast uns verarscht.«

Simon senkte den Kopf, als warte er auf sein Todesurteil.

Callum fand es an der Zeit einzuschreiten. »Nein, Flo. Hat er nicht. Er hat nie etwas dazu gesagt.«

Chris hob abwehrend die Hände und schnaubte. »Klar, Callum, du musst ihn natürlich *verstehen*. Passt perfekt, ihr zwei. Einer so feige wie der andere und jeder mit einer netten Entschuldigung.«

Flo kratzte sich nachdenklich am Kopf. »Also, ich glaube ja eher, Callum wusste es und hat auch nichts gesagt.«

Callum schoss das Blut ins Gesicht.

»Mistkerl!« Flo ging auf Abstand.

»WAS?«, rief Chris. Er schien fast zu platzen.

Doch dieses Mal bremste Dawide ihn aus. »Langsam. Alle beide«, befahl er mit einem Seitenblick auf einen beleidigten Flo, der Callums bittend ausgestreckte Hand fortgeschlagen hatte. »Callum hat schon Recht, Simon hat uns nie etwas vorgespielt. Dass wir *verarscht* wurden, daran sind wir selber schuld.« Den sich abzeichnenden Protest erstickte er mit einer

Handbewegung. »Also eigentlich unsere eigenen Vorurteile. Simon wollte nämlich nur das, was wir nie für möglich gehalten haben, nämlich dass es mal einen *K-Typen* geben könnte, der ganz zufällig auch *unser* Typ ist. Er wollte K *und* uns. Freundin *und* Freunde. Im Doppelpack, sozusagen.«

Simon nahm den Rettungsring dankbar an, den Dawide ihm da zuwarf. »War ein schönes Gefühl, ja.« Dann schmunzelte er. »Um ehrlich zu sein, *vor* dem Kinoabend habe ich euch manchmal echt für verrückt gehalten. Verrückt, aber total lieb. Wie ihr euch um K gesorgt habt. Auf sie gewartet habt, aufgeblieben seid, bis sie nach Hause kam. Immer für sie da wart. Dann kam Karneval, und sie und ich ... Aber ich dachte, sie sei deine Freundin, Callum, also habe ich es abgehakt. Nach dem Kinoabend ... ich ... Ich wollte nie einen Menschen haben, der nur mich hat im Leben, versteht ihr? Ich fand's schön, wie ihr zusammengehört. Wie ihr mich dazu genommen habt. Ich wollte es nicht aufs Spiel setzen. Und war begeistert, als K bei euch bleiben und schweigen wollte – aus genau demselben Grund! Es sollte sich nichts ändern.« Er löste sich endgültig vom Fenster und kam zu ihnen hinüber. »Ich fand den schicken Aufzug im Flur toll!« Er zog den widerstrebenden Flo in eine feste Umarmung. »Pink steht dir ungemein. Nur die Rüschen fand ich ein bisschen *over the top*. Aber einen schönen Jungen kann eben nichts entstellen, gell, Callum?«

Callum reckte die Daumen hoch.

Flo konnte nicht anders, als das Kompliment grummelnd anzunehmen.

Ohne ihn loszulassen, wandte sich Simon an Chris. »Und du, der du ernsthaft von mir wissen wolltest, wie Ks neuer Mann aussehe, während ich mich im Spiegel betrachte. Mann, hab ich geschwitzt.«

Chris grinste schadenfroh und boxte Simon auf den Oberarm. *Entschuldigung angenommen.*

Simon zog Flo noch näher an sich heran und deutete auf Callum. »Und du, der du mir bis zur Party immer alle möglichen Jungs vorgestellt hast. Nur, weil du dachtest, ich sei furchtbar einsam und suche Kontakt. Das war so lieb.«

Callum lief dunkelrot an, so peinlich war ihm das.

»Und der Rat, nicht so dick aufzutragen, sondern ich selbst zu bleiben. Du dachtest ...«

»Ich dachte, K solle ein Alibi-Flirt sein, ja. Hättest ja auch mal was sagen können.«

Simon hob entschuldigend die Hände. »Ich wollte nicht das erste Opfer von Stufe Vier der ›Operation *Forever K*‹ werden. Mich bei Sonnenaufgang auf einer einsamen Lichtung in einem Eifler Waldstück wiederfinden mit vier aufeinanderfolgenden Duellen oder so.« Er grinste.

Callum, Flo, Chris und Dawide sahen todernst zurück.

Langsam rutschte Simon das Lächeln aus dem Gesicht. »Ihr hättet nicht wirklich …?«

Flo löste sich aus seinem Arm, um ihn mit schräg geneigtem Kopf zu mustern. »Was meinst du, warum die Fische in Erich Molinars Teich so gut gedeihen?«

»Oder hast du den letzten *K-Typen* noch mal wiedergetroffen?«, fragte Dawide.

»So ein Transporter ist schnell beschafft«, ergänzte Chris.

»Und Erich ist *sehr* diskret.« Callum rieb sich die Hände.

Simon traute seinen Ohren nicht. Ihm war plötzlich sehr kalt. »Leute …?« Er war kurz davor, einen Schritt zurückzuweichen.

Die Mienen der vier Männer vor ihm blieben unbewegt.

»Sollte ihm eine Warnung sein, Leute, oder?« Flo lehnte sich so lasziv an Callum, als sei der Clyde und er Bonnie.

Callum legte den Arm um ihn und sah Simon fest an. »*Hmm*. Nur für den Fall, dass jemand …«

»… unsere K schlecht behandeln sollte.« Chris nickte.

Als Simon verstand, hob er beide Hände und lachte. »Ich werde mich daran erinnern. Bestimmt. Ach – und einen Fechtkurs buchen. *Just in case.*« Dann wurde ihm bewusst, was sie gesagt hatten. »Falls ich sie je wiedersehen sollte.«

»K. Um sie geht es doch letztlich«, sagte Callum in die darauffolgende Stille hinein.

Sie sahen sich an.

»Was tun wir jetzt?«, fragte Chris.

»Als erstes sollten wir sie finden, meint ihr nicht?« Simon grinste schief.

Callum nickte.

»Theo?«, schlug Flo vor.

»Naaaiiiin«, sagte Callum. »Simon.« Er deutete auf selbigen. »Ich denke nämlich, der ahnt, genau wie ich, wo sie ist.«

»Äh … ja. Aber …«

Callum verstand. Er musste sich auf die Lippen beißen, um nicht schadenfroh zu grinsen. »Du hast es versaut.«

Simon grinste. »Sicher. Total. Meine Konkurrenz war unschlagbar. Gutaussehender, schwuler Gentleman-Staatsanwalt mit Angelleidenschaft war zu hoch für mich.«

Callum wuchs ein Stück vor Freunde über Erich Molinars Treue, bevor er Simon spielerisch auf die Brust boxte.

Der taumelte zurück und faltete sich zusammen, als habe Callum ihn gerade vernichtend geschlagen. »Keine Chance«, keuchte er tödlich verletzt, bevor er sich langsam wieder aufrichtete. »Nicht eine Sekunde. Ich *hasse* Fische.«

»Mein Vater auch«, sagte Ks Stimme von der Tür aus. »Er ist allergisch dagegen.« Sie strich sich die Haare aus dem Gesicht, während sie Callum fest ansah. »Aber er wusste immer, was gut für mich ist.« Sie lächelte vorsichtig und sah dann beschämt zu Boden. »Auch heute.«

Kapitel 44

Als das Glas auf dem Boden in tausend Teile zerbarst, rannte sie los. Ihr Herz fühlte sich an wie das Glas, bis es etliche Straßenecken weiter laut in ihrem Hals schlug und sie ihm glauben musste noch heil zu sein.

Am Neumarkt angelangt, überlegte sie in die Bahn zu steigen, den ersten Schritt zu dem einzigen Ort zu machen, der ihr jetzt noch als Ziel einfallen wollte: ihrem Zuhause.

Auf dem Weg die langgezogene Haltestelle entlang wurde sie unbewusst langsamer. Ruhiger. Mit dem Takt ihres Herzens verlangsamte sich auch das Karussell ihrer Gedanken. Ihrem *Zuhause?*

Erinnerungen an einen Tag vor Jahren stiegen auf. Eine Trennung aus heiterem Himmel, ein Wutausbruch, die Attacke auf sie, die Anzeige. Sie hatte nicht in die Wohnung zurückgewollt, hatte verzweifelt das Einzige getan, was ihr eingefallen war. Sie hatte ihre Eltern angerufen.

Sie rief auch diesmal an und genau wie damals fiel auch diesmal kein Wort des Vorwurfs.

Damals hatte er sie abgeholt, an seine breite Brust gezogen und festgehalten, um sie heimzubringen. *Nach Hause.*

Ihre Erinnerung war ein übler Strolch. Sein Geruch, seine Brust, seine Arme von damals, sie wurden zu Simons, als sie sich erinnerte. Simon, der sie gehalten hatte. Simon, dem sie vertraut hatte.

Anders als damals gab die ruhige, liebevolle Stimme am anderen Ende der Leitung ihr dieses Mal einen Rat. Einen Rat, an dem sie glaubte, zu ersticken.

Erneut spielte ihre vorwitzige Erinnerung ihr einen Streich. Sie zeigte ihr Callums sorgenvolles Gesicht voller Wärme am Abend nach ihrer bösen Trennung.

Arschloch, warf sie der Erinnerung entgegen.

Sie zeigte ihr sein rotverbranntes Gesicht voller Vertrauen nach einem Tag im Schwimmbad mit Flo. *Mistkerl.*

Dann ein verletztes Raubtier im Käfig nach einer furchtbaren Party. *Widerling.*

Einen Mann, der Leon hinauswarf, weil der sie einmal zu viel verletzt hatte. *Feigling.*

Einen Callum, der aufgeben wollte, weil er glaubte nicht liebenswert zu sein. *Blödmann.*

Der bereit war auf Flo zu verzichten, weil *sie* es nicht akzeptieren konnte. *Weich …* Die Beschimpfung blieb ihr im Halse stecken.

Bilder aus ihrer gemeinsamen Zeit in der WG, Flo, Chris, Dawide. Lachend, weinend, glücklich, unglücklich, übermütig, tieftraurig. Sie kannte jede ihrer Regungen, wie sie die ihren. Offenbarte Geheimnisse, geteilte Freud, geteiltes Leid, gegebener Halt. Freunde. Chris' Herzinfarkt. Der Wendepunkt.

Zusammengewachsen. Menschen mit Fehlern. Eine Familie neben der Familie. Ein weiteres *Zuhause.* Sie lachte hellauf und sah nach oben. *Wie kann ein Mensch so klug sein?*

Sie kehrte um, als die nächste Bahn kreischend neben ihr hielt. Als sie losrannte, befreit diesmal und leicht, löste sich etwas aus ihrem Schal und schlug mit jedem schnellen Schritt heftiger an ihr Kinn. Die Kette. Anahs Kette. *Sie soll dich an mich erinnern und daran, dass Geld nicht alles ist. Egal, was sie sagen. Und sie gehört an eine schöne Frau.*

Nein, Geld war *nicht* alles. Aber es war schön, es zu haben. Warum nicht? Sie musste nur sie selbst bleiben. Sie würde das können. Sie hatte ihre Eltern, hatte ihre Freunde, sie auf dem Boden zu halten.

Ich wollte nie einen Menschen ohne feste Bindungen. Simons Stimme, in einem Restaurant in Rom. *Wir wollten immer nur dazugehören.* Anah. Plötzlich sah sie sie neben sich gehen, die bildschöne, erfolgreiche, reiche Frau, traurig lächelnd, die Einkäufe in der Hand. *Nur dazugehören.* Simon, der ihr gestand, er wolle schweigen, wolle die erste Annäherung an ihre Freunde nicht zerstören. Simon, der stets und immer Angst davor hatte, ausgeschlossen zu werden. Simon, der mitgemacht hatte. Sie holte tief Luft und ließ eine weitere Erkenntnis zu: *deswegen!*

Ein Gedanke blitzte auf.

Sie blieb stehen, als das Lachen in ihrer Kehle zu kitzeln begann. Was ihr gerade durch den Kopf geschossen war, war aberwitzig. Aberwitzig, unkonventionell und undurchführbar.

Es sei denn, man hatte *fünf* Männer dazu. Vier Freunde und einen Partner.

Kapitel 45

Immer wusste er das«, wiederholte sie, um ihnen Zeit zu geben, sich zu sammeln. »Auch heute.« Sie wanderte um sie herum, setzte sich Simon gegenüber auf die Couch und wartete. Als niemand sprach, tat sie es selbst. »Er hat gesagt, ich solle gefälligst zurückgehen.« Sie lächelte Simon an. »Du seist das Beste, was mir je passiert sei. Egal, wie reich du seist.«

Simon schwankte etwas, als er die Worte begriff. Callum und Chris legten ihre Hände auf seinen Rücken, um ihn zu stabilisieren.

K sah die Bewegung und grinste frech zu ihnen hinauf. »Und was ihr getan hättet«, sie machte eine Kunstpause, die ihre vier WG-Kumpel das Schlimmste befürchten ließ, »das sei das Dümmste, aber mit Abstand Liebevollste gewesen, was er je gehört habe. Ich solle stolz darauf sein, Freunde wie euch zu haben, und euch gefälligst liebhaben.«

Callum fing sich als erster. »Tust du das denn?« Unbewusst imitierte er Flos Tonfall und Mimik, bis der ihn in die Seite knuffte.

Dawide und Chris zwinkerten sich zu.

K sah prüfend von einem zum anderen.

Keiner von ihnen wich ihrem Blick aus.

»Ja. So, wie ihr mich.« Sie lächelte wieder. »Er ist ein einfacher Mann, aber er ist alles andere als dumm. Er sagte, das hier sei wohl für immer.«

Erleichtert ließ Callum sich auf die Couch fallen.

»*Forever K*!«, rief Flo begeistert, ließ Callum Callum sein und hüpfte ihr in die Arme. Es bedurfte mehrerer Räusperer von Chris, Dawide und Simon, bis Flo den Platz an ihrer Brust zu räumen bereit war – zugunsten von Simon.

Chris zwinkerte Dawide noch einmal zu. »Sieht ganz danach aus.«

IV.

Kapitel 1

»Und wenn ich doch etwas falsch mache? Stolpere, oder mich vertue, oder …?« Flo war verzweifelt. Vor lauter Sorge hüpfte er von einem Bein aufs andere, als müsse er aufs Klo. »Wirst du *nicht*, *wirst* du nicht und wirst *du* nicht.« Eine mittlerweile *etwas* genervte K verdrehte die Augen gen Himmel und warf einen letzten Blick in den Badezimmerspiegel. »Kannst du dich *bitte* beruhigen?«

»Nein, kann ich nicht. Ich mache bestimmt etwas falsch und dann zieht Callum mich für den Rest seines Lebens damit auf.«

»Ach Flo, jetzt hör aber auf! Er wird …«

Es klopfte. »Wir müssen lohos!«, rief Chris' drängende Stimme aus dem Flur.

Erleichtert öffnete K die Badezimmertür und trat zu ihm hinaus.

Flo folge ihr nur zwei Schritte später; einen, um sie nicht umzurennen, und einen weiteren, um den Sitz seines Make-ups zu überprüfen.

»Was schaust du so überrascht?« K lachte Chris entgegen, der sie anstarrte.

Chris schloss hastig den Mund. »Ja, also … ich dachte …«

»Was dachtest du?«

»Ich dachte, dass …«

»Du dachtest, er müsse hell sein, richtig? Nicht dunkelblau.«

Erleichtert ließ Chris den unwillkürlich angehaltenen Atem entweichen. »Ja.«

»Nun, Chris, es ist ein Stan-des-amt. Eine Be-hör-de. *Business.*« Sie lächelte. »Also ist ein dunkelblauer Hosenanzug absolut okay.«

Zu Chris' großer Überraschung protestierte nicht einmal Flo. Es musste wohl etwas dran sein an ihrer Erklärung.

K trat auf ihn zu und strich ihm tröstend über die Schulter. »Dafür siehst du umso schicker aus.« Zärtlich griff sie nach der cremefarbenen

Seidenkrawatte, die er zu seinem hellen Anzug trug. Während sie sie noch richtete, trat Callum ein.

»*Wow*!« machte Flo, als Callum seufzend an ihm vorbeiging und K resolut zur Seite schob. »Danke, gleichfalls, bis auf die Schuhe, Schatz!« Er rückte Chris' Krawatte energisch in Position.

K und Chris unterdrückten ein Lachen.

Callum hatte Flo zur Feier des Tages zum Schneider geschleppt. Nach etlichen Wut- und Tränenausbrüchen – Wut bei Callum und Tränen bei Flo – trug Flo nun seinen ersten dunkelblauen Maßanzug, natürlich samt Hemd, Fliege und Schuhen. Letztere allerdings waren weiß, denn Flo hatte es sich nicht nehmen lassen, dem Ganzen seinen eigenen Stempel aufzudrücken. Also trug er jetzt Turnschuhe zu einem nur *fast* klassisch geschnittenen Anzug. *Weiße* Turnschuhe. Ohne Socken, wohlgemerkt, dafür aber passend zum Hemd und zu schneeweiß gefärbten Haaren.

»So.« Callum sah sich um. »Alle fertig? Dann nichts wie los!«

Als sie kurz darauf die Wohnungstür hinter sich schlossen, sah Chris noch einmal zurück in den leeren Flur. Urplötzlich schnürte sich ihm die Kehle zu. Er vermisste Dawide.

»Was machst du denn für ein Gesicht?«, fragte K, als sie in der dunklen Limousine saßen, die vor dem Haus auf sie gewartet hatte.

»Keine Blumen!«, muffelte Chris, um sie abzulenken.

»Nein, Chris, *keine* Blumen. Vielleicht auf dem Rückweg, ja, aber jetzt nicht. Und hör bitte auf zu meckern, nur weil du Dawide vermisst. Er wartet mit Simon auf uns, wenn wir ankommen, Himmelherrgott noch mal! Ihr seid seit zwanzig Jahren zusammen, da wirst du ihn doch mal eine Nacht entbehren können!«

»Ach! Ich soll auf meinen Partner verzichten, aber du kannst keine Nacht ohne deinen *besten Freund* aushalten?«

Callum grinste K an. Es stimmte, sie hatte sich kategorisch geweigert Callum bei dem *extrem aufgeregten* Simon zu lassen, wie sie Chris erzählt hatte. Also hatte Dawide den Freiwilligen gemacht – zu Chris' großem Verdruss, der mit seinem Protest bei seinem Partner tatsächlich einmal auf Granit gebissen hatte.

Der Wagen verlangsamte die Fahrt und bog in die Auffahrt des Standesamtes ein. Am Portal kam er zum Halten. Chris sah hinaus, dann wollte er die Tür öffnen, um K aussteigen zu lassen.

Die wechselte einen Blick mit Callum. »Flo, hast du meinen Glücksbringer vom Tisch genommen?«

Chris erstarrte, den Griff der Tür in der Hand.

Flo hatte keine Ahnung, was sie meinte, und lief prompt rot an. »Äh, nein, äh, sollte ich?«

»Ich kann da nicht rein ohne meinen Glücksbinger!«, jammerte K herzzerreißend.

»Also wirklich, Flo!« Callum schnaubte und hob die Hände gen Himmel.

»Aber ich wusste nichts von …«

Ks Handy piepste. Sie zog das Gerät aus ihrer kleinen Tasche, las die eingegangene Nachricht und strahlte urplötzlich wieder. »Ach, wisst ihr was? Vergesst es. Nichts wie raus hier!« Sie wedelte mit der Hand zur Tür, als hätte Chris sie längst geöffnet haben müssen. Der runzelte die Stirn. Manchmal war sie wirklich sonderbar.

Als sie die Eingangshalle des Standesamtes betraten, war sie leer.

»Wo sind denn alle?« Chris verzögerte unbewusst seinen nächsten Schritt.

»Ach, die sind schon drin und warten auf uns«, erklärte K. »Wir gehen hinter der Standesbeamtin rein.« Sie zerrte ihn an der Hand hinter sich her zu einer den breiten Saaltüren gegenüberliegenden grauen Bürotür.

»Hier.« Sie klopfte entschlossen. Als die Tür von ihnen geöffnet wurde, erwartete Chris, sie werde zuerst eintreten. Stattdessen trat K einen Schritt zur Seite, ließ seine Hand los und schubste ihn als Ersten in den Raum. Er brauchte eine Sekunde, um sein Stolpern abzufangen. Dann bemerkte er die verschlossene Tür. Er war alleine.

Während er noch fieberhaft nach einer Erklärung dafür suchte, öffnete sich die Tür wieder und hereintrat – Dawide. Für einen Herzschlag kreuzten sich ihre Blicke, dann wusste Chris, warum er hier war. Alleine mit Dawide.

»*Ja.*« Kurz hielt er sich am Tisch fest, weil ihm plötzlich schwindelig wurde vor Glück. »Ja!« Er biss sich auf den Handrücken, um nicht loszuheulen. »Ja. Ja. Unbedingt. Ja!« Er trat vor, um Dawide zu küssen.

Der aber hielt ihn mit ausgestrecktem Arm auf Abstand, wenn auch lächelnd. »Moment!«, befahl er heiser. »Moment.« Er schluckte. »Ich will das hier richtig machen, hörst du?«

Chris warf den Kopf in den Nacken und lachte. »Schön, und wie bitte *ist* richtig?«, fragte er zwischen Lachen und Freudentränen-Kieksen.

»Losen wir, wer zuerst darf? Oder gehen wir beide gleichzeitig auf die Knie und fragen uns gegenseitig? K bringt uns um, wenn …«

»Chris.« Nur dieses eine Wort. Ganz leise. Bittend. Todernst.

Chris Albernheit verflog. »Entschuldige.«

»Nein. Schon gut. Hör zu, ich weiß ja, dass es kein *Richtig* gibt. Es fällt mir ja schon schwer, zu glauben, dass es nicht *falsch* ist.« Dawide holte tief Luft und nahm Chris' Hände in seine. »Christian, ich wüsste dich gerne an meiner Seite. Für immer und für alle Zeiten. *Mit* Trauschein. Mein Beweis vor allen, wie sehr ich das größte Geschenk wertschätze, das ich je erhalten habe: dich. – Wenn du … mich willst?«

Chris zögerte etwas mit der Antwort.

»Jetzt *darfst* du *ja* sagen«, erinnerte Dawide ihn vorsichtig.

»Sieht so aus, als hättest du *ja* zumindest *gemeint*«, japste er etwas später. Nach dem Kuss, den er gerade erhalten hatte, brauchte er dringend Luft. Er ließ ihn los, ging zur Tür und öffnete sie ein Stück weit, um etwas hinauszurufen, dann schloss er sie wieder.

Er war noch nicht wieder ganz bei Chris angekommen, als sie sich erneut öffnete. Herein kam eine Dame, die Chris sofort als Standesbeamtin identifizierte. Sie lächelte freundlich. »Würden Sie uns kurz alleine lassen?«, bat sie Dawide.

Dawide lächelte zurück, nickte und verschwand nach draußen.

»Das war eine Überraschung für Sie, nach allem, was mir ihr Partner und ihre Freunde im Vorfeld erzählt haben«, sagte sie. »Nur ist das die denkbar schlechteste Gelegenheit für eine Überraschung, strenggenommen. Eigentlich sollte man nämlich erst hierherkommen, wenn man gründlich darüber nachgedacht hat. Deswegen werden Sie es mir nachsehen, wenn ich Sie sehr ernsthaft frage, ob Ihnen klar ist, was Sie da so *von jetzt auf gleich* tun wollen.« Sie sah ihn offen an. »Bevor Sie antworten: All diese Menschen da gegenüber im Saal – sie alle werden es auch verstehen, wenn Sie Zeit zum Nachdenken brauchen, heute kein *Ja* aussprechen wollen, sondern vielleicht erst später – oder nie. Jetzt geht es nur um Sie selbst, verstehen Sie?«

Chris nickte ernsthaft. Mehr brachte er gerade nicht fertig.

»Schön. Also noch mal die Frage: Ist Ihnen klar, was das heute bedeuten würde und möchten Sie lieber Zeit zum Nachdenken haben?«

»Nachdenken? Na hören Sie mal! Ich wünsche mir das seit fast zwanzig Jahren. Wie lange soll ich denn noch darüber nachdenken, bitteschön?«

Kapitel 2

Sie waren da. Alle. Der Saal war nicht voll, beileibe nicht. Aber alle, von denen Chris immer gehofft hatte, sie würden eines Tages dabei sein, waren da, standen auf und wandten sich ihnen zu, als die Türen aufgingen und sie hinter der Standesbeamtin her hineingingen. Hand in Hand bis vorne zum Tisch, auf dem die Dokumente lagen. Die Dokumente und das dunkelrote Samtbuch mit den goldenen Lettern darauf. *Familienstammbuch.*

Theo saß vorne in der ersten Reihe und als sie an ihm vorbeikamen, kreuzten sich Chris' und sein Blick für einen Moment voller Verständnis.

Es war nur ein albernes Buch mit uralter Heftung und einem noch antiquierteren Namen, und doch war es für so viele Jahre ein unerreichbar scheinender Traum gewesen. Nun sollte dieses Ding da vorne ihnen gehören. Ihm und Dawide. Seinem Mann. *Unbegreiflich.*

Während die Standesbeamtin ihre kleine Ansprache hielt, nahm Callum sich die Freiheit, Flo anzusehen. Er hatte wohl bemerkt, wie angestrengt Flo sich zurückgehalten hatte ihn anzufassen oder auch nur anzusehen, während sie als Trauzeugen hinter den beiden her- und auf ihre Plätze gegangen waren.

Er lächelte und ließ wie zufällig seinen Mantel von der Stuhllehne rutschen. Wie er erwartet hatte, bückte sich Erich Molinar in der Sitzreihe hinter ihm, um den Mantel wieder aufzuheben und ihn an Callum zurückzureichen. Der hob dankend die Hand und legte das ungezogene Ding dann quer über seine Beine. Ganz zufällig landete ein Teil des Mantels dabei auch auf Flos Schoß. Sie sahen stur nach vorne, als ihre Hände sich im Schutz des Stoffes trafen. Aus dem Augenwinkel sah Callum Flo lächeln. Es gab ihm so viel.

Die Stimme aber schwieg. Sie hatte nichts mehr zu sagen.

Es würde immer einen Mantel geben.

Kapitel 3

Er wusste nicht, wohin sie fuhren, bildlich und real. Noch immer war der Tag ein einziger Traum. Aber seit sie endlich alleine waren, schwieg Dawide, und jetzt hatte Chris Angst. Angst, gleich aufzuwachen. Das Einzige, was ihn immer wieder davon überzeugte, wirklich nicht zu träumen, das war der sanfte Druck des Weißgoldreifens um seinen Finger, zu neu, um unbemerkt zu bleiben. Makelloses Gold noch, schimmernd im hellen Tageslicht, Symbol einer Liebe. Es würde Kratzer bekommen, Kerben, würde matter werden, sich abtragen. Davor hatte Chris keine Angst. Darauf freute er sich.

Aber er hatte so oft von Paaren gehört, die lange mit der Hochzeit gewartet hatten, um sich kurz danach für immer zu trennen. Es sei alles anders gewesen plötzlich, hatten sie erklärt. Früher hatte er darüber gelacht. Jetzt hatte er plötzlich Angst davor. Bereute Dawide es schon? Wie haltbar war der Friede, den er mit seinem, mit ihrem Gott geschlossen hatte?

Eine lange, weiße, schmale Hand legte sich um seine. »Niemals, Chris. Das hier werde ich niemals bereuen – und ich zweifele auch nicht mehr daran, hörst du?«

Chris konnte nicht antworten.

»Hab keine Angst. Es wird gutgehen. Ich weiß es.«

Dawide. *Sein* Dawide.

»Ich werde alles dafür tun, hörst du? Alles.« Ohne Chris' Hand loszulassen, griff Dawide mit der anderen nach dessen Kinn und drehte seine Kopf vorsichtig daran zu sich herum. »Ich liebe dich nämlich.«

Es war der Moment, als die Angst aus Chris' Herzen verschwand, um nie mehr zurückzukehren.

Kapitel 4

Chris war jenseits jeglicher Überraschung, als der Wagen anhielt. Vor ihrem Haus.

»Simons Idee«, sagte Dawide, als Chris sitzen blieb. »Bei Panikattacken konnte ich ungehemmt vorkochen.«

Chris prustete.

»Du hättest *nein* sagen können!«

»Das war äußerst wahrscheinlich, ja.«

Der Fahrer stieg aus und öffnete ihnen die hintere Wagentür. Sie stiegen ebenfalls aus, traten durch die geöffnete Haustür und nebeneinander auf die ersten Treppenstufen.

Auf halbem Weg nach oben blieb Dawide plötzlich stehen. »Äh, Chris?« Es klang, als habe er gerade einen furchtbaren Fehler begangen.

Erschreckt zog Chris den Fuß von der Stufe vor sich zurück. »Ja?«

»Ich … ich …« Dawide kratzte sich unbewusst am Hinterkopf.

»Was denn?« Was es auch war, es schien Dawide ungeheuer wichtig zu sein.

»Bei aller Liebe, aber ich kriege dich nicht über die Türschwelle getragen.«

Chris hätte vor Erleichterung fast laut herausgelacht. Dann fiel ihm ein, wie Dawide und die anderen ihn in den letzten Wochen an der Nase herumgeführt hatten. »Also bitte, Dawide«, schimpfte er. »Liebe verleiht doch Flügel. Nun stell dich mal nicht so an.«

Dawide verzog unglücklich das Gesicht und blieb stur stehen, als Chris ihn auf die Treppe ziehen wollte. Es war ihm wirklich ernst.

»Schön.« Chris gab nach, konnte es aber noch nicht gut sein lassen. »Dann nehme ich dich halt huckepack«, schlug er grinsend vor.

»Das macht dein Herz nicht mit.«

Chris sah zum Himmel und zählte stumm bis zehn. »Weißt du was, Schatz? Wir hüpfen einfach zusammen drüber. Gleichzeitig.«

Dawide nickte erleichtert und tat einen weiteren Schritt in Richtung Wohnungstür. Oben brach Applaus aus.

»Wenn wir das dann geklärt hätten, könntet ihr vielleicht auch endlich *hoch-kom-men*«, tönte Callums Stimme vollmundig. »Wir stehen hier schon ziemlich lange dumm rum.«

»Und wir haben Du-hurst«, sang Flo und beugte sich über das Geländer zu ihnen herab.

Sie standen dichtgedrängt vor der Wohnungstür: Callum und Flo, Simon und K, Theo, Chris' Familie, Erich und Käthe Molinar und …

»Und warum geht ihr dann nicht rein?«, fragte Chris, als sie bei ihnen ankamen. »Hat *Ihre Majestät* den Schlüsselmeister enthaupten lassen?«

Aus dem Hintergrund der Wartenden löste sich ein Mann. Ein Mann im schwarzen Anzug mit einem sehr ausgefallenen weißen Hemdkragen. »Nicht, dass ich wüsste. Sie warten darauf, dass ich vorgehe. Und *ich* warte auf Sie.«

Kapitel 5

»Die Segensfeier war Simons Idee«, erklärte Flo einem immer noch verblüfften Dawide eine gute Stunde später. »Josef ist sofort drauf abgefahren und hat Himmel und Hö… also alles in Bewegung gesetzt, um jemanden zu finden, der bereit war das zu machen. Ich habe zwar immer noch nicht verstanden, warum das eine geht und das andere nicht, manche es machen, andere nicht, aber …« Er sah sich im Raum um, bis er fand, was er gesucht hatte, und zeigte ungeniert mit dem Finger darauf. »Das *Sahneschnittchen* ist noch da, ich kann ihn also fragen.«

Chris sah ihn warnend an, aber Dawide war trunken von Glück und hatte Flos ketzerische Worte gar nicht richtig mitbekommen. Das erwartete entrüstete Schnauben kam von anderer Seite.

»Er ist ein Mann Gottes!« Eine leise Stimme, erfüllt von Empörung.

»Er hat es nicht böse gemeint, Mama«, erwiderte Dawide. Chris wollte entsetzt seine Hand loslassen, aber Dawide hielt sie eisern fest.

Flo japste, machte einen Schritt rückwärts, deutete irgendwohin und hüpfte hastig von dannen.

»Es ist nie böse gemeint, Dawide. Das alles ist es nicht.« Sie seufzte beim Blick auf ihrer beider verschränkte Hände.

Chris hielt unbewusst den Atem an. Er wagte nicht einzugreifen.

»Er ist mein *Ehemann*, Mama«, sagte Dawide. »Gesetzlich *und* mit dem Segen unserer Kirche.« Er sah sie hoffnungsvoll an.

Chris befürchtete das Schlimmste. Er hatte die Frau vor sich zwar noch nie gesehen, aber ihr verhärmtes, spitzes Gesicht hatte bei Dawides Worten keine einzige Regung, keinen Funken Wärme gezeigt.

Sie griff nach dem kleinen goldenen Kreuz an ihrem Hals und drückte es fest. Es war eine abgearbeitete, müde Hand, die es hielt. »Es mag ein

Segen gewesen sein, Dawide, aber es bleibt falsch. Es war immer falsch und es wird immer falsch sein.«

Dawide schluckte und begann zu schwanken.

Chris umklammerte Dawides Hand so fest wie nie, wollte ihm Anker sein, Halt, Trost. All die Jahre hatte er Dawides Eltern entschuldigt, Rechtfertigungen für sie erfunden, um sie nicht hassen zu müssen für das, was sie zugelassen hatten. Heute fand er keine mehr. Er hätte die Frau vor sich umbringen können dafür, hierhergekommen zu sein. Sie hätte fortbleiben können, aber sie war gekommen. *Wozu?*

Wut stieg auf.

Dawide holte Luft, als wolle er sprechen. Aber sie beide fanden keine Worte für das, was sie fühlten. Nicht für den Hass und nicht für die Liebe.

»Sie muss gehen, Dawide. Es wird Zeit«, forderte eine befehlsgewohnte dunkle Stimme. Josef.

Chris atmete auf.

»Deine Familie wartet auf dich.« Josef deutete in den Raum. »Deine *echte* Familie, Dawide. Von *Ihm* für dich vorgesehen.« Er wandte sich dessen Mutter zu. »So, wie *Er* meinen Sohn für den Ihren vorgesehen hat.«

»Die Wege des *Herrn* sind unergründlich« Sie sah zu Boden und hielt das Kreuz um ihren Hals unbewusst in seine Richtung, als würde es ihn abwehren.

»Dann sollten Sie aufhören darüber zu urteilen.«

»Ich urteile nicht, ich folge nur …«

Dawide hörte ihren Streit, hörte die altvertrauten Worte und Widerworte. Ihm wurde schlecht. Er schloss die Augen, kämpfte gegen den Brechreiz und das Gefühl an, sich auflösen zu wollen. Nur Chris' Hand in seiner hinderte ihn daran loszulaufen, um sich zu verstecken. Er wollte es nicht hören. Nie wieder.

Chris' Hand.

Er zwang sich die Augen zu öffnen. Die beiden vor ihm stritten immer noch. Sein Blick glitt von ihnen fort zu Callum und Flo, die sich gerade über den Raum hinweg anlächelten, dann weiter zu K und Simon, die händchenhaltend dastanden. Er fand Erich Molinar, *die Frau* dicht neben ihm stehend, Chris' Schwester mit ihrem Mann und den beiden Kindern, Chris' Mutter in ihrer Mitte. Seine Menschen. Seine Familie. Die Hand in seiner erinnerte ihn an die Entscheidung, die er getroffen hatte. Als sein Blick zu der Frau vor ihm zurückkehrte, war er kühl geworden.

»… können Sie sich wohl kaum anmaßen, sich über *Seine* …«

»*Er hat Recht, Mama.*«

Sie verstummte entsetzt.

Er deutete auf die Menschen im Raum. »Wenn du es nicht akzeptieren kannst, dann geh. Es ist gut. Ich habe sie. Sie alle können es. Sie und noch etliche mehr. Geh einfach.« Es traf sie trotz allem, er sah es. »Wir sehen uns ja wieder, irgendwann. Daran glauben wir doch beide. Dann werden wir wissen, ob es das wert war.«

Sie hob den Blick nicht vom Boden, hatte kein Lebewohl für ihn. Sie ließ nur das Kreuz los und ging. Als sie hinausging, wirkte sie unendlich allein. Selbst Josef tat sie leid. Womöglich hätte der ihr sogar das *Sahneschnittchen* nachgeschickt, aber dummerweise gab sie dem Caterer buchstäblich die Klinke in die Hand.

~ * ~

»Du und euer Hüpfer also«, sagte Erich.

Callum lachte. »Ja. Allerdings …«

Erich winkte ab. »Schon klar.«

Callum sah kurz zu Chris und Dawide hinüber, die alleine in einer Ecke standen und sich leise unterhielten, legte den Kopf schräg und Erich Molinar eine Hand auf die Schulter. »Mir ist was aufgefallen, Erich. Ich hab' mich nie bei Ihnen bedankt. Für die Lü…, für die Schwindelei damals. Die Brücke, die sie mir gebaut hat. Es war der Anfang von … ach, einfach *danke.*«

Erich zog die Augenbrauen zusammen. Dann hob er sein Kölschglas und hielt es Callum hin. »Sagen *Ihre Majestät* dann auch so langsam mal *du* zu mir? *You can say you to me,* heißt das, hat K behauptet. Is' Quatsch, ich weiß, klingt aber wenigstens nach euch.«

Callum lachte und stieß mit ihm an. »Unbedingt, Erich.«

Sie tranken einen Schluck, dann kam Callum auf das zu sprechen, was ihm wirklich auf der Seele lag. »Simon.«

Erich trank einen weiteren Schluck aus seinem Glas. »Is' schon richtig, der Junge, oder?«

»Is' er, ja.«

Erich Molinar sah ihn merkwürdig an. Wieder einmal hatte Callum das Gefühl, auf die Probe gestellt zu werden. »Und die ›*Operation K*‹ oder wie das hieß?«

Callum zuckte die Schultern. »Schwierig. Ich versuche immer noch ihnen klar zu machen, dass wir einen Freund dazubekommen, statt K zu verlieren.«

»Ist das so? Geht das überhaupt?«

Callum seufzte. »Ich habe keine Ahnung. Aber es ist mit K gegangen, also wird es auch mit ihm gehen. Verstehst du?«

Wieder nickte Erich Molinar nur.

»Und du, Callum?«

»Was meinst du?«

»Wird nicht einfach für dich, das mit Flo.« Wieder war Erich Molinar zielsicher in einer offenen Wunde gelandet. *Ganz wie seine Tochter.*

»Nein. Wird es nicht.« Callum sah Erich ins Gesicht, so wie damals am Teich. »Erich, K sagt, du wüsstest immer, was gut für sie ist. Du kennst mich jetzt schon so lange. Was meinst du dazu?«

Seine Frage überraschte Erich, das war offensichtlich. Er dachte einen Moment darüber nach, trank sein Kölsch aus und zuckte mit den Achseln. »Der ist genau richtig für dich. Vielleicht wirst du dann endlich mal den Stock los, den du verschluckt hast, *Majestät.*« Er drückte Callum sein leeres Glas in die Hand. »Ich brauch' en neues.«

Geplättet machte sich Callum auf den Weg.

Hinter Erich erklang ein leises Lachen. »Vollkommen zutreffend, auch wenn ich es nie so formuliert hätte.«

Erich wandte sich erschrocken um.

»Sie laufen mir den Rang ab, Erich Molinar«, beschwerte sich Theo amüsiert.

Erich hob zu einer Entschuldigung an.

»Müssen Sie nicht. Ich bin Ihnen dankbarer, als Sie vielleicht glauben.«

Überrascht zog Erich die Augenbrauen hoch.

»Wirklich. Ich habe es ziemlich satt, hier auf Erden herumzulaufen und meine Freunde zu Grabe zu tragen, wissen Sie?«

»So.« Erich schnappte zu wie eine Auster.

Die Stille, die seinem Einschnappen folgte, dauerte. Lange.

Sie dauerte, bis Theo Erichs Blick folgte. Zu Callum und Flo, die bei Dawide und Chris standen. »Sie brauchen mich nicht mehr.«

Erich zog die Nase hoch. »Wüsste auch nich', wozu.«

In Theo wallte Ärger auf. Er war seit Jahren, nein, Jahrzehnten der Ratgeber der vier, da war ja wohl ein bisschen Protest mehr als ange…

»*Also jehn se ma schön.*« Erich nickte ihm zu und machte einen Schritt vorwärts, als wolle er Theo stehen lassen.

»Sie würden mich nie ersetzen können«, fauchte Theo. Unbewusst schlug er dabei seinen Gehstock auf den Boden.

Erich Molinar wandte sich zu ihm zurück und grinste. *»Ach. Nichts?«*

»Nein!«

»Weso nich? Ham 'se doch jrad selvs jesach: Isch kann dat.«

Vor lauter Wut fiel Theo nicht einmal auf, wie rheinisch Erichs Hochdeutsch plötzlich klang. »Können Sie nicht, Sie … Sie sind ja nicht mal *schwul*!«

Erich Molinar hüstelte. *»Nee.«* Er deutete auf *die Frau*. *»Kann ich nich' mit dienen.«*

Triumphierend richtete sich Theo auf. »Jetzt sage ich Ihnen mal was, Herr Molinar. Ich denke überhaupt nicht daran, meinen Platz hier zu räumen. Ganz im Gegenteil, ich gedenke noch ein ganzes Weilchen am Leben zu bleiben. Versuchen Sie sich gerne im Ratschläge-Verteilen, mein Herr, wir werden ja sehen, zu wem Sie kommen.«

Erich Molinar deutete eine knappe Verbeugung an. *»Is ja jut. Die da boven loofe Inne ja eh ni mie fot.«* Trocken deutete er in den Himmel hinauf und machte sich auf, sich selbst mit Kölsch zu versorgen.

Theo fiel die Kinnlade herunter. Dann fiel ihm auf, wie frech er manipuliert worden war.

Von dem Moment an hassten sich Theo und Erich Molinar, wenn man ihnen Glauben schenkte. Merkwürdig war nur, wie friedlich die beiden später gemeinsam am Buffett landeten. Und auch die regelmäßigen Skatrunden, zu denen sie sich fortan trafen, straften sie Lügen. Ihren dritten Mann erhielten sie noch am selben Tag. Es war – Josef.

Josef hatte nur getan, als schlendere er rein zufällig an Erich Molinar vorbei. In Wirklichkeit hatte er auf die Gelegenheit gewartet, Ks Vater endlich persönlich kennenzulernen. Der Eifler war ihm nämlich außerordentlich sympathisch.

»Josef«, sagte Josef und stellte sich neben Erich.

»Erich«, sagte Erich, ohne hinzusehen.

Callum kam an ihnen vorbei, zwei volle Kölschgläser in der Hand und auf der Suche nach jemandem.

»Kannsse hierlassen«, sagte Josef und hielt Callum sein leeres Glas hin. »Beide«, ergänzte er mit einem Seitenblick auf Erichs Glas.

Callum grinste, sah sich nach Theo um und machte einen kleinen Diener. »Aber gerne. Mein Abnehmer ist ohnehin verschwunden.«

»Is' vermutlich beim Warten verdurstet, dein Theo. Alte Männer müssen viel trinken, weisse doch.« Erich grinste.

Josef schnaubte.

Etwas betreten tauschte Callum die Gläser der beiden und machte sich davon.

Josef und Erich stießen an. Dann sahen beide weiter geradeaus durch den Raum.

»Ich wollte dir danken«, sagte Josef – auf Hochdeutsch.

Erichs Augenbrauen schnellten in die Höhe. Wofür sollte der angesehene Kölner Kaufmann *ihm* danken wollen?

»Wer weiß, ob wir heute hier wären, wenn K nicht wäre, wie sie ist. Wenn du den Jungs die Tür zugemacht hättest. Haben genug von mir gefordert. Sogar, was meinen eigenen Sohn angeht.«

Erich trank einen Schluck aus seinem Glas. »Idioten.«

»Hm.«

»Ich wollte einen Jungen. Ich meine, zusätzlich zu K«, sagte Erich, scheinbar aus dem Nichts heraus.

»Hm.«

»Ich meine: Wer weiß, was das geworden wäre? Könnte ich doch stolz drauf sein, wenn er so geworden wäre wie die vier hier, oder?«

Josef erinnerte sich daran, was Callum ihm von seiner ersten Begegnung mit Erich erzählt hatte. »Es hat mich nie gejuckt, weißt du? Ich hatte immer nur Angst, dass er selbst damit Probleme hat. Dann kam Dawide und mein Junge begann zu leuchten. Erst dachte ich, das war's, jetzt kommt nur noch Sonnenschein. Es war so klar, dass die zwei zusammengehörten. Dann haben wir Stück für Stück mitbekommen, wie's Dawide ging. Was dem zu schaffen machte und wie das Chris zu schaffen machte. Das war keine leichte Zeit. Die Frau und ich haben uns viele

Sorgen gemacht. Wir mochten Dawide von Herzen, aber wir hatten auch Angst um unser Kind.«

Erich Molinar nickte. »Kenn ich. Bleibt immer gleich, oder?«

»Ja. Am Ende wollen wir immer nur, dass sie glücklich sind.« Er deutete zu K und Simon hinüber, die gerade versuchten von Käthe und Flo zu erfahren, worüber die lachten. »Wenn ich mir deine Kleine so ansehe, behaupte ich mal, das ist sie.«

Simon sah auf und machte sich auf den Weg zu ihnen.

Es war der Moment, der Josef endgültig in die Skatrunde beförderte.

»Mach's ihm nicht so schwer, Erich.« Er klopfte Erich auf die Schulter.

»Ich?« Erich deutete auf K.

»Ach, du weißt schon, was ich meine.« Josef verschwand in Richtung Küche.

Simon war herangekommen.

»Na, Simon«, begrüßte Erich ihn. »Will sie immer noch nicht?«

Simon zuckte die Achseln. »Nein.«

»War die ganze Aufregung also umsonst, ja?«

»Sicher.«

Sie tauschten ein Blick.

»Abwarten«, sagte Erich.

Thema erledigt. Kein Grund mehr, einander daran zu erinnern, wie hart ihr erstes Aufeinandertreffen verlaufen war. Es war vorbei. Simons Rückkehr, nachdem er schon zur Tür hinaus gewesen war, seine plötzlich offenen Worte darüber, wer er war, was geschehen war und warum, das alles hatte Erichs Zweifel an Simons Ernsthaftigkeit und dessen Angst vor einer Zurückweisung längst beseitigt. Männer, die sie nun mal waren, hätten sie das bloss nie zugegeben.

Kapitel 6

Schließlich waren sie fort. Der Caterer hatte seine Sachen eingepackt, die restlichen Getränkekisten in seinem Lieferwagen verstaut und war gefahren, und die letzten Gäste waren ihm nach und nach gefolgt.

Je mehr gingen, desto mehr eroberten sich die WGler ihre Wohnung zurück, richteten sich wieder in gewohnter Weise ein und landeten schließlich glücklich und müde in ihrer Sofaecke. Nur zwei hatten bleiben dürfen, denn die waren nicht fremd und würden es nie sein: Theo und Simon.

»Und wie geht es jetzt weiter?«, fragte Theo, als auch Dawide nichts mehr zu tun fand und sich zu ihnen setze.

»Keine Änderung.« Dawide drückte Chris' Hand.

Der räusperte sich vernehmlich.

Erschreckt sah Dawide ihn an, dann verstand er. »Außer, dass ich mein Hochzeitsgeschenk an Chris noch einlöse, natürlich.« Er grinste kläglich.

Callum prustete los.

Von den übrigen ernteten sie fragende Blicke.

»Er geht in die Klinik«, erklärte Chris. »Morgen früh. Für mindestens drei Monate.«

Ein Raunen lief durch die Runde.

»Doch. Hat er versprochen«, bekräftigte Chris und Dawide nickte tapfer. »Lässt sich aufpäppeln, erholt sich und lernt. Sein Arzt meint nämlich, sonst könne das eine recht kurze Ehe werden nach dem ganzen Stress. Und ganz ehrlich, nach gut zwanzig Jahren Wartezeit habe ich da keine Lust drauf.«

Erstes vorsichtiges Lachen folgte seinen Worten.

»Aber er ist gnädig«, kalauerte Dawide.

»Er meint nicht den Arzt.« Chris klar deutete auf seine Brust.

»Es ist eine Tagestherapie. Ich darf abends nach Hause.«

»Ja. Aber Josef sagt, das sei nur so, weil du Callum vorgeschickt hast, die Ärztin zu becircen, von wegen Flitterwochen und so …«

Die Runde brach in Gelächter aus.

»Und Achim macht mit?«, fragte Callum.

»Der kann mich mal«, verkündete Dawide. »Ich habe gekündigt und fange neu an. Mit Josefs und Chris' Hilfe. Alleine. Simon war mein erster Kunde, etliche andere haben auch schon unterschrieben.« Zustimmung und vereinzelter Applaus begleiteten seine Worte. Dawide freute es sichtlich. Ermutigt wandte er sich an K. »Ich brauche allerdings noch eine Assistentin, K. So auf Dauer. So lange und so viel sie denn mag … also, halbtags vielleicht erst mal?«

K lachte erfreut, dann wurde sie plötzlich ernst. »Also, einerseits …«, imitierte sie Dawide. Sie warf einen unauffälligen Blick zu Simon hinüber, der kaum merklich den Kopf schüttelte. »Aber andererseits …«

»Also ja«, beschloss Dawide.

Erneutes Gelächter folgte.

»Callum?« Theo deutete auf Flo, der halb auf Callums Schoß lag.

»Keine Änderung. Ich bleibe hier, bleibe Kölns begehrtester Junggeselle und halte mir übermotivierte Münchener vom Leib.«

Flo boxte Callum entrüstet auf den Arm. Der haute zurück, traf K, die wiederum ihn haute. Darüber mussten sie schon wieder lachen.

»Alles beim Alten«, seufzte Callum zufrieden und deutete auf die Runde.

»Doch eine Änderung, Callum.« Flo richtete sich auf. »Der kleine Flo unterstützt im Heim nämlich ab sofort die Pflegedienstleitung. Der Lehrgang dazu ist seit einer Woche erfolgreich abgeschlossen.« Er erntete anerkennende Pfiffe und Applaus, woraufhin er Theo verschmitzt ansah. »Wer weiß, vielleicht werde ich irgendwann noch dein Heimleiter …«

In Callum regte sich ein merkwürdiges Gefühl. Er freute sich aufrichtig für Flo, war auch ein bisschen stolz auf ihn, aber da war etwas … Dann erinnerte er sich, was Flo erwartete. »Glückwunsch, Schatz, toll!«, sagte er und gab Flo einen schnellen Kuss.

Der sah ihn merkwürdig an.

»Spätestens dann sollte Theo aber wirklich weiße Anzüge bekommen, was meinst du?«, versuchte Chris Callum zu retten.

»Versprochen!«, sagte Flo ernsthaft.

Theo lachte erleichtert. Auch er hatte Callums Zögern bemerkt.

Chris wandte sich an K und Simon. »Was ist mit euch? Zieht ihr nach?« Er deutete auf den Ring an seinem Finger.

»Sagen wir es ihnen?« K lächelte zu Simon hinüber.

Diesmal nickte er begeistert.

»Nun,« begann sie gedehnt, »… es *wird* es eine kleine Änderung geben. In meinem Zimmer. Ich bräuchte nämlich bald etwas Platz für … Es könnte dann auch … ab und zu … ein bisschen lauter werden. Nachts.«

Unter den Jungs der WG brach Gejohle aus.

»Klar kannst du einziehen«, versicherte Chris Simon flüsternd.

Der schüttelte den Kopf und deutete auf K, die nichts davon mitbekommen hatte.

Sie sah zerknirscht auf den Teppich. »Also, es ist auch nur für eine Weile so. Und dann sind wir ja auch nicht immer da, sondern nur, wenn Simon weg ist und …«

Chris verstand als erster. »Moment mal. *Wir*?«

K lief dunkelrot an. »Äh, ja. Wir … drei.«

Auch Dawide und Callum dämmerte etwas. Aber …

»Drei?«, fragte Callum irritiert.

»Ja. Also die Zwillinge und ich.«

»Du bist schwanger«, hauchte Callum.

Simon strahlte. »Ist sie, ja. Ich werde Vater.«

»Wahnsinn!«, »Fantastisch!«, »Unglaublich!«, riefen Callum, Chris und Dawide.

Theo aber schwieg und grinste wie ein Honigkuchenpferd.

»Und du wusstest es mal wieder als erster«, sagte ihm Callum auf den Kopf zu. »Wenigstens *nach* dem Vater?«

Theo schüttelte frech den Kopf.

»Wann?«, fragte Flo leise und sah auf Ks Bauch.

»Ja, genau! Wann heiratet ihr?« Dawide sah zu Simon.

»In viereinhalb Monaten ungefähr«, sagte K.

»Gar nicht«, sagte Simon. Dann bemerkte er die Verwirrung auf den Gesichtern seiner Freunde. »Sie will nicht. Immer noch nicht. Nicht mal mit Ehevertrag. Ich soll froh sein, wenn ich meine drei zu sehen bekomme, wenn ich hier bin, meint sie. Ihr müsst also die ›Operation *Forever K*‹

unbedingt beibehalten. Im gegenseitigen Interesse, sozusagen.« Er stand auf. »Ich möchte das hiermit offiziell beantragen.«

K klappte der Mund auf.

»Nein«, sagte Chris.

Enttäuscht setzte sich Simon wieder.

Chris wartete, bis er saß, dann erhob er sich und deutete nacheinander auf Callum, Dawide, Flo und sich. »Du wirst uns brauchen, wenn er weg ist, K, glaub mir. Meine Schwester hatte es am Anfang schwer genug *und* Marius war alleine *und* sie hatte ihren Mann zuhause.«

K schloss den Mund wieder. Das war nicht von der Hand zu weisen.

Chris nahm sein Glas vom Couchtisch und wandte sich an seine Freunde. »Nun, ich habe einen Vorschlag zu machen, meine Herren.«

Callum und Dawide erhoben sich und griffen ebenfalls nach ihren Gläsern.

»Flo?«, fragte Callum leise und hielt Flo dessen Glas hin.

Flo schloss kurz die Augen, dann griff er danach und stand ebenfalls auf.

»Wir hören«, sagte Callum zu Chris, als alle vier standen.

»Meine Herren, ich erkläre die ›Operation *Forever K*‹ hiermit offiziell für erfolgreich beendet. Unsere Fee gehört für immer hierher. Mitsamt Anhang.« Er sah bedeutungsvoll zu Simon, lächelte boshaft und ließ den Blick betont an ihm hinuntergleiten. »Welcher Größe auch immer.« Er strahlte K an.

Simon grunzte.

Chris war noch nicht fertig. »Ab sofort gilt: Alles, was K braucht, sobald sie hier ist. *Vier Freunde für K*!«

Als Dawide und Chris die Gläser hoben, hüstelte Callum dezent.

»Callum?«, fragte Chris etwas genervt.

»Das wäre dann die ›Operation *For K*‹«, merkte Callum vorsichtig an.

Chris' Gesicht erhellte sich sofort. »Aber selbstverständlich, *Majestät*.« Er hob sein Glas. »Also, auf die ›Operation *For K*‹!«

»›Operation *For K*‹!« riefen Callum und Dawide.

»Auf K«, flüsterte Flo.

Über die Couch hinweg trafen sich Theos und Simons Blicke.

»Auf K!«, sagte Theo laut, nahm sein Glas vom Tisch und hielt es Simon hin. Oben wie unten klirrten die Gläser aneinander. Dann begann das große Umarmen.

K strahlte, bis ihr etwas auffiel: Flo war nicht zu ihr gekommen.

Er stand bleich und steif vor der Couch und zitterte.

»Flo?«

Er zuckte zusammen, als habe er geträumt. »Ich will das nicht!« In seinem Versuch, aus dem engen Gang zwischen Couch und Tisch zu fliehen, stieß er gegen sein Glas und warf es scheppernd um. Er sah nicht einmal danach. »Ich will das nicht!« Er ballte die Fäuste.

»Was fällt dir ein!«, brüllte Simon und sprang auf, schon, weil K Flo so unglaublich fassungslos und traurig ansah.

Sie wirkte, als wolle sie jeden Moment zu weinen beginnen.

Callum wollte nach Flo greifen, ihn fragen, was los war, aber Flo sprang zurück von ihm, ohne ihn wirklich zu sehen. Er arbeitete sich rückwärts zur Tür, als habe er Angst, ihnen den Rücken zuzudrehen. »Ich will sie nicht, hörst du? Niemals! Mach sie weg!« Es klang verzweifelt, fast panisch.

»Schatz, ich …« Callum brach ab.

Flo war bereits durch die Zimmertür gestürmt.

Entgeistert sahen sich Chris, Dawide und Callum an.

Dann stand Callum langsam auf. »Ganz ruhig. Es wird auch diesmal wieder gut werden. Weil es immer wieder gut werden wird. Weil es immer eine ›Operation *Forever-Irgendwer*‹ oder ›*For-irgendwen-von-uns*‹ geben wird.«

Erleichterung machte sich breit, Verständnis, Zuversicht.

»Einfach, weil wir wir sind.« Er ging hinaus, um Flo zu ihnen zurückzuholen.

Ende

Danksagung

Es mag irrwitzig erscheinen, aber ich möchte zuerst all denjenigen danken, die versucht haben, mich im Verlauf der Entstehung dieses Buches auszubremsen:

Dem non-binären Menschen etwa, der mir, nur Minuten nach meiner Wiederbegegnung mit der *Community*, verkündete, die gesamte LGBTQIA+-Bewegung müsse endlich allem Heteronormativen den Kampf ansagen. Also auch mir.

Dann dem Pärchen, das mir nach einer Lesung *per se* das Recht absprach, als Heteronormative queere Literatur verfassen zu dürfen.

Und dem queeren Menschen, der mir weit entgegenkam, um dann plötzlich zum Geist zu werden.

Danke! Ihr habt mir mehr als deutlich gemacht, wie richtig es war, einen Roman aufzuschreiben, in dem das Zusammenleben mal klemmt und mal ruckelt, aber funktioniert. In dem Toleranz und Diversität nicht verkündet, sondern gelebt werden; ganz ohne permanente Drahtseilakte. In dem aus Dualismen wie *die* und *ich* endlich wieder ein *wir* wird.

Nun aber zu denen, ohne die diese Störfeuer vielleicht doch zum Missionsabbruch geführt hätten. Die, die es verdienen, zum Schluss genannt zu werden, weil nur sie in Erinnerung bleiben und mir wirklich wichtig sind:

Allen voran meine Familie, ohne die nichts möglich gewesen wäre.

Dann meine unvergleichlich ehrliche *Beta*-Leser-Runde und meine wahren Freunde.

Dazu der Verlagsleiter, der eine Chance sah und gab,

ein Cover-Designer und eine Lektorin, die unglaublich viel ihrer Empathie und ihres Könnens hineingaben,

und nicht zuletzt alle Unverzichtbaren im Hintergrund, die ihre Nerven dazugaben.

So viele Gute gaben!

Danke.

MAIN Verlag

Hanni Fux
Simons Wendepunkt

ISBN: 978-3-95949-585-1

Simon: Jung, lebenshungrig, mega erfolgreicher Sportler.
International ist er ganz oben angekommen. Alles läuft rund für den Ausnahmesportler, bis Medaillen ausbleiben, eine Verletzung ihn zu einer Pause zwingt und seine Freundin ihm den Laufpass gibt. Für die Presse ist das ein gefundenes Fressen.
Dann tritt Ben in sein Leben. Lebenserfahren, die Ruhe liebend und jemand, dem feste Grundsätze noch etwas bedeuten. Ein Mann mit einer Vergangenheit, in dessen Leben ein erfolgsverwöhnter Sportler eigentlich nichts zu suchen hat.
Simon steckt in einem Dilemma. Lassen sich Karriere und die Liebe zu einem Mann vereinbaren? Oder bedeutet ein Outing das Ende seiner Karriere?

Julia Dankers
Gute Nacht, liebe Angst

ISBN: 978-3-95949-567-7

Hamburg in der Nacht zum ersten Mai. Durch Zufall treffen am Hauptbahnhof vier Frauen aufeinander und landen nach einer Bombendrohung gemeinsam auf dem Polizeirevier. Spontan entschließen sie sich, auf dem Kiez die Nacht zu überbrücken, bevor sie am nächsten Morgen wieder in ihr Leben zurückkehren. Stündlich kommen mehr ihrer schlimmsten Geheimnisse zutage. Gegenseitig motivieren sie sich, den Dämonen ihrer Vergangenheit entgegenzutreten und sich mit ihnen zu versöhnen.
Werden sie innerhalb einer Nacht Freunde oder sogar die Liebe finden?

Ashan Delon
Liebe auf scharfen Kufen

ISBN: 978-3-95949-511-0

Lennart Schmitz, seines Zeichens die große Hoffnung für den deutschen Eiskunstlauf, will es diese Saison wissen. Er strebt nach Gold. Für diesen Traum trainiert er verbissen. Dann kommt ihm die Jubiläumsshow seines Vereins in die Quere. Zudem bringt der neu ernannte Kapitän des Eishockeyteams, dem Wolfspack, seine Gefühlswelt ins Schleudern.

Das Autorenduo
Valerie le Fiery
Frank Böhm
Zwei Herzen und vier rote Pfoten

ISBN: 978-3-95949-565-3

Jannis ist Physiotherapeut, Single, glücklich in seinem Beruf und geht einmal wöchentlich mit seinem besten Freund und Arbeitskollegen Thomas zum Squash. Nach einem dieser Sportabende entdeckt er unmittelbar vor seiner Haustür eine kleine, rote Katze, tropfnass und hungrig. Jannis verliebt sich nicht nur Hals über Kopf in den Kater, sondern auch in dessen Besitzer Robbie, der rasch ausfindig gemacht ist. Das allerdings zieht Probleme nach sich, denn es ist unklar, ob Robbie Jannis' Gefühle erwidert oder die beginnende Beziehung von vornherein zum Scheitern verurteilt ist. Und dann ist da auch noch der Minitiger, der es schafft, seine Pfötchen ins Spiel zu bringen.

Alessandro Severino
Coming-out Berlin 2

ISBN: 978-3-95949-580-6

Ein Jahr ist es her, dass Fabian nach Berlin gezogen ist. Diese Stadt ist zu seiner neuen Heimat geworden und eigentlich läuft es rund bei ihm. Er ist endlich geoutet, hat einen tollen Job, der ihm Spaß macht und Freunde, die immer für ihn da sind. Doch einen Wermutstropfen gibt es da tatsächlich noch in seinem Leben. Fabian ist immer noch Single und nach mehreren Pleiten und unzähligen Dates möchte er jetzt endlich die große Liebe finden.
Doch so einfach ist das nicht. Der eine ist zu alt, der andere zu reich und dann ist da noch der beste Freund, der so verflixt anziehend wirkt. Bald steckt Fabian in einer Achterbahn der Gefühle, die ihn schlagartig in eine gefährliche Situation katapultiert …